天下文化
BELIEVE IN READING

科學天地 177

多模型思維

天才的 32 個思考策略

THE MODEL THINKER

What You Need to Know to Make Data Work for You

by Scott E. Page

裴吉／著　劉懷仁／譯

多模型思維
天才的 32 個思考策略

本書獻給

麥可·柯恩（Michael D. Cohen, 1945-2013）

不可否認，所有理論的最終極目標皆為：

盡可能讓無法再簡化的基本元素更簡單、數量愈少愈好，

但同時也要能充分描述任何一筆經驗資料。

—— 愛因斯坦

前言

把你變成天才的 32 個模型

對我來說，成功意味著能為世界帶來影響，
能將我的思想和價值帶到世界，並能積極改變世界。
—— 湯婷婷（Maxine Hong Kingston），華裔美國女作家

本書緣起於 2005 年某日，在密西根大學西廳旁的商場花園巧遇柯恩。

柯恩是位十分大方的學者，他給予的建議改變了我的教學生涯。當時柯恩眼睛一亮，對我說：「裴吉，我曾開過一門叫做『社會科學家模型建構導論』的課程，課程主要根據雷夫（Charles Lave）和馬其（James March）所寫書籍內容。你應該重新再開這門課，這門課由你來教學，再適合也不過了。」

課程需要由我教學？回到辦公室之後，我有點困惑，因此找出了舊課程大綱。我發現柯恩說錯了，不是課程需要我來教學，而是我需要開設這門課程。我一直想開設一門介紹複雜系統核心理論的課程，包含網路、多樣性、學習、大事件、路徑依賴、臨界點等等，這些理論與學生每天生活和未來工作息息相關。藉由傳授學生模型建構知識，介紹複雜系統，同時也能讓學生學習更好的思考方法。我可以指導學生使用能夠提升推理、解釋、預測、策劃、溝通、行動和探索能力的工具。

開設課程的動機為：我們必須使用多模型，來處理現代社會的複雜問題。上過一學期的課程後，學生將不再拘泥從特定角度看世界，而會透過不同面向瞭解世界。學生就像站在有多扇窗戶的房屋中，可以同時看到許多方向。學生將能為即將面臨的複雜挑戰，做足準備。這些複雜的挑戰，包含：改善教育、減少貧困、創造持續成長、在人工智慧時代找到有意義的工作、管理資源和策劃強健的金融、經濟和政治體系。

隔年秋天，我立即重開了這門課程，我本打算將課程重新命名為「把你變成天才的 32 個模型」，但密西根大學傳統上不喜歡過於天花亂墜的課名，所以最後還是沿用柯恩的課程名稱：「模型建構導論」。雷夫和馬其的書，的確是很棒的模型建構入門讀物，但是在這幾十年中，模型建構有了重大進展。我需要更新課程，加入長尾分布模型、網路模型、崎嶇地形模型和隨機漫步模型，並且還需要一本探討複雜性的書籍。

所以我便開始著手寫書，兩年寫書期間遭遇許多困難，書寫進度十分緩慢。春天某日我又巧遇柯恩，這次是在西廳拱門下，我向柯恩請教這門目前已有二十位學生感興趣的課程：「模型對大學生來說會不會太抽象？我是否應該針對特定議題或政治領域開設不同課程呢？」柯恩露出一抹微笑表示，任何值得追求的事物總會讓人遲疑。道別時，柯恩又強調：幫助人們清晰思考，十分重要且價值甚高。柯恩告訴我不要放棄，他非常期待我能挑戰成功。

2012 年秋天出現了重大轉變，副教務長波拉克（Martha Pollack）邀請我指導本門課程的線上課程，也就是現在所稱的 MOOC（大規模開放線上課程）。僅靠著一臺平板電腦、二十九美元的相機和九十美元的麥克風，模型思維線上課程就此誕生。感謝來自密西根大學、Coursera 和史丹佛大學無數師生幫忙〔特別要感謝希基（Tom Hickey），他總是隨叫隨到〕，我重新組織課程為網路課程適合的形式，將各主題分配到不同單元中，並且移除所有受版權保護的教材。在最忠實的聽眾——愛犬邦德陪伴下，我一遍又一遍重新錄製課程。

第一次上線的模型思維課程就吸引了六萬名學生，現在修過課程的學生數已接近百萬。網路課程如此熱門，讓我放棄寫書的計畫，認為沒必要再寫這本書了。但是在接下來兩年間，我的電子郵件信箱開始被希望能有一本書籍輔助線上課程的請求信件給塞爆了。這段期間，柯恩也因不敵癌症而過世，使得我燃起完成書籍的使命感，我重新打開草稿資料夾。

誌謝

寫書需要大量時間和開闊空間，才能讓人清晰思考。美國現代主義詩人史蒂文斯（Wallace Stevens）曾寫過：「或許在湖邊散步時，才能發現真相。」我採取類似方法：和家人在夏季時，到溫安湖游泳度假。寫作過程中，我依然和生命中的摯愛珍娜．貝德納（Jenna Bednar）、兒子奧利和庫伯，以及愛犬邦德、烏達和希爾迪，一起享受生活，他們帶給我歡笑、安慰和機會。奧利花了一週時間糾正倒數第二稿的數學錯誤，而珍娜則花了兩週時間找出內容不清楚、邏輯漏洞和思維混亂的部分。與我所有的文字作品一樣，這本書可以看做「裴吉原稿、加上貝德納大量修改」的作品。

在本書七年寫作期間，孩子們已經從小孩變成了小大人了，奧利目前正在就讀大學，而庫伯明年也會升上大學。從寫出大綱到交出最終版本的時光裡，一家人吃下了無數韓式拌飯、培根蛋麵和燕麥巧克力碎片餅乾，拿著鋸子和長柄剪刀處理了倒下的樹枝和樹幹，修補了後院柵欄幾十處破損，嘗試了好幾次想減少地下室和車庫的混亂，但都宣告失敗，並且多次期盼湖上的冰能達到可以在上面溜冰的厚度。同時我們也要接受親人去世——書籍撰寫過程中，我的母親瑪莉蓮在享受與愛犬每日例行散步時，突然心臟病發過世。每一天我都能感受到母親賜予家人的愛與支持。

面前的這本書，我已盡全力完善內容。但毫無疑問，新模型會不斷出現，而舊模型會發現新用途，導致與書中內容有所落差。如果這一本書的發行，能讓各位讀者發現，書中提到的模型和想法十分實用且有價值，並且能夠將模型應用到世界中，帶來正面改變，我的一切努力就值得了。

如果我有一天，坐在某位教授或研究生的辦公室中——很可能是我最愛的中西部大學，瀏覽書架時，可以找到這本書躺在雷夫和馬其破爛的書籍旁，我的一切努力就已經得到甜美回報。

第 1 章
多模型思維的好處

要成為智者，腦中隨時都要有模型，
且生活中不論是直接或間接經驗，都須整理到各個模型的架構上。
—— 孟格（Charlie Munger），波克夏公司副董事長

這是一本討論模型的書籍，書中將會直白清晰的說明 32 個模型，並解釋如何應用。模型是使用數學和圖表來呈現的形式結構，能幫助我們瞭解世界。熟習這些模型的蘊含和運用，可以提升推理、解釋、策劃、溝通、行動、預測和探索的能力。

本書推廣「多模型思維」方法，也就是結合數個模型來解釋複雜現象。多模型思維的核心思想為藉由結合不同的邏輯框架來產生智慧。不同模型強調不同的因果關係，而各個模型的蘊含和帶來的洞見，將會交織、重疊產生新的火花。我們可以透過採用多模型架構，逐步詳盡而深入的理解問題。本書會採用正規的論述和眾多實例，來說明多模型理論。

本書也十分注重實用性。多模型思維具有巨大實務價值，只要多加練習，就能更瞭解並更理性的解釋複雜現象。你的邏輯思維會更扎實，在事業、社交活動和個人生活上，都能做出更穩健的決策，並且成為一位智者。

在二十五年前，僅有鑽研商業、政治和社會科學的教授和研究生，或者是金融分析師、精算師和情報人員，才會閱讀探討模型的相關書籍。這些職業經常運用模型來處理問題，毫無意外這些職業也最常處理大量資料。現今因為大數據興起，各行各業的知識工作者在工作上隨時隨地都需要使用模型，所以研讀模型書籍的讀者也急遽增長。

使用模型來組織並解釋資料，已成為商業策劃師、都市規劃人員、經濟學家、醫學專家、工程師、精算師和環境科學家等等知識工作者的核心能力。任何分析資料、制定商業策略、分配資源、設計產品和協定、或是招聘的決策，都會接觸模型。由此可見熟習本書的內容——特別是關於創新、預測、資料分箱、學習、以及市場進入時機的模型，將能為許多人帶來實務上的幫助。

模型思維不僅能提升工作表現，也能讓你成為成熟公民，並為社會做出貢獻。此外，你將變得更擅長分析政治經濟事件，並能察覺自己和他人的邏輯漏洞。你將學會洞察是否讓意識型態取代了理性思考，無論是針對支持綠帶或強制藥物檢測政策帶來的影響，你都能有更豐富、多層次的洞見。

使用各種模型就能夠獲得這些好處，不必上百，數十足已。本書提出一些適合大家優先學習的模型，這些模型來自不同學門，包含：囚犯困境、逐底競爭賽局、疾病傳播的 SIR 模型等等。這些模型都有同一個共同形式：假設一組實體，通常是一群人或組織，然後描述實體間如何互動。

大數據時代更需要多模型思維

本書涵蓋的模型分為三類：簡化現實世界、數學模型類比、以及用來探索的虛擬架構。不論何種類型，都必須簡單到我們得以運用邏輯來處理。例如，書中提到一個包含已感染者、易感染者和已復原者，並且假定特定傳染率的傳染病模型。使用此模型即可推導出閾值，也就是疾病將大幅傳播的臨界值，同時也能計算出若要阻止疾病傳播所需注射疫苗的人數。

僅僅單一模型就能產生巨大效用，多模型齊下必定能處理更多問題。使用多模型能避免各個模型的先天限制，多模型方法可以讓我們發現各個模型的盲點。基於單一模型的決策可能會忽略現實世界的重要因素，例如：收入差距、個體差異、以及與其他系統間的交互作用；[1] 若改為使用多模型，我們就能對多個流程建立邏輯理解，得以察覺各種因果過程之間的重疊與互動關係。藉此我們便有機會合理解釋經濟、政治和社會領域的複雜狀況。由於模型思考可確保邏輯一致，我們同時也能維持嚴謹思路。接下來就可以將資料帶入模型，進行測試、精煉和改進，讓邏輯能使用證據做為基礎。總結來說，如果我們的思維在各種邏輯一致、歷經實證的框架啟發之下，就更有機會做出睿智的決策。

在大數據時代中，討論模型的書籍可能會顯得格格不入。因為現今的資料數據比以往更多面向且更為精細，過去以月報書面呈現的客戶購買資料，現在已經能同步附加呈現地點、時間和客戶標籤。過去以期末總成績呈現的學生課業表現，現在則能夠呈現每份作業、報告、小考、大考的分數。過去農夫在每月農場聚會中提出土地乾涸問題，現在拖拉機能以不到半平方公尺的面積為單位，回傳土質狀況和溼度水準的即時資料。投資公司能追蹤數千檔股票的數十個比率和趨勢，並使用自然語言處理工具分析文件。醫師可以調閱詳盡的病歷紀錄，內容可能還包含相關的遺傳標記。

距今不遠的二十五年前，大多數一般人能接觸到的知識量，僅僅不出幾個書櫃——或許你的工作場所有間小型參考書庫，又或者家中有一套百科全書和數十本參考書籍。學術單位、政府及私部門的研究人員雖然能取得更多圖書資料，但仍要親自到場翻閱實體書籍。時至千禧年之際，都還能看見學者在卡片目錄室、微縮膠卷收藏室、圖書館書架和特殊收藏室之間，穿梭找尋資料。

但這個時代一切有了天翻地覆的變化。幾世紀以來囚禁在紙上的內容，現在成了小封包在空中傳送。最新的資訊也是如此，以前每天會收到一份刊載新聞的報紙，但現在，新聞則以數位訊息形式不受時空限制，即時傳送到我們的個人裝置中。不論是股價、運動比分、政治文化事件的新聞，只要動動手指搜尋一下，就能輕鬆取得。

雖然資料取得管道的轉變讓人難以置信，但這並不能解決所有問題。現今社會大家都能得知古今中外大小事件，但漸趨複雜的現代世界讓我們更難瞭解事件發生原因，而經驗法則往往造成誤判。譬如資料顯示：論件計酬的工作如果單位薪資愈高，人們產出數量反而愈少。然而，薪酬與工作條件關係的模型則可以解釋這些資料：如果工作條件很差、產出困難，單位薪資通常較高；反之工作條件很好，單位薪資通常較低。因此，高單位薪資並不是導致低生產力的原因，真正的原因是：愈困難的工作條件，必須支付愈高的單位薪資。[2]

此外，經濟、社會和政治現象等大部分的社會資料，只會記錄特定時間或時段，鮮少告訴我們整體狀況。經濟、社會和政治領域不斷變動，近十年男學生可能在標準化測驗上勝過女學生，但下個十年卻可能完全相反。現今人們投票的理由，也很可能和未來數十年大不相同。

我們需要模型，才得以理解如激流般不斷流過螢幕的資料數據。因此，這個資料數據爆炸的時代，也應能稱作「多模型時代」。綜觀學術、政府、商業和非營利部門，幾乎所有的調查和決策都需要依據模型和資訊——管理顧問公司巨擘麥肯錫（McKinsey）和德勤（Deloitte）建立模型來制定商業策略；貝萊德（BlackRock）和摩根大通（JPMorgan Chase）等金融公司，運用模型來選擇投資標的；州立農業保險（State Farm）和好事達（Allstate）的精算師在定價保單時，使用模型來校正風險；谷歌（Google）的人事團隊建立預測分析模型，來評估超過三百萬名求職者；大專院校的招生人員則建構預測模型，以從數以萬計的申請中篩選錄取新生。

此外，政府預算部門早已建構經濟模型，來預測稅收政策影響；華納兄弟（Warner Brothers）運用資料分析，建立觀眾回饋模型；亞馬遜（Amazon）開發機器學習模型來提供產品建議；美國國家衛生研究院（NIH）資助的研究人員建構了人類基因組的數學模型，試圖尋找並評估治癒癌症的可能方法；比爾及梅琳達．蓋茲基金會（Gates Foundation）使用流行病學模型來策劃疫苗策略；就連職業球團都使用模型來評估選秀黑馬和交易機會，並且制定比賽策略，例如美國職棒大聯盟的芝加哥小熊隊，靠著模型嚴選球員及戰術，竟擺脫超過一世紀的魔咒，贏得世界大賽冠軍。

對於使用模型的人來說，模型思維的興起，簡單一句話就能解釋：模型讓我們更有智慧。若失去模型的幫助，人們將飽受無窮無盡的認知缺陷所苦，例如：高估近期事件的效應、根據自我判斷給定機率，以及忽略基本率的影響；

若失去模型幫助，我們能處理的資料量將大大受限；但若有了模型協助，則能夠澄清假設，並運用邏輯思考。此外，我們還可以利用大數據來擬合、校正和測試因果關係及相關性。模型讓我們更能清楚思考。在「人類的直覺判斷」和「運用模型來計算」的競賽中，模型確實明顯勝出。[3]

為什麼要使用多模型方法？

本書主張特定情境下的研究，不應僅根據單一模型，而應採取多模型方法來處理。

從古至今，人們總認為多面向觀察分析，才能做出充滿智慧的決定，此即為多模型方法背後的邏輯基礎。這個想法可追溯至亞里斯多德，亞里斯多德撰寫的書籍集結了多方面的智識。多元觀點也啟發了巨著運動，該運動將 102 個值得代代相傳的重大思想，集結成冊，編輯成《大觀念：西方世界巨著題彙》（*The Great Ideas: A Syntopicon of Great Books of the Western World*）。近代作家湯婷婷在《女勇士》書中也提及多模型方法的概念：「宇宙如此浩瀚無窮，因此我學著海納百川、放寬心胸，才能容下矛盾之事。」在商業和政策領域，多模型方法也是實務行動的參考基礎。近期出版的書籍提到，如果想要瞭解國際關係，不應僅將世界視為一群有明確目標、自私自利的國家，或者僅視為持續發展的跨國公司和跨政府組織網路，而應將兩者同時列入考量。[4]

採用多模型方法看似理所當然，但應謹記這與我們所學模型和應用概念恰恰背道而馳。國高中傳授的傳統方法採用一對一概念：一個問題、一個模型。例如：老師會告訴我們這題應使用牛頓第一運動定律；或者這題須使用複製方程，來計算兔子群體在下一週期的規模。傳統方法的做法為：（a）找出一個適當模型，然後（b）正確應用該模型。

多模型思維則是挑戰傳統方法，主張採用多個模型來解決問題。如果你在國中三年級時就運用多模型思維，可能會遭到老師糾正；但現在你應該採用多模型思維，才能進一步深入思考。

大部分的學術論文也都遵循一個問題、一個模型的方法，僅僅依靠單一模型來解釋複雜現象，例如說：2016 年美國總統大選支持川普的民眾多為經濟弱勢族群；或者說：孩童小學二年級時有沒有遇到好老師，決定了長大後是否能有優渥收入。[5] 為數眾多的暢銷書籍也都根據單一模型思維方式，提供問題的解決辦法，例如：學習成就取決於毅力、資本集中造成貧富不均、食用糖類造成國民健康問題等等。個別模型或許正確無誤，但往往僅是管中窺豹。若要處理問題的複雜內涵、建立更寬廣的學術視野，則需要多個模型相輔相成。

學習本書的各種模型，就能建構自己的多模型架構。這些模型源自林林種種的學門，能用來解決形形色色的問題，例如：所得不均的原因、權力分配狀況、疾病的傳播和流行時尚的散布、社會抗爭背景、公司發展歷程、社會秩序萌芽和網路架構等等。每個模型的假設和結構皆各有所異，有些說明為數稀少的理性利己主義者，有些則說明為數眾多的守法利他主義者；有些說明平衡過程，有些則建構路徑依賴和複雜狀態。每個模型的使用方式也大相逕庭，有些協助預測和解釋現象，有些則提供行動準則、協助策劃或促進溝通，還有另一些則建立虛擬世界，讓思想在其中探索。

模型有三項共同特徵：第一、簡化、剔除不必要的細節，將現實抽象化或憑空建構。第二、形式化並使用精確定義，模型利用數學算式而非文字描述，能以機率分布呈現研究人員心目中的世界狀態，或者各種選項的優先順序。簡化且精確描述的模型，建立了便於掌握的空間，讓我們得以運用邏輯來處理問題、提出假設、策劃解決方案和擬合資料。

模型建立了得以採用邏輯思考的架構。哲學家維根斯坦在《邏輯哲學論》中提到：「邏輯能自我證明，我們僅需瞭解邏輯如何做到。」邏輯能協助解釋、預測、溝通和策劃。但邏輯並非無懈可擊，因而產生了模型的第三項特徵，即英國統計學家博克斯（George Box）所提出的：所有模型都是錯的！[6]

的確，所有模型皆然，即便是偉大的牛頓提出的三大運動定律，也僅在特定尺度下成立。因為模型簡化、剔除了細節，才造成模型的錯誤。透過考量多個模型，則得以交叉比對各種可能，以便克服嚴格限制下的狹隘視野。

僅依靠單一模型過於獨斷，容易造成嚴重錯誤。若認為單一公式就能解釋或預測複雜的現實世界現象，鐵定是掉入了乾淨、漂亮而迷人的數學形式陷阱。我們不應期待任何單一模型能準確預測出一萬年後的海平面高度、或十個月後失業率的精確數字。唯有仰賴多模型方法，才能解釋政治、經濟、國際關係或大腦等複雜系統，這些複雜系統總是呈現了介於有序和隨機之間，不斷變化突現的架構和模式。複雜現象之所以稱為「複雜」，就說明本身難以解釋、難以推演或預測。[7]

因此，我們會面臨預測與實際現象之間的落差。一方面需要模型幫助我們保持思維一致；另一方面，任何僅有少量變數的單一模型，皆難以解釋高維度的複雜現象，例如：國際貿易政策模式、消費商品的產業趨勢，或者大腦的適應反應。即便牛頓再世也寫不出一條僅有三項變數，就足以解釋每月失業率、選舉結果或犯罪率降低的公式。如果我們希望瞭解疾病傳播、學業表現差異、形形色色的動植物、人工智慧對勞動市場的影響、人類對地球氣候的衝擊，或者社會抗爭發生的可能性等等問題，就必須綜合機器學習模型、系統動力學模型、賽局模型和個體為本模型（agent-based model）等多種模型來處理。

要獲得智慧，就要採用多模型思維

若要勾勒多模型思維的論點，就須提到諾貝爾文學獎得主艾略特的問題：「我們迷失在知識中的智慧在哪裡？迷失在資訊中的知識又在哪裡？」你可能還會想再多問一句：迷失在眾多資料中的資訊又在哪裡？

艾略特的問題可以使用「智慧層級結構」（wisdom hierarchy）來解答。最底層為**資料**（data）：原始、未經整理的事件、經驗和現象，例如：出生人數、死亡人數、市場交易金額、投票數、音樂下載數、降雨量、足球比分。資料可以是一系列 0 和 1、時間戳記和頁面連結，資料缺乏意義、組織和結構。

資訊（information）則是將資料命名並區分到不同類別。由以下例子可以分辨資料和資訊之間的差異：今天的降雨量是資料；美國佛蒙特州伯靈頓七月份的總降雨量與安大略湖的水位關係是資訊。威斯康辛州麥迪遜市週六市場攤位上販售的鮮紅辣椒和金黃玉米數量是資料；農夫收入金額和農產品銷售數量之間的關係是資訊。

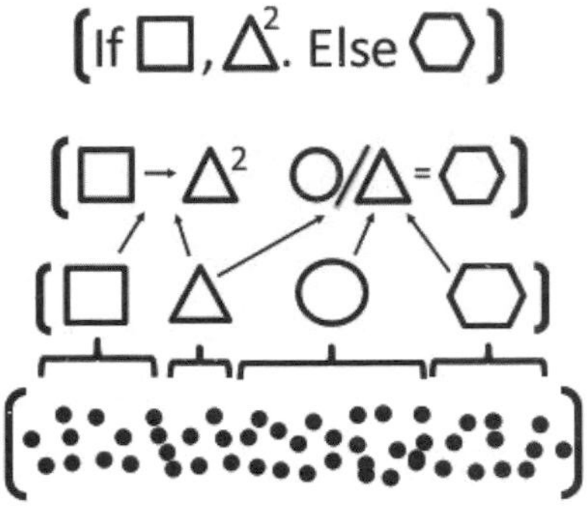

圖 1.1　模型如何將資料轉變成智慧

我們已生活在一個資訊爆炸的時代。一百五十年前，擁有資訊就擁有經濟和社會地位。在小說家珍．奧斯汀的《愛瑪》故事中，女主角愛瑪詢問邱吉爾是不是「什麼事情都知道」，但若移至現今時空，這個問題一點都不重要了。邱吉爾就跟所有平凡人一樣，手握一臺智慧手機，更重要的問題應該是：能否有效利用得到的資訊？俄國作家杜思妥也夫斯基在《罪與罰》中提到：「雖然我們掌握了事實，但並非掌握一切，成功與否有一大半取決於如何利用這些事實！」

柏拉圖把**知識**（knowledge）定義為已證實的真實信念，近代則定義知識為瞭解相關性、因果和邏輯關係。資訊經過組織之後，就成了知識，而知識則常以模型的形式呈現，[8] 例如：市場競爭經濟模型、人際網絡社會模型、地震地理模型、生態棲位形成模型，以及心理學模型等等。這些模型可用來解釋和預測現象，例如：化學鍵模型解釋了為什麼金屬鍵令我們無法徒手穿透鋼門，但氫鍵卻無法阻擋我們躍入湖中。

智慧層級結構的最上層是**智慧**（wisdom），也就是瞭解並應用相關知識的能力。若要獲得智慧，就需要採用多模型思維。智慧包含挑選最佳模型，如同從箭袋中抽出最適合的一支箭。有時則需要取得各模型平均值，來做出智慧決策，預測時就常常使用這個方法（我們在第 3 章〈多模型的理論基礎〉會討論使用模型平均值所帶來的價值）。智者在採取行動時，會應用多個模型，就像醫師進行一系列診斷檢驗；智者會利用模型汰劣留良，找出適當行動；有智慧的個人和團隊會比較不同的模型，探索相同和相異之處。

選取正確知識和模型，也是智慧的一部分，請看看這個物理問題：一隻填充玩具小獵豹從高約 6,000 公尺的飛機上掉下來，請問落地時會造成多嚴重的損害？學生可能知道重力模型和終端速度模型，但兩種模型卻給出全然不同的結果。重力模型預測填充獵豹會打穿汽車頂部；但終端速度模型則預測填充獵豹速度最快只會達到每小時 16 公里。[9] 察覺應該使用終端速度模型，也是智慧的表現——你站在地面上，抓住掉下來的鬆軟填充獵豹，其實輕而易舉。演化生物學家霍登（J. B. S. Haldan）曾說過：「若將一隻小白鼠丟下 900 公尺深的礦井，如果底部鬆軟，小白鼠觸底時只會稍微暈眩一下，就跑走了。但是大灰鼠則會摔死、人會肢離破碎、馬會變成一大灘血水。」

在填充獵豹的問題中，得到正確解答需要資訊（玩具重量）、知識（終端速度模型）和智慧（選擇正確模型）。政商領導人士也得依靠資訊和知識，做出智慧決策。2008 年 10 月 9 日，冰島貨幣克朗大幅貶值，當時的軟體巨擘甲骨文（Oracle）財務長波爾（Eric Ball）面臨抉擇。幾星期前，波爾才剛處理完美國國內房貸危機帶來的衝擊。冰島的狀況引起國際關注，而甲骨文在海外有數十億資產。波爾想到了金融崩潰網路傳染模型，也想到了市場衝擊影響價格變動幅度的經濟供需模型。在 2008 年，冰島的 GDP 為 120 億美元，略少於麥當勞六個月的全球營收。波爾回憶起當時的決策：「冰島的經濟規模比佛雷斯諾市（Fresno，美國加州第五大城市）還小，繼續回去幹活吧。」[10] 要瞭解這個事件，或者說是瞭解多模型思維，必須注意波爾並沒有從多個模型中找到支持其決定的模型。波爾僅僅評估了兩個可能較實用的模型，並選擇較適合的模型。波爾擁有正確資訊（冰島很小）、選擇正確模型（供給需求模型），並做出智慧決策。

案例分析——金融海嘯、古巴飛彈危機

接下來我們將藉由重新思考兩件歷史事件，來演示如何建立多模型之間的交互作用：第一件是 2008 年全球蒸發數兆美元財富（或者說是財富泡沫），造成四年全球經濟衰退的全球金融市場海嘯；第二件則是險些引發核戰的 1961 年古巴飛彈危機。

2008 年美國金融海嘯的原因有多種不同解釋：國外投資過多、投資銀行使用高槓桿、房貸審核過程缺乏監管、炒房投資人盲目樂觀、金融工具過於複雜、風險錯估，以及明知泡沫存在卻期待政府救市的貪婪銀行家。表面證據正好符合這些說法：中國流入的資金、貸款發起機構核准高風險抵押貸款、投資銀行高槓桿比率、金融工具複雜到社會大眾難以瞭解，以及部分銀行期待政府救市。利用模型就能判斷這些指控並檢查內部一致性：究竟這些指控符合邏輯嗎？我們也可以校正模型並測試後果大小。

經濟學家羅聞全（Andrew Lo）實際使用多模型思維，來評估金融危機的二十一項指控，發現每項指控都有缺陷。認為投資人會注資已知將引發全球危機的泡沫顯然不太合理，因此，當時經濟泡沫化的程度顯然超出許多人的預期。首先，金融公司以為其他公司有做到盡職調查，但實際上並非如此。再者，那些明顯有問題（低品質）的包裹式抵押貸款都還有人願意購買，如果全球經濟崩潰已成定局，就絕對不會有人願意承接。雖然從 2002 年開始，槓桿比率逐漸增加，但與 1998 年的水準差異不大。至於認為政府會提供銀行紓困方案的說法，請看看雷曼兄弟在 2008 年 9 月 15 日宣布破產時，負債規模超過六千億美元，這是美國史上負債最巨額的破產案，當時政府並沒有介入協助。

羅聞全發現各種說法皆有邏輯缺陷，從資料上看來，並沒有哪一項解釋比較接近實際原因。羅聞全給出一個結論：「我們應該在一開始就保持開放態度，對客觀事實盡可能廣納各種解釋，並希望隨著時間推移，能找出對金融危機更細膩且連貫一致的理解。」羅聞全繼續說道：「僅有接受分歧且互斥的各種說法，最終才能完整瞭解金融危機。」事實上，沒有任何單一模型能夠完整解釋 2008 年的全球金融危機。[11]

艾利森（Graham Allison）所著《決策的本質》中，採用多模型方法來解釋古巴飛彈危機。1961 年 4 月 17 日，美國中情局訓練的一隊非正規軍隊在古巴海岸登陸，企圖推翻卡斯楚共產政權，但未獲成功，此舉加劇美國和古巴盟友蘇聯的緊張關係。俄共總書記赫魯雪夫將短程核飛彈運往古巴，以回應美國的顛覆舉動，甘迺迪總統則封鎖古巴，以應對蘇聯的行動。最終在蘇聯撤退後，危機才得以解除。

艾利森使用三個模型來解釋古巴飛彈危機。

第一個是**理性決策模型**（rational-actor model），指出甘迺迪有三個可能的行動選項：發動核戰、入侵古巴、或封鎖古巴，而甘迺迪最終選擇封鎖古巴。理性決策模型假想甘迺迪畫了一幅賽局樹狀圖，並在每個行動後面，寫上蘇聯可能的應對方式，然後甘迺迪仔細思考了蘇聯的最佳反應，例如：如果甘迺迪發動核攻擊，蘇聯將會回擊，此舉將造成數百萬人死亡；如果實施封鎖將造成古巴饑荒，蘇聯可以選擇撤退或發射飛彈，根據賽局樹狀圖上的最佳決策，蘇聯應該撤退。理性決策模型提供了當下的核心戰略模型，得以合理解釋甘迺迪封鎖古巴的大膽決策。

但和其他模型一樣，理性決策模型並非完全正確，因為理性決策模型忽略了重要的細節——模型完全沒有預測到蘇聯真的會在古巴設置飛彈，使得模型過度樂觀。如果蘇聯也像甘迺迪一樣理性思考，就會畫出相同的賽局樹，並且發現必須撤除飛彈。理性決策模型也無法解釋為什麼蘇聯沒有隱藏飛彈。

艾利森運用**組織決策模型**（organizational process model）來解釋這種不一致：由於蘇聯缺乏組織能力，才沒有隱藏飛彈。相同模型也能解釋為什麼甘迺迪選擇封鎖古巴。當時美國空軍沒有足夠力量一次掃蕩所有飛彈，就算只殘存一枚飛彈，也將導致數百萬美國民眾死亡。艾利森巧妙結合了理性決策模型和組織決策模型，組織模型的洞見改變了理性決策模型中的報酬數值。

艾利森又額外加入了**政府決策模型**（governmental process model）。理性決策模型和組織決策模型都將國家簡化為領導人：甘迺迪的行動代表美國，而赫魯雪夫的行動代表蘇聯。政府決策模型則指出甘迺迪受制於國會，而赫魯雪夫需要維持政治支持基礎。因此，赫魯雪夫放置飛彈在古巴是為了宣揚魄力。

艾利森的著作指出了單一模型和各模型交互作用後的效果。每個模型都讓我們思維更清晰。理性決策模型辨識出飛彈運往古巴後，美國能採取的行動，並提出行動後的影響。組織決策模型讓我們注意到，實際執行這些行動的是組織、而非個人。政府決策模型則強調入侵可能帶來的政治成本。而同時使用三個模型來評估事件，將能有更全面深入的理解。所有單一模型都有疏漏，但許多模型互補後，就會產生實用價值。

在上述金融危機和古巴飛彈危機的例子中，不同模型闡述了不同的因果關係。但是多模型也可以聚焦在不同尺度上。小時候常聽到一個故事，一位小男孩說地球是放在一隻巨型大象身上。科學家問小男孩：「大象是站在什麼上面呢？」男孩答道：「一隻巨型烏龜。」接下來男孩又給出更驚人的說法，男孩補充說：「別問了，烏龜下面還是烏龜，烏龜下面又是另一隻烏龜⋯⋯」[12] 如果世界是類似許多烏龜疊起來不斷重複的狀態，那模型最頂層就可以應用到下方的每一層了。

但是不論經濟、政治和社會，在不同的尺度下，都並非完全相似，就連大腦在不同尺度下，也有極大差異。在次微米尺度下看到的大腦是由分子形成的突觸（synapse）所構成，而這些突觸其實是神經元之間的接頭。無數神經元連結形成了網狀結構，這些網狀結構以很複雜的方式相互重疊，形成了各個執掌不同功能的腦區，這就可用腦部影像來研究了。由於腦部在不同層級有不同狀況，所以需要多個不同模型來研究——可表徵神經網路穩健性的模型，與解釋大腦細胞功能的分子生物模型，彼此涇渭分明；而用來解釋認知偏誤的心理學模型，則又是另一則故事了。

多模型思維成功與否，取決於各種模型之間的可區別程度。譬如，在分析 2008 年金融危機時，我們利用了國外資產購買、包裹式資產、以及槓桿比率提高等各種不同的模型進行分析；艾利森在沒有考量組織決策模型下，從賽局模型獲得了啟示；醫師在研究人體時，會分別處理骨骼、肌肉、邊緣系統和神經組織。話雖如此，多模型思維在運用各種相異的模型時，並不必將複雜系統切分為不同的獨立部分。如同柏拉圖所言，我們無法將世界「沿著關節來進行切割」，複雜系統也十分難以分割。我們可以試著分離出部分重大因果關係，然後探討因果間的交互作用，藉此便能發現經濟、政治和社會……這些複雜系統產生的資料，其實互相連貫一致。社會資料並不像家貓吐出的毛球般，僅僅是一條長長的、難以理解的資料序列。

本書的架構

總結來說，我們生活在一個充斥資訊和資料的世界，科技進步產生的資料縮短了時間和空間距離。輕易快速取得的資料，讓經濟、政治和社會的決策者更加機靈，即刻間就能對經濟和政治事件做出反應。資料也增加事物間的關聯性，讓事件變得更加複雜。科技促使我們面臨另一項矛盾：我們愈瞭解這個世界，就發現這個世界愈複雜。因為世界如此複雜，任何單一模型都極為可能無法完整詮釋現象。但我們依然不應該放棄模型，相反的，應該更重視邏輯連貫一致而非直覺，應該使用多個模型來解決問題，成為一位多模型思考者。

要成為多模型思考者，需要學習諸多模型，而我們可以從中獲得許多有用的知識；我們也需要瞭解模型的描述形式、以及如何應用模型，但其實不必達到專家的程度。因此，本書刻意在易於吸收和內容深度上取得平衡，既可以當作學習資源，也可以當作指南手冊。**模型的正式說明，皆獨立放在灰色方框之中，這樣可以避免內文充滿方程式**，而造成努力學習的讀者也難以好好瞭解內容。但是模型的理論陳述，讀者還是需要盡力理解並吸收。多模型思維是一項技藝，只坐在觀眾席上是無法練就的，必須實作才能熟練，並且需要刻意去練習。數學和邏輯是模型建立過程中的指導原則，可以修正人為錯誤。

接下來的各章內容，將按照以下方式編排：第 2 章和第 3 章啟發大家使用多模型方法（包括介紹 32 個核心模型中的第一個模型：**分類模型**）；第 4 章討論要建構**人群行為模型**的挑戰；第 5 章至第 28 章涵蓋其餘 30 個核心模型（以及衍生的許多模型），包括：常態分布模型、長尾分布模型、線性模型、非線性模型、網路模型、三種傳播模型（廣播、擴散、傳染）、隨機漫步模型、路徑依賴模型、馬可夫模型、系統動力模型、個體為本模型、三種賽局模型（零和賽局、市場進入賽局、努力賽局）、合作模型、學習模型……等等。

一次只討論一個模型，比較能夠充分瞭解模型的假設、意義和應用。這樣的安排方式，讓讀者可以隨意從書架拿出書籍或開啟電子書，閱讀自己感興趣章節的獨立分析。各章節中也會不斷提到多模型思維在各類問題和議題上的應用。本書最後一章則在演示：如何運用多模型，深入探討「鴉片氾濫」和「貧富不均（所得不均）」這兩大問題。

第 2 章 為什麼要使用模型？

若要瞭解現實，則必須建構足以對應現實的轉換系統。

—— 皮亞傑（Jean Piaget），瑞士心理學家

本章將定義模型的類別。模型往往被視為真實世界的簡化版本，雖然如此，模型也可能是類比的形式，或是挖掘思想和洞見的虛擬世界形式。此外，本章也會說明模型的使用方法。學校中僅使用模型來說明資料，但是實際應用上，模型可以用來預測、策劃和執行行動。我們可以使用模型來探索各種想法和可能，也可以使用模型來傳達想法和理解。

模型可以揭露結果背後的條件，這也是模型的重要價值之一。目前所知大部分理論都只有在特定條件下才成立，例如：三角形只有最長邊對應直角時，兩短邊平方和才會等於最長邊的平方（即畢氏定理）。

模型也可以幫助我們進行直觀的判斷，例如：分析疾病傳播條件、市場機制是否發揮作用、哪種投票能產生正面結果，以及群眾什麼時候會做出準確預測。這些問題若是缺少模型的協助，我們很難有明確的答案。

本章分為兩個部分：第一部分說明三種不同類型的模型；第二部分說明模型的七種重大功能，包含：**推理**（Reason）、**解釋**（Explain）、**策劃**（Design）、**溝通**（Communicate）、**行動**（Act）、**預測**（Predict）和**探索**（Explore）。這七大功能的英文首字母組成了 REDCAPE（紅披風），正好提醒我們，使用多模型思考就能得到超人般的力量。[1]

模型的三種類型

建構模型時，會使用三種方法的其中之一。假設模型的目標為呈現真實世界，我們會使用**具體化方法**（embodiment approach），這類模型納入重要因素並剔除或整合非必要維度和屬性。例如：生態林地、立法機構與交通系統、氣候和大腦模型，都是使用具體化方法。其次，可以使用**類比方法**（analogy approach）來抽象化現實狀態。例如：使用疾病蔓延模型來模擬犯罪擴散，或將政治立場模擬為在帶狀空間上選擇偏左或偏右。課堂上最喜歡舉「球形乳牛」做為類比方法的範例——為了方便估算牛皮面積，我們假設乳牛是球形。之所以這麼做是因為微積分課本附錄的積分表只提供 tan(x) 和 cos(x)，並沒有提供 cow(x)（譯注：cow 意指乳牛）。[2]

具體化方法強調真實，而類比方法試著囊括流程、系統或現象的本質。物理學家在模型中假設沒有摩擦力，而其他條件皆按照真實狀況假設，這是屬於具體化方法。經濟學家將競爭公司視為不同物種，並定義產品的生態棲位，則屬於類比方法，因為那是利用已開發完成的模型（物種系統）去呈現完全相異的系統（公司系統）。具體化方法和類比方法之間，並沒有明確分界（譬如，分配權重到各因素的心理學學習模型，會綜合考量多巴胺反應和其他因素；這個模型也引用「量表」做為類比）。

第三個方法為刻意不表現現實或不描繪現實的**另類實境法**（alternative reality approach）。這類模型是進行分析和計算的實驗場所，我們能在其中探索各種可能。這類模型可協助我們瞭解現實世界限制條件的蘊含，讓我們得以發掘「超越了物理現實和社會現狀」的洞見。例如：假如能源可以安全有效率的在空氣中運送會如何呢？或是進行無法實作的實驗，例如：假如我們試著加速大腦的演化會如何呢？本書將會提到某些另類實境法模型，例如：生命遊戲（Game of Life）設定棋盤上每個方格為存活（黑）和死亡（白）兩種狀態，並且在特定規則下，讓每個方格於兩種狀態之間變換。這個模型探討了可自我組織的複雜系統，甚至有人認為這就是真實生命的運作狀態。

不論是把複雜的現實給具體化、或是建構類比、或是在虛擬世界中摸索，模型都必須具備能「溝通」且「可處理」的特性，必須要能以數學或程式碼等正式語言寫下模型。討論模型時不能使用「信念」或「偏好」含糊帶過，而不提供正式說明。事實上，信念可以使用事件機率或先驗機率（事前機率）的分布來呈現；偏好則可以使用各選項的排名或數學函數來呈現。

可處理性代表模型分析的難度。在過去，分析須依據數學和邏輯推理，模型建構者必須能論證每個步驟，這項限制導致一板一眼的模型備受喜愛。英國修士兼神學家奧坎（William of Ockham, 1287-1347）寫道：「非必要時，不要使用複數。」愛因斯坦將這個法則歸納稱為「奧坎剃刀」（Ockham's Razor）法則：所有事物都應該簡化至無法再簡化為止。而現今，如果遇到分析上難以的處理的問題，則可以利用電腦輔助，因此得以建構含有許多變數的複雜模型，而不必擔心分析受阻。科學家在建立全球氣候、大腦、森林大火和交通模型時，仍然會盡可能簡化模型。科學家依然十分注重奧坎的建議，但也發覺到就算再怎麼簡化，仍然需要保留許多變數。

模型的七大功能

學術文獻中提到模型的用途，加起來有數十種。本章僅聚焦於七大功能，即 REDCAPE：

推理（R）：明辨條件並推論邏輯意義。

解釋（E）：為經驗現象提供可驗證的解釋。

策劃（D）：選擇制度、政策和制定方向。

溝通（C）：連結知識和理解。

行動（A）：指導政策選擇和策略行動。

預測（P）：對未來及未知現象做出數值和分類預測。

探索（E）：探討各種可能和假設。

▶ REDCAPE：推理

建構模型時，會找出最重要的角色、實體和其他相關因素，然後描述這些因素如何互動整合，藉此推導因果關係和原因，如此便能提高邏輯推理能力。雖然推導結果取決於假設，但可以避免陷入邏輯迴圈。我們幾乎不可能只觀察表面現象，就推理出假設背後的意義，運用形式邏輯是不可或缺的。邏輯可以找出有機會發生和不可能發生的事情，利用邏輯可以精確推導出預期的結果、甚至推導出預期外的關係，並發現直覺結果隱含的條件。

阿羅悖論（Arrow's theorem，阿羅不可能定理）就是利用邏輯推論出「原先設定的條件不可能成立」的範例，阿羅悖論模型解決了總和個人偏好能否形成集體偏好的問題。阿羅悖論模型首先將選項排序，以呈現偏好。例如，評價編號為 A 到 E 的五家義大利麵店，模型允許 120 種組合中的任一種偏好排序方式。諾貝爾經濟學獎得主阿羅（Kenneth J. Arrow）要求集體排序必須具有單調性（亦即，如果所有的人都評價 A 餐廳優於 B 餐廳，則集體結果也會相同）、必須獨立於無關選項（如果所有人更改偏好的排序，但是沒有人變動 A 餐廳和 B 餐廳的排序，則集體偏好中的 A 餐廳和 B 餐廳排序也不會改變）、以及非獨裁性（沒有任何一個人可以獨力決定集體偏好的排序）。阿羅證明了：如果允許所有可能的偏好，則不存在符合上述條件的集體排序。[3]

邏輯也可以指出悖論。使用模型可以呈現「各子群體中的女性錄取率較高，但總體看來卻是男性錄取率較高」這種看似不可能的現象——稱為**辛普森悖論**（Simpson's paradox）。現實中還真的有這種情況發生：1973 年，加州大學柏克萊分校大部分的科系女性錄取率較高，但從整個學校角度來看，男性錄取率較高。

模型也能呈現「原本是兩種負期望報酬的賭博遊戲，若是輪流玩，卻能產生正期望報酬」，這稱為**帕隆多悖論**（Parrondo's paradox）。

此外，若想要增加一個節點到網路中，卻能減少連結所有節點的總邊長，模型也能說明這件任務可以達成。[4]

我們不應認為這些例子只是數學上的新奇現象。事實上，上述每項悖論都有實際用途：試圖增加女性名額，可能造成反效果；結合數個失敗投資，反而可能獲利；增加更多電線、管線、乙太網路線或道路的節點，或許能減少線路的總長度。

邏輯也可以揭露數學關係，例如：歐幾里得公理（Euclid's axioms）得出，固定兩角一邊或兩邊一角，就可以決定一個特定三角形；使用消費者和公司行為的標準假設，可推論出一個擁有大量競爭公司的市場中，價格等於邊際成本。

而有些結果更是出人意料，例如**友誼悖論**（friendship paradox）聲稱在任何友誼網路中，平均來說，每個人的朋友會比自己擁有更多朋友。

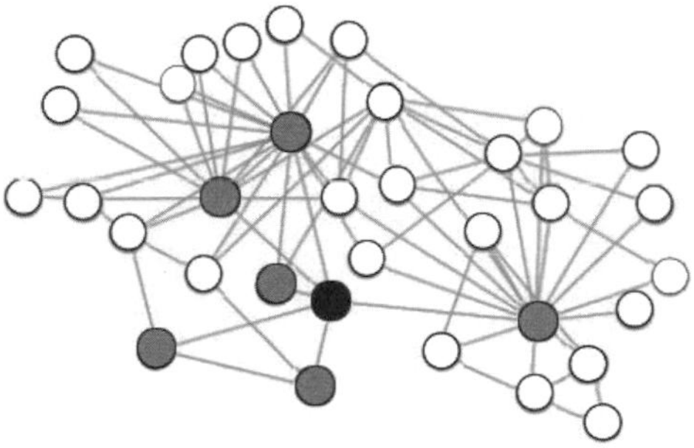

圖 2.1　友誼悖論：某個人的朋友比他本身擁有更多朋友

友誼悖論之所以出現，是因為交遊廣闊的人會擁有相對較多的朋友。圖 2.1 呈現扎卡里空手道網路（Zachary's Karate Network）。黑色圓圈這個人擁有灰色圓圈這六位朋友，黑色圓圈的朋友（即灰色圓圈）平均有九位朋友，圖中灰色圓圈的朋友以白色圓圈標示。整個網路三十四個人，有二十九個人的朋友比自己（即黑色圓圈）結交更多朋友。[5] 我們之後還會證明：如果加上更多假設，大部分人的朋友平均也比自己更漂亮、親切、富有和聰明。

最後也是最重要的一點，邏輯可以推理出事件的成立條件。政治人物可能會聲稱降低所得稅可以刺激經濟成長，進而提高政府收入。若使用一個簡單模型，假設政府收入＝稅率 × 所得水準，我們可以看出：只有所得成長百分比大於減稅百分比時，政府收入才會提高。[6] 因此減稅 10% 的政策若要能提高政府收入，則必須帶動所得提高 11.12% 以上。政治人物的邏輯只在特定條件下才會成立，而利用模型就能找出這些條件。

假使我們比對模型推導出的主張以及口頭聲稱的主張，就能發現：即便口頭主張擁有經驗背書，但特定條件的影響會非常明顯的浮出來。想想管理學中的至理名言「重要的事先做」，指的就是當你面對多項任務時，應該先做最重要的任務。這稱作**大石頭優先法則**（"big rocks first" rule）——想像如果你要用水桶裝下各種大小不同的石頭，則需要先裝大石頭。如果你先裝小石頭，那大石頭就塞不下去了。

大石頭優先法則來自專家觀察後的結論，大多數時候都適用，但是卻未設定任何條件。以模型為基礎的方法，會針對任務設定特定假設，然後推導出最佳法則。例如在裝箱問題（bin packing problem）中，需要將各種不同大小（或重量）的物體裝到有限容量的箱子中，而目標是盡可能使用最少數量的箱子。想像你在打包公寓物品時，要將所有東西裝到邊長六十公分的箱子中。將物品按照大小排序，並由大到小依序將物品放到第一個有足夠空間的箱子中（稱作「最先適用法」，first fit algorithm），是個極為有效的方法。大石頭優先法則在此處十分實用。然而，如果我們考慮一項更複雜的任務：分配國際太空站研究任務的空間。每項研究任務都有載重、空間和能源需求，同時還要配合太空人的時間和能力，再加上每項任務可能帶來的科學貢獻也不盡相同。就算我們能計算這些屬性的加權平均大小，但各個維度之間實際上會互相影響，使用大石頭優先法則的成效就會差強人意。而更複雜的演算法和市場機制模型，則能達到更好的效果。[7] 因此，在某些條件下，大石頭優先是好法則，但某些條件下則不適用。我們可以利用模型找出限制，瞭解何時適合使用大石頭優先法則。

形式主義的批評家聲稱：模型只是新瓶裝舊酒，將已知事物用數學模型包裝罷了，其實不需要模型就能瞭解「三個臭皮匠勝過一個諸葛亮」或是「當斷不斷，必受其患」的道理。我們也可以從奧德修斯（Odysseus）將自己綁在桅杆上的故事，學會決心的價值。

但批評家並沒有注意到，模型是以條件形式進行推論，例如：如果條件 A 成立，就會產生結果 B（舉個例子：如果要將物品裝箱且只受物品大小限制，就先裝最大物體）。文學中學到的教訓或大思想家的建言，通常沒有提及條件。如果使用不設任何條件的規則來決定人生選擇或管理他人，就會迷失在對立格言的困惑中。譬如，究竟是「三個臭皮匠勝過一個諸葛亮」還是「廚師多了燒壞湯」呢？

格言	反例
三個臭皮匠勝過一個諸葛亮	廚師多了燒壞湯
當斷不斷，必受其患	小洞不補，大洞吃苦
破釜沉舟，背水一戰	話不要說死，事不要做絕
完美是善的敵人	要做就做到最好
坐而言不如起而行	文勝於武，筆勝於劍

雖然對立的格言比比皆是，但對立的理論寥寥無幾。在模型中會設立假設並證明理論。兩個給出不同決策、做出不同預測和提出不同解釋的模型，必定有不同的假設。

REDCAPE：解釋

模型可以清楚有邏輯的解釋經驗現象。例如，經濟模型解釋價格變化和市占率，物理模型解釋物體下墜速度和飛行軌道，生物模型解釋物種分布，流行病模型解釋疾病傳播速率和模式；地理模型解釋地震大小分布。

模型可以解釋數值和數值變化，可以解釋目前五花肉期貨價格和過去半年上漲原因；模型可以解釋為什麼總統會任命溫和派大法官，以及候選人為什麼選擇左派或右派立場。模型也可以解釋形態：舉凡思想、科技和疾病擴散模型都是 S 型採用曲線（或稱感染曲線）。

物理學模型解釋物理現象的精準度，超乎常理。舉例來說，波以耳定律（Boyle's Law）告訴我們氣體壓力乘以體積等於常數（PV ＝ k）。[8] 如果知道體積（V），而我們可估算常數（k），然後使用體積和常數函數，即可解釋和預測壓力（P）。這個精確模型描述一項事實：氣體是由許多簡單部分組成、且數量龐大，任何兩個氧分子在相同的條件下遵循相同物理定律。氣體數量太過龐大，因此統計上的平均結果抵消了所有隨機性。

社會現象則和氣體的這三個屬性完全不同：社會決策者異質性高、以小群體方式互動且不遵循固定規則。更麻煩的是，人們擁有思考能力，因而會受到社會環境影響而做出反應，也就是說，行為模式差異並不能互相抵消。因此，社會現象比起物理現象更加難以預測。[9]

有效的模型可以解釋直觀和費解現象。教科書上的市場模型解釋了為什麼「**正常財**（normal good，例如：鞋子或洋芋片）非預期需求的增加，會導致短期價格上升」這個十分直觀的現象。但相同模型也能解釋為什麼在長期下，需求增加對價格的影響比起對商品生產邊際成本的影響，要小上許多。更令人驚訝的是，需求增加甚至會導致生產規模的報酬增加，進而使得價格下降。相同模型也能解釋矛盾現象，例如為什麼毫無實用價值的鑽石，價格遠遠高出生存必需的水資源。

就如同專家所聲稱，模型實實在在可以解釋一切。而以模型為基礎的解釋會包含正式假設和明確因果鏈。這些假設和因果鏈可以使用資料進行驗證，例如：模型若聲稱犯罪行為居高不下，是因為被抓到的機會微乎其微，我們就能夠進行實際驗證。

▶ REDCAPE：策劃

模型可以提供架構，讓我們思考「選擇」的蘊含，以便協助策劃。譬如，工程師可以使用模型來設計供應鏈，電腦科學家可以使用模型制定網頁協定；社會科學家可以使用模型來策劃制度。

1993 年 7 月，一群經濟學家在加州帕薩迪納的加州理工學院，開會討論分配行動電話頻譜的拍賣設計。在此之前，美國聯邦政府都以便宜價格分配頻譜使用權給大公司，因為〈1993 年綜合預算調解法〉中的條款允許政府利用頻譜拍賣，籌措資金。

從基地臺發出的訊號會涵蓋一定地理範圍，因此聯邦政府想要出售特定區域的執照，包含：奧克拉荷馬州西部、加州北部、麻州、德州東部等等。地理範圍因素導致拍賣設計十分困難，任何執照的價值取決於公司是否同時贏得其他執照，例如：南加州執照對擁有北加州執照的公司來說更具價值。經濟學家將這種相互影響價值的概念稱為**外部性**（externality）。外部性主要來源有二種：建設和廣告。取得鄰近區域的執照，就能花費較低建設成本，並且有機會利用重疊的媒體市場。

外部性會讓同步拍賣產生一個問題：意圖贏取一組執照的公司，可能在其中一張執照上競標失敗，而造成外部性損失，使得公司想要撤回其他執照的競標。逐步拍賣則有另一個問題：競標者可能會在早期拍賣中只肯出低價，藉此避免之後競標失敗的損失。

成功的拍賣設計必須不受策略操作影響、可產生有效益的結果、且參與者能清楚瞭解規則。經濟學家利用賽局模型，分析競標方式是否會讓策略競標者有利用空間，再利用電腦模擬模型比較不同設計的效率，並且利用統計模型來選擇真人實驗的參數。最終，多回合競標經證實最為成功，多回合競標允許參與者退出競標，並且避免參與者為了掩飾意圖而不參與早期競標。過去三十多年來，美國聯邦通信委員會（FCC）利用多回合競標，已獲得接近六百億美元的資金。[10]

▶ REDCAPE：溝通

模型可藉由建立通用表達方式，來改善溝通的成效。

模型需要針對重要特徵和特徵關係做出正式定義，以便能明確進行溝通。

例如牛頓第二運動定律 $F = ma$ 模型建立了三項可測量值之間的關係：力、質量和加速度，並且以方程式表示。三項變數也都以可測量的單位來表示，不用擔心誤解，而能順利溝通。相對來說，聲稱「愈大、愈快的物體能產生更大力量」就遠遠模糊許多，因為大多數內容都可能遭錯誤解讀：「大」是指質量還是體積？「快」是指速度還是加速度？「力量」是指能量還是力？而且大和快與產生力量之間的關係是什麼？若想要寫下這種聲稱，則可能得出以下的不同結果：力量可能會錯誤的寫成重量加上速度（$P = w + v$）、重量乘以速度（$P = wv$）或重量加上加速度（$P = w + a$）。

當使用可再現方法正式定義類似政治意識型態等抽象概念時，這些抽象概念就像質量和加速度般，有了類似物理特性的特徵。例如，我們可以根據議會表決紀錄，指出某位政治人物更偏向自由派，藉此便能準確與他溝通相關的政治主張。原因是「自由」已定義完善且能測量，而且其他人也可以使用相同的方法來比較其他政治人物。當然議會表決紀錄並非衡量自由傾向的唯一方法，我們也可以建構第二個模型——利用演講文本的分析來判別意識型態的模型，使用這個模型依然可以清楚溝通「更自由」是什麼意思。

許多人忽視溝通過程的重要性，無法傳達的想法正如一棵樹倒在森林中，不可能有人會注意到。啟蒙時代經濟顯著成長，極大程度上可歸因於知識容易傳播，許多知識都以模型形式讓世人盡知。事實上，許多證據顯示：知識傳播比起教育程度提高，在啟蒙時期對經濟成長的影響力更大。相較於識字率提高，法國思想家狄德羅（Denis Diderot）所編《百科全書》的收藏量，對十八世紀法國都市成長的影響，更為相關。[11]

REDCAPE：行動

英國哲學家培根曾寫過：「人生的最大目標不是知識，而是行動。」要做出最佳的行動，就需要最好的模型。不論政府、企業或非營利組織皆會使用模型來指導行動，包含：提高或降低價格、開設新店面、收購公司、提供全民健保或資助課後活動，決策者都需要根據模型來做決定。決策者在最重要的行動上使用最複雜的模型，而模型則會和資料緊密連結。

2008 年，聯準會給予 AIG（美國國際集團）一千八百二十億美元的金融紓困援助，做為不良資產救助計畫（TARP）的一項行動。根據美國財政部的說法，政府之所以選擇幫助 AIG 是「因為若 AIG 在金融危機期間倒閉，將嚴重衝擊美國金融體系和經濟。」[12] 紓困的目的並非拯救 AIG，而是為了支撐整個金融體系。每天都有公司在倒閉，但政府並不會多加干預。[13]

不良資產救助計畫是根據模型推導，做出了這項選擇。圖 2.2 顯示由國際貨幣基金組織（IMF）建立的其中一個版本的網路模型。節點（圓圈）代表金融機構，線段（圓圈間的連線）代表這些機構之間的資產價值關係。線段的明暗和寬度對應了機構間的關係強度，愈黑愈粗的線段代表關係愈強。[14]

由於 AIG 銷售保險給其他公司，所以占據網路正中央位置。如果這些公司資產折損，則 AIG 承諾將給予補償。這意味著如果這些公司資產折損，AIG 將須負賠償責任，因此如果 AIG 倒閉，則所有與 AIG 連結的公司也會陷入危機，極可能引爆一連串接踵而來的倒閉潮。藉由穩固 AIG 的財務狀況，政府可以支撐網路中其他公司的市值。[15]

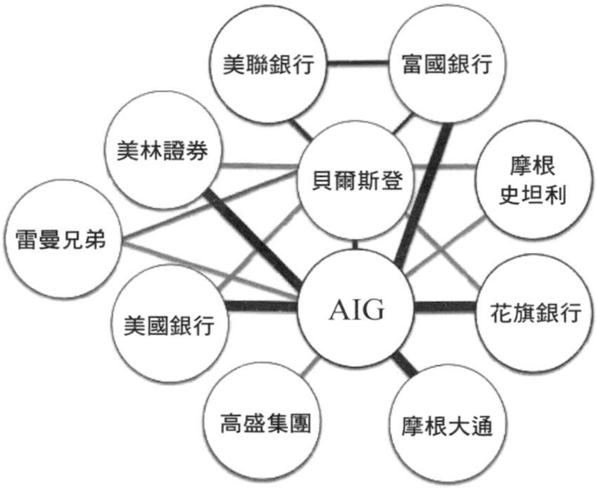

圖 2.2　美國各大金融機構之間的關係圖

圖 2.2 同時也能解釋聯邦政府為何放手讓雷曼兄弟倒閉，原因是雷曼兄弟並沒有占據網路中心位置。歷史無法重來，我們也無法確定聯準會是否採取了正確行動，但能肯定的是，金融產業並沒有因為雷曼兄弟倒閉而崩潰。我們同時也能確定：聯邦政府從 AIG 的貸款中賺進二百三十億美元收入，因此根據多模型思維，就能推論出當時的決策並沒有失敗。

政策模型這類指導行動的模型，往往需要根據資料數據，大部分的政策模型也會使用數學，但並非所有模型都需要利用資料數據或使用數學。從前的政策制定者也會建立物理模型，例如：飛利浦的英國經濟液壓模型（hydraulic model）就使用在二十世紀中期的政策決策上；舊金山灣的物理模型則是「放棄在舊金山灣建造水壩」這項決策的關鍵模型；[16] 位於密西西比州克林頓市、占地八十公頃的密西西比河流域模型水路實驗工作站，按照 1：100 的比例完整微縮複製整個密西西比河流域，這個模型可以測試建造新水壩和水庫對上下游造成的衝擊，模型中釋放的水流是遵循物理定律的。這些物理模型本身就是真實世界的類比，它們是符合邏輯的，因為它們同樣遵循了物理定律。

目前舉出的例子都是政府、企業或非營利組織利用模型採取行動，個人當然也可以借助模型協助決策行動。當要執行人生重大行動時，我們也應該借助模型，例如：購買房子、換新工作、回學校讀研究所、購買或租借車子，都可以使用模型來指導思考。這些決策模型可能是定性模型，並沒有與資料數據緊密結合，但即便如此，模型也能迫使我們思考相關問題。

▶ REDCAPE：預測

一直以來，許多專業人士都會使用模型做預測，例如：天氣預報員、管理顧問、盤口研究者和中央銀行行員，都使用模型進行預測；警察機構和情報界也使用模型來預測犯罪行為；流行病學家使用模型預測在下一波流感季節，哪種病毒會大範圍傳播。

由於資料數據愈來愈容易取得、且更精細，人們愈來愈常使用模型協助預測。推特訂閱和網路搜尋資料，也常可用來預測消費趨勢和社會抗爭。

模型可以預測個人行為和群體趨勢。2009 年 6 月 1 日，法國航空 AF 477 班機從里約熱內盧飛往巴黎途中，在大西洋上空墜毀，隔天救援隊只發現漂浮的碎片，但無法定位機身。直到 7 月，班機上的水下定位聲納信標器的電池已耗盡，搜尋作業只好暫時停止。隔年，由伍茲霍爾海洋研究所（WHOI）領導了第二次搜尋行動，使用美國海軍的側掃聲納船和自主水下載具進行搜尋，但依然無功而返。法國航空事故調查處（BEA）最終利用模型尋求解決辦法。航空事故調查處應用了洋流機率模型，找出最可能發現機身的一小塊區域。研究人員藉由模型的預測，在一星期內就找到了殘骸。[17]

在過去，解釋和預測密不可分：解釋電壓模式的電機工程模型，也可以預測電壓；解釋政治人物歷來議案表決紀錄的空間模型，也可以預測政治人物未來針對某項議案的表決將持何種立場。最著名使用解釋模型來預測的例子，就是法國數學家勒維耶（Urbain Le Verrier）利用解釋行星運動的牛頓運動定律，推測天王星軌道受干擾的原因。勒維耶發現，如果太陽系外側區域有顆大行星，天王星軌道就會呈現出觀測到的狀態。1846 年 9 月 18 日，勒維耶將這個預測告知柏林天文臺，五天後，天文學家就在預測處，精確定位到海王星。

雖說如此，預測和解釋是兩碼事；模型也可以只進行預測，但是不給予解釋。例如，深度學習演算法（deep-learning algorithm）可以預測產品銷售、明天的天氣、價格趨勢和某些健康狀況，但卻難以提供解釋。這些模型類似於偵爆犬，即使偵爆犬的嗅覺系統可以確定包裹是否含爆裂物，我們卻無法詢問偵爆犬為什麼有炸彈、炸彈如何運作、或如何拆除炸彈。

另外也要注意，有些模型可以解釋，但卻無法用來預測。地殼的板塊構造模型解釋了為什麼有地震，但卻無法預測地震何時將會發生；動力系統理論可以解釋颶風，但無法成功預測颶風自何處出現及行進路線；生態模型可以解釋種化（speciation）模式，但無法預測新物種何時何地出現。[18]

▶ REDCAPE：探索

最後，我們會使用模型來探索直覺和各種可能。這些探索或許和制訂政策相關，例如：如果所有城市的公車都能免費搭乘，會如何呢？如果讓學生選擇用哪份作業決定修課成績，會如何呢？如果在住家門前插上立牌，公告個人能源消耗量，會如何呢？這些假設性的問題都可以使用模型來探索。

我們也可以使用模型來探索虛構的情境，例如：如果拉馬克（Lamarck）的後天遺傳理論正確，後天得到的特徵能遺傳給後代，那麼父母牙齒已矯正好的小孩，就不需要戴牙套了嗎？在這樣的世界會發生什麼事呢？尋求這些問題的解答並探索意義，有助於呈現演化過程的極限。擺脫現實的限制，也能刺激創意，因此，批判式設計運動（critical design movement）的倡議者會從事思辨創作，來產生新點子。[19]

探索也包含了跨領域的研究。為了瞭解網路效應，模型研究人員可能會先建立一組程式化的網路結構，然後思考網路結構如何影響公司、疾病傳播或社會抗爭。模型研究人員也可以把學習模型應用在決策、雙人賽局和多人賽局。這些行為並非用來解釋、預測、行動或策劃，而是為了探索和學習。

實務上可能會因為多種目的而使用模型，同一個模型可以用來解釋、預測和指導行動。例如 2003 年 8 月 14 日，大樹倒在俄亥俄州托利多市附近的輸電線上，造成當地斷電，而因為監控軟體故障的關係，技術人員沒有收到警報，及時重新分配電力，結果造成更多地區斷電，一天之內就有超過五千萬名東北美和加拿大居民無電可用。同年，義大利和瑞士間的輸電線受到暴風雨襲擊，造成歐洲六千萬居民無電可用。工程師和科學家尋求模型幫助，將電力網以網路型態呈現。模型可協助解釋斷電如何發生，並提供未來可能發生斷電區域的預測，同時也透過「確認應該在哪裡設置新線路、變壓器和電源供應器，以提高網路健全度」來指導行動。

將一個模型應用在各種不同用途上，會是本書反覆提起的主題。下一章將探討，一對多是「應用多模型來解釋複雜現象」這個中心主題很必要的闡述。

第 3 章
多模型的理論基礎

沒有什麼比寫實主義更真實的了。
細節讓人困惑，
唯有透過篩選、淘汰和強調，才能得到事物真正的意義。
—— 歐姬芙（Georgia O'Keeffe），美國藝術家

本章中，我們要使用科學方法來啟發多模型思維。首先會提到孔多塞陪審團定理（Condorcet jury theorem）及多樣性預測定理（diversity prediction theorem），這兩項定理可量化說明多模型在協助我們行動、預測和解釋上的價值，但這些定理也可能過於誇大多模型的好處——為了解釋原因，本章同時將介紹劃分世界為許多小盒子的**分類模型**（categorization model），分類模型告訴我們建立多模型可能比原本預期的更困難。

再來會應用同一類模型，來討論模型**精細度**（granularity），也就是模型的精確程度。藉由討論精細度，則能更正確判斷我們究竟是需要使用一個大模型還是使用多個小模型。大小模型的選擇，取決於用途——預測時通常模型愈大愈好，而解釋時則偏好小模型。

在本章的結論，將釐清大家一直存在的疑慮：多模型思維貌似需要學習許多模型，但實際上雖然必須學習一些模型，數量其實沒有想像的多。我們不必熟習上百個模型，甚至連五十個都不用，因為模型具有一對多的特性。一個模型可以應用到多個案例，只需要重新配對要素名稱和識別符號，並且修改假設即可，模型的這項特質減少了多模型思維的負擔。將模型應用在新領域，需要創意、開放的態度和批判性思考。我們必須注意：並非每個模型都適用於各項任務。如果一個模型無法解釋、預測和幫助推理，就不應使用該模型。

熟習一對多所需技巧，與許多人內心想像中擅長數學和分析的模型研究人員形象，有所落差。應用一對多的過程需要創意，你可以試著問問自己：我在閒晃時，可以想到多少種使用方法呢？為了提示創意的可能形式，本章最後會應用面積和體積的幾何公式，做為模型，來解釋超級油輪大小、評論身體質量指數、預測新陳代謝程度，以及解釋為什麼女性首席執行長如此稀有。

群眾的智慧

接下來將探討能幫助揭露多模型思維優點的模型：孔多塞陪審團定理和多樣性預測定理。

孔多塞陪審團定理

成員人數為奇數的陪審團中，每位陪審員（單一模型）把未知的環境狀態，分類為真或假。每位陪審員（單一模型）正確分類的機率 $p > 1/2$，且每位陪審員（單一模型）正確分類的機率在統計上，與其他陪審員（單一模型）分類正確的機率相互獨立。

孔多塞陪審團定理：多數決的分類結果，比起任何單一陪審員（單一模型）正確的機率都還高，隨著陪審員（單一模型）人數增加，多數決方法的準確性會趨近 100%。

孔多塞陪審團定理是由解釋集體決策優勢的模型推導而來。在模型中，由陪審團決定罪犯有罪或清白，每位陪審員判斷正確的機率高於判斷錯誤。為了將孔多塞陪審團定理應用在多模型上，我們把每位陪審員的決定視為模型做出的分類（classification）。這分類可以是行動方面（例如：買或賣）或是預測方面（例如：民主黨獲勝或共和黨獲勝）。從孔多塞陪審團定理，我們將能瞭解：建立多模型並使用多數決原則（majority rule），比起單獨使用其中任一個模型，將會更準確。

任何一個模型，都是根據所有相關資訊的完整描述，也就是環境狀態，來做出分析。例如：在陪審團範例中，環境狀態包含審判中呈現的證據；在測量慈善計畫帶來社會貢獻的模型中，環境狀態則對應到計畫團隊、組織結構、營運計畫，以及慈善計畫想解決的問題或狀況的特性。

生態學家萊文斯（Richard Levins）說明了孔多塞陪審團定理的邏輯要如何應用到多模型方法上：「我們嘗試使用數個不同模型，來處理相同的問題，每個模型都有不同的簡化方法，但都使用相同的生物學假設。然後，假如這些模型即便使用了不同假設，依然產生類似結果，則足以說明孔多塞陪審團定理禁得住考驗，而各模型細節則不必吹毛求疵。因此所謂真相，不過是各個可能出錯的獨立模型，交錯得出的結論罷了。」[1] 請注意此處萊文斯期望的是一致的分類結果。假如許多個模型都做出相同的分類結果，則結論正確的可能性極高。

接下來要介紹多樣性預測定理，這適用於進行數字預測或評價的模型。多樣性預測定理量化了模型準確度和模型差異度對於模型平均準確度的貢獻。[2]

多樣性預測定理

多模型誤差 ＝ 平均模型誤差 － 模型預測差異度

$$(\bar{M} - V)^2 = \sum_{i=1}^{N} \frac{(M_i - V)^2}{N} - \sum_{i=1}^{N} \frac{(M_i - \bar{M})^2}{N}$$

M_i 等於模型 i 的預測，$\bar{M}$ 等於模型平均值，V 等於實際值。

（譯注：等號左側的多模型誤差值，永遠小於等號右側的平均模型誤差值。）

多樣性預測定理描述一項數學性質，因而不需要再重新驗證，這個數學性質已證實是正確的。以下是一個簡單的舉例：有兩個模型可預測某一部電影會獲得的奧斯卡獎項數量，第一個模型預測為 2 項，第二個模型預測為 8 項，兩模型的平均預測（也就是多模型預測）等於 5 項。假設電影最後得到了 4 項獎項，那麼第一個模型誤差為 4（2 的平方），第二個模型誤差為 16（4 的平方），多模型誤差則為 1。模型預測差異度等於 9（3 的平方），因為兩個模型都與平均預測差 3。這個例子的多樣性預測定理，可以用這個算式表示：1（多模型誤差）＝ 10（平均模型誤差）－ 9（模型預測差異度）。

多樣性預測定理背後的邏輯是正負相反的誤差會互相抵消。如果其中一個模型預測太高而另一個太低，兩者之間就會產生預測差異度。兩個模型的誤差相抵後，多模型平均值就會比任一個模型都還準確。即使兩個模型預測值都太高了，預測平均的誤差（先平均再計算誤差）也會比預測誤差的平均（先計算個別模型誤差再平均）還要低。

然而，多樣性預測定理並不意味著任何一組多樣化模型都準確無誤。如果一組多樣化模型裡的所有模型都有相同偏差，則平均也會帶有同樣偏差。但是多樣性預測定理能夠確定任何多樣化模型（或人群）的集合，將比其中的平均個體還要準確，這個現象稱為「群眾的智慧」。這項數學事實可以解釋電腦科學中的集成學習方法十分成功，[3] 同時也解釋了使用多模型的人，預測準確度高於僅使用單一模型的人。用任何單一方法來觀察世界，都不免忽略掉某些細節並產生盲點。因此單模型思考者比較不容易預測到大型事件，例如市場崩潰或 2011 年的阿拉伯之春。

至少在預測方面，這兩個定理足以說服我們使用多模型方法。然而這兩個定理依然存在缺陷。孔多塞陪審團定理指出如果使用的模型夠多，就幾乎不可能犯錯。多樣性預測模型則指出如果能建構一組多樣化模型，其中的個別模型預測程度不要相差太多，就能將多模型誤差降至接近零。但是接下來，我們要說明建構多樣化模型有其限制。

分類模型

若要演示為什麼這兩個定理可能過於誇大，則需要依賴分類模型。分類模型提供孔多塞陪審團定理的微觀基礎，分類模型是把環境狀態劃分到獨立盒子中。分類模型可以追溯到古老時代，亞里斯多德《範疇論》中，定義了劃分世界的十大屬性，包含性質、數量、場所、狀態等等，不同屬性的組合會創造不同的分類（category）。

我們日常使用普通名詞時，就是在使用分類，例如：內褲、小狗、湯匙、壁爐、暑假……都是分類。我們使用分類來指導行動，例如：依照族群來分類餐廳——義大利餐廳、法式餐廳、土耳其餐廳、韓式餐廳……然後決定要去哪吃午餐；依照「本益比」分類股票，並買進低本益比的股票。

分類也能用來解釋，例如：亞利桑納州的人口成長，可以解釋為氣候良好所致。分類也能用來預測，例如：具備軍事經驗的事務官候選人，勝出機會較大。

智慧層級結構也能用來解釋分類模型的貢獻：物體組成「資料」層級，分類物體則形成「資訊」層級，評價分類則需要「知識」。例如，若要評價孔多塞陪審團定理，就需借助**二元分類模型**（binary categorization model），二元分類模型把物體或狀態區分為兩類：其中一類標記「有罪」，另一類標記「清白」。重要關鍵在於：相關屬性的數目，限制了分類數目，因此決定了實用模型的數目。

分類模型

存在一組物體或狀態，每個物體或狀態由一組屬性來定義，且具有一定的數值。分類模型 M 根據屬性，將這些物體或狀態區分為一組有限的分類 $\{S_1, S_2, \ldots S_n\}$，並賦予每項分類各一個估值 $\{M_1, M_2, \ldots M_n\}$。

想像有一百筆學貸申請，一半已還清，而另一半則拖欠未還。每筆貸款有兩筆資訊：貸款額度是否超過五萬美元，以及貸款人是工科或文科學生。因此貸款有兩種屬性，利用這兩種屬性，可以區分出四類貸款：工科學生大額貸款、工科學生小額貸款、文科學生大額貸款、文科學生小額貸款。

二元分類模型將這四類貸款中的每一筆，都分類為「已還清」或「拖欠未還」。於是，某一個模型可能會預設小額貸款為已還清、大額貸款為拖欠未還，另一個模型可能預設工科學生已還清、文科學生拖欠未還。根據我們的經驗，這兩個模型的正確機率很可能都超過一半，而基本上這兩個模型也互相獨立。問題來了：當我們嘗試建構更多模型時，四個分類（四類貸款）各自有兩種屬性，只會產生十六（4的2次方）個獨特的模型，其中一個模型是四類貸款都是已還清、一個模型是四類貸款都是拖欠未還，其餘十四個模型為彼此相反的七對模型。如果成對的模型中，其中一個正確（例如：工科學生大額貸款「已還清」、工科學生小額貸款「拖欠未還」、文科學生大額貸款「拖欠未還」、文科學生小額貸款「已還清」），那相反的模型（工科學生大額貸款「拖欠未還」、工科學生小額貸款「已還清」、文科學生大額貸款「已還清」、文科學生小額貸款「拖欠未還」）必定錯誤，因此這十四個可能模型中，最多可有七個模型的正確機率超過一半。如果任一個模型恰好有一半的正確機率，則與該模型相反的模型之正確機率必定也恰好為一半。

資料維度限制了可能產生的模型數量，在這十四個可能模型中，我們最多只能有七個模型，無法建構更多獨立模型了。即使有更高維度的資料，例如貸款人年齡、成績平均績點（GPA）、收入、婚姻狀況和地址，根據這些屬性的分類，仍必須得以產生準確預測，才能建構更多獨立模型。每個子屬性必須要與貸款是否償還有關，而且不能和其他屬性相關，這兩者都是非常嚴格的前提，例如，假設地址、婚姻狀態和收入三者相關，那麼調換這些條件的模型也會相關。[4] 在嚴謹的機率模型中，獨立性必須成立，不同模型間的錯誤不應相關。瞭解分類模型的邏輯之後，你會發現，要建構多個獨立模型十分困難。

若要建構一組相異、準確的模型，也會遭遇類似的問題。假設想要建構一組用來預測五百個中型城市失業率的分類模型，你的模型必須能準確區分城市為數個分類，而各分類中的城市都有類似的失業率，你的模型也必須能精準預測各分類的失業率。兩個模型要做出相異的預測，就必須使用不同方法來分類城市和預測失業率。這兩項標準雖然不衝突，但難以同時滿足。例如，若一個模型是根據平均教育水準來分類，另一個模型是根據平均收入來分類，則這兩個模型的分類將會十分類似（因為高教育水準通常收入較高），這兩個模型雖然都很準確，但差異不大。如果使用各城市的首字母建立二十六個分類，這當然能建構出不同的分類，但很可能並非準確的模型。

總結來說，我所謂的「多」模型很可能只是五個模型，而非五十個模型。

實證研究結果和上述推論相符。雖然增加模型數量能提高準確度（根據孔多塞陪審團定理可推得），但在模型數量超過一定額度之後，額外模型的邊際貢獻會大幅下降。例如，谷歌發現請一位面試官評估求職者（與隨機挑選錄取者相比），雇用到平均水準以上求職者的機率，由 50% 增加到 74%，增加第二位面試官可提高到 81%、三位面試官可提高到 84%、四位面試官 86%，但二十位面試官同時評估求職者，也只會將機率提高至略高於 90%。

這種邊際貢獻遞減的現象，也適用於經濟學家針對失業率、成長和通貨膨脹所做的成千上萬種預測。我們姑且把一位經濟學家視為一個模型，增加額外一位經濟學家能提高預測準確度 8%、額外兩位 12%、額外三位 15%，十位經濟學家能將準確度提升約 19%。順道一提，就算你能慧眼識英雄，找出經濟學家中的諸葛亮，他預測的準確度也僅僅比平均水準的經濟學家高出 9% 而已。因此隨便找三個臭皮匠經濟學家，預測表現都能比諸葛亮經濟學家還要好。[5]

所以，採用多位經濟學家的平均預測結果，會比僅根據過去表現最好的經濟學家的預測，還要準確。相同邏輯也能解釋，為什麼美國聯準會需要依賴一組經濟模型，而非單一經濟模型，因為多模型平均值通常比單一最佳模型還要好。

結論十分清楚：如果能建構多個相異、準確模型，則能做出更為準確的預測和評估，採取更正確的行動。這些定理證明了多模型思維的邏輯，但這些定理沒有做到或無法做到的是，幫我們建構出形形色色符合定理假設的模型。實務上，能建立三個模型到五個模型，就已經很了不起了。而且，請記得邊際貢獻遞減現象：增加額外一個模型能提高 8% 的準確度，額外兩個模型是 12%。

不過，請注意：第二個模型和第三個模型並不需要比第一個模型更準確，準確性較低也沒關係。就多模型思維來說，就算額外模型的準確度較低，只要分類方法相異，那就應該加入這組多模型的行列。

單一大模型和精細度問題

多模型方法不論在理論上或實務上，都十分有效，雖然這並不代表多模型方法總是正確的，有時建構單一的大模型，反倒可能較有效。現在，我們就來思考不同時機適合使用的方法，並連帶探討區分資料細緻程度的「精細度」問題。

若要討論第一個問題，也就是使用單一大模型或是多個小模型，首先請回想模型的七大功能：推理、解釋、策劃、溝通、行動、預測和探索。要達到推理、解釋、溝通和探索這四項功能，需要把問題先簡化，簡化問題才便於使用邏輯來解釋現象、溝通想法和探索可能性。

請回想孔多塞陪審團定理，利用孔多塞陪審團模型可以分析邏輯、解釋為什麼多模型方法更可能產生正確結果，並溝通想法。但如果陪審團模型還包含陪審員個性的類型、詳細描述證據等等，只會把問題複雜化了，令我們迷失在細節中。波赫士（Jorge Luis Borges）在一篇關於科學的論文中，提出以下的論點。波赫士以製圖師繪製巨細靡遺的地圖為例：「製圖師公會繪製了一張帝國地圖，大小和帝國相同，且每一處都符合當地實景。但接下來的幾代就沒有像他們的前輩一樣喜愛研究製圖學了，因為他們發現巨大地圖毫無用處。」

模型的預測、策劃和行動這另外三種功能，則是高擬真模型的強項——如果我們有大數據，當然應該善加利用。基本原則為：有愈多資料，就應該製作愈高精細度的模型。我們用分類模型，可進一步說明這點。首先，假設我們想要建構一個模型，來說明資料集當中的個體之間的差異。我們用如下的情境來做範例：假定我們得到連鎖商店的大量數據，詳細記錄了每月數百萬家庭花費在食物上的開銷。利用各個家庭消費額度差異來計算**變異量**（variation），亦即計算每個家庭消費與平均家庭消費差值的平方和。例如，所有家庭的平均消費每月為 500 美元，而某個特定家庭消費為 520 美元，則該家庭的變異量就是 400，即 (520 － 500) 的平方。

有了變異量的基本概念，我們就來介紹「模型能解釋的變異量比例 R^2」。如果資料總變異量為 10 億，而模型解釋了 8 億的變異量，則模型的 R^2 為 8/10（＝ 0.8）。

R^2：模型能解釋的變異量比例

$$R^2 = \frac{\sum_{x\in X}(V(x)-\bar{V})^2 - \sum_{x\in X}(M(x)-V(x))^2}{\sum_{x\in X}(V(x)-\bar{V})^2}$$

V(x) 等於 x 在 X 中的實際值，$\bar{V}$ 等於平均值，M(x) 等於模型的估計值。

承上面的數據：所有家庭的平均消費每月為 500 美元。而如果某個家庭消費 800 美元，但模型預測為 700 美元，根據灰色方框裡的公式，該家庭對總變異的貢獻量是 90,000（實際值 800 減平均值 500 之後的平方），但經過模型解釋後，剩下的變異量是 10,000（模型值 700 減實際值 800 之後的平方），因此 R^2 等於 (90,000 － 10,000) ／ 90,000，等於 8/9。也就是說，模型解釋了 8/9 的變異量。

如果模型預測某個家庭消費 600 美元，而實際上這個家庭也確實消費 600 美元，則模型可以解釋該家庭對總變異量全部 10,000（實際值 600 減平均值 500 之後的平方）的貢獻，亦即 R^2 等於 (10,000 － 0) ／ 10,000，等於 1。

模型能解釋的變異量比例 R^2 的大小，可說代表了模型預測的精確度。

在此情境下，分類模型會將家庭分類，並替各分類估值。精細度愈高的模型會產生愈多分類，這就需要考慮更多家庭屬性來建立這些分類。增加愈多分類，能解釋愈多變異量，但也可能會過於詳盡。就像波赫士的製圖師例子，若將每個家庭各分成一個獨立分類，雖然可以解釋所有變異量，但這就如同實景比例的地圖般，這種解釋方式難以在實務上發揮作用。

建立過多分類，會過度擬合資料，將會造成預測上的困難。例如，我們想要使用上個月的食品消費數據來預測本月數據，由於各家庭每月消費額都會變化，我們若是採用將各家庭獨立分類的模型，那麼模型預測的每個家庭消費金額，定然會與上個月相同。這當然不是良好的預測模型。但若是把類似家庭放到同一個分類中，則可以使用類似家庭的平均食品消費支出，來建立更精準的預測模型。

為了建立這個預測模型，我們必須將各個家庭的每月消費額，想像成整體分布中的一筆資料（第 5 章〈常態分布：鐘形曲線〉會深入討論）。分布會有**平均值**（mean）與**變異數**（variance），建立分類模型的目標是根據屬性來建構分類，讓同一分類中的家庭有類似平均值。如果能建構這樣的分類，就能由其中某一個家庭第一個月的消費支出，得知其他家庭下個月的消費支出。不過，沒有任何分類可以完美無瑕，各分類中家庭的平均值當然會有些許差異，這稱為**分類誤差**（categorization error）。

如果分類中的家庭數量愈多，則更可能將不同平均值的家庭放到同一個分類中，因此分類誤差的機率會提高。然而，這些較大分類根據的是更多資料，每個分類估算的平均值也會愈準確（請參考第 5 章的**平方根法則**）。估算平均值所造成的誤差稱為**估值誤差**（valuation error），若增加分類中的個體數量，則能減少估值誤差。如果每個家庭每月消費額度差異甚大，分類中如果只有一個家庭、甚至十個家庭，都不足以產生準確的平均估值；但如果有一千個家庭，估值誤差將會大幅減少。

我們現在可得到一個直觀的結論：增加分類數量，可減少分類誤差。但是，愈多分類則會增加每個分類中，估值誤差發生的機率，統計上將這種現象稱為平均值的「變異數」增加。建立模型分類多寡的取捨，可以使用**模型誤差**

分解定理（model error decomposition theorem）的形式來表達，統計學家將這結果稱作**偏差—變異數取捨**（bias-variance trade-off）。

模型誤差分解定理（偏差—變異數取捨）

模型誤差（model error）＝分類誤差＋估值誤差

$$\sum_{x\in X}(M(x)-V(x))^2 = \sum_{i=1}^{n}\sum_{x\in S_i}(V(x)-V_i)^2 + \sum_{i=1}^{n}(M_i-V_i)^2$$

其中，M(x) 和 M_i 為模型的資料點 x 和分類 S_i 的預測值，V(x) 和 V_i 則分別代表真實值。（計算範例請參閱書末的〈注記〉：第 3 章的第 6 條。）

一對多方法

學習模型需要時間、努力和廣泛的知識。若要減少學習眾多模型的負擔，則需要使用**一對多**（one-to-many）方法。我們建議大家熟習一定數量、可靈活使用的模型即可，並發揮創意來應用。例如：使用流行病模型來瞭解玉米種子的散播、臉書的傳播、犯罪風氣的蔓延、以及巨星名氣的擴張；我們也可以將訊號傳遞模型應用在廣告、尋覓良緣、解釋孔雀開屏的作用等方面。當然，將任何一個模型應用到所有情境，並不切實際，但大多數的模型彈性極高。就算模型應用失敗，也會有所收穫。嘗試舊模型的創新應用，以及挖掘模型應用的極限，也十分有趣。

一對多方法目前還是十分新穎的想法，過去模型只會用在特定學門，例如經濟學家使用供需模型、壟斷性競爭模型和經濟成長模型；政治學家使用選舉競爭模型；生態學家使用種化模型和複製模型；物理學家使用運動定律模型。這些模型都是為特定目的而設計，人們不會使用物理模型來處理經濟問題，或是使用經濟模型來處理大腦問題，就像是不會使用縫紉機修理水管一樣。

將模型帶出學門孤島、並實踐一對多方法，已經產生顯著成效了。例如，諾貝爾經濟學獎得主薩繆森（Paul Samuelson）重新詮釋物理模型，並用來解釋市場如何達到平衡；公共政策學者唐斯（Anthony Downs）使用冰淇淋小販海灘競爭模型，來解釋在意識型態空間中競爭的政治候選人立場（見第 257 頁）；社會科學家使用粒子物理來解釋貧窮陷阱、犯罪率變化，甚至是各國經濟成長；經濟學家使用建立在經濟原則上的自我控制模型，來瞭解大腦功能。[7]

要將現有模型創新應用，需要多多練習。為了要探究一對多方法的潛力，我們就用大家熟悉的 N 次方變數 X^N 做為模型——2 次方為正方形面積，3 次方為立方體體積，更高次方則顯現幾何上的膨脹或收縮。

▶ 長方體形超級油輪模型

請想像一艘長方體形的超級油輪，長度設為 8S，而寬和深則為 S（即長度的八分之一），如圖 3.1 所示。油輪的表面積為 $34S^2$，體積為 $8S^3$。超級油輪的建造成本主要取決於表面積，表面積愈大，需使用的鋼材愈多，而超級油輪產生的收入則取決於體積。計算體積表面積比，得到 $8S^3 / 34S^2 \fallingdotseq S/4$。我們發現：油輪的利潤隨著油輪大小（邊長）呈線性增加。

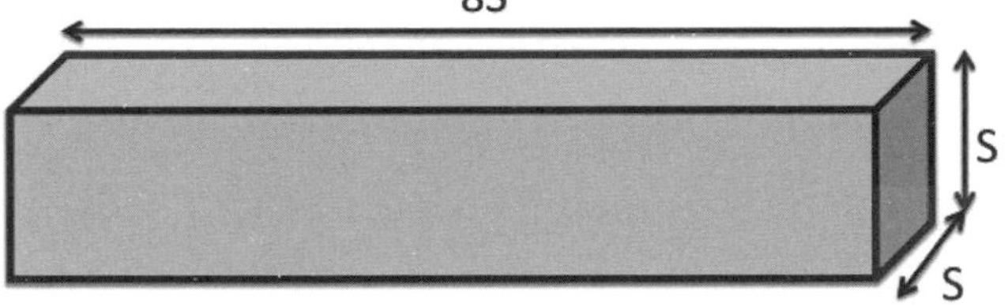

圖 3.1　長方形的超級油輪：表面積＝ $34S^2$，體積＝ $8S^3$

船運巨亨尼阿克斯（Stavros Niarchos）很熟悉這些比例，在第二次世界大戰之後的重建時期，建造了第一艘現代超級油輪，賺進數十億美元。為了瞭解尺度差異，請參考以下數據：二戰時使用的 T2 級油輪，長 150 公尺、寬 7.5 公尺、深 15 公尺。而像是耐維斯號（Knock Nevis）這艘現代油輪，長 450 公尺、寬 55 公尺、深 25 公尺，這個大小可比擬將芝加哥的威利斯大廈推倒，讓它漂浮在密西根湖上。耐維斯號大概是 T2 油輪大小的三倍多，表面積約 T2 油輪的十倍大，體積則超過三十倍大。你可能會想問，為什麼超級油輪不做得更大，簡潔的回答是油輪必須要能通過蘇伊士運河，而耐維斯號通過運河時，僅剩下幾十公分的寬度，僅可勉強擠過去而已。[8]

身體質量指數

醫學專家使用身體質量指數（body mass index, BMI）定義體重分類。BMI 開發於英國，計算方式為一個人的重量（單位為公斤）除以「身高（單位為公尺）的平方」。[9]

假設身高保持不變，則 BMI 會隨著體重線性增加。如果某個人的體重較相同身高的人重 20%，則體重較重者的 BMI 也會高出 20%。

BMI 模型是將一個人視為完美立方體，內含脂肪、肌肉和骨骼。假設 M 為「立方體人」每立方公尺的重量，則立方體人的重量等於體積乘以每立方公尺的重量，也就是 $H^3 \cdot M$，而立方體人的 BMI 等於 $H \cdot M$。

這模型呈現兩個缺陷：首先，BMI 會隨著身高線性增加；再者，由於肌肉重量大於脂肪，身材健壯的人 M 值會較大，因此 BMI 也會較高。但事實上，身高應該和肥胖沒有關係，而健壯正好是肥胖的反義詞。即便我們稍微修正這個模型，讓模型更接近真實狀況，這兩個缺陷依然存在。例如，使用參數 d 代表一個人的厚高比（「厚」是指正面到背面的厚度），並使用 w 代表一個人的寬高比，則 BMI 可以寫成下式：$BMI = [H \cdot (dH) \cdot (wH) \cdot M] / H^2 = dwHM$。

許多 NBA 球星、運動員，甚至十項全能選手的 BMI 值，都分類在過重（BMI > 25）。[10] 身高較高、身材健壯的人，更可能有高 BMI 值，因此根據近百篇整合分析論文的研究，總計樣本大小超過百萬人，結果顯示稍微過重的人壽命較長，就不怎麼出人意外了。[11]

基礎代謝率

接下來我們用類似的模型，預測動物體型和基礎代謝率之間的逆向關係。每個生物都會新陳代謝，也就是不斷重複分解有機物並轉化為能量的化學反應過程。生物的基礎代謝率以卡路里為測量單位，基礎代謝率等於生物生存所需的最低能量。如果把老鼠和大象建構為立方體模型，如圖 3.2 所示，愈小的立方體有愈大的表面積體積比。

老鼠

表面積：14 平方英寸
體積：3 立方英寸

大象

表面積：57,600 平方英寸
體積：864,000 立方英寸

圖 3.2　**爆炸的大象**

我們可以使用許多塊會新陳代謝的 1 立方英寸小立方塊，像樂高積木般，組成老鼠和大象模型。新陳代謝會產生熱量，必須藉由動物體表散熱。老鼠的表面積為 14 平方英寸、體積為 3 立方英寸，表面積體積比約為 5:1。[12] 老鼠每立方英寸的小立方塊，有 5 平方英寸的表面積可以散熱，而大象每立方英寸的小立方塊，卻僅有 1/15 平方英寸的表面積可以散熱，因此老鼠的散熱速率是大象的七十五倍。

若兩種生物需要維持相同體溫，則大象需要有較緩慢的基礎代謝率。實際情況確實如此，大象如果基礎代謝率與老鼠相同，則每天要吃下接近七千公斤的食物，而大象的細胞也會產生過多熱量，來不及透過皮膚散熱。因此，大象會悶燒後爆炸。大象之所以沒有爆炸，原因是大象的基礎代謝率約為老鼠的二十分之一。這個模型並沒有預測出基礎代謝率隨體型大小的變化率，只有預測到方向而已。更詳盡的模型則可以解釋**標度律**（scaling law）。[13]

女性執行長很少見

我們所舉的最後一個應用案例，提高了 X^N 公式中的指數 N，並使用模型解釋為什麼女性執行長如此稀少。

2016 年時，《財星》世界五百強的公司中，僅有少於 5% 的女性執行長。成為執行長必須獲得多次升遷，我們可以將升遷機會視為機率事件：每位員工都有一定機率可以獲得升遷。我們並進一步假設：若要成為執行長，員工必須把握住每次機會，都成功升遷。

假設以十五次升遷為基準，員工兩年升遷一次，因此必須要三十年職涯，才能成為執行長。證據指出：男性握有些微升遷優勢，因此我們在模型中賦予男性較高的升遷機率。[14] 模型設定男性升遷機率為 P_M，稍微大於女性升遷機率 P_W。如果將兩個機率分別設為 50% 和 40%，則男性比女性有將近三十倍的機率成為執行長。[15]

模型顯示微小優勢累積起來，影響甚大。10% 的升遷機率差異可以累積成三十倍差異。相同模型也能提供新鮮的解釋，說明為什麼大學女性校長的占比（約 25%）遠遠高出女性執行長的占比。因為大學管理層級遠遠少於《財星》世界五百強的公司，教授成為校長最少只要經過三次升遷——系主任、院長、校長。三個層級的微小優勢累積，比起十五個層級的微小優勢累積，影響就少了許多。因此，高比例女性校長並不代表教育機構比公司更平等。

結論：創意很重要

本章一開始使用孔多塞陪審團定理和多樣性預測定理，做為**一對多**方法的邏輯基礎。再來使用分類模型呈現模型差異度的極限，觀察多模型如何改善預測、行動、策劃等等能力。然後也觀察到找出多個有用的相異模型並不容易，如果能做到，則可以用接近完美的準確度來預測，然而實際上不太可能達成。但是我們的目標為盡可能建構最多有用的相異模型。

接下來幾章中，將說明數個核心模型，這些模型各自呈現世界上的不同情境，並對因果關係的交互作用做出不同假設，藉由彼此的差異性，我們很可能創造出十分有用的多模型思維。每個模型各有貢獻，各自強調複雜整體的獨特部分，整合使用時，則能具備更強大的功能。

如同先前提到的，多模型思維需要瞭解一個以上的模型，但我們並不需要瞭解一大籮筐的模型，只需要把每個模型妥善運用在多個不同領域即可。這並不容易，成功的一對多思維需要很有新意的調整假設和建構全新的類比，如此才能在新情境中，為新目標找到適宜的模型。因此，要成為多模型思考者，需要的不只是數學能力，我們從立方體模型的諸多應用中，可以清楚看到創意也十分重要。

裝袋算法和多模型

通常，我們把模型擬合到現存資料集的樣本中，然後用剩餘的資料來測試這個模型。有時則會把模型擬合到現存資料，然後使用模型預測未來。這類型的模型會產生一種對立關係：若模型涵蓋愈多參數，則資料擬合愈佳，但產生**過度擬合**（overfitting）的風險也愈高，良好的擬合並不代表能建構良好的模型。

物理學家戴森（Freeman Dyson）曾描述過費米（Enrico Fermi）對自己的一件完美擬合模型的反應。「我熱切詢問費米，計算結果和他的測量結果極其相符，是否令他訝異？費米回應道：『計算中你使用了多少任意參數？』我想了一下，說：『四個。』費米說：『我記得我的好友馮諾伊曼（Johnny von Neumann）說過，四個參數他可以擬合一隻大象，五個參數則可以讓大象搖動長長的鼻子。』費米說完這段話後，我無言以對。」[16]

「搖動象鼻」的估算，往往包含高階項：平方、立方、甚至四次方，因為高階項會擴大誤差，十分容易造成高誤差風險。例如，10 是 5 的兩倍，但 10^4 是 5^4 的 16 倍。下圖呈現一個過度擬合的例子：

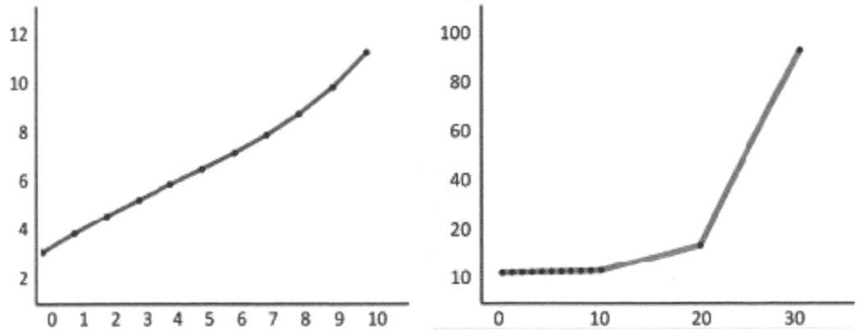

過度擬合（左圖）與樣本外誤差（右圖）

左圖呈現製造工業用 3D 列印機公司的銷售資料，以每月銷售團隊拜訪客戶平均次數的函數來呈現（縱軸是 3D 列印機銷售量，橫軸是每月拜訪客戶的平均次數）。左圖呈現出非線性最佳擬合，包含高達五次方的非線性項。右圖是模型的預測，等於是左圖的外推，顯示如果銷售員拜訪 30 個地方，會銷售高達 100 臺 3D 印表機。但是每位客戶最多只會購買一臺 3D 印表機，右圖的預測顯然是錯估了。這是過度擬合的不良後果，可能會讓模型產生巨大誤差。

為了避免過度擬合，應避免使用高階項。**裝袋算法**（bootstrap aggregation, bagging）又稱**引導聚集算法**，是一種更複雜的解決辦法，需要建構多個模型。為了引導資料集，須從原始資料中隨機抽出資料點，組成相同大小的數個資料集。資料點採用抽出放回方式，也就是說，抽出資料點後會放回「袋」中，所以可能會重複抽到同一個資料點。這個方法會產生許多相同大小的資料集，裡面包含某些資料點的多個複本，但有些資料點則完全沒有包含進去。

接著，把非線性模型擬合到每個資料集，產生多個模型。[17] 然後將各模型畫到同一組坐標軸的坐標平面上，得到義大利麵條圖（見下圖）。粗黑線是不同模型間的平均值。

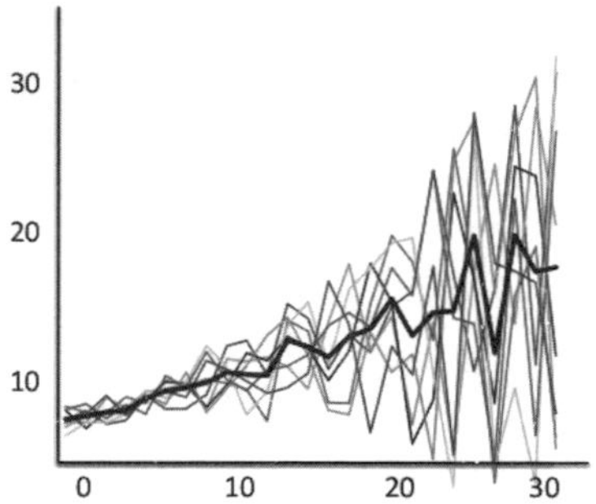

裝袋算法和義大利麵條圖

因為裝袋算法是許多隨機資料樣本產生的結果，同時也避免擬合到任何單一資料集的獨特模式，所以可以呈現扎實的非線性效應。裝袋算法藉由利用隨機樣本產生差異，然後平均多個模型，應用了多樣性預測定理的邏輯基礎。裝袋算法產生了多模型，而如同前面所提到，這些模型的平均值會比單一模型本身更準確。

第 4 章
建構人群行為模型

目前還無法找到任何一個人類行為理論，
可以在各種情境下，成功建構並通過測試。
—— 歐斯壯（Elinor Ostrom），諾貝爾經濟學獎得主

本章將處理本書的一個核心問題：如何建構人群模型？稍後會提到的許多模型，都是以人群做為分析的基本單位，包含建構人群投票、合作、發起抗爭、追逐流行、投資退休帳戶，以及藥物成癮的模型。每個模型中，都需要對人群做出假設：人們的目標是什麼？自私或利他？可能採取什麼行動？如何選擇行動或根本不必選擇？

每個新模型都需要重新思考人群的行為，都可以設定獨特的假設，這麼做雖然可以建構出多個獨特模型，但也可能造成困惑和錯失良機。譬如，這些模型的異質性過高，將限制我們跨模型思考的能力、或是把多模型組合起來的能力，如此我們便無法有效進行多模型思維。

接下來要介紹的人群模型，會強調一致中帶有多樣性。我們會以**規則為本**（rule-based）或**理性決策**（rational choice）來建構人群模型。規則為本之中，又進一步區分為根據**簡單固定規則**（simple fixed rule）或**適應規則**（adaptive rule）的兩類人群。根據適應規則行動的人群會因為資訊、過去的成功經驗或觀察他人而改變行為。然而，各類人群之間並非涇渭分明，適應規則有時會被視為固定規則，而理性決策行動也可能遵循簡單固定規則。

要選擇哪種方式來建立人群模型，取決於情境和目標：模型是用來預測、還是解釋？用來評估政策行動嗎？用來設計制度嗎？或是用來探索呢？在無關緊要的情境下（例如：選擇購買的外套顏色、表演後是否鼓掌），通常會假設人們使用固定規則；但若情境為是否進行商業合作或信任對方，則會假設人們懂得學習和適應。最後，在影響重大的情境中，則會假設擁有完整資訊、思考詳盡的人群，會做出最佳選擇。

誰說人都是自私又理性的？

進一步說明我們的方法之前，首先要澄清一些常見的誤解。許多人在經濟學入門課時，第一次認識到有關社會現象的正式模型。這些模型通常假設「所有人都自私自利、且能做出最佳決策」，藉此建構一個基本的理性決策模型。模型同時也假設「所有人都有相同偏好和收入水準」，接下來經濟學家會計算模型裡的均衡狀態，以便評估市場衝擊和政策改變的效應。雖然這些模型建立在不完全正確的假設上，但仍然十分有實用價值。這些模型確實有助於經濟學家進行探究和溝通，也讓學生更容易瞭解經濟現象。

基於經濟學課堂上的經驗，許多人認為正式模型必須使用狹隘而不切實際的眼光，來探討人性，也就是假設人群既自私又從不犯錯。但事實並非如此，即使經濟學家也不一定使用這些假設。前沿經濟學模型中的角色，往往缺乏完整資訊且異質性高，並懂得學習適應，有時也會關心他人的報酬。事實上，人們是否表現出「關心他人」的偏好，取決於情境，例如：捐款給慈善團體或做志願服務時，相較於買房子，會更重視他人。

然而不幸的是，大多數人的印象依然認為經濟學模型使用「自私、不切實際的理性經濟人」做為假設。我們必須改正這樣的想法，試想如果僅僅只是涉入大海邊緣的淺灘幾步，你可能會認為大海不過淺淺一層，但如果繼續往前游，就能感受到海水深不可測。我們從海岸出發，然後逐漸深入探討，就會發現：前沿的經濟模型如何導入重視他人、有限理性的人群。

不論做出的假設為何，都無法擺脫假設的影響。我們與「邏輯一致性」的旗桿是緊密維繫在一起的，我們無法自行製造出其他蘊含。例如，若模型假設消費者的選擇受到社群強烈影響，理所當然模型會得出少量有極大市占率的產品。若模型假設人們藉由網路獲得資訊，那麼能補足「結構洞」（見第 149 頁）的人將更有影響力。

本章接下來將概覽建構人群模型的挑戰：人人各自相異、易受社會影響、容易犯錯、目標強烈、適應力強、且具有**能動性**（agency）。若將所有特性放到單一模型中，只會製造複雜和混亂，因此必須精心挑選——如果異質性影響不大，或許可以假設個體完全相同；如果問題簡單或人們心思細膩，或許可以假設人群不會犯錯。

然後，我們將說明理性決策模型，並討論理論基礎，同時說明即便理性決策模型描述上不夠精確，但實用性依然極高的理由。我們將理性決策模型奉如圭臬或視如敝屣，取決於模型的目標。理性決策模型在預測人類行為上較為困難，而在做為溝通工具、評估行動和策劃政策方面，成效較佳。

接下來，就是呈現如何在標準理性決策模型上，再加上心理偏誤和利他偏好。是否加入心理偏誤或利他偏好，取決於研究內容。**損失趨避**（loss aversion）和重視當下大於未來的**當下偏誤**（presentist bias），在某些情況下也必須在模型中考量，例如：這些假設在退休儲蓄和抗爭模型中十分重要；而對於開車行為或疾病傳播模型而言，這些假設則較無關緊要。

最後，我們將說明**規則為本模型**（rule-based model），這類模型具有高彈性和易處理的優勢。任何能夠寫下規則的模型都更易於討論，我們只需要將行為編碼到電腦程式的**個體為本模型**（見第 19 章）中，然後觀察模型如何發展。但是在建構模型高自由度的同時，也應當負起把關責任，我們可以自由選擇任何行為規則，但更應小心使用獨特的假設。某些情況下，目標函數可以證明遵循行為規則能做出最佳行為，但並不總是如此。

本章結論中，會回過頭來重新思考以理性做為基準行為的價值。就算人們並非採取最佳行動，也會去適應不斷變動的狀況和運用新知識，而上述發現產生了某種矛盾。假設根據人群帶有偏見且非自私自利的條件，設計了制度或政策，則會面臨人群改變行為的風險。被騙一次是天真、被騙二次是遲鈍、被騙三次就是愚蠢了，人們很少會重複被同一個坑絆倒。雖然不必妄下結論，認為理性是唯一合理的假設，但邏輯上確實支持將理性做為重要基準。邏輯也支持考量簡單行為規則做為理性下限。所以，在建構任何情境的模型時，可能得運用許多適應規則和心理規則，來做為探索極端之間各種可能狀況的方法。

建構人群行為模型的挑戰

雖然人群模型維度不高，但人們往往不遵循任何簡單的特性，建構人群模型就變得相當有挑戰性。人人**各自相異**、**易受社會影響**、**容易犯錯**、**目標強烈**且**擅長學習**。此外，人具有**能動性**，能根據狀況做出反應。

相對來說，碳原子和撞球等無生命物體則沒有這六項特徵。碳原子之間沒有差異（雖然在丙烷之類的化合物分子中，各個碳原子占據不同位置），絕不違反物理定律，且不會因任何目標而存在。碳原子不會基於過去的經驗而改變行為，而且缺乏能動性，不會發起抗爭或轉換職業跑道。因此社會學家總愛打趣說：如果電子可以思考，物理問題是不是會變得難上加難？如果電子會建構模型，我敢說學習物理肯定難如登天。

言歸正傳，我們首先要討論的是由人與人之間的差異性衍生出的問題。人們不論心理偏好、反應能力、社交網路、利他程度、行動時的專注力，都大不相同。如果人人都是同一個模子打造出來的，建構模型肯定簡單許多。所以，有時我們會根據統計邏輯，假設行為間的差異已互相抵消，例如：建構一個以收入函數預測慈善捐款金額的模型。雖然在固定收入水準和稅率下，每個人的利他程度往往會有天壤之別，但如果模型個體間的差異經過平均計算後（第 5 章中，將藉由討論分布模型來探討如何平均差異），模型應當能保持準確。但這只有在行為獨立的前提下，差異才能互相抵消，如果行為會受到社會影響，則極端行為會產生外溢效應。這樣的狀況常發生在政治人物帶動選民情緒上，我們在建立抗爭模型時（見第 241 頁），將會面臨此差異效果的探討。

能否在總體效果下，讓錯誤互相抵消，這得取決於情境。例如，**認知依附**（cognitive attachment）缺乏而產生的錯誤，往往隨機且獨立；因認知偏誤而產生的錯誤，往往系統化且相關（例如，人們往往對最近發生的事件或傳聞故事有強烈印象，而過度輕忽統計結果，這項共同的認知偏誤難以在不同人之間互相抵消）。

下一項挑戰則與人群的渴望相關。建立人群模型的核心挑戰是準確評估人群目標。有些人想要財富和名聲，有些人則想要讓社群和世界更美好。理性決策模型中將個人報酬直接以函數形式呈現；而規則為本模型中，目標則較不明顯。譬如有一條行為規則是：人們會想要居住在族群混合的社區，但如果與自己有相同族群認同的人數比例小於 10%，則會搬出社區。事實上，行為規則中包含了人們渴望的某種信念。

建構人群模型的最後一項挑戰，即為人們擁有能動性，人們可以採取行動、改變行為和學習。這代表在某些情境下，只能把人當作有特定習慣的生物，但人們最後選擇的行動還是可能超出預期。例如，沒有人天生就想要吸毒成癮或貧困潦倒，但人們卻會做出造成這些結果的行為。

通常，人們的行動造成糟糕結果時，會調整行為。我們藉由將「學習」放入模型中，就能捕捉這個特點。人們的學習狀況會隨情境改變，他可能會藉由個人經驗或自我反省，學習像是考高分需要投入多少讀書時間，或者一週要運動幾次之類的事。如果像是要去哪家雜貨店，或者是否進行慈善捐款，人們則會藉由觀察他人來學習。我們在第 26 章〈學習模型〉中，將演示在非策略性環境下，學習往往能達到良好效果，人們會學習採取最佳行動。我們同時也會演示在策略情境下，也就是賽局模型中，所有學習皆為枉然，要達到賽局的最佳結果，並不需要依賴個人學習或社會學習。

這六項特徵都有機會納入模型中。如果要納入一項特徵，還必須決定特徵程度的高低。例如，模型中的人群差異要多大？社會影響強度多高？人們會學習他人嗎？如何定義目標？人們有多少能動性？

人們真正擁有的能動性，可能比期望的少得多。美國社會心理學家海德特（Jonathan Haidt）以騎象人和大象的比喻，說明人們缺乏能動性：「當我為自己的脆弱感慨時，腦海中浮現騎在大象背上的畫面。我將韁繩緊緊抓在手裡，拉動韁繩控制大象轉彎、停止或前進。但只有在大象乖乖不亂跑時，我才有辦法控制大象。如果大象自己想要東奔西竄，我也無計可施。」[1] 有時我們就好像騎在大象上，但並不總是如此。沒有任何一個建構人群模型的方法，在任何情境下都適用，因此我們需要使用許多不同方法來建構人群模型。

理性決策模型

理性決策模型（rational-actor model）假設人們在給定報酬或效用函數下，會做出最佳選擇。適用的行動包含報酬僅取決於個人行動的「決定」，或是報酬同時取決於其他參與者行動的「賽局」。在同步選擇或資訊不完整的賽局中，理性決策模型也會界定參與者對其他參與者行動的「信念」。

理性決策模型

定義所有可能行動的數學化效用函數或報酬函數，藉此呈現個人偏好，而個人會選擇最大化函數值的行動。在賽局中，可能需要對其他參與者的信念有所瞭解，才能夠做出選擇。

舉例來說，我們建構了一個簡單的理性決策模型，描述個人在住房方面願意投入多少收入的決定。模型將個人效用建構為住房和其他消費（包含飲食、衣著和娛樂）的函數，同時模型也假設了住房和其他商品的價格。這個模型與現實的差距甚大，模型認為所有住房選項完全相同，此外還將所有商品放到唯一的一個稱為「消費」的分類，並訂定完全相同的價格。但目前暫時不用理會這些不精確的設定，因為模型的目標只是要解釋收入花費在住房上的比例。

理性消費決策模型

假設： 個人來自一般消費的效用 C 和來自住房的效用 H，可以寫成下列函數：

$$U(C, H) = C^{\frac{2}{3}} H^{\frac{1}{3}}$$

結果： 追求最大效益的個人（理性決策者）會正好花費三分之一的收入在住房上。[2]

在這個模型中，個人收入花費在住房的比例，與住房價格或收入高低皆無關，這兩種結果都十分貼近實際資料。[3] 除了極端收入的人之外，大部分的人住房花費約占收入的三分之一。這個發現隱含政策上的意義：如果房價下跌 10%，人們會額外購買 10% 的住房空間。這個發現同時也為「人人毫無差異」的假設提供了支持。如果人們花費在住房的收入比例固定，則住房總花費僅取決於平均收入。

使用效用函數，讓模型能夠分析、測試和處理。我們可以使用資料數據來評估函數、推導最佳行動，此外也可以改變參數值來討論假設性的問題。例如假設效用函數意味著偏好一致性存在，但實際上偏好一致性並不一定成立，而必須在滿足某些公理的情況下，才能使用效用函數來呈現偏好。證明效用函數存在的理論，假設有一組選項和偏好順序——想像我們可以列出一個人可能購買的商品組合，偏好可以用來排列這些商品組合的喜好順序。如果一個人偏好牛奶咖啡勝過檸檬紅茶，則會把｛咖啡、牛奶｝排序在｛檸檬、紅茶｝之前。

若要效用函數能呈現出偏好，則在偏好排序的商品組合 A 大於商品組合 B 時，效用函數也要給予商品組合 A 的價值大於商品組合 B。如果偏好要和效用函數一致，則必須符合完備性、遞移性、獨立性和連續性。

完備性要求每組商品都完整定義偏好順序。遞移性去除了循環偏好，也就是說，如果一個人偏好 A 大於 B、B 大於 C，則必須偏好 A 大於 C。換句話說，如果偏好蘋果勝於香蕉、香蕉勝於起司，則必須偏好蘋果勝於起司。這項條件可以去除不一致的偏好。獨立性要求人們分別評估樂透的結果。樂透就是各個選項的機率分布，例如：60% 的機率為 A、40% 的機率為 B。如果個人偏好能滿足獨立性，則在 A 排序大於 B 時，任何結果包含 B 的樂透中，個人都會偏好用 A 取代 B。最後一個條件是連續性，連續性要求如果有一個人排序 A 大於 B 大於 C，則必定存在一個得到 A 的機率為 p 且得到 C 的機率為 (1 − p) 的樂透，對他而言，這和直接得到 B 一樣好。這項假設也同樣可以去除了對特定結果的強烈偏好。[4]

人們的行為常違反獨立性和遞延性的假設，以及「總會做出最佳決定」這個令人懷疑的說法，讓許多人，特別是經濟學家，懷疑理性決策模型是否能夠廣泛使用。雖然如此，仍有足夠理由認為人們會採取理性行為。

首先，人們的行動「正如同」就是在取得最佳化的結果，他們可能是運用了幾乎能產生最佳行為的規則。例如接飛盤時，你我並不需要寫下數學公式，仔細計算伸手接飛盤的理想時間，就接得到飛盤。而且，就算是狗也有能力接到飛盤。因此，不論人或狗的行為，都像在解決一道很困難的最佳化問題。

相同的邏輯可以延伸到高維度問題上。有一項針對麥迪遜大都會汽車客運公司維修主管澤克（Harold Zurcher）的分析，發現澤克在決定何時更換汽車引擎上，幾乎從不失誤。[5] 澤克從來不做任何數學計算，而是根據自身經驗直覺判斷。多年經驗累積的直覺能力，讓澤克的行動如同理性決策下做出的決定。

再者，即使人們確實會犯錯，但只要情境不斷重複，學習能力會引導人們逐漸趨近最佳行動。

第三，人們在決定重要事務時，會花費較多時間和精力，做出接近理想的決定。人們購買咖啡或電池時，可能不假思索，就多付 30% 的錢，但購買汽車或房子時，絕對不會多付 30% 的錢。足夠的經驗和實驗都證明，學習能力和事務的重要性，都會提高理性決策程度。[6]

第四個採用理性決策模型的理由是：理性決策模型簡化了分析工作。這聽起來十分矛盾。大部分的效用函數都有唯一的最佳行動，非最佳行動則有千千萬萬種。人們做出非理想行動的方式非常多，可能是為了維護身分、或堅守文化規範，以致找不到明顯唯一的最佳行動。

理性選擇並不貼近現實，但若要完全套用現實，則模型會一團混亂。就算我們知道答案不完全正確，但有答案總比完全得不出答案更實用。這些答案能讓我們連結模型和資料，並嘗試改變那些變數造成的影響。[7]

第五，理性決策模型假設能確保內部的一致性。如果模型是假設了次佳行為，並可提供公眾檢視，則人們能夠學習這個模型。而人們可能改變自己的行為，但可能不會做出最佳行為。不過，任何非最佳行為的假設，都會受批評，認為模型是不一致的。本章最後會再次討論這個論點。

最後一點，可能也是最重要的一點，理性可以做為一項基準。[8] 無論是策劃政策、做出預測或選擇行動，都應該考量人們在理性偏好和最佳行為下產生的結果。藉由這項方法可以找出思考上的缺陷，但同時也應保持開放態度，因為很可能在使用上述方法思考後，發現理性決策模型不適用於當下狀態，而須改採用其他模型。

理性選擇的六個論點

行為正如同最佳選擇：以規則為本、展現智慧的行為，可能和最佳或接近最佳的行為毫無分別。

學習：在重複出現相同情境下，人們的行為會逐漸趨近理想。

重大性：人們在做重大決定時，會蒐集資訊並仔細思考。

獨特性：最佳行為往往只有唯一的一個，這讓模型可進行檢驗。

一致性：最佳行為會建構一個具有內部一致性的模型，假如人們學會這個模型，就不會改變行為。

基準：最佳行為提供了人們認知能力的上限基準。

因此，最後可能還須加上第七個原因：多模型思維。如果人們運用多個模型，錯誤機率就會大幅降低。

心理偏誤

理性決策模型不斷受到心理學家、經濟學家和神經學家的挑戰，認為理性決策模型不符合人類行為。從實驗室和社會上實際觀察的結果顯示，人們會受到各種偏誤影響，例如**現狀偏誤**（status quo bias）。計算機率時，我們也很容易忽略了事件背景的**基本率**（base rate），對於確定事件賦予的權重太高，同時也傾向**損失趨避**。

隨著研究人員開始將行為和信念，與大腦中的過程連結起來，人們帶有根深蒂固偏見的證據，愈來愈引人注目了。例如：神經科學家使用腦成像技術，研究經濟學相關行為，包含對風險的態度、信心水準和對資訊的反應等等。[9] 諾貝爾經濟學獎得主康納曼（Daniel Kahneman）提出，人類有兩種相異的思考系統：快速、直覺的系統一（快思）和按部就班的系統二（慢想），而快思較容易受到心理偏誤的影響。[10] 經過長期研究後，我們有機會從大腦結構中，推論出一些行為模式，但必須謹記大腦的可塑性極高，而藉由慢想，則能夠克服心理偏誤。

此外，我們應當很小心，不要將任何僅有少數幾篇研究的發現，當作普遍狀況。許多心理學領域的發現，其實都尚未經過嚴格證實。每一百篇在頂尖心理學期刊上發表的發現中，有一半無法在近期的實驗中再現。[11] 此外，就算實驗結果能再現，也不代表論文內容為普遍現象，因為許多受試者群體（subject pool）缺乏經濟和文化多樣性。[12] 但可以想像，多樣性愈高的受試者群體，會產生愈少的行為規則，因此更應避免認定是普遍行為。

最後，嘗試建構更接近現實的模型時，應隨時注意可處理性。愈接近現實的模型，往往需要使用愈複雜的數學。[13]

不過，這些問題都不足以令我們放棄心理學實際行為模型，我們只需要謹慎處理，並著重在有憑有據的行為規則即可。

已經歷多次實驗證明的兩項偏誤，分別為損失趨避和**雙曲折現**（hyperbolic discounting）。損失趨避是指：人們面對收益，會採取**風險趨避**（risk-averse），面對損失之際，卻採取**風險尋求**（risk-loving）。康納曼和特沃斯基（Amos Nathan Tversky）將這些行為的一般理論，稱為**展望理論**（prospect theory）。[14] 損失趨避看似並非不理性，但損失趨避顯示：人們在面對潛在損失和潛在收益兩個相同情境下，會選擇不同行為。

例如，人們寧可選擇確定拿到 400 美元，而不願意參加有 50% 機率拿到 1,000 美元的樂透；但人們卻願意參加有 50% 損失 1,000 美元的樂透，而不願意直接損失 600 美元。這些不一致性在非關金錢領域也適用，醫師在面對收益框架（使用收益方式描述報酬）時，也會採取風險趨避態度，而面對損失框架時，則採取風險尋求的態度。[15]

展望理論：範例

收益框架：你面對兩個選項：

選項 A：確定贏得 400 美元。

選項 B：丟一枚公平硬幣，正面贏得 1,000 美元，反面拿不到半毛錢。

損失框架：你拿到 1,000 美元，並面對兩個選項：

選項 Â：確定交回 600 美元。

選項 B̂：丟一枚公平硬幣，正面不用交回任何錢，反面交回 1,000 美元。

A 和 Â 本質上相同，B 和 B̂ 本質上相同，但是根據展望理論，更多人會選擇 A 和 B̂。

雙曲折現是指：面對眼前的未來，會有較強的折現效應。標準經濟模型的假設是**指數折現**（exponential discounting），也就是人們對未來的折現為固定值。例如年度折現率為 10%，人們會認為明年 1,000 美元的價值，相當於目前 900

美元的價值，未來每一年都會以固定的 10% 折現率，折現成現在的金額。但許多證據顯示，大部分人並不會以固定的折現率，來計算未來的金錢收入。人們會受到**接近偏誤**（immediacy bias）的影響，認為近期未來的折現，遠遠大於遠期未來的折現。[16]

例如，如果詢問人們想要在二十年後領到 9,500 美元、或二十年又一個月後領到 10,000 美元，大部分的人會願意多等一個月，賺取額外的 500 美元。但如果詢問相同一群人，想要今天領 9,500 美元或一個月後領 10,000 美元，則大部分的人會選擇現在立刻領取 9,500 美元。這就是一個接近偏誤的例子。[17]

接近偏誤造成時間不一致的行為，相對於現在不願多等一個月，想立即領取 9,500 美元，而二十年後卻願意多等一個月來領取 10,000 美元，這樣的偏好在邏輯上並不一致。雙曲折現足以解釋為什麼人們積欠信用卡債、吃下垃圾食物、進行危險性行為，以及沒有為退休做儲蓄準備。

總結來說，理性決策模型可能需要加入損失趨避和雙曲折現的假設，因為這兩個假設似乎很貼近大多數人的行為模式。但如果採用了這兩個假設之後，並不會從本質上改變模型結果，反倒讓模型變得更加複雜（或者雙曲折現的假設竟讓模型產生不切實際的行為），那就不該採用這些假設。

規則為本模型

現在開始要討論規則為本模型。[18]

最佳化為本模型（optimization-based model）假設人們會嘗試將隱含效用或報酬函數最大化，而規則為本模型則假設人們有特定的行為。例如，規則為本模型可能會假設在拍賣過程中，某人出價總是少於實際價值的 10%，或是假設某人看到朋友總是獲得高報酬時，會模仿朋友的行為。很多人將最佳化為本模型與數學畫上等號，而將規則為本模型與計算畫上等號，但最佳化為本模型和規則為本模型之間的差異，並非如同想像的界線分明。請回想前述的住房消費模型，最佳行為的規則十分簡單：花費三分之一收入在住房上。這兩種模型的關鍵差異在於基礎假設，最佳化為本模型建立在偏好和報酬基礎上，而規則為本模型則以行為做為基礎。

行為規則可以來自**固定規則**或**適應規則**。固定規則永遠採用相同的行為規則。理性選擇模型提供了人群認知能力的上限，而固定規則模型則提供了人群認知能力的下限。

市場上常見的固定規則——**零智慧規則**（zero intelligence rule），採取的就是接受任何能產生較高收益的交易。使用零智慧規則就不會採取愚蠢（例如：降低效用）的行動。假設我們想要衡量「僅賣家能為商品報價」這類單邊市場的效益，遵循零智慧規則的賣家，會隨機選擇一個高於賣家商品估值的價格。買家則會購買任何價格小於買家商品估值的價格。若將這些行為編碼到電腦模型中，會發現在零智慧市場中的交易，可以產生接近最高效率的結果。因此，交易市場不需要理性買家和理性賣家，就能夠良好運作。[19]

適應規則則是人們則會選擇不同行為、發展新行為或模仿他人的行為，人們採用這些適應行動來提高報酬。因此和固定規則不同，適應規則需要應用到效用函數或報酬函數。適應規則的倡議者提出：在任何情境下，人們都會採用簡單且有效的規則，而模型應該要按照人們的實際行動來建構。[20] 雖然規則為本模型並沒有明確假設人們是理性的，但適應規則模型卻也呈現出**生態理性**（ecological rationality）這項特性，也就是較佳規則會被人們採用。[21]

為了說明適應規則如何運作，以下將說明自我組織協調的**艾法洛酒吧模型**（El Farol model）。[22] 艾法洛是一家新墨西哥州聖塔菲郡的酒吧，每週二晚上都有舞會活動。每週有 100 名喜愛跳舞的客人，需要決定去艾法洛跳舞或留在家中。這 100 名客人都喜歡跳舞，但是如果酒吧太擁擠，則不會想要入場。艾法洛酒吧模型假設了一種很鮮明的偏好：客人如果留在家中，報酬為 0，如果去了酒吧，人數為 60 或以下時，報酬為 1，人數超過 60，則報酬為－1。

如果建構的是固定規則模型，那麼任何狀況都可能發生，例如：所有客人遵循的規則為：「第一週前往酒吧，如果人數超過 60 人，則下一週不前往，下下週再前往。」如此一來，第一週艾法洛酒吧會有 100 位客人，第二週沒有客人，第三週又會有 100 位客人。

但是艾法洛酒吧模型是給予每位客人一組規則，藉此產生適應規則。每個規則會告訴客人在什麼情況下可前往艾法洛酒吧。規則有各種形式，某些提供固定規則，例如：每隔一週去一次；有些則會依照近幾週出現在艾法洛酒吧的人數趨勢，決定是否前往；其中一個規則可能會預測這週前往酒吧的人數和上週相同，如果上週人數小於 60，規則會告訴客人這週可前往酒吧。

適應規則會依照每個規則提供正確建議的比例，給予分數，然後每位客人會使用所擁有規則中最高分的那個規則，而每週的最佳規則不一定相同。艾法洛酒吧模型的模擬結果發現，如果每位客人都擁有大量規則可供選擇，則每週大約會有 60 人前往酒吧——不需要任何人從中計畫，協調結果就會自然而然出現。換句話說，適應規則系統會自我組織，產生接近最高效率的結果。

艾法洛酒吧模型：適應規則模型

100 位客人獨立決定各週是否前往艾法洛酒吧，持續一年。如果艾法洛酒吧裡的人數為 60 人或以下，前往的客人報酬為 1；如果超過 60 人，則報酬為 −1；沒有前往艾法洛酒吧的客人，報酬為 0。

每位客人都擁有一組規則來決定是否前往，這些規則可能是固定規則、或取決於最近前往的人數。於是，每週每位客人將會遵循他所擁有的規則中，截至目前為止評分最高的那個規則。

我們可以使用**微觀巨觀迴路**（micro-macro loop，見圖 4.1）來解釋艾法洛酒吧這類適應規則模型中的行為。在微觀層級會看到一群人根據規則採取行動（以 a_i 表示），這些規則會塑造巨觀層級現象（以 $Macro_1$ 和 $Macro_2$ 表示），以向上箭頭呈現上述過程。

在艾法洛酒吧問題中，巨觀層級現象就是過去前往酒吧的客人數目。向下箭頭呈現巨觀層級現象如何回饋影響了個人行為。在艾法洛酒吧模型中，每位

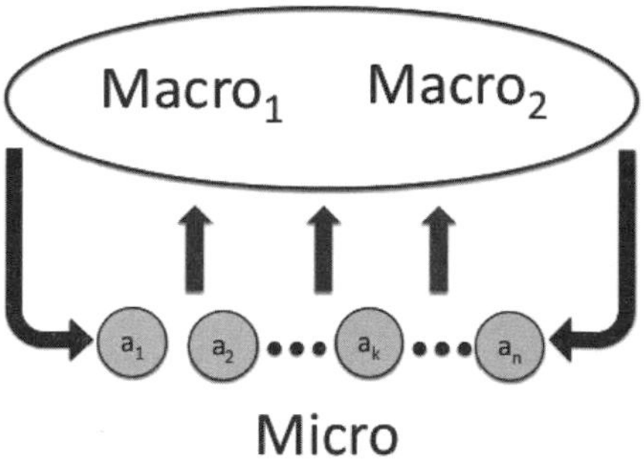

圖 4.1　**微觀巨觀迴路**

客人可能採取不同的規則。如果客人採取的規則讓艾法洛酒吧連續四週都擠滿客人，建議客人減少前往酒吧的規則就會產生較高報酬。隨著客人改為選擇這些規則，前往酒吧的人數就會減少。也就是說，微觀層級規則產生了巨觀層級現象（例如：酒吧人數過多），巨觀層級現象又回饋影響了微觀層級規則。

模型產生的四種可能結果

微觀巨觀迴路闡明了一個核心問題：模型中的**智能體**（agent）應該要多聰明？人們有能力判斷行動造成的所有後果嗎？迴路同時也提示了這整本書籍都會面對的大問題，也就是模型會產生何種結果類別：模型結果會平衡嗎？產生隨機結果？產生循環？還是產生一系列複雜結果？

首先要問的問題是智能體應該要多聰明。假設我們相信每個人只有最基本的認知能力，所以我們利用**零智慧智能體**來建立模型，而智能體的個別行動會整合形成巨觀層級現象。如果巨觀層級產生了最高效率或接近最高效率的結果（如同在前面提到的單邊市場買家和賣家例子），就有機會證明我們的假設：簡單固定規則即能產生良好的結果。如此人們就沒有誘因努力開發更複雜的規則了。

但若模型產生低效率或糟糕的巨觀層級結果，張力就會提高。艾法洛酒吧模型就能看到這種狀況，如果使用共同固定規則，就可能造成酒吧一週擠滿了人、隔一週又空無一人的循環結果。我們可能會認為在低效率結果下，人們會調適行為，或許人們會不斷嘗試，或許人們會使用邏輯來思考情境並做出新的行動，但如果按照這樣的邏輯走到極致，並認為思考成本極低，就會發現：其實這種模型即為理性決策模型。雖然任何行為不完美的人都有機會做出更好的行動，但前提為人們有能力想出更好的行動。

因此，我們想問一個大問題：模型產生的結果是哪種類別呢？以下是四個可能選項：平衡、循環、隨機結果、複雜狀態。結果的類型會影響認為「人們有能力學習來達到平衡」這個論點的強度。首先，如果模型在巨觀層級產生隨機結果，個人可能無法進行學習了，而我們建構的模型不至於如此。產生複雜狀態的模型也有同樣問題，我們認為在這種情況下，人們會繼續適應新規則，但並不認為人們可以做出理想選擇，複雜的巨觀層級現象讓人們不可能做出最佳反應。如同艾法洛酒吧的例子，人們比較可能使用一組簡單規則，來應對複雜狀態。

產生循環與平衡的模型，會創造一個穩定情境，在穩定情境下可以期望人們能夠學習，也就是不會有人永遠採取次佳行動。舉個例子，假設建立了一個交通模型，模型中每個人可以使用固定規則選擇通勤路線，然後這個交通系統達到了一個平衡。在這個平衡系統中，有一位名叫蘭恩的人，每天早上都會從卡拉巴薩斯市開車七十五分鐘到洛杉磯市中心。在平衡狀態下，如果蘭恩走托潘加峽谷小路，則只需花費四十五分鐘。每天多出額外三十分鐘，對蘭恩影響甚大，由於洛杉磯人很愛談論交通，蘭恩很快就會找到這條捷徑。找到捷徑的方法並不困難，蘭恩可以利用谷歌地圖導航的建議、詢問鄰居、或是自己嘗試找路。

因此，如果模型產生平衡（或簡單循環），而平衡又與最佳行為衝突，就會產生邏輯缺陷問題。由於人們本來就善於學習，因此更好的行動選項理應想得出來。要注意的是，我們不必假設每個人都採取最佳行為，才能達到平衡，人們會遵循簡單規則來達到平衡，一旦真正達到平衡，就沒有任何人可以藉由改變行動來獲得利益了。在平衡狀態下看起來，正如同人們做出了最佳選擇，因為在平衡情境下，人們的行為確實就是最佳選擇。

在此重申，複雜狀態或隨機結果無法應用邏輯來解釋。如果模型中的洛杉磯交通模式是一連串車流堵塞的複雜狀態，則沒有理由相信蘭恩每天都能找出最佳路線。在複雜狀態下，蘭恩不可能找到最佳路線！

如果適應規則模型能產生平衡，則平衡結果必定和智能體的最佳化行為一致。如果相同的適應規則模型產生了複雜狀態，智能體就不一定能做出最佳行為。這些想法可以整理成以下的論述：最佳行為可能是不切實際的假設，在複雜情境下更是如此。另一方面，如果系統產生了個人可有其他較佳行動的穩定結果，則系統中的個人應當能想出較佳行動。

這個邏輯可以延伸到政策干預上。假設使用資料估算人們的行為規則，例如：使用「人們在午餐時間，因小病而到醫院急診的機率」這項資料。假如認為人們採用固定規則，則可以擴大醫院急診部門，讓病人不需等待。如果人們持續遵循固定規則，則新平衡結果的看病等待時間會縮短。但是如果等待時間縮短了，原本可能僅是腳踝扭傷或感冒，沒有必要看急診的病人也會想來急診報到。更短等待時間的平衡狀態，必須依賴人們選擇次佳行動，例如：即便不需要等待，還是選擇不看急診。

如果人們懂得學習，則無法依據過去的資料來預測政策改變下的結果。這個洞見稱為**盧卡斯批判**（Lucas critique），為**坎貝爾定律**（Campbell's law）的一種變體。盧卡斯批判聲稱，人們會對任何測量或標準產生反應，而使得測量或標準的效力降低。[23]

盧卡斯批判

改變政策或情境，很可能讓受影響的人做出行為反應。因此根據過去人們的行為資料做出評估的模型，會因此而不準確。模型必須考量人們對政策或情境改變做出反應的影響。

結論：模型總是會出錯

顯而易見，對於如何建立人群模型，並不存在最佳的解決方案。要如何制定模型中的人群理性程度和規則適應程度，必須根據不同的情境來處理。在每一種情境下，我們都應盡力做出最佳的判斷。而基於不確定性，我們更應該傾向使用多模型。

即使你傾向認為理性決策模型不夠符合實際狀況，仍然必須認真看待理性決策模型易於處理、足夠用來揭露誘因力量的方向，以及做為基準的價值。而零智慧之類的簡單規則為本行為，也不貼近現實、不完全正確，但依然十分實用。簡單規則為本模型易於分析，並能揭露在特定情境下所需的智慧程度。

人類行為處在零智慧和完全理性兩者之間，所以建構適應規則模型十分合理。這些規則需要考量人們在各領域的認知能力有所差異，因此應預期人們的行為各不相同。此外也可以預期群體之間存在某些一致行為，這些假設都可以包含在模型中。[24]

總結來說，正因為要建立人群行為模型十分複雜，所以我們有足夠理由採用多個相異模型。我們可能無法預測人們的每一步行動，但可以找出各種可能的行動。只要能找到各種可能的行動，讓我們知道可能發生的狀況，建構的模型就已經很有用處了。

最後希望大家保持謙卑和同理態度。模型建構人員在建構人群行為模型時也務必保有謙虛態度。因為差異性、社會影響、認知偏誤、目標和適應等種種挑戰，模型必定無法完全正確，這也是為什麼要採用多模型方法。簡單行為的模型十分適合某些情境，並讓我們能專注在情境的其他層面上。當擁有較完整資料時，則較適合建構內容更豐富的行為模型。我們必須不要抱有過高期望，人群各自相異、目標強烈、適應力強、常有認知偏誤、而且易受社會影響，此外還具有能動性。因此，期望任何人群行為的單一模型完全正確，這是不可能的，我們必須接受模型總會出錯的這件事實。我們的目標是建構多個模型，並在整合應用下，能發揮作用。

第 5 章
常態分布：鐘型曲線

我無法保證我比其他六十五個人都還聰明，
但我確定，我比其他六十五個人的平均值聰明。
—— 費曼（Richard Feynman），諾貝爾物理獎得主

分布（distribution）是所有模型建構人員的核心知識之一，我們將分為兩章來說明**常態分布**（normal distribution）和**長尾分布**（long-tailed distribution）。在後面的章節，我們還會使用分布來建構和分析許多模型，諸如：路徑依賴（見第 14 章）、隨機漫步（見第 13 章）、馬可夫過程（見第 17 章）和學習模型（見第 26 章）等等。我們也需要可實際應用的分布知識，來測量權力、收入和財富不均，並進行統計檢定。

關於分布，本書並非針對統計學家而寫，而是以模型建構人員的角度來探討。模型建構人員關心兩個重要問題：為什麼會看到這樣的分布？以及，為什麼分布很重要？

為了解決第一個重要問題，首先要複習什麼是分布。分布是使用數學方法將資料展現成數值上或分類上的機率分布，藉此捕捉變異量（variation，同一類型中的差異）和多樣性（diversity，不同類型間的差異）。常態分布是一般人很熟悉的鐘形曲線。大部分生物的身長和重量，都符合常態分布——以平均值為對稱中心，並鮮少有過大或過小數值的事件發生，例如兩公尺長的螞蟻或兩公斤重的麋鹿，百萬年難得一見。

根據**中央極限定理**（central limit theorem）可以解釋為什麼常態分布如此常見。中央極限定理說明了，若加總或平均隨機變數之後，預期將會得到常態分布——社會上的許多現象，特別是像銷售資料或投票總數這類加總資料，都可以看成隨機事件的總和。

但並非所有事件的大小皆為常態分布。地震規模、戰爭死亡人數和書籍銷售量，呈現出另一種分布：長尾分布。這些事件大部分發生的數值都很小，但有時候會突然出現龐大數字。例如，加州人每年都會歷經超過一萬次地震，除非緊盯著茉莉花瓣是否抖動，不然不太可能會發現有地震。但有時也會有地殼板塊劇烈運動，造成高速公路斷裂和大樓坍塌的巨型地震。

瞭解系統產生的結果是常態分布或長尾分布，十分重要。因為我們想知道電力網會不會有大規模停電危機，或是金融市場會不會造成超級貧富差距。利用分布知識，我們可以預測洪水是否將漫出堤壩、達美航空 238 班機準時抵達鹽湖城的機率，以及交通運輸中心成本超出預算一倍的機率。

分布知識在策劃上，也十分重要。由常態分布可以得知，身高不會有極端差異，因此飛機設計師不用為三公尺高的人設計伸腳空間。瞭解分布也可以指導行動，之後我們將會討論，防止抗爭發生最主要取決於安撫極端份子，而非降低不滿意的平均程度。

本章中，我們採用「結構—邏輯—功能」的組織方式進行解說。首先定義常態分布、說明常態分布如何產生，然後討論為什麼常態分布如此重要。應用分布知識可以解釋為什麼小樣本容易出現特別好的結果、如何利用分布知識檢定顯著性，以及解釋六標準差方法管理。

然後我們會回到邏輯問題，討論如果將隨機變數相乘而非相加，會發生什麼狀況。相乘隨機變數會得到**對數常態分布**（lognormal distribution），對數常態分布包含較大事件，且並非以平均值為中心而對稱分布。由對數常態分布可以發現，相乘效應會產生更巨大的貧富不均現象，這能提供加薪政策如何影響收入分布的洞見。

常態分布的結構

分布提供了事件或數值的出現機率。每日降雨量、考試分數、人類身高等分布，會提供所有可能結果值的機率。利用統計學方法，我們可以濃縮分布中的資訊為單一數值，例如：**平均值**（mean）代表分布的平均值——德國黑森林樹木平均高度為 24 公尺，心臟手術後住院平均天數為 5 天。社會科學家總是根據平均值，來比較各國家經濟和社會狀況，例如：2017 年美國人均 GDP 為 57,000 美元，超過法國的 42,000 美元，而法國的平均壽命則高出美國 3 年。

第二項統計數值為**變異數**（variance），用來測量分布的離散程度。變異數是各資料點到平均值的距離平方的平均值。[1] 如果分布中，所有資料點數值都相同，則變異數為 0。如果一半的資料值為 4、另一半為 10，則平均每個資料點與平均值的距離為 3，變異數等於 9。

另一個常用統計數值為**標準差**（standard deviation），等於變異數的平方根。

分布可能有無限多種狀況，在紙上畫出任何線段，都可以視為一種機率分布。幸運的是，真正會遇到的分布大概只分為幾種類型。最常見的分布為常態分布，也就是**鐘形曲線**（bell curve），如圖 5.1 所示。

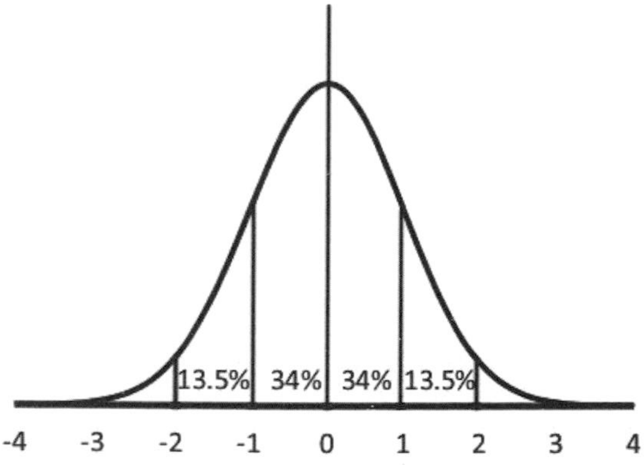

圖 5.1　**含標準差的常態分布**

常態分布以平均值為中心，呈現對稱分布。如果平均值為 0，隨機抽出一個資料點為 3 的機率，等於抽出資料點為 −3 的機率。常態分布使用平均值和標準差（相當於變異數）做為特徵。換句話說，常態分布的圖形看起來都十分相像，平均值正負一個標準差之間包含 68% 的資料點、兩個標準差包含 95%、三個標準差包含 99%。常態分布下，任何大小的結果或事件都有機率發生，雖然大數值事件的發生機率極低——距離平均值五個標準差的事件，只有兩百萬分之一的發生機率。

利用常態分布的規則性，可以提供一定範圍內的事件發生機率。例如，威斯康辛州密爾瓦基市的房子，平均面積為 60 坪，標準差為 15 坪，則 68% 的房子大小在 45 坪到 75 坪之間，95% 的房子大小在 30 坪到 90 坪之間。2019 年款的福特 Focus 汽車，平均每公升汽油可以開 15 公里，標準差為每公升汽油 0.5 公里，則超過 99% 的福特 Focus 汽車每公升可以開 13.5 到 16.5 公里。雖然消費者都期待買到超省油汽車，但福特 Focus 新車每公升汽油不可能跑到 30 公里。

常態分布的邏輯：中央極限定理

無數現象都呈現出常態分布，例如：動植物體型大小、學生考試分數、便利商店每日銷售額，以及海膽壽命等等。中央極限定理描述了隨機變數的加總或平均，可以產生常態分布。正好可用來解釋上述現象。

中央極限定理

二十個以上的隨機變數加總，分布會近似於常態分布，但前提是所有隨機變數必須獨立、變異數大小有限，且沒有任何小群組貢獻大部分的變異數。[2]

中央極限定理有一個值得注意的面向，即隨機變數本身不需要是常態分布。只要每個變數的變異數的大小都是有限值，而且沒有任何小群組貢獻了大部分的變異數，任何分布都能符合中央極限定理。假設有一份人們購買行為的資料顯示，在一座 500 人的小村落中，每人每週平均花費 100 美元。有些人可能會一週花費 50 美元、另一週花費 150 美元；有些人可以每三週花費 300 美元；有些人可能每週隨機花費 20 到 180 美元。只要每個人的花費變異數有限，並且沒有任何一小組人貢獻大部分的變異數，隨機抽取資料加總，該村落會呈現年平均值 50,000 美元的常態分布，也就是呈現對稱分布，超過 55,000 美元花費的機率與低於 45,000 美元花費的機率相當。同樣的邏輯推論，該村落居民購買的香蕉、牛奶和玉米脆餅數量，也都會呈現常態分布。

我們也可以利用中央極限定理來解釋人們的身高分布。一個人的身高受基因組、環境，以及兩者間互動的影響。基因影響占比高達 80%，因此我們假設身高只受到基因影響。但是影響身高的基因至少有一百八十個，[3] 某些基因可能會造成較長的脖子或頭部，另一些基因可能會造成較長的脛骨。雖然基因之間會交互影響，但是在初步近似（first approximation）下，可以假設每個基因各有獨立的貢獻。因此，若身高是一百八十個基因貢獻的加總結果，身高將會呈現常態分布。利用相同邏輯，狼的體重和熊貓的拇指長度也會是常態分布。

常態分布的功能：應用分布知識

常態分布的第一個應用呈現出：為什麼極端事件幾乎都發生在小群體中，例如：為什麼一流學校總是小學校、有最高癌症發病率的國家人口總是稀少。回想一下，常態分布有 95% 的結果分布在兩個標準差之內、99% 的結果分布在三個標準差之內。

根據中央極限定理，多組獨立隨機變數的平均值會呈現常態分布（在變異數有限的情況下），因此我們可以非常有信心的推論，考試成績之類的群體平均數，會呈現常態分布。

然而，隨機變數平均的標準差並不等於隨機變數標準差的平均，隨機變數加總的標準差也不等於隨機變數標準差的加總。計算隨機變數的平均標準差或加總標準差的公式，取決於群體大小的平方根，這就是**平方根法則**（square root rule）。

平方根法則

標準差為 σ 的 N 個獨立隨機變數，其平均標準差 σ_μ 和加總標準差 σ_Σ，可以用下列公式計算：[4]

$$\sigma_\mu = \frac{\sigma}{\sqrt{N}}$$

$$\sigma_\Sigma = \sigma\sqrt{N}$$

由平均標準差公式可看出：群體裡的個數愈多，則平均標準差愈小。因此我們可推論：在愈小的群體，愈容易看到極好或極壞事件。事實上正是如此，小城鎮往往最安全，不然就是最危險的地方；而肥胖和癌症發生率高的國家，往往人口稀少。

若未詳加考量樣本大小，或者不慎由**離群值**（outlier）來推論因果關係，往往會導致錯誤的政策行動。因此，美國統計學家魏納（Howard Wainer）認為：平均標準差公式是**世界上最危險的公式**。舉例來說，蓋茲基金會和其他非營利組織，在 1990 年代提倡將大學校分割為許多小學校，因為證據顯示優良學校都是小學校。[5] 若要瞭解這個推理上的漏洞，請先想像一所擁有一百名學生的小學校和一所擁有一千六百名學生的大學校，兩所學校的學生成績皆為平均 100 分、標準差 80 分這個分布中的隨機成績。根據公式計算，小學校學生成績的平均標準差等於 8 分（計算方法為學生成績標準差 80 分，除以學生人數的平方根 10）。大學校學生成績的平均標準差等於 2 分（即 80 除以 40）。

如果認定平均分數高於 110 分為「表現優異」的學校、高於 120 分為「表現超群」的學校，則僅有小學校有機會達到上述標準。因為，平均分數 110 分高於小學校平均分數 1.25 個標準差（即 10 除以 8），發生機率約 10%；平均分數 120 分高於小學校平均分數 2.5 個標準差（即 20 除以 8），發生機率是每一百五十間小學校僅有一間學校能達標。如果同樣的計算套用到大學校上，會發現「表現優異」的標準比平均分數高出 5 個標準差（即 10 除以 2），而「表現超群」則高出 10 個標準差（即 20 除以 2），這些情形在現實中完全不可能發生。因此，雖然現實中表現優異或超群的學校都是小學校，並不能證明小學校表現較佳。就算學校大小絲毫不影響學生表現，單單平方根法則的影響，就足以產生最好的學校都是小學校的錯覺。

顯著性檢定

我們也會使用常態分布的規則性，來檢定平均值的顯著差異。如果觀測到的實際平均值落在假設平均值的兩個標準差之外，社會科學家就會認定這個假設是錯的。[6] 例如，有人假設「巴爾的摩通勤時間和洛杉磯相同」，而實際資料顯示巴爾的摩通勤時間平均為 33 分鐘，洛杉磯為 34 分鐘。若是兩組資料的平均標準差皆為 1 分鐘，則我們無法否定通勤時間相同的假設。因為雖然兩地通勤時間平均值不同，但只差了一個標準差而已。如果洛杉磯的平均通勤時間為 37 分鐘，則兩地通勤時間相差了四個標準差，我們就會認定原先的假設「巴爾的摩通勤時間和洛杉磯相同」是錯誤的。

但是在物理研究領域，科學家往往會採取更嚴格的標準。因為物理學家擁有更大的資料集，原子數目比人群龐大、而且資料干擾因素較低。例如 2012 年，物理學家若想要證明希格斯玻色子（Higgs boson）不存在，則必須在七百萬次實驗中，觀察到希格斯玻色子出現次數少於一次。

美國食品藥品監督管理局（FDA）核准新藥的過程，也使用顯著性檢定。如果製藥公司聲稱新藥可降低溼疹嚴重程度，則必須進行兩次隨機對照試驗。製藥公司必須找到兩組相同條件的溼疹病人，來建構隨機對照試驗，其中一組服用新藥，另一組服用安慰劑。試驗結束後，會比較平均嚴重程度和副作用大小，然後製藥公司再進行統計檢定。如果新藥顯著減緩溼疹（使用標準差來測量）且沒有顯著副作用，新藥才得以批准上市。FDA 並非一成不變使用兩個標準差規則，可治癒致命疾病但僅有輕微副作用的新藥，需要通過的統計標準較低，而治癒灰指甲但有高機率造成骨癌的新藥，則要求較高的統計標準。FDA也關心統計顯示藥物有效的機率，也就是統計**檢定力**（power）。

六標準差方法

在常態分布的眾多應用中，我們最後要呈現這一項：如何透過六標準差方法（Six Sigma method），利用常態分布，提供品質管制的資訊。六標準差方法是在1980年代中期，由摩托羅拉（Motorola）公司開發出來的。

想像一家廠商生產的門栓，必須和另一家廠商生產的鎖扣緊密結合。門栓規格要求為直徑14公釐，但任何直徑13公釐到15公釐的門栓都能正常使用。如果門栓直徑為平均值14公釐、標準差0.5公釐的常態分布，落在二個標準差之外的門栓，將不符合規格而無法使用。超出二個標準差範圍的機率為5%，但這樣的產品失敗率遠遠高出廠商能接受的標準。

六標準差方法包含降低標準差大小，來減少商品生產失敗率，廠商可以採用更嚴格的品管措施來降低失敗率。例如2008年2月26日，星巴克暫停營業超過七千家店面三個多小時，來重新訓練員工；航空公司和醫院使用的檢查表也能減少變異量。[7] 六標準差方法減少了標準差大小，因此就算出現六個標準差的誤差，都能避免商品出問題。以上述的門栓為例，必須要將標準差減小到1/6公釐（產品誤差在六個標準差之內都合格）。六個標準差意味著每十億個產品只會出現兩次失誤。實務上，會預設產品無法避免錯誤的門檻為1.5個標準差，因此六標準差方法對應的錯誤門檻為4.5個標準差，可容許的錯誤率為每三百萬件產品出現一次失誤。

六標準差方法中，悄悄應用了中央極限定理，使用的是**附加誤差**（additive error）模型。例如，門栓廠商不可能詳細測量每個門栓的直徑，實務上僅會抽出幾百個樣本來做檢驗，並由抽出的樣本估算平均值和標準差。然後，假設只有機器震動、金屬品質差異、溫度擾動、壓製機的速率波動等隨機因素會影響產出門栓的直徑，廠商應用中央極限定理，可以推論抽樣門栓的直徑為常態分布。然後廠商就能以抽樣得出的標準差為基準，嘗試降低標準差。

對數常態分布：衝擊相乘

若利用中央極限定理，則需要將獨立的隨機變數加總或平均，來得到常態分布。如果隨機變數使用加法以外的方式互動，或者並非獨立，產生的分布就不一定是常態分布了，或者說，幾乎都不是常態分布。例如：獨立隨機變數相乘產生的隨機變數為「對數常態分布」，而非常態分布。[8]

大於 1 的數字相乘，放大效果比相加還要明顯，例如 4 ＋ 4 ＋ 4 ＋ 4 ＝ 16，但 4 × 4 × 4 × 4 ＝ 256。小於 1 的數字相乘，縮小效果又會比相加還要明顯，例如 1/4 ＋ 1/4 ＋ 1/4 ＋ 1/4 ＝ 1，但 1/4 × 1/4 × 1/4 × 1/4 ＝ 1/256。因此，對數常態分布並非對稱圖形。如果有多組均勻分布在 0 到 10 之間的二十個隨機變數，相乘之後會包含許多接近零的結果與部分超大數值，形成圖 5.2 中的**偏態分布**（skewed distribution）。

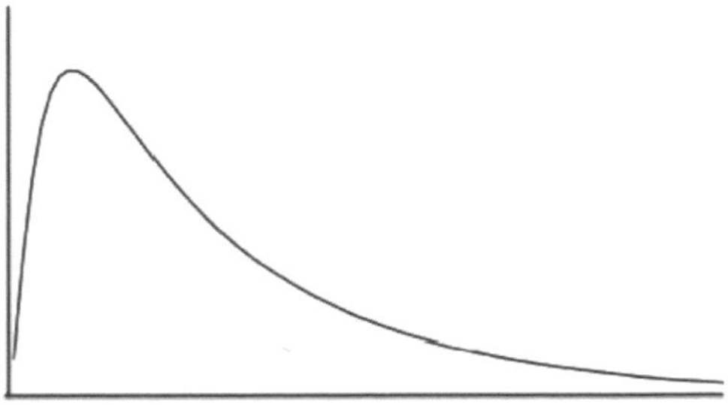

圖 5.2　對數常態分布

對數常態分布的長尾，長度取決於隨機變數的變異數相乘結果。如果變異數很小，尾巴就會很短；如果變異數很大，尾巴就會非常長。理由就如同上一段提到的，一系列大數值相乘，會產生非常巨大的數值。

對數常態分布的例子很多，包含英國農莊大小、地球礦物集中度，以及從感染疾病到出現症狀的時間。[9] 許多國家的收入分布也很接近對數常態分布，但是很多國家的長尾端有太多高收入人群，導致偏離了對數常態分布。

利用簡單的模型，將加薪政策與隱含收入分布進行連結，就能解釋為什麼收入分布更接近對數常態分布，而非常態分布。例如，大多數的企業組織以百分比方式計算加薪，表現優於平均的員工得到高百分比加薪，表現低於平均的員工得到低百分比加薪。企業組織當然也可以採用絕對金額方式加薪——表現在平均值的員工可以獲得加薪一千美元，表現好則得到更高加薪，表現差得到更少加薪。百分比和絕對金額加薪，看起來只是換湯不換藥，其實兩者有顯著差異。[10]

如果員工每年的表現是獨立且隨機，且依照員工表現以百分比加薪，就會產生對數常態分布收入。就算兩名員工的表現每年都相同，隨著年度增加，起始薪資不同造成的收入差距，就會愈來愈大。例如，年薪八萬美元、表現良好的員工，在 5% 下會獲得加薪四千美元；但是年薪六萬美元的員工，在同樣 5% 下，卻只能獲得加薪三千美元。因此，就算表現相同，起跑點不同也會讓薪資差距擴大。

如果公司是按照絕對金額來加薪，兩位表現相同的員工會得到同額加薪，收入分布將接近常態分布。

群體愈小，愈容易出現極端現象

本章討論了常態分布的結構、邏輯和功能。我們可以看到常態分布的特點為平均值和標準差。另外我們也說明了中央極限定理，呈現了把變異數大小有限的獨立隨機變數加總或平均，將會產生常態分布。此外，我們還提供了隨機變數的平均標準差公式與加總標準差公式，然後說明這些特性造成的結果。我們學習到小群體更有可能產生極端現象，以及如果缺乏洞見，則有可能做出錯誤推理和愚蠢行動。我們也學習到常態分布的隨機變數假設，如何讓科學家提出檢定顯著性和檢定力的主張；此外還學習到，流程管理可以利用常態分布，預測產品生產失敗的可能性。

但並非所有量值都能以獨立隨機變數的加總或平均來呈現，因此，並非所有分布都是常態分布。某些量值為獨立隨機變數相乘的結果，會產生對數常態分布。對數常態分布只能包含正數、同時擁有長尾型態，代表可能出現更多的大數值事件，而小數值事件發生的機率則比常態分布還多。如果相乘的隨機變數有很大的變異數，則對數常態分布的尾巴會很長。長尾代表預測更加困難，而常態分布則代表分布有規則性。通常我們希望分布有規則性，儘量不要發生大數值事件。認識建構各種分布的邏輯，有許多好處。我們通常會偏好加入隨機衝擊（random shock）來處理數據，而非相乘數據，藉此可減少出現大數值事件的機會。

第 6 章

冪律分布：長尾曲線

每個基本定律總有例外，但我們仍需使用定律。
若完全不使用定律，就只剩下毫無意義的觀察結果。
這並非科學研究，而僅僅只是做筆記罷了。
—— 韋斯特（Geoffrey West），英國理論物理學家

本章將討論冪律分布（power-law distribution）。冪律分布往往稱為**長尾**（long-tailed）分布或**重尾**（heavy-tailed）分布。

繪製長尾分布時，我們會畫出沿水平軸延伸的長尾，對應到大數值事件。城市人口分布、物種滅絕、全球資訊網連結數目、公司大小、影片下載次數、書籍銷售量、學術論文引用次數、戰爭傷亡人數，以及水災或地震嚴重程度，皆呈現長尾分布。也就是說，這些分布都包含大數值事件：東京有三千三百萬居民、羅琳的《哈利波特》系列小說銷售超過五億冊，以及 1927 年密西西比大水災中，深達九公尺的水淹沒了較西維吉尼亞州還大的區域，這些都是極端的大數值事件。[1]

若是假想人類身高為冪律分布，就會發現冪律分布和常態分布天差地遠。如果身高分布如同城市人口般呈現冪律分布，並將平均值訂為 175 公分，則全美國會有一個人跟帝國大廈一樣高、超過一萬人比長頸鹿還高，且有一億八千萬人身高低於 20 公分。[2]

非獨立且通常為正回饋的資料，會產生長尾分布。[3] 擲骰子、丟銅板都是獨立事件，但書籍銷售量、森林大火和城市人口數，都並非獨立事件——當有人購買《哈利波特》小說時，基於口碑，會讓其他人的購買機率增加；當一棵樹著火時，火勢會延燒到鄰近樹木；當城市人口增加時，新建的公共設施和工作機會將吸引更多人遷入。美國社會學家莫頓（Robert Merton）將這種大者恆大、贏家通吃的傾向，稱為**馬太效應**（Matthew effect）。「因為凡有的，還要加給他，叫他有餘；沒有的，連他所有的也要奪過來。」（馬太福音 25:29）。

在許多領域中，都能發現冪律分布。但我們知道，無論理論上或實際上，都不可能用單一機制，就能解釋所有現象。事實上，我們擁有的是一系列可產生冪律分布的不同模型，每個模型都能解釋不同現象。

本章將聚焦其中的兩個模型：**偏好依附模型**（preferential attachment model），可用來解釋城市大小、書籍銷售量和網路連結數目；**自我組織臨界模型**（self-organized criticality model），用來解釋交通阻塞、戰爭死亡人數、地震、火災和雪崩規模。

至於其他可產生冪律分布的模型，我們留待後面的章節再來介紹。例如，第 12 章將討論熵值（entropy），可學習到建構不確定性的模型；第 13 章將演示隨機漫步模型中的返回時間，這也符合冪律分布。此外，本書不會討論到的最佳編碼、隨機停止規則、組合分布等模型，也呈現出冪律分布。[4]

以下將討論冪律分布的結構、邏輯和功能，並附上一則討論。討論中會重新思考大數值事件的意義，並說明為什麼難以預防、難以預先做出應對計畫。

冪律分布的結構

冪律分布中，事件發生機率和事件大小的負指數成正比。例如常見的函數 $1/x$（相當於 x^{-1}）即為冪律分布。冪律分布中，事件數值愈大，發生機率愈低，事件數值和發生機率呈現負相關。因此在冪律分布中，小數值事件的發生機率比大數值事件高出許多。

冪律分布

定義在 $[x_{min}, \infty)$ 區間中的冪律分布，可以寫成以下函數[5]：

$$p(x) = Cx^{-a}$$

其中，指數 $a > 1$，可決定尾巴長度，常數項 $C = (a-1)x_{min}^{a-1}$ 能確保機率總和等於 1。

冪律分布的指數大小，決定了大數值事件的發生機率。指數等於 2 時，事件發生機率與事件大小的平方成反比。例如：大小數值為 100 的事件，發生機率正比於 $1/100^2$，也就是一萬分之一。假如指數增加到 3，發生機率則正比於 $1/100^3$，也就是百萬分之一。如果指數絕對值為 2 或以下，冪律分布會缺乏定義良好的平均值。從指數絕對值 1.5 的冪律分布中抽出資料，平均值並不會收斂，而會不受限制的增加——如圖 6.1 左側，曲線往上竄升的情況。

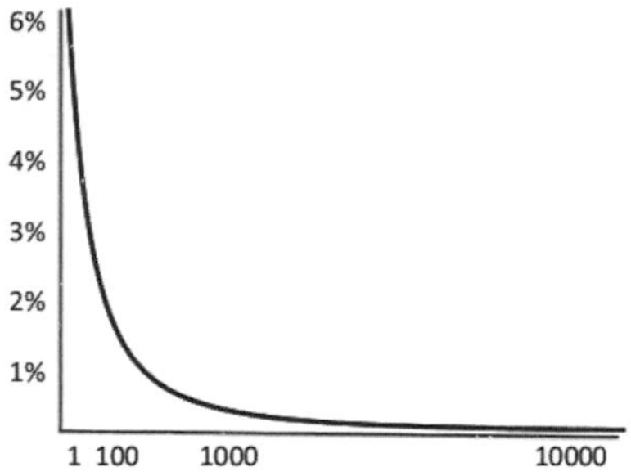

圖 6.1　全球資訊網網頁連結數目的冪律分布近似圖

冪律分布與常態分布最大的不同，就是發生大數值事件的潛在可能。在常態分布中，幾乎看不到大數值事件。在長尾分布中，雖然大數值事件也很少發生，但發生頻率已足夠得到關注，且我們必須為這些事件做好準備。就算是發生機率僅有百萬分之一的事件，也很值得注意，例如：地震規模的大小近似於指數接近 2 的冪律分布。某地區某天發生芮氏規模 9.0 以上、足以造成大樓坍塌和改變地貌的超級大地震的機率，約為百萬分之一。每一百年內，芮氏規模達 9.0 以上的地震，發生機率為 3.5%，不可不慎。[6]

為了觀察發生機率百萬分之一的事件在常態分布和長尾分布中的差異，我們使用恐怖攻擊造成的死亡人數分布來做觀察。恐攻死亡人數的分布為指數等於 2 的冪律分布，[7] 在這種冪律分布中，百萬分之一機率出現的死亡人數接近 800 人。但是就恐攻死亡人數為平均值 20 人、標準差 5 人的常態分布來說，百萬分之一機率出現的死亡人數小於 50 人；也就是說，要達到 800 人死亡的機率遠遠小於百萬分之一，微乎其微到幾乎可以忽略。

冪律分布有嚴格定義，並不是所有長尾的分布都是冪律分布，例如上一章介紹的對數常態分布，就不是冪律分布。在雙對數坐標上繪製分布，可以簡單檢測分布是否為冪律分布。雙對數坐標圖將事件大小和機率都轉換為對數值，並將冪律分布轉換為一條直線。[8]

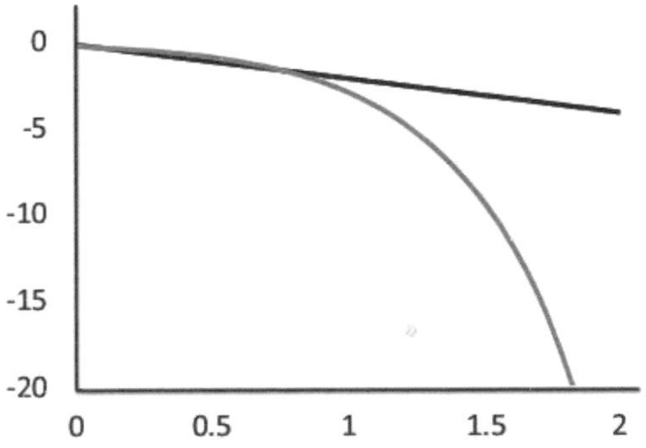

圖 6.2　**雙對數坐標上的冪律分布（黑線），對比於對數常態分布（灰線）**

也就是說，在雙對數坐標上的分布若為直線，就能證明是冪律分布；而如果直線逐漸下彎，則符合對數常態分布或指數分布（exponential distribution）。對數常態分布的曲線下彎率，取決於構成分布的變數的變異量。[9] 如果增加對數常態分布的變異數，則尾巴會加長，讓雙對數坐標上的曲線更接近直線。[10]

指數為 2 的冪律分布，稱為**齊夫分布**（Zipf distribution）。在齊夫分布中，事件排名乘以發生機率，會等於常數，這項規則稱為**齊夫定律**（Zipf's Law）。

英文單字就符合齊夫定律：最常見的英文單字 the，出現機率約為 7%，次常見的單字 of，出現機率約為 3.5%。請注意，排名 2 乘以出現機率 3.5% 等於 7%。[11]

齊夫定律

在指數為 2 的冪律分布中（指數 a = 2）：

事件排名 × 事件大小（或發生機率）= 常數

包含美國在內，許多國家的城市人口數目分布，近似於齊夫定律。若使用美國 2016 年城市人口資料進行驗證，會發現每個城市排名乘以人口數，會接近八百萬。

排名	城市	2016 年人口	排名 × 人口
1	紐約（紐約州）	8,600,000	8,600,000
2	洛杉磯（加州）	4,000,000	8,000,000
3	芝加哥（伊利諾斯州）	2,700,000	8,100,000
4	休士頓（德州）	2,300,000	9,200,000
5	鳳凰城（亞利桑納州）	1,600,000	8,000,000

冪律分布的邏輯

現在來探討產生冪律分布的模型。如果沒有模型驗證，冪律分布就只是毫無意義的一種模式罷了。

第一個模型是**偏好依附模型**，認為實體的成長率相當於實體的占比。這正好符合莫頓提出的馬太效應：大者恆大、贏家通吃。偏好依附模型設想一個實體（例如公司）的人數成長來自新進人員，新進人員會加入現有實體或建立新實體。如果選擇加入現有實體，加入各個實體的機率與實體大小成正比。

偏好依附模型

一些人（或物體）依序加入。第一個加入的人建立一個實體，之後新進人員會遵照以下規則：有小機率 p 會選擇建立新實體；大機率（1 − p）會加入現有實體。加入特定實體的機率，為該實體目前人數除以目前已加入各實體的總人數。

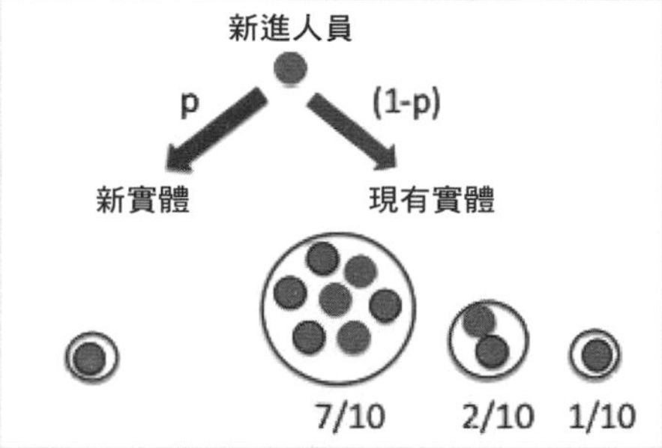

想像一群學生來到大學校園，第一位學生創立了一個新社團，第二位學生有小機率創立另一個新社團，而更大的可能是加入第一個學生創立的社團。前十位學生可能總共創立三個社團，一個有七名成員、另一個兩名成員、最後一個社團一名成員。第十一個加入大學的學生，有小機率創立第四個社團。如果他沒有選擇創立新社團，則會加入現有社團，加入機率為：第一個社團 70%、第二個 20%、第三個 10%。

偏好依附模型有助於解釋：為什麼全球資訊網的連結數目、城市大小、書籍銷售量和學術論文引用次數，都呈現冪律分布。在各情境中，個人行動（例如購買一本書）會提高其他人做相同行動的機率（因為許多人是看排行榜來買書）。如果購買一家公司的產品正比於公司目前市占率，而且新公司加入市場的機率極低，偏好依附模型預測公司大小的分布會呈現冪律分布。相同邏輯也可以應用到書籍銷售量、音樂下載量和各城市人口的成長。

第二個模型是**自我組織臨界模型**，藉由在系統中建立相互依存關係，直到系統達到臨界值，而產生冪律分布。現有的自我組織臨界模型有很多種類，其中一種是**沙堆模型**（sand pile model）：假設有人從幾十公分高的地方，將沙子倒到桌上，沙粒堆積成一座小沙堆，最終，沙堆達到臨界狀態，任何額外一粒沙子都有機會造成沙堆崩塌。不過，臨界狀態並不是一條涇渭分明的界線，有時候額外倒入一粒沙子常常沒有任何影響，或者只造成少許沙子崩落，這些狀況就是冪律分布中的小數值事件。但有時候，額外一粒沙子卻會造成大片沙堆崩塌，這就代表大數值事件。

自我組織臨界模型的第二個例子是**森林大火模型**（forest fire model）：假設有一片樹木可生長的二維方格區域，區域中的樹木可能遭到隨機閃電擊中。如果樹木十分稀疏，閃電造成的火災會很小，只影響一小塊區域；但如果樹木十分密集，閃電造成的火災會延燒到整個區域。

自我組織臨界模型：森林大火模型

森林區域一開始有 N 乘 N 個方格，每隔一段時間，會隨機選取其中一格方格：如果是空格，有機率 g 該空格長出一棵樹木；如果方格中有樹木，則有機率（1 − g）閃電會擊中該方格；如果方格有樹木，而且樹木著火了，則火勢會延燒到所有相鄰有樹木的方格。

請注意，在森林大火模型中，閃電擊中樹木的機率等於 1 減掉長出樹木的機率。如此的建構，能更方便改變樹木生長和閃電擊中的相對機率，並且可以減少模型中的參數量，達到簡化效果。若以樹木生長率做為實驗變數，我們會發現，如果生長率接近 1，森林密度會增加到一個臨界狀態，相對茂密的樹林只要一道閃電擊中，就可以燒毀整片森林。在臨界狀態下，各小片森林面積大小的分布，同時也是森林大火範圍的大小，正好滿足冪律分布。此外，森林自然而然會達到臨界密度，因為如果密度較低，火災規模較小，則森林密度會逐漸增加；如果密度超過閾值，則星星之火就可以燎原。因此，森林密度會自我組織到達臨界狀態。[12]

無論是沙堆模型或森林大火模型，巨觀層級的變數，也就是沙堆高度或森林密度，都有臨界值。巨觀變數值會在事件發生時（沙堆崩塌或森林大火），迅速減少。其他相仿的自我組織臨界模型（可以解釋太陽閃焰、地震和交通阻塞分布），也有類似的特徵。

雖然「在事件發生時，造成原本不斷增加的巨觀層級變數值瞬間下降」是自我組織模型的必要條件，但對於自我組織臨界狀態來說，並不充分（譯注：自我組織臨界狀態必定會發生變數值瞬間下降，但發生變數值瞬間下降並不代表一定是到達了自我組織臨界狀態）。平衡系統也有這些特性，湖中的水隨時都在流進流出，但因為水流量十分平穩，湖水面的變化非常緩慢。自我組織達到臨界狀態的重要假設為：壓力慢慢增加時，就像水流入湖中般十分平穩，可是達到臨界狀態時，壓力會急遽下降，並且可能發生大數值事件。

長尾的意義

我們將要討論長尾分布的三種意義：長尾分布對於**公平**、**災難**和**波動性**（volatility）的影響。長尾意味著大數值事件（大崩塌、大地震、森林大火、交通嚴重阻塞等等）僅占少數，而相對於以平均值為對稱中心的常態分布來說，小數值事件發生機率高上許多。長尾分布也對波動性有影響，巨大實體中的隨機波動，都會造成巨大影響。

▶ 公平

能寫出暢銷書、熱門歌曲或優秀學術論文的才子，他們的書籍或唱片理應熱銷，並且獲得認同。但如果一個人的能力只比別人好一點點、或僅只是走了運，卻能贏得巨大收穫，就不太公平了。如同我們在偏好依附模型中看到的，因為馬太效應的緣故，正回饋會造就大贏家。若要市場中出現正回饋影響，消費者必須知道其他人的消費選擇，而且必須能夠購買相同產品——例如智慧型手機應用程式（App）這類無實體的資訊產品，我們假設「消費者都能夠自由購買」，便是十分合理的假設。因為購買 iPhone 應用程式並不會像購買貨車一樣，受到生產量的限制而減緩正回饋速度。福特汽車生產 F-150 皮卡車的速度有其極限，但直覺電腦軟體公司（Intuit）只要消費者願意下載，要賣多少份報稅軟體 TurboTax，都沒有問題。

實證研究指出，社會效應會造就出大贏家。在「音樂實驗室實驗」（music lab experiment）中，受試大學生可以自由試聽和下載歌曲。第一次實驗時，受試者並不知道其他人下載了哪首歌曲，下載量呈現短尾分布，所有歌曲下載量都沒有超過兩百次，且只有一首歌曲下載量低於三十次。第二次實驗時，受試者知道其他人下載了哪些歌曲，分布的尾巴變長了，其中一首歌曲下載量超過三百次，更明顯的影響是，超過一半歌曲下載量低於三十次。社會影響會造成更多不均，如果社會影響造成人們下載更好聽的歌曲，其實並不需要擔心。然而，兩次實驗下載量的相關性並不高。如果第一次實驗下載量代表歌曲是否好聽，社會影響並沒有造成人們下載更好聽的歌曲。雖然大贏家並非隨機，但也並不是最好的選項。[13]

必須注意，不應該根據單一研究就做出過於肯定的推論。但我們可以從某位作家銷售五千萬本書籍，或者某篇學術論文引用超過二十萬次，這些極端成功的例子中，推論中央極限定理在此並不成立。人們並非根據獨立的判斷，來購買書籍或引用論文。驚人的成功可能意味著正回饋和一點點運氣。在本書最後一章，討論貧富不均的原因時，將會重新回顧這些想法。[14]

▶ 災難

災難事件也呈現長尾分布，例如地震、火災、金融崩潰和交通阻塞等等。即使模型無法預測地震，但卻能提供地震分布符合冪律分布的洞見。這項知識可以讓我們知道各種規模的地震發生的可能性。就算無法預測地震何時發生，也能預期會有多大規模的地震發生。[15]

森林大火模型確實能指導行動，若我們在森林中選擇性的砍伐樹木，以降低森林密度，應可避免森林大火，或者在森林中開闢防火線也十分有效。有些人可能批評說，即使沒有模型的幫助，我們也知道要降低森林密度或開闢防火線。這樣的說法當然沒錯，但模型能讓我們意識到臨界密度。每座森林的臨界密度可能不同，取決於樹木種類、盛行風速和地形地貌。模型解釋了為什麼森林會自我組織到臨界狀態。

模型也可以做類比應用。請回想第一章〈多模型思維的好處〉討論的網路中金融機構倒閉範例，我們也可應用森林大火模型，將銀行和其他金融機構視為棋盤上的樹木，把未償還債務的機構設置在債主旁邊。模型中銀行倒閉就相當於樹木著火，倒閉會延燒到鄰近銀行。

把森林大火模型應用在金融機構網，可以預告若銀行之間的連結愈高，則大規模倒閉發生的可能性愈大。不過，我們若繼續探究上述類比，就會發現四項缺陷。首先，金融網路並非鑲嵌在實體空間中，不同銀行之間的連結數目各不相同，某家銀行可能和數十家機構有債權關係，有些銀行可能只和一兩家機構有連結。第二，森林中的樹木無法採取行動來降低大火延燒速率，但銀行有能力減少損害，銀行可以提高存款準備金比率。第三，假使連結愈多銀行，倒閉造成的損失就會分散到各家銀行，倒閉造成的影響反倒會愈小，例如：如果一家銀行違約十萬美元債務，若債主只有另一家銀行，債主銀行也很可能跟著遭殃。如果違約銀行是向二十五家銀行聯貸，每家銀行就僅會受到較小幅度的衝擊。整體系統會吸收掉違約衝擊，而不會造成其他銀行倒閉。[16] 第四，破產會不會延燒到其他銀行，取決於銀行的投資組合，如果兩家相連結銀行有類似的投資組合，其中一家倒閉，則另一家銀行通常也大去之期不遠。最糟的情況是網路中所有銀行都擁有相同的投資組合，這種情況下，一家銀行倒閉很可能造成嚴重的骨牌效應。[17] 但如果每家銀行擁有不同的投資組合，一家銀行績效慘澹，並不代表其他銀行也會有相同狀況，銀行倒閉延燒的機會就小得多。有效的金融機構網模型必須考量不同的投資組合中的資產，如果缺乏投資組合資訊，僅僅知道各家銀行的債權關係，並不足以預測或避免銀行倒閉，而銀行間連結度增加造成的淨效應，也會變得不明顯。

▶ 波動性

最後要考量的是長尾分布較少人注意到的意義。如果構成冪律分布的個體大小會波動，則冪律分布的指數項就代表系統層級的波動性。

公司大小的分布會影響市場波動性，例如：想像將一個國家的 GDP 當作數千家公司的總產值，如果生產水準獨立且變異量有限，根據中央極限定理，GDP 的分布將會呈現常態分布。但如果各公司之間生產水準的變異量較大，則總和波動也會比較大。如果公司大小呈長尾分布，造成較大變異量的生產水準，則會連帶產生較大的總和波動。

以美國的波動模式進行檢驗：從 1970 年代到 1980 年代，美國波動程度大幅上升，之後二十年大幅降低，來到了大穩定（Great Moderation）時代。[18] 到了 2000 年左右，波動程度又再次上升。企業大小的分布變化，足以解釋這種波動模式：[19] 隨著企業大小的分布呈現更長尾的分布，大公司對波動程度造成的影響會更巨大；反之，企業大小的分布若呈現短尾分布，則大公司對波動的影響就會小了許多。換句話說，總和波動隨著公司大小呈現長尾分布而增加，短尾分布而減少。在 1995 年波動程度低時，沃爾瑪（Walmart）營收達到九百億美元，相當於 1.2% 的 GDP。到了 2016 年，沃爾瑪營收增加到四千八百億美元，相當於 2.6% 的 GDP，沃爾瑪的 GDP 占比增加超過一倍。2016 年沃爾瑪營收增加或減少，對總和波動造成的影響，可達到 1995 年的兩倍。

上述論點的邏輯已受到大家認同，大家想問的問題反而是：校正後的模型產生的效果大小，能否與實際波動水準相當。校正後的模型產生的數據確實十分接近實際情況，公司大小的分布與大穩定時代的歷史資料緊密相關。不過，相關性並不代表因果關係（我們從模型無法得知，大穩定究竟是政府效能還是企業效能所導致），但已足夠讓我們正視模型的優點了。[20] 這些事實同時也支持在評估未來的波動時，我們應隨時準備好利用長尾分布模型。

深入思考長尾世界

長尾分布中，大數值事件的發生機率已足夠引起注意。從前面的討論中，我們知道，回饋和交互作用會產生長尾分布。這個觀察結果值得特別關注。隨著世界相互連結和回饋增加，我們將會看到更多長尾分布，且現有長尾分布的尾部也會拉得更長。不公平會擴大、災難會更嚴重、波動會更明顯，但這些都不是我們希望發生的事。

之前，我們都是在巨觀層級討論這些可能性，但在較小的尺度也會發生長尾現象。波士頓的「大開掘」隧道工程，內容為建設一條貫穿城市中心，長六公里的隧道，正好能做為中尺度災難的一個範例。這項計畫花費一百四十億美元，遠遠超出原預算兩倍多，同時也是美國史上最昂貴的高速公路計畫。在模型思考框架下，大開掘計畫並非單一計畫，而是許多子計畫集合而成，包含開挖溝渠、澆灌混凝土、設計排水系統，以及建造擋土牆和隧道頂部，而計畫總成本等於各項子計畫的加總。

如果每項子計畫可以簡單相加，則計畫成本的分布會呈現常態分布。[21] 然而，每項子計畫的成本卻相互關聯。如果隧道頂的環氧樹脂混凝土強度不足，就必須替換更貴更強的環氧樹脂混凝土，因此會提高該計畫的成本。若是一開始就誤用了強度不足的環氧樹脂混凝土，還會造成額外的拆除成本。這拆除工程也會造成其他項子計畫需要配合重新施工；每項子計畫都需要重新施工，就會造成整體成本暴增一倍以上。各項子計畫之間的交互作用，終於導致龐大、昂貴的大開掘工程。

大數值事件發生的可能性，也讓事前規劃變得困難。地震等自然災難分布就滿足冪律分布，因此大部分的地震規模都很小，但有時會出現超大強震。如果災難事件發生機率呈現冪律分布、且指數接近 2，則政府必須保留大量預備金，隨時準備支應災難支出。畢竟未雨綢繆，有備無患。如果政府決定維持大量預備金，則在還沒有發生大災難時，就不應隨意花費這筆資金或任意減稅。

搜尋、機會、抉擇

我們可以把常態分布和冪律分布的知識，運用到某些搜尋模型中，來解釋為什麼一個人獲得機會的次數，與成功的機率強烈相關。首先，我們將分布模型嵌入搜尋模型中。不論搜尋新鞋子、新工作或度假地點，在實際體驗前，你我並不知道選項的價值。但我們知道價值分布資訊，例如：平均值、標準差，以及分布為常態或長尾分布。

以下將職業選擇視為搜尋過程，假設一個人正在嘗試一條職業道路，可以模擬成：從分布中抽取一項工作。假設他可以投入已找到的工作，或是再找一份新工作。再找一份新工作相當於從分布中重新抽取一項工作，例如：想像一位有科學才華的年輕人，他可以選擇就讀醫學系或研究量子計算。選擇醫學系是一條較安全的職業道路，選擇研究量子計算則有機會成為新創企業家，但也必須承擔更多風險。為了說明兩者的差異，我們將醫師的年薪分布呈現為平均值 250,000 美元、標準差 25,000 美元的常態分布；而新創企業家的年薪則為期望年薪 200,000 美元、指數絕對值為 3 的冪律分布。[22]

就業之後，年輕人還可以嘗試該職業領裡的不同道路，並進行搜尋，例如：醫師可以從腫瘤科轉換到放射科，失敗的新創企業家則能從中學到教訓、重新創業。每項職位轉換時，都有額外成本，醫師轉換專科跑道需要更多訓練，量子計算企業家則須繼續爆肝工作，而且幾乎無償。

假設年輕人覺得醫師和新創企業家兩項職業一樣有趣，而僅根據薪資來決定職業。我們的模型指出：年輕人允許嘗試新工作的次數，決定了最終他能找到多高薪的工作。如果只能嘗試一份工作，選擇成為醫師能帶來較高的期望薪資。但如果擁有足夠資源、並能持續嘗試成為新創企業家，最終總能幸運抽取一次長尾分布中的高收入。下圖顯示在假設每項職業嘗試一次、二次、五次和十次職業搜尋的二十次試驗中，最高薪資的平均值。如果年輕人有機會能在量子計算新創產業嘗試十次，會比選擇醫學系並嘗試十次的薪資，幾乎高上一倍。

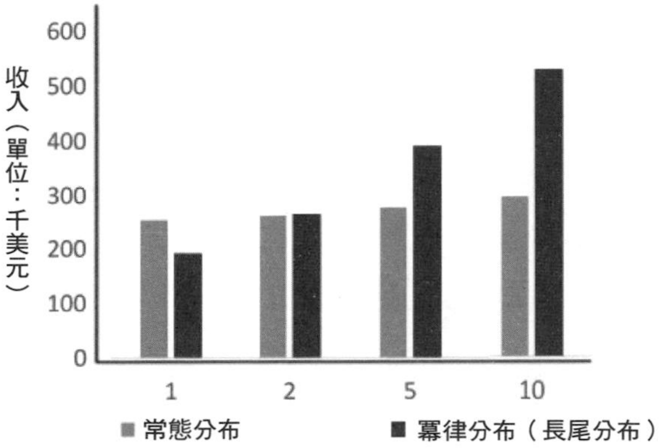

機會次數函數下的平均薪資

如果家人的財富和支持，與一個年輕人嘗試新職業的次數相關，模型預測愈富有的人會選擇風險愈高的職業。[23]

擁有專利的相關事實也符合模型。取得專利的機率和一個人的數學能力有關，擁有前 1% 數學能力的人，遠比其他人更有機會取得專利。而數學能力前 1% 的人當中，收入分布位於前 10% 的家庭，又更有可能擁有專利。[24] 至少有兩種論點可以解釋這樣的不公平狀況。第一種論點認為：有才華的窮人家子弟根本沒機會上大學，只能做枯燥乏味的工作，完全沒有機會選擇讀醫學系或做量子計算研究；第二種論點認為窮人家子弟會選擇穩定性高的工作。

「機會愈多，則人們更願意嘗試風險」的邏輯，可以應用到更多方面。風險投資人之所以願意承擔風險，是因為能夠同時投入多項投資。只要早期押對一家日後能獲利數十億美元的公司，就足以彌補其他失敗的投資。製藥研究實驗室花費數十億美元研究藥物，也承擔著高風險，不過一旦成功，也會有高獲利。

就算是決定去哪裡吃午餐，也可以應用相同的邏輯。如果去到了別的國家，在陌生小鎮中，我們通常只願意選擇連鎖餐廳。但如果要在陌生小鎮定居，則會嘗試更多不同餐廳。

第 7 章
線性模型：迴歸分析

對，我在說謊，
但是你要求非得要用線性模型來解釋，
可是線性模型的解釋幾乎都不會落在真實資料上。
—— 費蘭特（Elena Ferrante），義大利小說家

通常模型會假設變數之間的特定函數關係，包含線性、凸函數、凹函數、S 型函數（見第 11 章），也可能包含**閾值效應**（threshold effect）。其中，線性模型最簡單、也最常使用，同時也是本章的重點。

我們知道，教育對收入的影響、運動對於延長壽命的效果、以及收入提高對投票率的影響等等，都可以使用線性模型來測量。本章一開始會先回顧單變數線性函數，然後演示迴歸如何擬合資料到線性函數，並揭露正負符號、量值大小和顯著性的影響。同時也會討論為什麼誤差、雜訊和異質性，意味著資料不會完全落在迴歸線上。之後會擴展線性模型，帶入更多變數，並討論如何擬合多變數線性模型。

為了建立能直觀瞭解的多變數模型，本章也會說明為什麼「成功」是實力和運氣的線性函數。本章最後提到一個觀察得知的現象：根據資料和迴歸來指導行動，能減少錯誤，但同時也會產生邊際的、保守的行動。這種**大係數思維**（big-coefficient thinking）容易扼殺創新。為了找出更多創新選項，我們可能還需要建構其他更具推測性質的模型。

線性模型是什麼？

在線性關係中，第一個變數因為第二個變數變化而造成的變化量，與第二個變數的變化量成固定比例。例如，如果樹木高度與樹齡呈線性關係，則樹木每年成長高度都相同。如果房屋價值隨著坪數線性增加，則額外 6 坪增加的價值會是額外 3 坪的兩倍，而額外 12 坪則會是額外 3 坪的四倍。

線性模型

在線性模型中，**自變數**（independent variable）x 的變化，會造成**應變數**（dependent variable，依變數）y 的線性變化，可以寫成以下算式：

$$y = mx + b$$

其中，m 等於直線的斜率，b 等於截距（也就是自變數等於零的應變數數值）。

線性迴歸（linear regression）模型要尋找的是：能讓資料點與直線之間的距離達到最短的直線。線性迴歸可以解釋犯罪、洗衣機銷售量，甚至葡萄酒價格的變異量。[1] 假設有一份二十歲到六十歲成年人每週步行距離的資料，並且發現以下的迴歸方程式：

$$\textbf{個人}_i\textbf{步行公里數} = -0.1 \cdot \textbf{年齡}_I + 12 + \varepsilon_i$$

從迴歸方程式可得知：負符號的影響（年齡愈大，走得愈短）以及量值大小的影響（年齡每多一歲，走的距離會減少十分之一公里）。在這個例子中，因為截距落在資料範圍外，所以並不重要，資料中沒有任何一個人的年齡接近零。我們根據方程式可以預期：一名四十歲的人，每週步行八公里，而一名五十歲的人，每週步行七公里。

用來寫出迴歸方程式的資料數據，並不會剛好都落在迴歸線上，圖 7.1 呈現了用來寫出迴歸線段的假想數據，有別於其他黑色小點，芭比太太以灰色小點來代表，她的年齡四十歲，每週步行十一公里，超出模型預測值三公里。為了讓資料與模型一致，迴歸方程式中包含了每個資料點的**誤差項**（error term）。誤差項以 ε 表示，等於模型預測值和應變數實際值之間的差距。芭比太太的 ε 項等於+3 公里。

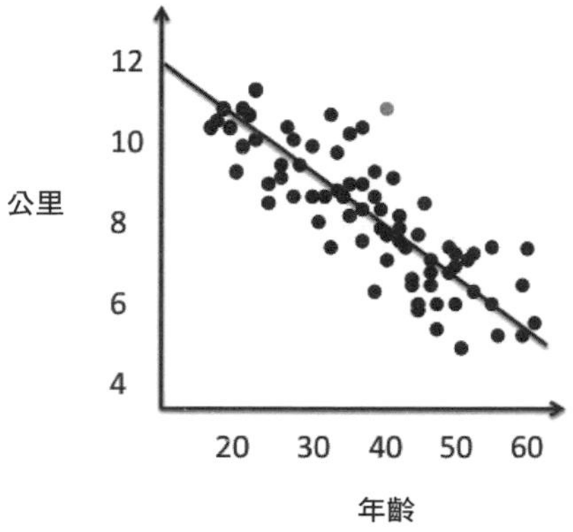

圖 7.1　**散布圖和迴歸線**

在社會情境或生物學情境裡，並不預期會有完美的線性擬合。每一項結果總是取決於多項變數的影響，而單變數迴歸就如同字面上的意義，只包含單一變數。因為有許多**省略變數**（omitted variable）的關係，預測值當然會和實際值產生偏離。有可能芭比太太是一位植物學教授，常常帶學生到森林中實地考察，所以每週步行距離超過預期。

單變數模型並沒有包含「職業」這個變數，這可能就是圖 7.1 的數據沒有落在迴歸線上的原因。ε 項也可能來自**測量誤差**（measurement error），如果人們忘記帶手機或將手機借給別人，智慧手機蒐集的健康資料就可能包含誤差。誤差也可能來自環境雜訊，人們可能會因為開車上班時，車體的間歇搖晃，而記錄到額外的步行距離。

迴歸線與數據愈吻合，模型能解釋的資料數據就愈多，R 平方值（見第 45 頁）也會愈大。如果所有資料正好都落在迴歸線上，R 平方值會等於 100%。在其他條件不變下，我們會希望 R 平方值愈大愈好。

正負符號、顯著性和量值大小

線性迴歸告訴我們自變數的下列係數（coefficient）資訊：

正負符號：自變數和應變數之間是正相關或負相關。

顯著性（p 值）：係數不為零的機率。

量值大小：自變數的係數之最佳估值。

在單變數迴歸中，擬合愈接近線段或數據愈多，就愈能相信係數正負符號和量值大小愈接近實際值。而統計學家使用 p 值來表示係數顯著性，根據迴歸定律，從 p 值能看出係數不為零的機率。如果 p 值為 5%，代表有二十分之一的機率，數據是在係數為零的情況下產生（譯注：在步行距離的例子中，係數為零代表步行距離與年齡無關）。顯著性的標準閾值為 5%（以 * 表示）和 1%（以 ** 表示）。顯著性固然很重要（高顯著性可以確定自變數和應變數之間有相關性），但是高顯著性的係數也可能因為量值過小，而影響微弱。不過，若是係數的量值很大、但顯著性過低，那也不具參考價值——這通常發生在雜訊過多或忽略太多變數的資料數據中。[2]

為了瞭解迴歸如何指導行動，我們想像一家運送香料的公司。這家公司運送超過百種香料，工人會將六種、十二種或二十四種香料裝成一包，並運送到顧客手上。根據工人年資，計算「八小時輪班期間，工人運送訂單數目」的迴歸估算函數如下：

完成訂單數目 ＝ 200 ＋ 20** · **年資**

年資的係數為 20，顯著性達 1% 水準，我們可以十分確定，完成訂單數目與年資為正相關。如果完成訂單數目和年資為因果關係（見右頁內容），模型就能夠使用工人年資來預測每位工人在每次輪班期間可完成多少數量的訂單，同時也可以使用模型來預測目前所有工人在明年可完成的訂單數目，藉此決定香料公司應接受多少訂單。這就是一個同時可以用來預測和指導行動的模型的例子。

相關 vs. 因果

迴歸只會揭露變數之間的相關性，而非因果關係。[3] 如果先建構模型，然後使用迴歸來測試模型結果是否與資料數據相符，依然無法證明因果關係。然而，先建構模型遠比計算迴歸來尋找顯著相關性（專業術語稱為資料探勘）還要好得多。

資料探勘（data mining）可能存在把「和其他因果變數相關的自變數」當作「應變數的成因」的風險，例如：資料探勘可能會發現身體中的維生素 D 含量與身體健康與否，有顯著正相關。晒太陽可以產生維生素 D，因此較常從事戶外活動的人，身體中維生素 D 的含量會比較高；然而這些人身體健康的真正原因，可能是經常從事戶外活動所致，而非維生素 D。

此外，利用迴歸也可能會發現：學校學生課業成績和馬術隊學生人數相關。馬術隊和課業表現當然沒有直接的因果關係，但是加入馬術隊的學生人數多寡，與家庭收入狀態和學校收到的贊助息息相關，而這兩項因素可能直接影響學生的課業成績。

資料探勘也可能產生**偽相關**（spurious correlation），也就是僅僅因為巧合，導致兩個變數之間存在相關性。譬如我們可能會發現：名稱較長的公司，利潤較高，或者住在披薩店附近的人比較容易感冒。在 5% 顯著性閾值下，每二十個隨機變數就會有一個檢定結果呈現顯著。也就是說，如果檢定的變數夠多，總會有發現顯著相關（但卻是偽相關）的時候。

為了避免產生偽相關的結論，我們可以建立**訓練集**（training set）和**測試集**（testing set）——在訓練集發現的相關性，如果在測試集中也成立，則相關性有極大的機率為真。

但儘管如此，依然不能保證因果關係。若要證實因果關係，則需要進行實驗，也就是操作自變數、並觀察應變數是否改變。另外也可以尋找自變數和應變數之間，產生因果關係的天然實驗或自然現象。

多變數線性模型

大多數現象都有多項成因和相關變數，健康、婚姻、小孩、宗教信仰和財富都會影響一個人是否幸福。房屋價值取決於坪數、車棚大小、浴廁數量、房間數量、建築類型和學區優劣等等，這些變數都能夠包含在迴歸中，來解釋房屋價值。但務必謹記在心，愈多變數代表要找到顯著係數需要更多資料。

在討論多變數迴歸之前，我們首先利用金融投資決策專家莫布新（Michael Mauboussin）的**實力運氣方程式**（skill-luck equation），來建立一個直觀的多變數方程式。[4] 實力運氣方程式將工作、球賽或遊戲中的成功，定義為實力和運氣的加權線性函數。

成功方程式

$$\text{成功} = a \cdot \text{實力} + (1 - a) \cdot \text{運氣}$$

其中，a 落在 [0,1] 之間，代表實力的相對權重。

假如可以使用迴歸方法，分配相對權重給實力和運氣，則只要資料在手，我們就能使用模型預測結果。譬如，休旅車銷售團隊的經理發現，銷售員的銷售額（代表銷售員售車工作的成功程度）有很大的運氣成分，則經理會期望「迴歸到平均值」，也就是這個月銷售績效超群的銷售員，下個月的績效很可能會向平均值靠近。藉此經理就可以使用模型來指導行動，例如：經理不會因為銷售員連續兩個月績效良好，就給銷售員加薪到「別家公司為了挖角而願意提供的更高薪資」水準。但如果迴歸模型顯示銷售額和運氣毫無關係，連兩個月的績效就足以預測銷售員的未來績效。這種情況下，經理會願意為優秀銷售員加薪到可防範別人挖角的更高薪資水準。

相同的洞見也適用於執行長的薪資上。如果執行長在運氣決定成功的產業工作，則董事不應該給予執行長獎金，例如：石油公司的利潤取決於市場原油價格，這個變數並非公司所能控制。因此就算是在淨利暴增的年度，石油公司董事也不太會給予執行長獎金。廣告公司則完全相反，公司業績良好時，應當頒發給執行長巨額獎金。簡而言之，實力值得獎勵，運氣則不需要。營運良好的公司，事實上的確很少獎勵運氣。[5]

就算是上述簡單模型，都提供了一些微妙的洞見。你若仔細思考成功方程式，會發現就算在幾乎完全依靠實力的比賽中，例如：跑步、游泳、下棋或網球，如果大家的實力在伯仲之間，則運氣會成為決定比賽勝負的關鍵。我們可以預期，在奧林匹克運動會這類競爭激烈的環境中，選手實力差距微乎其微，因此運氣往往決定比賽勝負。莫布新稱這種現象為**實力悖論**（paradox of skill）。

飛魚菲爾普斯（Michael Phelps）是歷史上最著名的游泳健將，菲爾普斯就受到實力悖論的來回捉弄。2008 年奧運會時，菲爾普斯在一百公尺蝶式比賽後段落後塞爾維亞選手查維奇（Milorad Čavić），但因為運氣好的關係，菲爾普斯率先碰觸到牆壁，贏得冠軍。而 2012 年奧運會時，菲爾普斯在終點線前還領先南非選手克洛斯（Chad le Clos），但最後卻是克洛斯先碰觸到牆壁。菲爾普斯固然有堅強實力，但勝利和失敗卻受到運氣左右（編注：這運氣與選手在終點之前，手臂剛好擺動到哪個位置有關）。

多變數迴歸

多變數線性迴歸模型使用多變數擬合方程式，同時將資料與迴歸線的總距離降至最低，方程式中包含每個自變數和係數。下列方程式呈現以讀書時數（HRS）、家庭社經狀態（SES）和速成班課堂數（AC）做為自變數，來計算學生數學測驗成績的假設迴歸結果。

$$\text{數學成績} = 21.1 + 9.2^{**} \cdot \text{HRS} + 0.8 \cdot \text{SES} + 6.9^{*} \cdot \text{AC}$$

根據迴歸方程式，學生每多讀一小時書，成績會進步 9.2 分。係數帶有兩個 * 號，代表係數不為零的顯著性達到 1% 的水準（數學成績與學生讀書時數無關的機率只有 1%），意味者數學成績和讀書時數強烈相關，但這並不代表因果關係。方程式也顯示每上一堂速成班課程，數學成績會增加 6.9 分。係數也達到顯著，但只有 5% 水準。家庭社經狀態（SES）變數的數值從 1（低）到 5（高），雖然係數為正，但並不顯著，因此可以推測：家庭社經狀態和數學成績之間幾乎沒有因果關係。

根據上述或任何迴歸方程式，都可以預測應變數的結果。上述模型預測學生讀書時數達七小時、且參與額外一堂速成班，則成績可以達到九十幾分。

模型也可以指導行動，但我們必須注意：模型並不能推論因果。資料顯示認真讀書且參與速成班的學生成績較佳，但因為**選擇偏誤**（selection bias，亦即抽樣無法隨機化）的原因，讀書時數和速成班有可能對數學成績並沒有影響，讀書時數多和參與速成班的學生，可能本來就比較擅長數學。

但就算迴歸無法證明資料的因果關係，卻可以剔除不合理的解釋。以美國不同族群之間，巨大的財富差距為例：2016 年白人家庭平均財富（大約十一萬美元）是非洲裔和拉丁裔美國人的十倍以上。包含制度因素、收入差異、儲蓄習慣、結婚率等等原因，都有可能解釋財富差距，而利用迴歸可以剔除一些原因，並支持較有可能的原因。例如，迴歸顯示非洲裔美國人的婚姻狀態和財富之間沒有顯著的相關性，因此婚姻狀態不可能是造成財富差距的原因。白人和非洲裔美國人的收入差距雖然確實存在，但是迴歸結果也認為不足以解釋財富差距。[6]

大係數思維 vs. 新現實思維

先前已經提到，線性迴歸模型在科學研究、政策分析和策略決策中，都扮演重要角色，其中一個原因是線性迴歸模型易於估算和解釋。隨著資料取得愈來愈容易，線性迴歸的應用也愈發廣泛。在商場上或政府中常常會聽到「只信數據不信人，除非你是萬能神」這句話，借重數據資料——通常指的就是線性迴歸模型，可以引領我們採取適當的行動，而非突發奇想。許多致力於蒐集資料、擬合線性迴歸模型，並且尋找有最大統計顯著性係數的公司、政府機構和基金會，都很努力嘗試調整變數，取得邊際效益。

採取行動時最好選擇「大係數」變數，並避免碰觸小係數變數。但是，大係數思維較為保守，僅聚焦在某些緩和的改善方式，而導致無法關注新穎的政策。再者，大係數思維存在一個問題，即大係數的大小會影響現有資料的邊際效益。下一章將會看到，隨著變數的數值增加，效益大小會逐漸遞減。假若如此，當試著利用改變大係數變數來影響應變數時，效益會逐漸降低。

大係數 vs. 新現實

線性迴歸能呈現我們感興趣的變數與自變數之間的相關度。如果相關性符合因果關係，則改變大係數變數將會造成巨大效應。

針對大係數變數而採行的政策，確實可以改善應變數的結果，卻可能忽略了涉及更根本性改變的新現實（new reality）。

除了大係數思維外的另一種選擇是**新現實思維**（new-reality thinking）。大係數思維會擴展道路、並建設更大乘載量的公路，來舒緩交通；而新現實思維則好比是在建設鐵路和公車系統。大係數思維會補助購買電腦，來幫助低收入戶學生；而新現實思維則會贈送每個人一臺電腦，並且把電子郵件發送次數降低至每週僅三次。大係數思維會改變飛機座位寬度；而新現實思維則會改造飛機內部，使用可互換的艙位。

大係數思維十分有用，根據證據採取行動是聰明做法，但我們仍必須保持心胸開闊，隨時準備好接受全新想法。當新想法提出時，則可以利用模型來探索是否可行。例如，青少年交通事故迴歸結果可能會發現，年齡變數有最大係數，意味者政府可以利用提高考照年齡，來減少青少年交通事故。提高考照年齡或許會產生成效，但是像禁止夜間駕車、透過智慧手機自動監控青少年駕駛人、限制青少年所駕車輛中的乘客數等等，這些新穎政策也可能達到良好效果。這些新現實政策可能比根據大係數制定的政策，能帶來更大效益。

結論：線性迴歸只是初步分析

總結來說，線性模型假設了固定的效應大小。線性迴歸提供一項初步分析資料數據的強力工具，讓我們能找出變數的正負符號、量值大小和顯著性。飲用咖啡、酒類和汽水對健康的影響，可以使用迴歸分析，結果可能會發現：喝咖啡及少量飲酒可降低心血管疾病的風險。但我們仍應保持批判性思考，不應推論超出現有資料範圍太多的結論，例如：利用迴歸分析推論喝三十杯咖啡或六杯葡萄酒，會對身體帶來好處。我們也不應做出時間過長的線性預測，例如加州在 1880 年到 1960 年間，人口成長率為 45%，如果採用線性預測，則會預估加州在 2018 年將達到一億人口，這幾乎是目前實際人口數的兩倍。

我們務必牢記，**線性迴歸只是最初步的分析，大部分值得探討的現象皆非線性**。因此，迴歸模型大多會包含非線性項，例如：年齡平方、年齡平方根，甚至年齡對數。為了考量非線性的影響，我們可以將數個線性模型連接排列。這些連接排列的線性模型形成的曲線，就如同排列長方形地磚來建構一條彎曲小徑。

雖然線性假設可能過於剛硬、不貼近真實，但無法否認，這是非常好用的切入方法。如果資料數據在手，我們就能先用線性模型來檢定是否符合直覺，然後就能再建立更細緻的模型，其中變數的效應可能會隨著數值變大而減緩（例如報酬遞減）或增加（例如報酬遞增）。

非線性模型是下一章的重點。

資料的二元分類

在大數據時代，各種機構組織經常使用模型提供的演算法，來分類資料數據。政黨想知道投票的選民類型、航空公司想知道搭機常客的屬性、活動策劃人想知道哪一類人會參加活動。在各案例中，通常會先將人群分類為兩大類：消費、貢獻和參與的人，標記為正號（＋）；不消費、不貢獻或不參與的人，標記為負號（－）。

分類模型運用演算法，根據人群屬性，例如：年齡、收入、教育水準或上網時間，將人群區分為不同分類。不同演算法代表「屬性和結果的關係可能不相同」的模型。運用多個演算法，也就是使用多模型，會產生更好的分類。

線性分類：在圖 M1 中，正號（＋）代表會投票的人、負號（－）代表不會投票的人。我們使用個人年齡和教育水準的線性函數，來分類某個人是否投票。資料顯示：教育水準愈高或年紀愈大的人，愈有可能投票。在這個例子中，一條直線就幾乎能完美分類。[7]

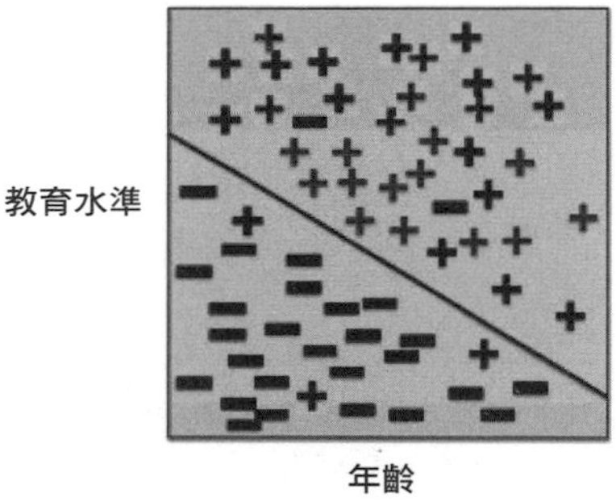

圖 M1　**使用線性模型分類投票行為**

非線性分類：在圖 M2 中，正號（＋）代表某家航空公司中，每年飛行超過一萬六千公里的旅客，負號（－）代表該航空公司的其他旅客。中年高收入族群，常搭飛機的可能性較高。分類這些資料需要使用非線性模型，可以使用**深度學習**（多層結構的人工神經網路）演算法來估算。多層人工神經網路可以包含更多變數，因此幾乎可以擬合出任何曲線。

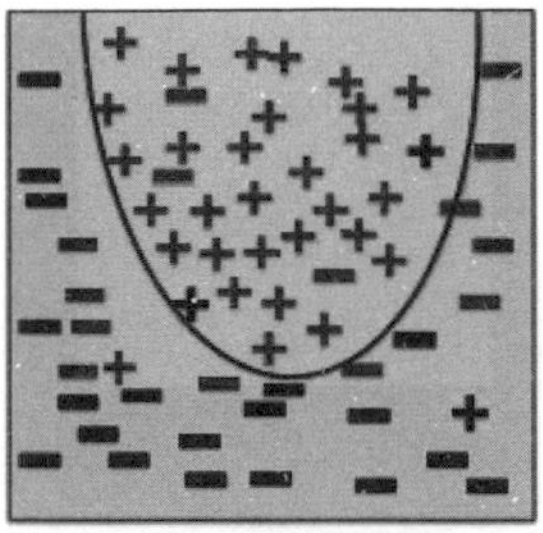

圖 M2　**使用非線性模型分類常坐飛機的人**

決策樹森林：在圖 M3 中，正號（＋）代表科幻大會的參與者，並標明每個人的年齡和每週上網時數。這裡我們使用三個**決策樹**（decision tree）來分類資料。決策樹是根據一組屬性條件，來進行分類的。圖中呈現三組決策樹：

決策樹 1：（年齡 < 30）且（每週上網時數位於 [15, 25] ）

決策樹 2：（年齡位於 [20, 45] ）且（每週上網時數 > 30）

決策樹 3：（年齡 > 40）且（每週上網時數 < 20）

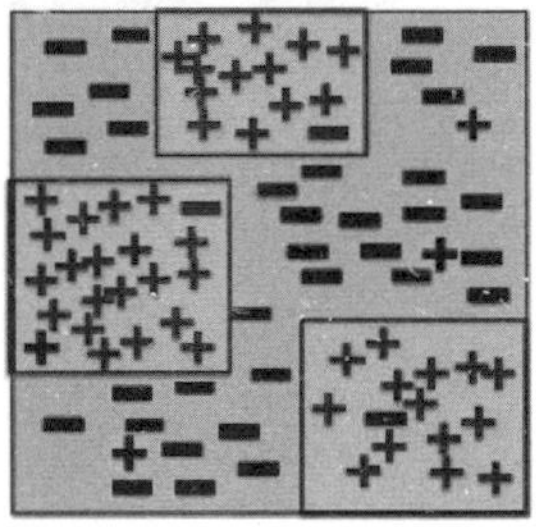

圖 M3　**使用決策樹森林分類會議參與者**

決策樹的集合稱為**森林**。機器學習演算法會在訓練集上，隨機建立多種決策樹，然後在測試集和訓練集上，把準確分類的決策樹保留下來。

第 8 章 非線性模型：凸函數與凹函數

討論非線性科學，就像討論無大象的動物學一樣。

—— 馮諾伊曼（John von Neumann），計算機理論奠基者

接下來要介紹非線性模型和非線性函數。非線性函數可以為曲線上彎、曲線下彎、S 形狀，可以糾結、跳躍或扭曲。在這些可能性中，我們首先要討論的是**凸函數**（convex function）模型和**凹函數**（concave function）模型，說明成長和正回饋如何產生凸函數，而報酬遞減和負回饋又如何產生凹函數。

大部分學門都包含凹凸兩種類型的模型，經濟學生產模型認為運送費用和存貨成本隨著公司規模變大而減少，因此，單位銷售量利潤為公司規模的凸函數，這就能解釋為什麼沃爾瑪連鎖商店的利潤如此之高。[1] 經濟學消費模型認為效用（或價值）為凹函數，例如：你享用的第五塊披薩，總是不如第一塊披薩美味。

生態系中，如果某物種入侵新環境而沒有天敵，則該物種的族群會以固定速率成長，呈現凸函數。但隨著族群數量增加，食物愈來愈少，因此物種的生殖成就（fitness）是族群規模的凹函數。

本章分為三部分：第一部分討論族群成長和衰減的模型；第二部分討論凹函數，凹函數意味著風險趨避和偏好多樣性；第三部分則探討一系列經濟學的成長模型，結合了凹函數和線性函數。

凸函數

凸函數（曲線往上彎）的斜率會不斷增加，也就是增加變數值時，函數值會大量增加。人群配對可能的配對數量，是團體大小的凸函數：三人團體有 3 種不同的配對方式，四人團體有 6 種、五人團體有 10 種。每次團體成員數的增加，都會讓配對數量大幅增加。同樣的道理，只要主廚學會使用一種新香料，就能多做出數十道、甚至數百道不同口味的料理。

第一個凸函數模型是**指數成長模型**（exponential growth model），描述人口或資源數量之類的變數，是初始值、成長率和週期數的函數。

指數成長模型

在時間 t 的資源值 V_t，初始值為 V_0、成長率為 R，則可以寫成以下公式：

$$V_t = V_0(1 + R)^t$$

這個單一方程式模型，在金融、經濟、人口、環境和科技領域，都扮演不可或缺的角色。應用到金融，則變數 V 為金錢額度。使用這個公式，可以計算年利率 5% 的 1,000 美元債券，第一年價值增加 50 美元、但從第十九年到第二十年，價值增加則超過 100 美元（複利效應）。為了簡化推論，我們假設成長率為固定值，那就能由指數成長模型推論出 72 **法則**（rule of 72）。

72 法則

如果變數每週期成長百分比為 R（小於 15%），下式能提供足夠準確的迅速估算：

$$\text{翻倍期數} \doteqdot 72 / R$$

72 法則量化了高成長率的**累積效應**（cumulative effect）。1966 年，辛巴威人均 GDP 為 2,000 美元，是鄰國波札那的兩倍。但接下來的三十六年，辛巴威經濟幾乎沒有成長，而波札那每年都有 6% 經濟成長，相當於 GDP 每十二年就會翻倍（72/6 = 12），經過三十六年，相當於翻倍了三次，變成了八倍。因此，2004 年波札那人均 GDP 來到 8,000 美元，為辛巴威的四倍。

從 72 法則也可以看出為什麼必須終止房產泡沫，以及推升科技進展的重要性。2002 年美國房價攀升 10%，意味著每七年房價就會翻倍。如果這樣的趨勢再持續三十五年，價格會翻倍五次，也就是成長為三十二倍。一棟 2002 年 20 萬美元的房子，在 2037 年將達到 640 萬美元。房價若以如此速度成長，實在太過誇張，所以政府必須戳破這個泡沫。相反的，**摩爾定律**（Moore's law）聲稱積體電路上可容納的電晶體數量，每隔兩年便會翻倍。因為不斷投資於研究發展，產生了接近固定的進步速度，所以科技進步將持續符合摩爾定律。

人口統計學家在人口成長上，也應用指數成長模型。例如，人口每年成長 6%，則每十二年翻倍一次、三十六年翻倍三次、一百年翻倍八次（總共增加到 2 的 8 次方倍，等於 256 倍）。1798 年，英國經濟學家馬爾薩斯（Thomas Malthus）注意到人口的指數成長，並建構模型呈現：如果經濟體生產糧食的能力僅線性成長，危機會逐漸浮現。簡而言之：人口成長如同：1、2、4、8、16、32…，而糧食生產量的成長如同：1、2、3、4、5…，馬爾薩斯從數字中預見了災難。幸運的是，出生率逐漸下降，而工業革命到來，也增加了糧食生產量。馬爾薩斯忽略了「創新」這個潛在因素（本章後半部會深入討論），創新可以扭轉趨勢。

指數成長模型也可以應用到物種成長上，而且應用範圍遠遠超出兔子之類的動物。細菌感染人體後也會以驚人的速率成長，細菌在人體鼻竇中的生長率每分鐘接近 4%，應用 72 法則，我們可以計算出每二十分鐘就會倍增。單單一天時間，感染人體的每個細菌就能分裂出超過十億個細菌。[2] 直到鼻竇空間不足，物理限制下才會停止成長。糧食限制、掠食者和缺乏空間，都會抑制生長率。某些物種，例如：居住在美國郊區的鹿群，或是大毒梟艾斯科巴帶到哥倫比亞的河馬等等，因為成長幾乎不受限制，雖然尚未達到細菌般的生長率，但已經十分驚人。[3]

正斜率的凸函數數值增加，會愈來愈快，負斜率的凸函數曲線則會愈來愈平緩，初始有極大負斜率的凸函數會漸趨平緩。**半衰期模型**（half-life model）中的公式就屬於斜率為負值的凸函數，半衰期公式可以計算分解、貶值和遺忘等等現象。

半衰期模型中，每過 H 期間，就會有一半的物質衰變，因此 H 就是過程中的半衰期。某些物理過程的半衰期為固定值，所有的有機物都包含兩種互為同位素的碳原子：不穩定態碳 14 和穩定態碳 12。活體生物中，兩種同位素以一定比例存在。當生物死亡後，體內的碳 14 會以半衰期 5,734 年的速率開始分解，而碳 12 含量則不會改變。諾貝爾化學獎得主利比（Willard Libby）發現：藉由測量碳 14 和碳 12 的比例，就能估算化石或木製工藝品的年代，這項技術稱為**放射性碳定年法**（radiocarbon dating）。古生物學家將放射性碳定年法應用在恐龍、長毛象和史前魚類遺骸上，考古學家利用放射性碳定年法判定化石真偽。例如：冰人奧茲（Ötzi the Iceman）的遺骸在義大利阿爾卑斯山發現，估計已存在五千年之久。杜林裹屍布（Shroud of Turin）在 1357 年第一次陳列展示，並聲稱是耶穌的裹屍布，但最後發現裹屍布來自十四世紀，並非耶穌的年代。

半衰期模型

如果每經過 H 期間，剩餘的物質當中，會有一半的數量發生衰變，則經過 t 期間後，下列公式會成立：

$$\text{剩餘比例} \doteqdot \left(\frac{1}{2}\right)^{\frac{t}{H}}$$

心理學領域是半衰期模型最新穎的應用。早期心理學研究顯示，人們會以近乎固定的速率遺忘資訊。記憶半衰期的長短，取決於事件重要性。[4] 2016

年的電影《驚爆焦點》（*Spotlight*）贏得了奧斯卡最佳影片獎。如果人們對奧斯卡得獎作品的記憶半衰期為一年，則 2018 年還會有 1/4 的人記得，但到了 2026 年就只剩下 1/1024 的人，能夠記得這部作品曾經得過奧斯卡獎。每個人對特定事件的記憶程度都不相同。指導與合寫《驚爆焦點》劇本的導演麥卡錫（Tom McCarthy），就幾乎不可能忘記得過奧斯卡獎。

凹函數

凹函數（曲線往下彎）正好與凸函數相反，凹函數斜率會不斷減少。正斜率的凹函數會呈現**報酬遞減**（diminishing return）：擁有的東西愈多，每增加一單位所帶來的價值會愈少。幾乎所有商品帶來的效用或價值皆為報酬遞減。擁有愈多休閒時間、金錢、冰淇淋，甚至是與情人相處的時間，額外獲得一單位的價值就愈少。要證明報酬遞減十分容易，包含巧克力在內的各種商品，如果消費了愈多額外商品，帶來的快樂就愈少，我們也會愈不願意再購買相同商品。[5]

報酬遞減可以解釋非常多種現象，包含為什麼遠距離戀愛通常比較幸福。如果一個月只能見到情人幾小時，每一分鐘的相處時間，都會讓你感覺甜甜蜜蜜。如果和情人親密相處一個月，形影不離，幸福曲線的斜率會減少，額外的相處時間就無法帶來同等幸福感。[6] 這些情形可以解釋為什麼開發商會邀請潛在客戶，在週末時免費入住海濱公寓。短短的週末時間不足以讓你完整享受海灘，因此就會更想要買下海濱公寓。但如果你在海灘待上整整十天，就會開始感到無聊。

凹函數也意味著**偏好多樣性**（preference for diversity）和**風險趨避**。若要呈現偏好多樣性，則需要利用**多引數**（multiple argument）的凹函數。如果幸福是隨著休閒和金錢而增加的凹函數，則我們偏好金錢和休閒兼具的生活，而非有閒無錢或有錢無閒。風險趨避意味著偏好確定結果而非樂透。風險趨避者偏好獲得確定 100 美元，而非參與有一半機率贏得 200 美元、一半機率什麼都拿不到的樂透（見第 65 頁的「展望理論」）。風險趨避者偏好雙球冰淇淋，而非有時拿到會吃得過撐的四球冰淇淋，有時又什麼都吃不到。

圖 8.1 呈現為什麼凹函數意味著風險趨避。圖中畫出三種不同幸福度帶來的價值：高幸福價值（H）、低幸福價值（L）和兩者平均價值（M）。在斜率遞減的曲線下，平均幸福度帶來的價值超過高低幸福度帶來價值的平均值。而凸函數則會有相反結果，凸函數意味著**風險尋求**，即偏好極端勝於平均。你可以購買的股票數量是股價的凸函數，因此股票投資人偏好價格波動。如果價格上上下下，則買家能比價格一片死水，買到更多股票。[7]

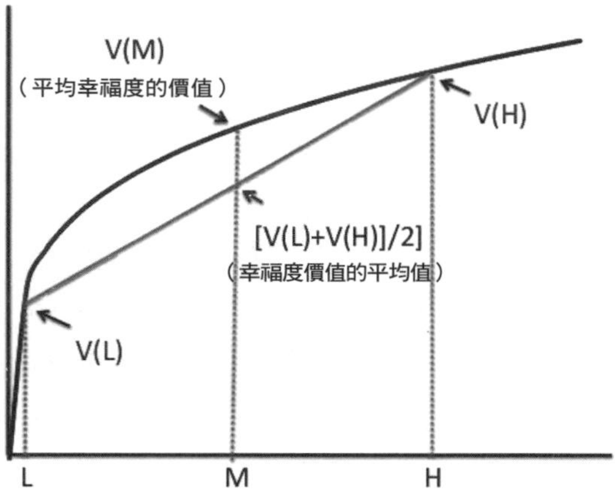

圖 8.1　風險趨避（凹函數）：平均幸福度的價值 > 幸福度價值的平均值

經濟成長模型

接下來，我們要建構一系列經濟成長模型。這些模型呈現經濟成長原因，並可用來解釋和預測各個國家的成長模式，同時也可以指導行動，例如：增加儲蓄率。

我們首先要介紹**標準經濟生產模型**，也就是**產出**（output）取決於勞動力和**實體資本**（physical capital）的模型。經驗證據和邏輯都支持「產出」同時為勞動力和資本的凹函數。如果資本固定，愈多勞動力對產出的幫助會逐漸減少。同樣的，在工人人數不變之下，增加更多機器或電腦，對產出的幫助也會逐漸愈少。邏輯也支持產出在規模上應當呈現線性增加，也就是勞動力和資本加倍後，產出也應該要倍增。擁有一間工廠和六十名工人的掃帚製造公司，如果建造第二間工廠、同時雇用額外六十名工人，產出也應該增加為原來的兩倍。

經濟學中最常使用的一個模型：**柯布—道格拉斯模型**（Cobb-Douglas model）就包含這兩種屬性——產出是勞動力和資本的凹函數，且規模呈線性成長。這個模型可以涵蓋單一公司或整個經濟體的生產狀況。[8]

柯布—道格拉斯模型

假設有 L 位工人和 K 單位資本，總產出等於：

$$\text{產出} = \text{常數} \cdot L^{a} K^{(1-a)}$$

其中，a 為 0 到 1 之間的實數，代表勞動力的相對重要性。

柯布—道格拉斯模型可以用來建構經濟成長模型。為了簡化起見，我們假設經濟體中有 10,000 名工人，並忽略薪資和產品價格，藉此可以聚焦探討機器數量如何影響總產出。接下來，我們要將資本投資與成長做連結。為了盡可能簡化模型，我們假設只產出單一種商品：椰子。椰子能提供豐富的椰肉和椰子汁，但椰子長在高大的椰子樹上，因此工人需要機器才能採摘。接下來我們再做出一個不合實情的假設：假設機器需使用椰子來製造。

上述一連串假設可以簡化模型，但同時保有「在今日消費或投資於明日」的重大取捨特性。我們令產出等於工人人數的平方根乘以機器數量的平方根，以此建構出一個特殊的柯布—道格拉斯模型：

$$\text{產出} = \sqrt{\text{工人人數}}\ \sqrt{\text{機器數量}} = 100\ \sqrt{\text{機器數量}}$$

如果經濟體只有一臺機器，則產出等於 100 噸。如果消費掉所有 100 噸椰子，就無法投資製造任何機器，明年的產出不會有變化，經濟也不會有任何成長。如果投資 1 噸椰子生產第二臺機器，明年的產出會增加到 141 噸，成長率約為 41%。而如果製造第三臺機器，產出可以達到 173 噸。[9] 雖然投資量固定（每年多製造一臺機器），但是經濟成長率會逐漸趨緩，因此產出為機器數量的凹函數。

現在應該已經對投資如何驅動成長，有了基本瞭解，再來就可以建構包含投資規則的更詳盡模型。投資可以寫成「儲蓄率」乘以產出，並假設固定的機器「折舊率」，也就是：年底機器老舊到無法使用的數量為機器總數量的固定比例。接下來，我們將下個年度可以使用的機器總數量，寫成今年的機器數量加上投資的新機器數量減去今年折舊的機器數量。完整的簡化成長模型包含下面灰色方框中的四個方程式。

簡化的成長模型

產出函數：$O(t) = 100\sqrt{M(t)}$

投資規則：$I(t) = s \cdot O(t)$

消費－投資方程式：$O(t) = C(t) + I(t)$

投資－折舊方程式：$M(t+1) = M(t) + I(t) - d \cdot M(t)$

說明：O(t) 是產出，M(t) 是機器數，I(t) 是投資，s 是儲蓄率，C(t) 是消費，d 是折舊率

如果假設經濟體有 100 臺機器、儲蓄率 20%、折舊率 10%、產出 1,000 噸椰子、消費 800 噸椰子，且投資 200 臺機器。折舊將會導致 10 臺機器損失，新的一年開始會有 290 臺機器。計算後顯示，第二年的產出等於 1,702 噸、第三年接近 2,500 噸。[10]

在前三年，產出是遞增的。剛開始幾年的產出呈現凸函數，是因為前幾年機器數量少，意味著折舊的影響遠遠小於投資的增加。幾年過後，機器數量逐漸增加，折舊的影響也會愈來愈明顯，導致產出呈現凹函數。長期下來，成長會達到極限，如圖 8.2 所示。

我們分析這個簡化的成長模型之後，就能夠得知原因。投資為產出的線性函數，機器的新增數量也是產出的線性函數，但產出為機器總數量的凹函數，因此隨著經濟成長，投資也會是機器總數量的凹函數。但折舊是機器總數量的線性函數，最後線性折舊會追上產出的凹函數（折舊機器數量逐漸追上新投資的機器數量，導致產出的增加量愈來愈少）。

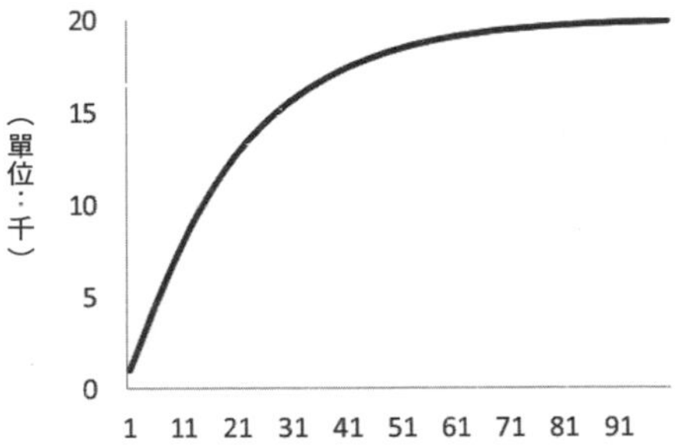

圖 8.2　**簡化的成長模型：一百年間的產出**

在經濟**長期均衡**（long-run equilibrium）下，新投資的機器數量會等於折舊損失的機器數量。模型中，當經濟體達到 40,000 臺機器並生產 20,000 噸的椰子時，會達到均衡，此時經濟體投資 20%，等於用 4,000 顆椰子製造新機器，而折舊損失的機器數量也正好相同（40,000 的 10%）。因此，成長就此停止。[11]

索洛*成長模型

現在，我們要把著名的**索洛成長模型**（Solow growth model，索洛是諾貝爾經濟學獎得主）簡化，建構出一個更通用的模型：索洛*成長模型（加一個 * 號，以茲區別）。索洛*成長模型使用實體資本取代機器，並將勞動力做為變數，同時又加入技術這項參數。產出會隨著技術進展而線性增加（創新則會增加技術這項參數）。如同先前的成長模型提到，當投資等於折舊時，會達到長期均衡。但是在索洛*成長模型中，「長期均衡產出」的水準不只取決於儲蓄率和折舊，同時也必須考量勞動力和技術參數。[12]

索洛*成長模型

經濟體的總產出，可以寫成以下公式：

$$\textbf{產出} = A\sqrt{L}\sqrt{K}$$

其中，勞動力以 L 表示，實體資本以 K 表示，而技術水準以 A 表示。

長期均衡產出 O* 如下式所示：[13]

$$O^* = A(t)^2 L \frac{s}{d}$$

長期均衡產出的增加，來自勞動力增加、技術進步和儲蓄率增加；而折舊率增加，則會減少長期均衡產出。這些結果都在意料之內，愈多工人、更好的技術和更高的儲蓄率，都會增加產出；而折舊更快速，則會減少產出。比較違反直覺的現象是：產出會隨著勞動力和儲蓄率而線性增加。

勞動力呈現報酬遞減，因此如果沒有深入探討模型，則會預期長期產出是勞動力的凹函數。然而，勞動力增加會帶動產出增加，進一步提高投資，而帶來更多產出，投資的正回饋剛好抵消了報酬遞減。再者，長期均衡產出是折舊率的凸函數，減少 20% 折舊可以增加 25% 產出（譯注：分母項 d 減少 20%，O* 會增加 25%）。

最後，長期均衡產出隨著技術進步的平方而增加，因此，創新帶來的產出提高，遠遠超越線性增加。我們可以用模型來說明原因。假設經濟體一開始為長期均衡狀態，然後我們讓技術參數提高 50%、投資也提高 50%。由於投資超過折舊，經濟體會持續成長。投資會持續超越折舊，直到經濟體又成長額外 50% 為止，此時折舊會抵消掉投資帶來的成長。這些計算顯示出創新有兩種效應：首先，創新會直接增加產出；再者，創新會導致更多資本投資，進而造成產出的額外增加。這就是創新的**乘數**（multiplier）效應。因此，若要經濟體持續成長，創新是不可或缺的一環。[14]

但是創新帶來的產出增加，並不會立即見效。當技術有所突破時，技術參數會緩慢增加，經過一段時間後，直接效應才會慢慢浮現。若要使用更好的技術，勢必得使用新實體資本，替換舊實體資本。例如，公司的電腦並不會因為軟體技術進步就執行得更快，只有在軟體技術進步、且公司購買新電腦時，才能加快執行速度。創新的乘數效應，須來自於實體資本投資的增加，這需要更長的時間才會發酵。從技術進步到對成長產生效應之間的延遲，意味者創新造成的產出成長會持續數十年時間。例如 1800 年代早期，火車就已經發明了，但直到五十年後，十九世紀下半葉才開啟了鍍金時代（Gilded Age）。另外，網路爆炸發展，也是在美國國防部的高等研究計畫署網路（ARPANET）開發三十年後才發生。[15]

國家成功和失敗的原因

成長模型可以應用到重大政策問題上，例如：落後國家能不能迎頭趕上，為什麼有些國家成功、有些失敗，以及政府在推動經濟成長上扮演什麼角色。這些探討可以展現出模型的價值和限制。

我們先討論低 GDP 國家有沒有能力快速成長。模型顯示累積資本和投資技術，能夠促使經濟快速成長。擁有較少實體資本的落後國家，一旦獲得有限的新資本，就不該再投入舊一代的技術，而應躍進到新一代的技術，如此將可能歷經驚人的成長。[16]

如同索洛*成長模型顯示，長期成長需要創新，意味著一次性引進新技術帶來的成長十分有限。若要持續成長，則持續的創新不可或缺。例如，蘇聯人在二戰後拆除德國工廠並在蘇聯重建時，帶來了短期成長，讓蘇聯領導人赫魯雪夫在 1956 年 11 月 18 日，於莫斯科波蘭大使館內，向西方國家誇下海口：「我們要埋葬你們！」但最後蘇聯經濟成長後繼無力，原因就出在蘇聯限制自由思想並打壓企業家，以致產業缺乏創新。[17]

模型同時也呈現腐敗政府壓榨經濟產出，供政府使用，將會造成儲蓄率減少而減緩經濟成長。我們比較了各國經濟成長率之後發現：降低壓榨和腐敗、並推動創新，確實能提高經濟成長。要達到這個目標，需要有強大但較少干預並能促進多元化的中央政府。強大的中央政府可以建立智慧財產權和法治社會。多元化可以避免菁英階級控制——菁英階級往往偏好維持現狀，並且極有可能排斥破壞性創新。

這裡以一個名叫「克雷格列表」(Craigslist) 的美國分類廣告網站，做為破壞性創新的例子。克雷格列表主要提供張貼拍賣和各種徵求及服務的廣告，網站在 2000 年初造成美國報紙產業的數十萬工作機會消失，而當時克雷格列表卻僅雇用幾十位員工。雖然克雷格列表造成人們失業，但卻藉由提高技術參數，讓經濟體更有效率。在排斥多元化的社會中，報紙產業可能會遊說政府打壓克雷格列表，一旦如此，便會造成經濟成長緩慢。

中國經濟力量很快將主宰全世界？

線性模型＋ 72 法則：1960 年到 1970 年，日本 GDP 以每年 10% 的速率成長。如果採用線性模型（與 72 法則）來預測：日本將繼續維持 10% 的年成長率，預期每七年，日本經濟就會翻倍。日本 1970 年人均 GDP 約當目前美元幣值 2,000 元，如果按照這個線性成長趨勢，到了 2012 年，日本人均 GDP 將會翻倍六次，達到 128,000 美元。

成長模型：成長模型解釋了日本的經濟成長是投資實體資本所致。模型預測成長率會呈現凹函數：當日本的 GDP 達到歐美水準後，成長率應該會降低到歐美各個已開發國家的平均值，也就是 1% 至 2%。[18] 後來的證據支持了這項預測：日本從 1970 年到 1990 年，GDP 每年大約成長 4%，但從 1990 年到 2017 年，成長率已經降到 1% 以下。

中國成長：中國從 1990 年到 2010 年，GDP 成長率約為 10%。在 2016 年，中國人均 GDP 達到約 8,000 美元。但如同成長模型所預測，中國經濟成長逐漸趨緩，在 2013 年到 2017 年間，GDP 成長僅接近 6%。中國跟日本一樣，無法維持 10% 成長率，因此不適用 72 法則。（如果中國這整個世紀的經濟平均成長率能達到 10%，到了二十一世紀結束，人均 GDP 將會超過 1 億美元。）

這終究是非線性世界

之所以建構非線性模型，是因為鮮少有值得研究的現象呈現線性。從本章中的案例可以發現，報酬遞減（凹函數）和報酬遞增（凸函數）在經濟、物理、生物和社會現象中，都十分常見。我們也看到了在模型中加入曲率（curvature，斜率漸增或斜率漸減）的意義。而或許最重要的是，我們發現函數形式如何讓我們的思考更有架構，以及「把資料數據擬合到函數形式」能讓我們做出更準確的論述。例如，科學家利用碳 14 資料計算木造文物的製造年代；經濟學家可以估算經濟成長微幅增加帶來的長期效應。

本章學到最重要的內容是：若將非線性列入考量，則直觀已不足以解決問題。直觀能告訴我們效應的方向，例如：儲蓄的增加、勞動力增加、以及技術創新，都會促進經濟成長。但模型才能呈現這些效應函數的形狀和形式。正如我們預期的，儲蓄提供了線性效應。而就勞動力而言，雖然模型認為短期為報酬遞減，但長期下來，也同樣帶來線性效應。至於技術創新，則可以帶來乘數效應，也就是二次方效應——首先是創新直接帶來成長，再來是創新造成的資本增加，帶來產出提高。

使用模型輔助，就能清楚瞭解這些洞見，而若沒有模型，雖然通常可以推理出增減變化，但卻無法清楚瞭解函數關係的形狀，於是我們往往會誤用線性方式推測未來，例如：預言中國經濟力量很快將主宰全世界。若我們能善加利用模型，則可以清楚思考非線性效應的邏輯。

非線性函數種類眾多，本章討論的凸函數和凹函數模型，僅僅是函數汪洋中的小水滴。如果我們希望能提升對複雜世界的推理、解釋和行動能力，就需要潛入更深沉的非線性現象大洋中。

第 9 章
貢獻度與影響力模型

你存在的價值，不在於你瞭解了什麼，而在於分享了什麼。

—— 羅睿蘭（Ginni Rometty），美國企業家

本章將討論量化個人貢獻度（個人價值）和影響力（或權力）的模型。部分情況很容易處理，如果團隊的產出等於每個人的貢獻加總，則個人價值等於個人貢獻度。但是當團隊的產出無法明確區分出個人貢獻度，例如：電腦工程師團隊撰寫的軟體程式，或者企業家團隊提出新技術的創意應用，個人價值與貢獻度就難以計算了。政黨的權力分配也面臨類似問題，國會中擁有的席次雖然和權力相關，但並非正好依席次比例分配。

本章將定義兩種測量價值和權力（或影響力）的方法：個人帶給已成形團隊邊際貢獻的**最後上車值**（last-on-the-bus value，LOTB 值），以及在所有成員依序加入團隊的可能序列中，單一成員平均邊際貢獻的**夏普利值**（Shapley value）。舉例來說，在三人團隊中，計算某位成員為第一順位、第二順位、第三順位加入團隊時，各可帶來的額外價值，平均之後即可得出該成員的夏普利值。

這些測量方法都建構在**合作賽局模型**（cooperative game model）的前提下，合作賽局模型包含一組玩家和一個**價值函數**（value function），價值函數定義了**聯盟**（coalition）的價值。所謂聯盟，就是所有玩家的各種可能的子集合。

本章分為四部分：第一部分將會定義合作賽局模型、最後上車值和夏普利值，並探討幾個例子。第二部分將說明夏普利值的公理基礎，並證明夏普利值是唯一滿足四條公理的測量方法。其中一條公理為：永遠不會帶來額外價值的玩家，價值必定為零；另一條公理為：玩家價值總和必定等於賽局總價值。在第三部分，我們要把夏普利值應用到執行創意工作的團隊上。團隊中每位成員都會貢獻想法，在這樣的情境下，夏普利值如何提供直觀的貢獻度測量。第四部分要把夏普利值應用到**投票賽局**（voting game）這個特殊案例——使用夏普利值區分議會席次和議案掌控權之間的落差，將會發現兩者不一定完全相同。政黨擁有 20% 席次，可能在某種情況下毫無權力，而在另一種情況則擁有總權力的三分之一。

合作賽局

合作賽局包含一組玩家和一個價值函數，價值函數定義了每個聯盟的價值。建構合作賽局的模型，目的為了呈現團隊任務或聯合專案中，每個成員的價值或貢獻度。

合作賽局

合作賽局包含 N 位玩家和一個價值函數，價值函數定義任何子集合 $S \subseteq N$ 的價值 V(S)。這些子集合稱為聯盟。沒有任何玩家的聯盟，價值為零，V（0）＝ 0；包含所有玩家的聯盟價值 V(N)，等於賽局的總價值。

合作賽局中，一位玩家的 LOTB **值**（最後上車值），等於該玩家為最後一名加入團隊的成員時，為團隊帶來的額外價值。LOTB 值可以呈現玩家的邊際價值。例如，雇用四位工人來搬一張桌子，假設搬桌子產生的價值為 10，由於必須四位工人一起，才搬得動一張桌子，每位工人的 LOTB 值皆為 10。但如果三位工人就搬得動這張桌子了，則每位工人的 LOTB 值為 0。

請注意，LOTB 值加總不必等於合作賽局的總價值。明確來說，如果價值函數呈現**規模報酬遞減**，則 LOTB 值的加總，會小於總價值；如果額外價值呈現**規模報酬遞增**，則 LOTB 值的加總，會大於總價值。

一名玩家的夏普利值計算方式為：找出所有人都加入聯盟的所有可能順序，並計算該名玩家加入聯盟時所帶來邊際貢獻的平均值。換句話說，可以想像依序將所有玩家加入聯盟，並計算每種順序中，每位玩家額外帶來的價值。

舉個例子，請想像一家小公司在西班牙和法國都有業務，公司需要會說西班牙語和會說法語的員工，才能順利進行日常商業活動。這家小公司有三位員工：一位只會說西班牙語、一位只會說法語，而另一位則精通法語和西班牙語兩種語言。這家小公司順利營運時的每日營收是 1,200 美元，我們就假設這等於三位員工每日的總價值。但是就 LOTB 值來說，由於只要有任何兩位員工到公司上班，當天的西班牙業務和法國業務就能順利推展，也就不需要第三位員工了，所以每位員工的 LOTB 值皆為 0。

若要計算只會說法語員工的夏普利值，則必須考量三位員工上班的所有 6 種順序。只有在西班牙語員工先到公司，法語員工第二個到的順序下，法語員工才會帶來價值，因此法語員工的夏普利值等於「1,200 美元乘以 1/6」，亦即 200 美元。同樣的，只有在法語員工先到公司，西班牙語員工第二個到的順序下，西班牙語員工才會帶來價值，所以西班牙語員工的夏普利值也等於 200 美元。其他 4 種順序中，雙語員工不論是第一個到或第二個到，都能帶來價值，因此雙語員工的夏普利值等於「1,200 美元乘以 4/6」，也就是 800 美元。所有員工的夏普利值加總等於 1,200 美元，也就是賽局總價值。

夏普利值

在一個 {N, V} 的賽局中，夏普利值定義如下：令 O 代表所有 N 名玩家依序加入團隊的所有 N! 種順序。在 O 種順序的每一種順序裡，我們會計算每位玩家 i 加入團隊後，造成價值函數改變的額外價值。玩家 i 的夏普利值等於所有順序中，額外價值的平均值。

現在已經初步瞭解合作賽局模型了，接下來將再建構一個較複雜的例子。想像一組划船隊需要四位划手和一位舵手，舵手通常由身形矮小的選手擔任，負責掌舵和控制划船速度。我們划船社共有六位選手（合作賽局的玩家）——五位高大健壯的划手和一位身形矮小、經過扎實訓練的舵手。參加比賽需要派出四位划手和一位舵手，我們的五人參賽團隊若包含那位矮小舵手，競爭力會很強，價值為 10 點；但如果只派五位划手而不派舵手上場，雖然依然能夠參賽，但表現會十分差勁（原因之一是團隊整體的體重會上升），價值為 2 點。

若要計算夏普利值，就要考量每位選手依序加入划船社的所有順序。如果矮小舵手為第一、二、三、四順位加入划船社，並不會帶來任何價值；如果矮小舵手為第五順位加入划船社（這機率是六分之一），就會帶來 10 點價值；如果矮小舵手為第六順位加入划船社，則她肯定會替代其中一位划手來出賽，將帶來 8 點價值。平均所有可能狀況，會發現舵手的夏普利值為 3 點（$0\times4/6+10\times1/6+8\times1/6=18/6=3$）。

其他所有划手只有六分之一機率，在第五順位加入划船社時會帶來價值：如果此時舵手尚未加入划船社，划手會帶來 2 點價值；如果舵手已經加入划船社，則划手會帶來 10 點價值。所以我們可計算出每位划手的夏普利值為 7/5（划手帶來的平均價值是 $2\times1/5+10\times4/5=42/5$，再乘以 1/6 的機率）。請注意，夏普利值加總（$3\times1+7/5\times5$）等於賽局總價值 10。

直觀來看，舵手價值應該要比每一位划手都還要高，但是就算沒有舵手，其他五位划手也能參加比賽，雖然表現不佳，但五位划手的價值加總應該要大於舵手。要定義玩家價值的方法有無限多種，夏普利值為其中之一。在划船社這個案例，夏普利值明確定義了：舵手價值 3 點，五位划手加總價值 7 點。

夏普利值的公理基礎

接下來要說明一組只有夏普利值滿足的公理，這可以說明為什麼偏好使用夏普利值、而非其他測量價值的方法。

首先，請注意計算夏普利值的方法為：把每位玩家在所有可能順序下的邊際貢獻，取平均值，因此如果有任何玩家不可能為團隊帶來價值，則夏普利值必定為 0。再者，任何兩位相同玩家，也就是在各種可能聯盟中貢獻皆相同的玩家，夏普利值必定相同。第三，夏普利值的計算方法，在成員的每種加入順序下，額外價值的總和必定等於賽局總價值，因此所有成員的夏普利值總和必須等於賽局價值。這是四項公理中的其中三項。請注意，LOTB 值滿足前兩項公理，但不滿足第三項。最後再加上第四項公理——**可加性**（additivity）。可加性要求如果合作賽局的價值函數，可以分解成兩個價值函數，應用到兩個不同的合作賽局中，則一名玩家在未分解的賽局中的價值，應該要等於在分解後的兩個賽局中的價值加總。稍微思考一下會發現，夏普利值也滿足這項特質。但要直觀認定僅有夏普利值滿足這四項公理，就不是那麼容易。

證明一項測量方法唯一滿足一組公理，能建立該測量方法的邏輯基礎。如果沒有公理支持，測量方法可能看起來很直觀，但又會被認為僅是從許多看似可信的方法中，隨機抽出的一種。上述定理同時告訴我們，如果選擇其他測量方法，必定會違反其中一項公理。雖然如此，我們也不能妄下斷語，認為夏普利值是唯一合理的測量方法。

夏普利值：四項公理基礎

夏普利值唯一滿足下列四項公理：

零性質：如果玩家在任何聯盟中的額外價值為 0，則玩家價值為 0。

公平／對稱：如果兩位玩家對任何一個聯盟都有相同的額外價值，則兩位玩家有相同價值。

完全分配：所有玩家價值的加總，等於賽局的總價值 $V(N)$。

可加性：擁有相同玩家集合的兩個賽局，價值函數分別為 V 和 $\hat{V}$，玩家在 $(V+\hat{V})$ 賽局中的價值，等於玩家在 V 與 $\hat{V}$ 兩個賽局中的價值加總。

諾貝爾經濟學獎得主夏普利（Lloyd Shapley），很可能先寫下夏普利值的測量方法之後，才建構夏普利值唯一滿足這些公理。先有測量方法、還是先有公理，其實並不是十分重要。即使公理是在測量方法出現後才建構而成，但只要接受了公理，就應該也要認同測量方法。測量方法是否合適，取決於公理是否合理。夏普利值的案例中，前三項公理無可爭論。第四項可加性雖然比前三項複雜，但想想如果可加性不成立，玩家就有誘因分裂或另行結盟。因此，可加性應當是成立的。

夏普利值和多種用途測驗

我們現在要將夏普利值，應用到**多種用途測驗**（alternative uses test）的合作賽局中。每位受測者在測驗中必須想出一件常見物體（例如：一塊磚頭）的新穎用法。測驗根據受測者想出的使用方法的數量、或使用方法的類型數量，來測量受測者的創意程度高低。計算夏普利值時，我們會發現產生的評分規則十分符合直覺。

假定有阿倫、貝蒂和卡洛斯三位受測者參與測驗，分別努力想出**區塊鏈**（blockchain）的使用方法。區塊鏈是一種很新穎的分散式帳本技術（distributed ledger technology）。如圖 9.1 所示，阿倫和卡洛斯各想出六種使用方法，得到創意分數 6 分，而貝蒂想出七種使用方法，得到 7 分。團隊總創意分數為 9 分，因為總共想出九種不重複的使用方法。

要計算夏普利值，必須先寫下這三位受測者加入團隊的六種可能順序（例如：卡洛斯先加入團隊、貝蒂再加入、阿倫最後加入，這就是其中一種順序），並只在受測者加入團隊能帶來新想法時，才給予分數，最後則是將每位受測者在六種順序下得到的總分，取平均值。

我們會發現：在計算夏普利值時，受測者其中一個想法得分的機率，等於 1 除以提出相同想法的受測者人數。若受測者提出了獨特想法，則不論他是第幾順位加入團隊，總是能拿到分數。

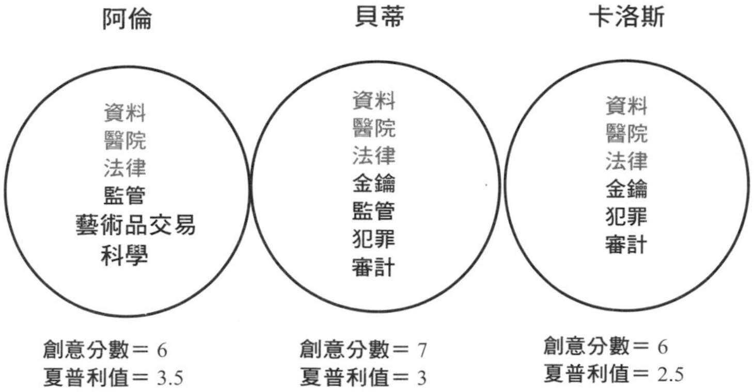

圖 9.1　夏普利值和多種用途測驗

圖 9.1 中，我們將愈獨特的想法用愈粗黑的字體標示，例如：阿倫提出的藝術品交易、科學，都是只有阿倫一人提出的想法。如果兩位受測者提出了相同想法，則各有一半機率得分（先加入團隊的人，先得分）。同樣的，如果三位受測者提出相同想法，則各有三分之一的機率得分。如此，將分數平分給所有相同想法的受測者，即可計算出夏普利值（詳細的計算，請參閱書末的〈注記〉）。藉此可推論，這是唯一滿足四項公理的分配分數方法。夏普利值顯示：阿倫雖然不是提出最多想法的受測者，卻帶來最多價值。[1]

夏普利－舒比克權力指數

接下來，我們將夏普利值應用到其中一類**投票賽局**上。投票賽局中，每位玩家（代表政黨或官員）掌握固定數量的席次或投票權，而若要制定政策採取行動，則需要獲得多數席次或票數支持。

投票賽局中的夏普利值，稱為**夏普利－舒比克權力指數**（Shapley-Shubik index of power）。[2] 計算指數後會發現，政黨掌握的席次（投票權）百分比和擁有的權力之間，並無法直接轉換。

為了計算權力指數，則須考量政黨加入聯盟的所有可能順序。如果一個政黨加入聯盟後，會形成絕對多數，則該政黨的額外價值為 1。上述情況下，則認定該政黨為「關鍵政黨」，其餘情況下，則該政黨沒有帶來任何價值。

想像國會有 101 個席次：政黨 A 擁有 40 席、政黨 B 擁有 39 席、政黨 C 和政黨 D 分別擁有 11 席。這個例子中，政黨 A 若為第一個或最後一個加入某項政策聯盟，則無法成為關鍵政黨；如果是第二或第三個加入，則一定會成為關鍵政黨（加入後，聯盟的人數將超過國會席次的一半）。因此，政黨 A 的權力指數為 1/2。

如果政黨 B 為第一個或最後一個加入，同樣不會帶來任何價值。如果政黨 B 第二個加入，則只有在政黨 A 第一個加入時，政黨 B 才會成為關鍵政黨。如果政黨 B 第三個加入，則只有在政黨 A 最後一個加入時，才會成為關鍵政黨。上述兩種狀況發生的機率分別為 1/12，因此政黨 B 的權力指數等於 1/6。

政黨 C 和政黨 D 成為關鍵政黨的狀況，和政黨 B 類似，如果第一個加入則一定無法成為關鍵政黨；只有在政黨 A 第一個加入時，政黨 C 或 D 第二個加入，才會成為關鍵政黨；而只有在政黨 A 最後一個加入時，政黨 C 或 D 第三個加入，才會成為關鍵政黨。因此，政黨 C 和 D 的權力指數同樣為 1/6。

政黨	席次	權力
A	40	1/2
B	39	1/6
C	11	1/6
D	11	1/6

圖 9.2　席次與權力脫鉤

這個例子顯示：政黨掌握席次的百分比和政黨的實質權力之間，可能產生脫鉤現象。政黨 A 和政黨 B 掌握幾乎相同數量的國會席次，但政黨 A 的權力卻是政黨 B 的 3 倍，而政黨 B 的權力和政黨 C 與政黨 D 竟然完全相同。在真實世界的國會中，往往可以看到類似的席次分配。因此，即使政黨只擁有幾個席次，也常常能控制不成比例的權力。例如，以色列議會（Knesset）共有 120 個席次。2014 年，以色列聯合黨（Likud party）領導的聯盟擁有 43 席，敵對聯盟則擁有 59 席（正好差一點過半），而正統聯盟（Orthodox coalition）則擁有 8 席。三個政黨都有相同的夏普利－舒比克權力指數。這並不代表小黨正統聯盟擁有和其他兩大黨相同的權力，所有權力模型並非完全正確。但由模型可以推論出：正統聯盟擁有的權力遠遠超出掌握的席次數量。

另一個席次和權力脫鉤更極端的例子，出現在 1960 年代中期，紐約州拿索郡的監督委員會。當時委員會共有 6 名成員，每位成員掌握的投票數量與所代表區的人口比例相當，如圖 9.3 所示。若要獲得絕對多數，則需要 58 票，也就是超過總票數 115 票的一半。請注意：三個大區中的任何兩個，都可以形成絕對多數。因此另外三個小區的投票永遠不會成為關鍵，我們可以推論這三個小區的代表沒有任何權力。北亨普斯特德區的代表掌握 21 票，整整超過總票數 18%，但卻無法影響任何投票結果。

區	投票數量	權力
亨普斯特德第一區	31	1/3
亨普斯特德第二區	31	1/3
牡蠣灣區	28	1/3
北亨普斯特德區	21	0
長灘區	2	0
格倫科夫區	2	0

圖 9.3　擁有投票權，但沒有權力

夏普利－舒比克權力指數可以適用於任何席次或投票權分配不均的狀況，例如：歐盟或美國總統大選的選舉人團。但這並不代表夏普利－舒比克權力指數絕對適合測量所有狀況。美國五十州有 50!（$= 3\times10^{64}$）種不同排序方式，因為投票的偏好有區域相關性，並非所有聯盟都可能組成，例如：密西西比州不太可能和紐約州形成聯盟。若要能在權力測量上發揮實際作用，則需要同時著重其中一些聯盟、並剔除一些聯盟。下一章將會說明的**邁爾森值**（見第150頁），就能用來剔除一些不太可能形成的聯盟。

處處可見價值與權力的賽局

聯盟中一位成員的夏普利值，等於該成員在組成聯盟的各種可能順序中，平均帶來的價值。夏普利值除了可用來測量額外價值，在投票賽局中，夏普利值也可以用來測量權力，雖然並不一定總是最好的權力測量方法。團隊成員的LOTB值在團隊已經形成的情況下，可能會是比較好的測量方法。因為LOTB值可以在成員威脅要離開團隊的千真萬確情況下，用來測量該成員可以搾取多少價值。

為了避免成員離開造成劇烈影響，聯盟通常希望能降低LOTB值。藉由增加聯盟規模，可以建立高價值聯盟，同時也能降低LOTB值。超收聯盟成員也可以讓任何一位成員的退出，不會影響聯盟價值，這可讓每位成員的LOTB值降至零，在實務上，的確可以看到類似應用。例如，雇主會雇用額外的工人來降低工人權力；製造商會同時和多個互相競爭的中盤商合作；政府會同時和多個承包商簽訂合約。

立法機構中建立的聯盟，也可以應用相同的直觀想法。國會說客和黨主席想要通過法案（產生價值），但同時又想限制每位眾議員或參議員的權力。[3] 如果國會說客只拉攏到票數剛好能通過法案的眾議員或參議員，每位眾議員或參議員將會有巨大的LOTB值，只要任何一位突然改變心意，就能翻轉法案結果。國會說客可以藉由拉攏遠超出投票門檻的眾議員或參議員，來降低聯盟成員的LOTB值。應用相同的邏輯，如果政黨在國會的席次只能勉強通過法案，則較難領導黨團成員，因為每位黨團成員的LOTB值都很大。但如果席次遠遠超過投票門檻，則不會有任何黨團成員擁有太多權力。

如果拓展視野並思考現代交流頻繁的世界中的權力分配，就會發現 LOTB 值和夏普利值都十分實用。個人、組織、公司、政府或恐怖份子的權力，取決於離開合作的聯盟能帶來多大的傷害（LOTB 值）。經驗豐富的電腦駭客或有能力摧毀大量財富的個人，將擁有巨大權力。就算駭客或恐怖份子不會為社會創造任何價值，上述論點依然成立。

若是考量多家公司或其他跨國組織的價值，夏普利值可能會是比較好的測量方法，因為這些單位參與的賽局太多，難以輕易退出賽局。例如，能源公司可能會參與能源生產賽局、能源分配賽局、不動產賽局、環境賽局、雇用賽局等等。一家公司的額外總價值，等於公司在各種不同領域的額外價值的加總。

使用合作賽局的觀點，來思考權力和價值，能提供很基本但相當實用的洞見，同時也能指導下一步的探討方向。在政治或商業領域，並非所有聯盟都能夠形成，但模型假設任何聯盟都可能存在。更複雜的模型會考量世界上的眾多相互連結關係，例如：顧問公司和金融公司會從科技公司購買軟體，科技公司和顧問公司會進行投資而向金融公司借款，而金融公司和科技公司也都需要雇用顧問。在這樣的網路中，每位成員都會帶來價值並擁有權力。若要計算上述狀況下的權力，則需要網路模型，這是下一章的主題。

第10章 網路模型

網路理論是科學的一條完整分支，
但在最近二、三十年間仍然相當新穎。
我們還沒有機會將所有理論帶出校園實際應用，
並詢問：「應該建構哪種網路？為了什麼目的建構？」
—— 斯勞特（Anne-Marie Slaughter），普林斯頓大學教授

本章將討論網路模型（network model）。欲詳細研究網路，需要閱讀大量書籍，但是本書目標較為簡單：瞭解網路基本知識、能說出組成網路的要素，以及瞭解為什麼網路在建構模型上十分重要。網路在模型建構上，幾乎總是扮演重要角色。任何建構的模型，包含市場模型、疾病傳播或資訊傳播模型，都可以將模型中的角色嵌入網路，讓模型更加豐富。[1]

網路無所不在，人們會談論貿易網路、恐怖份子網路和志願者網路；物種會組成食物鏈與食物網；公司會建立供應鏈網路；我們先前也提過，一般認為金融體系是承諾支付的網路。網路在瞭解社會關係上也十分重要。人類歷史上，社會網路因為受到地理限制而難以繪製，但隨著科技進步，許多社會互動和經濟交易改為在虛擬網路上發生，因此得以使用模型來分析。

本章仍然採用「結構—邏輯—功能」的組織方式進行解說。我們首先要使用統計方法，測量**分支度**（degree）、**路徑長**（path length）、**集群係數**（clustering coefficient）和**社群結構**（community structure），藉此說明網路結構的特色。然後討論常見的網路分類，諸如：**隨機網路**（random network）、**軸輻式網路**（hub-and-spoke network）、**地理網路**（geographic network）、**小世界網路**（small-world network）和**冪律網路**（power-law network）。再來會討論網路形成方式的邏輯，建構可產生巨觀網路結構的微觀層級流程。

之後要討論網路模型的功能，試圖回答「為什麼網路結構十分重要」這個問題。我們總共會聚焦於五項特色：**友誼悖論**（friendship paradox）、**六度分隔**（six degrees of separation）現象、**弱連結**（weak tie）的力量、探討節點或邊線消失對網路穩定性的影響，以及網路中的資訊整合。本章最後將探討網路如何影響模型結果。

網路結構

網路包含**節點**（node）和連結節點的**邊線**（edge），邊線兩端連結的節點互稱為**鄰居**（neighbor）。如果從任何一個節點經過邊線可以到達其他所有節點，則此網路為**已連結**（connected）。網路可以使用圖像、邊線清單或 0 與 1 組成的矩陣來呈現。以矩陣呈現時，A 列和 B 欄相交格中，如果寫上 1，則代表 A 節點和 B 節點有邊線連結。雖然一般人都偏好使用圖像來呈現網路，但是清單或矩陣呈現方式，在計算「網路統計數字」時，較為實用。

網路中，如果邊線從一個節點指向另一個節點，稱為**方向性**（directed）邊線。在資訊網路中，方向性邊線代表資訊由一個人傳向另一個人；在生態網路中，從紅尾鵟指向灰松鼠的方向性邊線，代表紅尾鵟會捕食灰松鼠。

邊線也可以是**無方向性**（undirected），連結友誼的邊線就是其中一例。無方向性網路中，**節點分支度**（degree of a node）等於節點所連結的邊線數量。

網路特徵可以用一組網路統計數字來表示。我們利用統計數字，就能計算出網路的節點平均值及分布。例如，從友誼網路的**平均分支度**（average degree）能夠看出平均每個人有多少朋友。**分支度分布**（degree distribution）則能告訴我們是否某些節點的連結數量明顯多於其他節點。相較於長尾分布的全球資訊網、網際網路及學術論文引用網路，社會網路的分布較為平均。

網路統計

分支度：一個節點的鄰居數量（相當於邊線數量）。

路徑長：從一個節點到另一的節點，最少須經過的邊線數量。

中介度（betweenness）：就某個指定節點而言，「會通過該節點的最短路徑」數目占所有最短路徑數目的比值。

集群係數：一個節點的任兩個鄰居之間也有邊線連結的百分比。

路徑長與分支度成反比：邊線愈多，則節點間的平均距離愈短。在航班網路中，路徑長可對應到旅客從一座城市飛到另一座城市，平均需要搭乘的航班數。在其他條件（價格）相同下，旅客會選擇搭乘路徑長較短的航班。路徑長和資訊損失也息息相關，資訊經過愈多人傳遞，愈容易扭曲失真。

最短路徑上的節點，在網路中扮演重要角色，因為如果資訊由最短路徑傳播，則必定會經過最短路徑上的節點。節點的中介度就相當於「會通過該節點的最短路徑」數目占所有最短路徑數目的比值。社會網路中，有愈高中介度的人知道愈多資訊，因此擁有愈多權力。

最後一項網路統計數字是集群係數。集群係數為一個節點的任兩個鄰居同時也互為鄰居的比例。例如，假設阿倫有 10 位朋友，則總共會有 45 組朋友配對。如果 45 組中的 15 組本身也互為朋友，則阿倫的集群係數為 1/3。若所有 45 組朋友配對都恰好互為朋友，則阿倫的集群係數為 1，這也是集群係數可能出現的最大值。整體網路的集群係數，等於個別節點集群係數的平均值。

圖 10.1 呈現兩種有 13 個節點的網路：軸輻式網路和地理網路。在軸輻式網路中，**樞紐**（hub）的分支度為 12，而**輻條節點**（spoke node）的分支度為 1，平均分支度略少於 2，分支度大小的分布並不平均。樞紐到輻條節點的距

離為 1；輻條節點到樞紐的距離也為 1，但是到另一個輻條節點的距離為 2，因此平均路徑長略小於 2。樞紐位於所有任意兩節點的最短路徑上，中介度為 1。輻條節點並不在任何其他節點的最短路徑上，中介度為 0。最後，在軸輻式網路中，每個節點的鄰居彼此都沒有互相連結，因此網路的集群係數為 0。

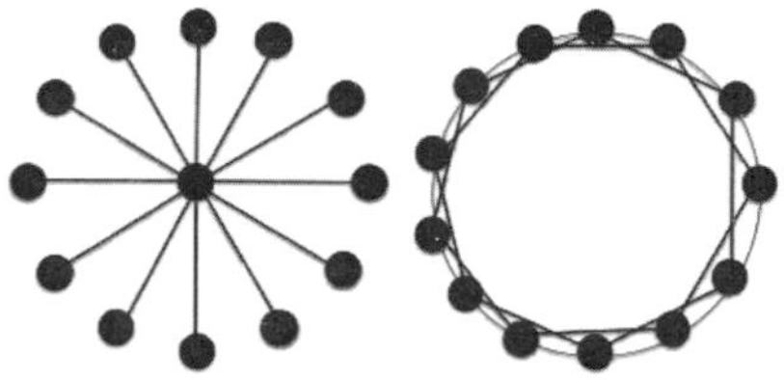

網路測量方法	軸輻式網路		地理網路
	樞紐	輻條節點	
分支度	12	1	4
平均路徑長	1	$1\frac{11}{12}$	2
中介度	1	0	$\frac{1}{12}$
集群係數	0	0	$\frac{1}{2}$

圖 10.1　軸輻式網路和地理網路

地理網路中，每個節點連結到左右各兩個節點，平均分支度為 4。各節點與四個節點的距離為 1、與另外四個節點的距離為 2、與剩下四個節點的距離為 3，因此平均距離正好等於 2。

圖 10.1 地理網路中的分支度和距離分布為**退化**（degenerate）分布，即每個節點都有相同的分支度和相同的平均距離。計算可得出每個節點的中介度等於 1/12。[2] 每個節點有四個鄰居，總共可以組成六組配對，其中三組互相連結：左右邊的兩個內側節點分別連到一個外側節點，兩個內側節點之間也互相連結，因此集群係數為 1/2。

另一種呈現集群的方法是將節點區分為**社群**。在中學友誼網路中，社群可以對應到喜歡藝術、運動和科學的青少年，或者可以按照種族或性別區分。政治聯盟網路可能會區分為區域聯盟或意識型態聯盟。決定社群的方法有很多種，其中一種為依序移除高中介度的邊線，因為高中介度的邊線更有可能用來連結不同集群。另一種方法為先訂定社群數量，然後尋找滿足目標函數的最佳區分方法，例如：讓各社群之間的邊線數量達到最少，或是讓社群內的邊線比例達到最大等等。

利用**社群偵測演算法**（community detection algorithm），可以解答網路資料的問題。[3] 研究顯示人們生活在**網路泡泡**（online bubble）時代，和我們相同社群的人得到的新聞來源都十分類似。若真如此，則意味著社會凝聚力存在。網路誕生以前，這些狀況或許也存在，但當時十分難以使用資料來呈現這種情況。現今的數據科學家可以從網路上蒐集資料，並辨識人們經常查閱的新聞來源，進而證實人們確實生活在某種泡泡中。

網路模型提供了社群的正式定義，而資料數據告訴我們社群的力量。我們可以根據資料數據，做出明智的分析和判斷。

常見的網路結構

分析網路最大困難就是網路的類型太多了。僅用幾個網路統計數字難以確定特定的網路結構，例如：十個節點且平均分支度為 2 的網路，可能就有數十億種。另一種歸納網路特徵的方法為：測試網路統計方法是否和常見網路結構有顯著不同，例如，學者可能會蒐集司法判例資料，若一位法官引用另一位法官的意見，則在兩位法官之間畫上邊線，形成網路。

這些網路圖像可能會呈現很有趣的結構和集群，如此便可藉由比較上述網路和擁有相同數量節點和邊線的**隨機網路**的統計數字，測試網路是否為隨機形成。隨機網路的集群係數等於隨機產生邊線的機率，因為一個節點的兩個鄰居有邊線連結的機率，與隨機兩個節點有邊線連結的機率完全相同。

理論模型通常會假設特定的網路結構。許多理論模型都假設隨機網路，而有些則會假設標準**地理網路**，也就是節點排成一圈時，每個節點都會連結到各方向最近節點的網路。還有另一些地理網路會將節點放到棋盤上，每個節點會和東西南北四個鄰居連結。大部分常見的地理網路分支度很低，往往節點只會連結到鄰近節點，且通常有相對高的平均路徑長。地理網路中，各節點間的中介度和集群係數沒有差異。

隨機網路蒙地卡羅法（Monte Carlo method）

蒙地卡羅法又稱為統計模擬法：若要計算有 N 個節點和 E 條邊線的網路是否為隨機形成，則需要建立許多同樣有 N 個節點和 E 條邊線的隨機網路，並計算這些隨機網路的分支度、路徑長、集群係數和中介度分布，然後進行標準統計檢定，以便接受或拒絕「網路統計數字可能是模擬分布中隨機抽出」的假設。[4]

第三種常見的網路類型是**冪律網路**。冪律網路分支度呈現冪律分布，其中幾個節點有很多連結，但大部分的節點連結都非常少。

第四種類型的網路是**小世界網路**。小世界網路結合了地理網路和隨機網路的特色。[5] 建構小世界網路首先要從地理網路開始，然後隨機選擇一條邊線，並且將邊線所連結的其中一個節點改為隨機的另一個節點，藉此把地理網路重新連線。如果重新連線的機率為 0，則得到地理網路；重新連線的機率為 1，則得到隨機網路。在 0 與 1 之間，就會形成小世界網路。小世界網路的特徵包含來自地理網路的小集群，並且會隨機連結到其他集群。社交網路看起來就很類似小世界網路，每個人都有自己的朋友圈，但也會有圈外的朋友。

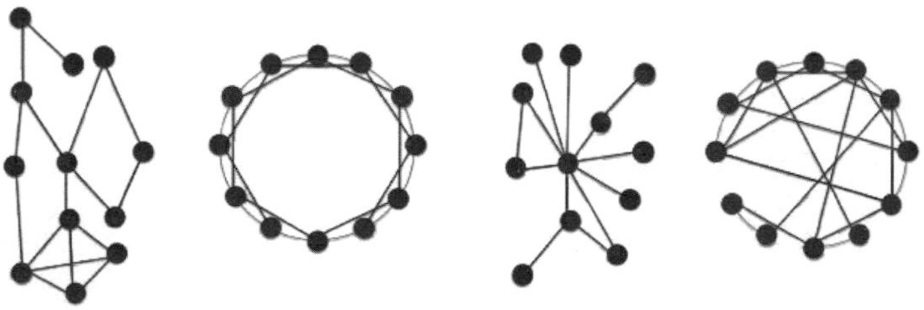

圖 10.2　隨機網路、地理網路、冪律網路和小世界網路

網路如何成形

接下來我們要簡單說明**網路成形**（network formation）的模型。網路成形模型提供了解釋網路結構的邏輯。大部分網路結構的**突現**（emerge）取決於個別角色是否選擇建立連結。不論友誼網路、全球資訊網和電力網，都符合這種情形，這些網路並非規劃而成。但像是供應鏈等等網路，則是事先就規劃好了。一般認為規劃的網路在某些節點消失時，依然能保持穩定，而為什麼突現的網路結構也十分穩定，就比較難以理解。

前面已介紹了如何從地理網路形成隨機網路和小世界網路。隨機網路更直接的建構方法是：隨機建立許多節點，並任意兩兩節點一組，畫上邊線。小世界網路的建構方法則為：首先建構一組標準地理網路（一般會將節點排成一個圓圈，並在每個節點的左右兩個方向各連結 k 個鄰居），然後隨機重新連線。

電力網的規劃，需要根據經濟和工程原則。電力網必須要能夠運輸電力到家戶、商業機構和政府單位。不論是由營利公司或公用事業單位供電，都不存在建立高密度集群的誘因，因為這樣會降低效率。但是缺乏集群會降低網路穩定性。此外，電力公司基於經濟或工程考量，也都會試著減少橫跨網路內部的長距離連結，例如他們不會建立直接連結芝加哥到達拉斯的電力網。然而，友誼網路和商業網路則可以跨距離連結，芝加哥人可能會和達拉斯人成為朋友，新加坡公司也可能會和底特律公司進行貿易往來。我們稍後會提到，這些橫跨網路內部的長距離連結，能夠增加網路穩定性。

若要建立長尾分布網路，則需要應用其中一種偏好依附模型。首先隨機建立一些新節點，然後將新節點和現有節點畫上邊線。如果讓新節點連結到現有節點的機率等於現有節點的分支度，則能創造出冪律分支度分布，模型中愈早出現的節點，愈可能有高分支度。這個模型的缺點是，節點品質並不會影響節點分支度，然而高品質節點理應有更高的分支度。**品質和分支度網路成形模型**（quality and degree network formation model）修正了品質這項受忽略的因素，並同時產出長尾分布。

品質和分支度網路成形模型

建立 d 個互不連結的節點。每過週期 t 時，新增一個由分布 F 中抽出、品質 Q_t 的新節點，並根據其他 d 個節點的分支度，將新節點連結到這 d 個節點。如果 D_{it} 代表在時間 t 的節點 i 的分支度，則在 N 個節點中選擇連結到節點 i 的機率等於：

$$\frac{D_{it} + Q_{it}}{\sum_{j=1}^{N}(D_{jt} + Q_{jt})}$$

如果新節點之間的品質平均值和變異數都很小，則模型看起來就如同標準的偏好依附模型。如果品質分布為長尾分布，則高品質新節點將會連結更多節點，擁有更高的分支度。[6]

為什麼網路十分重要

第 2 章曾提到**友誼悖論**（見第 27 頁），也就是在任何網路中，平均來說，人們的朋友總是比自己擁有更多朋友。友誼悖論背後的邏輯，可以使用軸輻式網路來呈現。軸輻式網路中，其中十二人有一位朋友，僅有一人有十二位朋友。十二個只有一位朋友的人都連結到了樞紐，因此樞紐本身有十二位朋友。高分支度的人連結到更多的人這項特徵，造成友誼悖論的結果：在軸輻式網路中，每個人平均少於兩位朋友，但平均每個人的朋友擁有超過十一位朋友。

友誼悖論在任何網路中都成立，包含學術引用網路、電子郵件網路、性接觸網路、銀行網路和國際貿易網路。平均來說，你這篇論文引用的文獻的被引用次數，遠遠大於你自己這篇論文的被引用次數；一個國家的貿易夥伴，平均來說會和更多國家有貿易夥伴關係。

在分支度分布得愈分散的網路中，朋友數量和朋友的朋友數量之間，差異會更明顯。有學者分析臉書上的友誼連結，發現每位使用者平均擁有兩百位朋友，但每個人的朋友平均擁有超過六百位朋友。[7]

友誼悖論

如果網路中任何兩個節點的分支度不同，平均來說，節點的分支度會比鄰居的分支度還低。換句話說，每個人的朋友平均會比自己更受歡迎。[8]

友誼悖論的邏輯可以延伸到任何與朋友數量相關的屬性上。例如，如果積極、快樂、聰明、富有、善良的人平均會有更多朋友，則平均來說，每個人的朋友都會更積極、快樂、聰明、富有、善良。[9] 想像某網路中不快樂的人有90% 結交四位朋友，10% 結交十位朋友。快樂的人比例正好相反，10% 結交四位朋友，90% 結交十位朋友。一個人會有部分擁有十位朋友的朋友，而擁有十位朋友的這些朋友大部分都比較快樂，因此多數人的朋友都會比自己快樂。

接下來介紹**六度分隔**現象。六度分隔聲稱地球上任何兩個人，都可以透過六位以下的朋友連結起來。雖然任何網路中，友誼悖論都會成立，但六度分隔只在某些類型的網路中成立。

六度分隔現象這個名稱源自於 1960 年代米爾格倫（Stanley Milgram）進行的實驗。米爾格倫寄送包裹給住在內布拉斯加州奧馬哈市和堪薩斯州威奇托市的二百九十六位居民，這份包裹須再寄送給麻州波士頓居民。所有收到包裹的居民都遵循相同規則，也就是包裹只允許使用郵件寄送給實際認識的人當中，有最高機率認識波士頓居民的人。參與實驗的居民會在紀錄冊上簽名，以便記錄傳遞路徑，同時也會寄送明信片給研究人員，以便郵件人員記錄傳遞鏈上的斷點。最終有六十四個包裹成功寄到波士頓，包裹寄達的平均路徑長非常接近六次，因此稱為六度分隔。

四十年過後，研究人員進行了第二次類似實驗，這次實驗規模遠比上一次大得多。這次實驗使用電子郵件進行，並在全球設立十八個目標點。初始收到電子郵件的實驗人數超過兩萬人，電子郵件鏈傳遞的路徑長約在五次到七次之間，取決於出發點和目標的地理距離。實驗得到的路徑並不等於實驗者的最短路徑（通常會比最短路徑長），因此實驗證實：大部分參與實驗者之間的連結都小於六度分隔。[10]

建構簡化版的小世界網路，可以更直觀的瞭解六度分隔現象。簡化版本假設每個人都有小集群的**圈內朋友**（clique friend），圈內所有人彼此互相認識；而每個人還有圈外朋友，稱作**隨機朋友**（random friend）。[11] 從圖 10.3，可以看到某個人（以黑色圓圈表示）有五個圈內朋友和兩個隨機朋友。圖中同時也畫了黑色圓圈朋友的朋友（淺灰色圓圈）。

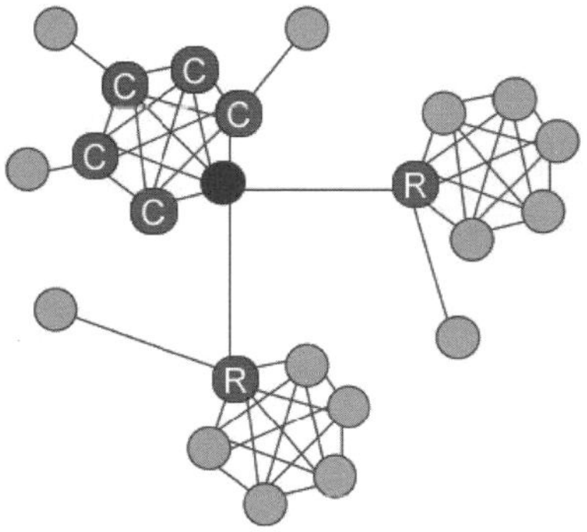

圖 10.3　**節點的圈內朋友** C **和隨機朋友** R

隨機朋友 R 也可以視為**弱連結**，也就是把你連結到其他社群的朋友。弱連結（網路中的隨機朋友）扮演著很重要的資訊交流角色，因為隨機朋友讓擁有不同興趣和資訊的社群互相連結。因此弱連結的力量就成為社會學家圈子裡討論的熱門話題。[12]

這樣的建構方式有助於計算二度分隔的鄰居（朋友的朋友），只須加總隨機朋友的所有朋友（RC + RR）和圈內朋友的隨機朋友（CR），記得不需要加上圈內朋友的圈內朋友（CC），因為這些朋友都已經是節點的圈內朋友了（都是一度分隔的朋友）。使用相同方法，可以計算朋友的朋友的朋友數量。計算時會加總圈內朋友隨機朋友的朋友（CRC ＋ CRR），但是不能加總隨機朋友圈內朋友的圈內朋友（RCC），因為這些人已經計算為二度分隔的鄰居了。

為了要展示六度分隔現象，我們就試著應用上述邏輯，到各節點有一百位圈內朋友和二十位隨機朋友的網路上觀察，結果如下方的灰色方框。

六度分隔

假設每個節點有 100 位圈內朋友 C，圈內朋友彼此間互為朋友，以及 20 位隨機朋友 R，隨機朋友和節點沒有共同朋友。

一度分隔：C ＋ R ＝ 120

二度分隔：CR ＋ RC ＋ RR ＝ 2,000 ＋ 2,000 ＋ 400 ＝ 4,400

三度分隔：CRC ＋ CRR ＋ RCR ＋ RRC ＋ RRR ＝ 328,000

四度分隔[13]：15,360,000

五度分隔：＞ 十億

六度分隔：＞ 兩百億

模型假設隨機朋友的朋友都沒有重疊，就代表假設人口無限大。實際社交網路隨著分隔度增加，朋友重疊的機率會愈來愈高。考量了重疊及朋友人數不同等等現實因素的網路中，計算結果也會和上述數值有所差異。然而，每個分隔度的鄰居數量相對大小會極為類似，一個人在三度分隔（朋友的朋友的朋友）的鄰居數量會比二度分隔（朋友的朋友）的鄰居數量多。

範例中，計算得出每個人有超過三十萬名**三度分隔朋友**，這個數字能用邏輯合理解釋。一個人三度分隔的朋友和圈內朋友有極大不同，住在不同城市、讀不同水準的學校、接收不同的資訊等等，三度分隔朋友間的差異十分巨大。朋友的朋友的朋友可能是室友媽媽的同事或姊姊男友的阿姨，你和他們之間的關係剛好足以建立基本信任。因此三度分隔朋友雖然差異巨大，但相對接近的關係能為你帶來極大助益。三度分隔朋友能夠提供新資訊和工作機會，有更大機會幫助你找到工作、協助你搬遷到新城市，或者成為生活或事業上的夥伴。

網路穩定性

最後要探討的是如何評估網路性質的穩定性，也就是網路節點或邊線消失是否會造成網路崩潰。網路最重要的性質為網路能否維持連結。使用模型則可以利用「網路節點移除數量」做為函數，計算出網路保持連結的機率。另外也可以探討節點移除後，平均路徑長的變化狀況。若應用到航班網路上，分析路徑長度的穩定性可以讓我們瞭解，如果因為天氣或停電等因素導致某些機場關閉時，你需要搭乘多少額外航班，才能到達目的地。

討論網路穩定性問題時，我們首先要考量網路中連結最多的**最大連通分支**（giant component），在節點隨機消失下，規模會如何變化。圖 10.4 呈現了巨大的隨機網路和小世界網路中，最大連通分支在節點消失下的規模變化。在隨機網路中，最大連通分支的規模首先會線性減少，但在節點消失機率達到某個關鍵值 P* 時，最大連通分支的規模會急劇下降。

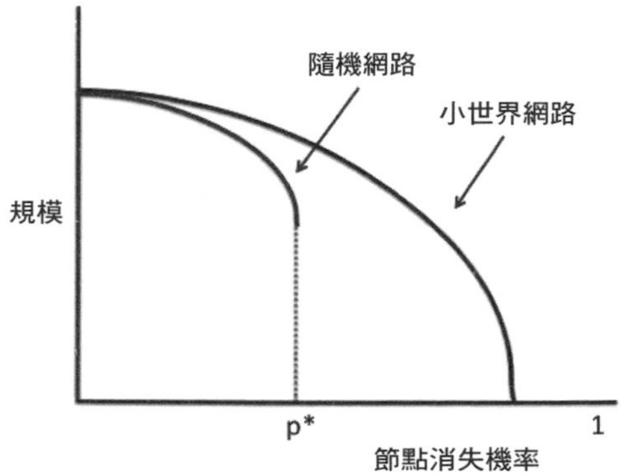

圖 10.4　最大連通分支的規模為節點消失機率的函數

小世界網路則不會出現如此突發的變化，在地理區域集群中的大部分連結都依然存在，就算有多個節點同時消失，各集群依然能保持高度連結。小世界網路的這些特徵，再配合隨機連結，可以避免整個網路崩潰。

由圖 10.4 可以推理出，缺乏區域集群的稀疏網路很容易就會消失。這項洞見可以應用到電力網上，電力網缺乏長距離連結和緊密集群，無法像小世界網路一樣維持高穩定性。電力網中如果節點或連結損壞，並無法由集群中的其他連結或集群外的長距離連結來及時彌補。區域損壞可能會連鎖反應，造成整個網路崩潰。[14]

相反的，長尾分支度分布的網際網路，隨機節點消失下的穩定性較高。長尾分支度分布意味著大部分的節點連結數量極低，就算這些節點消失了，網路還是能維持高度穩定性。

目前討論的前提都是節點隨機消失，接下來則要考量選擇性移除節點的影響。若如此做，則網際網路這類的節點分支度長尾分布的網路將不再穩定。只要選擇性移除最高分支度節點，就能徹底摧毀整個網際網路。我們以軸輻式網路為例思考，就能推論出上述邏輯。如果隨機移除軸輻式網路中的節點，除非極小機率移除了樞紐節點，否則整個網路都依然能保持連結，但若選擇性直接移除樞紐節點，就能立即摧毀整個網路連結。

我們可能會想摧毀恐怖份子網路或毒品供應網路，如果這些網路如同電力網一樣稀疏，就十分容易瓦解；又或者這些邪惡的網路是長尾分支度分布，則能夠透過選擇性移除手段，來瓦解整個網路，例如：在恐怖份子網路中，可以藉由逮捕連結最多成員的恐怖份子，來瓦解整個網路。但如果這些邪惡的網路類似小世界網路般穩定，則就算使用選擇性移除節點的手段，依然難以瓦解整個網路。想要切斷小世界網路中的任何地理區域，都難以成功，因為隨機連結能將區域和整個網路連結起來。

結論：填補社群中的結構洞

建構人群網路模型往往是為了探究社會背景的影響程度。一個人的成功、行為、資訊和信念，往往也會影響朋友的成功、行為、資訊和信念。行為及個人對群體的價值或貢獻，都會受到外在環境或內在因素影響。一個人的價值或貢獻可能受到個人特質影響，例如聰明程度、努力程度或運氣好壞，但個人的成功也可能受到朋友或同事網路的影響。這是一個老生常談的問題：成功取決於知識還是人脈？

想像科學家團隊在實驗室中一起工作，彼此間分享建議、想法和知識。科學家產出的學術論文、專利或科學突破，取決於科學家的知識，但同時也受到人脈和其他科學家互動情況的影響。我們應同時考量外在環境（朋友網路）和內在因素（個人能力），就比較可以確定：某位科學家的成功應如何歸因於這兩項要素。

投資公司相信，成功的投資主要取決於經理人的能力，因此會雇用超級基金經理人，但實際上投資結果並不如公司預期。經驗證據顯示投資者的優良績效，也會取決於提供特定資訊的同事網路。[15]這樣的發現可以在諸多文獻中看到（部分為模型基礎研究），文獻中呈現出一個人在組織中的位置，會影響到他是否能成功。

雖說如此，成功和能力依然息息相關。能讓投資人賺取百萬美元的商業想法，很大機率會是個好點子；發表上百篇論文、並得到無數獎項的科學家，通常有過人能力。

同樣的，在網路中占據最佳位置的人，通常貢獻最大。我們若使用中介度和其他測量**中心性**（centrality）的方法，可以測量出一個人在網路中的地位。網路中占據高中介度位置的人，能夠填補社群中的**結構洞**（structural hole）。填補結構洞需要某些天分和能力，不是隨便哪個人就能填補任何結構洞。填補結構洞的人必須要有能力在各社群中建立信任和理解，此外還必須精通各社群的知識基礎。結構洞是美國社會學家伯特（Ron Burt）提出的名稱，使用演算法可以辨識這些結構洞。[16]

相似的邏輯也可以用來評估公司價值和計算國家權力。公司價值可以使用內部狀況評估，利用資產負債表的資產和負債來評估公司經營狀況。另外也可以觀察公司營運所在的外在環境，例如：公司在供應鏈中的位置。同樣的，國家權力取決於本身資源和外部聯盟。不論是公司或國家，內部屬性和外部連結狀況息息相關。占據網路中控制位置的國家，同時也會擁有重要屬性。

不論是上述分析或大多數文獻，都以節點做為單位來分析，然而邊線也可能十分重要。如果用更宏觀的視野來看，網路本身或許也能做為一個合適的分析單位，例如：允許想法和資訊在不同教室之間交流的教室網路，能改善教育成效，而連結能力強的管理者也可以有效協調課程改革。譬如，二年級導師知道很多班上即將升上三年級的學生的狀況，這些資訊可以幫助三年級新導師採取更好的教育方式；數學老師知道學生還有哪些概念沒有學會，這些資訊也可以幫助自然老師建構課程架構。因此，好的學校通常有健全的教職員網路。[17]

這些都是網路模型如何能增進思維的好例子。

邁爾森值

填補結構洞的人，連結了網路中的社群，並擁有更高影響力。許多網路統計測量方法，例如中介度，都與是否占據結構洞相關。

另一種測量網路中影響力的方法為**邁爾森值**（Myerson value）。邁爾森值須借助夏普利值的邏輯。為了計算邁爾森值，首先要在網路上建構合作賽局，但只有互相連結的個體，才可以形成聯盟。

想像有三個人排成一直線，假設三人的位置代表他們的政治意識型態，如右圖所示，B 的位置在中間。如果我們限制只能和直接相鄰的鄰居形成聯盟，則只有 B 也在聯盟中時，最左邊的 A 才能和最右邊的 C 形成聯盟。為了計算每位玩家的邁爾森值，首先分配額外價值到每個可能形成的聯盟，然後將每個可能聯盟當作一個獨立賽局，並計算各賽局的夏普利值。最後加總每個聯盟賽局的夏普利值，來得到邁爾森值。

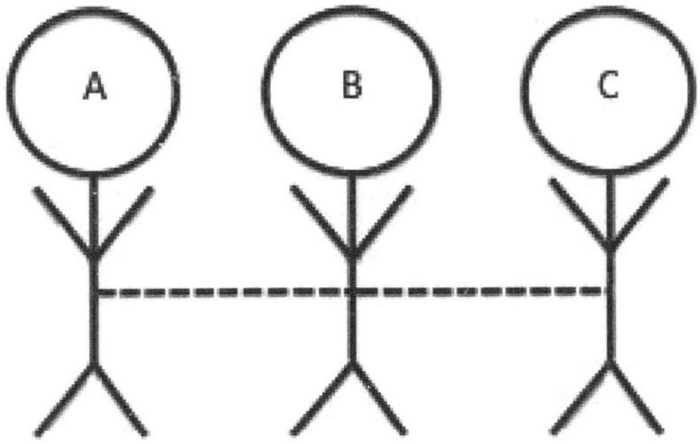

加入聯盟的可能順序：ABC, BAC, BCA, CBA

排除掉的順序：ACB, CAB

舉例來說，假設任何有兩位玩家的聯盟能產出 10 點價值，包含所有三位玩家的聯盟能產出 14 點價值，則可以得到以下結果：玩家 A 和 C 的邁爾森值等於 3 點，玩家 B 的邁爾森值等於 8 點。[18]

中介度這種中心性測量方式僅基於網路本身，但邁爾森值需要考量價值函數。我們若能同時借助這兩種方法，則可以分清楚個人在網路中的位置和產生的價值，分別帶來多少權力。在上面的範例中，三位玩家的邁爾森值（3、8、3）和中介度（0、1、0）正好相關。但是在更複雜的網路和價值函數中，相關性就不一定總是成立。

第 11 章 三種傳播模型：廣播、擴散、傳染

傳染疾病會讓更多人生病，但傳染信任則能讓更多人互信。

—— 穆爾（Marianne Moore），美國現代派詩人

本章將使用廣播模型（broadcast model）、擴散模型（diffusion model）、傳染模型（contagion model）來建立資訊、科技、行為、信念和疾病在人群中傳播的模式。廣播模型、擴散模型、傳染模型分別在通訊、市場和流行病學領域扮演至關重要的角色。三種模型都是將人群區分為兩大族群：知道或擁有某樣東西或特質，以及不知道或沒有某樣東西或特質。隨著時間推移，人群會在兩個族群間移動，從易感染族群移至已感染族群，從尚未瞭解新產品或新想法的族群移至已經瞭解的族群。

根據經驗觀察，畫出人群隨著時間推移而感染疾病、購買產品或得知資訊的**採用曲線**（adoption curve），會呈現凹函數或 S 型函數。人們如何得知資訊或感染疾病，究竟是透過廣播的傳播方式、還是透過擴散的傳播方式，將決定採用曲線的形狀。本章其中一個貢獻，就是將想法與疾病如何傳播的微觀層級過程，與這些採用曲線的形狀連繫起來。

我們首先會分析廣播模型。廣播模型可應用在人們從單一來源接收想法或感染疾病的情境，廣播模型會產生 r 型曲線（請參閱第 154 頁的圖 11.1）。接下來再討論擴散模型。擴散模型藉由接觸而傳播，例如：疾病人傳人。擴散模型會產生 S 型曲線（請參閱第 164 頁的圖 11.3）。

許多產品、計畫、想法或資訊都同時藉由廣播和口耳相傳（擴散）傳播，藉由同時涵蓋廣播和擴散傳播的模型，就可以模擬這些環境。這種雙管齊下的模型稱為**巴斯模型**（見第 158 頁），在行銷上十分重要。至於巴斯模型的採用曲線究竟更接近 r 型曲線或 S 型曲線，取決於廣播或擴散過程的相對強度大小。

本章最後一個要討論的模型是流行病學領域的 SIR **傳染模型**（SIR model of contagion），這個模型同時考量了**復原率**（recovery rate，治癒率）。SIR 傳染模型不僅可呈現免疫系統對抗疾病的情境、還適用於行為或風格退流行、或者二手資訊價值降低等等情境。SIR 模型中有一個臨界點，只要產品或病毒屬性有微小改變，就可能直接決定傳播是否成功。病毒傳染力些微降低，就能將大規模爆發疾病的風險轉變為僅小規模傳染。1960 年代，新生樂團在人群裡口耳相傳的機率稍微增減一點點，可能就會決定樂團是否成為披頭四，或者僅在利物浦的酒吧紅幾個月，如此天壤之別。

本章討論的模型都會先假設**相關人群**（relevant population），以 N_{POP} 表示。相關人群包含全部有機會感染疾病、得知資訊或使用產品的人。相關人群並不是整座城市或國家的所有人口，例如：如果要建構主動脈連續縫合法的傳播模型，則相關人群為心臟科醫師，而非費城所有居民。

某個時間點會有部分人群感染疾病、得知資訊或採行某種行為，這些人稱為已感染（infected）或已知情（informed），以 I_t 表示；剩下的相關人群成員則為易感染或易知情（susceptible），以 S_t 表示。[1] 相關人群等於已感染（或已知情）人數加上易感染（或易知情）人數：$N_{POP} = I_t + S_t$。

廣播模型

廣播模型呈現了想法、謠言、資訊或科技透過電視、廣播或網路等媒體來傳播的情形。新聞事件大多透過廣播來傳播；廣播模型還可以呈現政府、公司或報紙等資訊來源傳播資訊的過程；廣播模型也可以呈現由水源傳播出的環境汙染。然而，廣播模型並不適用於人傳人的疾病或想法，因為廣播模型較適合擬合想法或資訊的傳播，而非疾病的傳播，因此我們在廣播模型裡，是把 I_t 稱為已知情人數，而非已感染人數。

廣播模型

$$I_{t+1} = I_t + P_{broad} \cdot S_t$$

其中，P_{broad} 代表**廣播機率**（broadcast probability），I_t 和 S_t 分別代表在時間 t 時的已知情人數和易知情人數。

初始值 $I_0 = 0$ 且 $S_0 = N_{POP}$。

在某個週期的已知情人數，等於上個週期已知情人數加上「易知情人數乘以廣播機率」。按照慣例，我們會設定：初始人群全是易知情人群。計算未來所有週期的已知情人數時，必須帶入各週期的已知情人數和易知情人數至**差分方程式**（difference equation，遞迴關係式）中，結果將得到 r 型採用曲線。

想像某座有一百萬居民的城市，市長宣布一項新稅收政策。稅收政策宣布之前，沒有任何人知道政策內容。假設一位居民在某一天聽到新政策消息的機率為 30%（$P_{broad} = 0.3$），則第一天聽到消息的人數為 300,000 人。第二天時，剩下 700,000 人之中的 30%，也就是 210,000 人會聽到消息。每個週期已知情人數將逐漸增加，而每週期增加的人數則愈來愈少，如圖 11.1 所示。

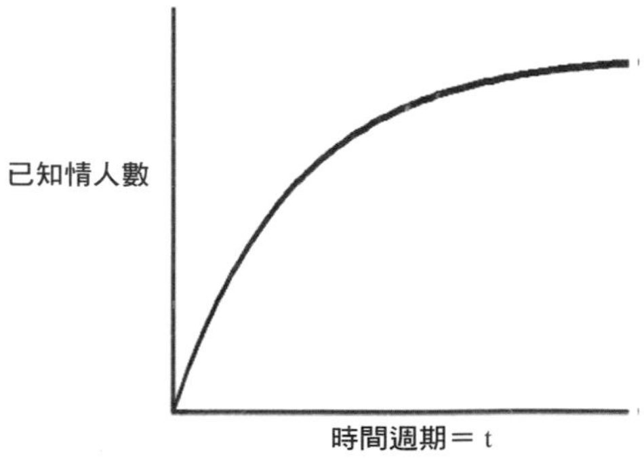

圖 11.1　由廣播模型繪製出的 r 型採用曲線

廣播模型中，相關人群都有機會得知資訊或購買產品。因此，我們使用初始銷售資料，就能估算相關人群的大小。假設一家公司設立了一條生產太極鞋的新產線，第一週收到 20,000 雙太極鞋訂單，第二週收到 16,000 雙太極鞋訂單，則可以粗略估算總銷售量將會是 100,000，相當於相關人群數量。

擬合廣播模型與資料

週期 1：$I_1 = 20,000 = P_{broad} \cdot N_{POP}$

週期 2：$I_2 = 36,000 = 20,000 + P_{broad} \cdot (N_{POP} - 20,000)$

相關人群數：$P_{broad} = 0.2$ 且 $N_{POP} = 100,000$

（計算過程請參閱書末的〈注記〉：第 11 章的第 2 條。）

僅根據兩個資料點估算出的資料，理應無法保證準確度。廣播模型遺漏了許多真實世界的特徵，例如：人們除了口耳相傳，也可能藉由媒體得知消息，而某些人可能不只買一雙太極鞋，此外，廣告也可能觸及預期之外的潛在消費者。如果這些因素都要考量，模型會變得太複雜，估算結果也可能不同。而我們不考慮上述因素，藉由這個簡化的模型，已足以提供夠接近的粗略估算。公司或許無法期望能賣出兩百萬雙太極鞋，但賣出十萬雙應該沒什麼問題。

如果公司得到更多資料，則可以提高估算準確度。例如，第三週銷售量為 13,000 雙（等於模型預測的銷售量），則公司更能確信一開始的總銷售估計量是正確的。

擴散模型

大部分的疾病依靠人傳人，許多產品、想法和創新突破也藉由人群的口耳相傳。擴散模型可以呈現出這段傳播過程。擴散模型假設一個人如果接受了科技或感染了疾病，會有一定機率傳播給接觸過的人。人們並沒有能力選擇是否感染疾病，感染疾病的機率取決於許多因素，例如：基因、疾病傳染力，甚至氣溫（瘧疾在溼熱季節的傳播速率，遠比乾冷季節快得多）。

科技傳播速率部分取決於接受者的個人選擇，因此愈實用的科技，有愈高機率被人們接受。然而，擴散模型中並沒有明確考量個人選擇造成的影響。因此，擴散模型中的 Apple 手錶流行程度，和流感病毒傳染力評估方面，並沒有差異。

接下來，我們主要將討論資訊傳播，因此將人群分類為已知情者和未知情者。如果新加入者接觸到已知情者、並形成資訊傳播，則新加入者也會成為已知情者。有兩個因素在不同情境下會有不同變化。首先，居住在城市的人比鄉村的人有更高機率互相接觸；再者，重要資訊有更高機率分享出去，例如：外星人登陸地球的新聞，就比 M&M's 重新銷售椒鹽卷餅的新聞，更容易分享出去。因此，**擴散機率**（diffusion probability）可以寫成**接觸機率**（contact probability）乘以**分享機率**（sharing probability）。雖然擴散模型通常僅以擴散機率來呈現，但是在應用擴散模型及進行估算時，必須分別找出接觸機率和分享機率。

擴散模型假設**隨機混合**（random mixing），也就是相關人群中的任意兩人都有相同的接觸機率，但這項假設應該要受到合理懷疑。在幼稚園疾病傳播模型中，隨機混合假設可能正確，因為小孩之間的接觸頻率很高。但是應用到城市的層級，可能就會出現問題。因為城市裡的人們並非隨機混合，而是以小群體方式生活和工作，隸屬於工作團隊、家庭和社會團體，最主要的接觸對象皆為群體中的夥伴。但請回想之前我們曾討論過，就算假設並非完全準確，依然能

擴散模型

$$I_{t+1} = I_t + P_{diffuse} \cdot \frac{I_t}{N_{POP}} \cdot S_t$$

其中，擴散機率 $P_{diffuse}$ = 接觸機率 $P_{contact}$ × 分享機率 $P_{sharing}$。

夠建構出實用的模型。我們目前暫時使用隨機混合為基礎來討論，但應保持開放心胸，隨時準備好更改假設。

同樣的在擴散模型中，長時間之後，所有相關人群都會得知資訊。但是，擴散模型的採用曲線為 S 型，也就是一開始時，只有少數人知道資訊，I_0 十分小，因此與已知情者接觸的易知情者數量也不多。隨著已知情人數逐漸增加，已知情者和易知情者互相接觸的次數也會逐漸增加，因此已知情人數也會大量增加。而當幾乎所有相關人群都已知情後，新增加的已知情人數會逐漸減少，形成 S 型曲線的平緩上端。科技採用曲線常常就呈現 S 型曲線，例如：上個世紀美國使用雜交種子的採用曲線，各州都不盡然相同（愛荷華州人比阿拉巴馬州人更快接受雜交種子），但各州的採用曲線皆為 S 型。[3]

廣播模型中，由資料估算相關人群大小的方法十分直觀，初始採用者人數和相關人群總人數強烈相關。相反的，在擴散模型中，要由資料估算相關人群大小可能就十分困難，例如：產品增加了相同銷售量，可能是因為少量相關人群配上高擴散機率，也可能是因為眾多相關人群配上低擴散機率。圖 11.2 呈現兩款手機應用程式使用者的數字。第一天，兩款應用程式都有一百人購買。在剛開始五天時，第一款應用程式總銷售量和銷售增加量都比較高，如果沒有擴散模型，我們很可能會預測第一款應用程式的市場較大。但實際擬合模型和兩組資料顯示，第二款應用程式的使用者數量高出許多。

天	手機應用程式 1	手機應用程式 2
1	100	100
2	136	130
3	183	169
4	242	220
5	316	286
	...	
365	1,000	1,000,000

圖 11.2　手機應用程式銷售量的兩組採用曲線數據

第一款應用程式的擴散機率為 40%，相關人群為 1,000 人；第二款應用程式的擴散機率為 30%，相關人群為一百萬人。[4] 經過十幾天後，就可以看出第二款應用程式的相關人群，遠比第一款應用程式大得多。然而如果沒有擴散模型，僅根據前五天的資料觀察，則會對總銷售量做出錯誤推理。

使用擴散模型指導行動時，須將擴散機率分解為分享機率乘以接觸機率。若要加快手機應用程式的銷售速度，業者一方面可以增加人們的接觸機率，另一方面可以增加人們分享應用程式的機率。要增加人們的接觸機率十分困難，而若要增加人們分享應用程式的機率，業者可以提供現有使用者邀請新使用者的誘因。許多業者確實採用了這項策略，例如：電玩業者贈送遊戲點數給邀請朋友購買遊戲的玩家。雖然這些做法可以加快擴散速度，但在擴散模型的架構下，並不會影響總銷售量。總銷售量的上限等於相關人群大小，而與分享機率無關。提高銷售速度，長期下來並無法增加總銷售量。

大部分的消費性商品和資訊，都同時透過擴散和廣播傳播。接下來要介紹的**巴斯模型**（Bass model），就是將兩個過程結合到單一模型中。[5] 巴斯模型中的差分方程式，等於廣播模型和擴散模型中的差分方程式加總。巴斯模型中，如果擴散機率愈大，則採用曲線會愈接近 S 型。電視和廣播節目的資訊傳播，汽車、電腦、電話和手機等產品銷售的採用曲線，事實上，皆結合了 r 型曲線和 S 型曲線。

巴斯模型

$$I_{t+1} = P_{broad} \cdot S_t + P_{diffuse} \cdot \frac{I_t}{N_{POP}} \cdot S_t$$

其中，P_{broad} 是廣播機率，$P_{diffuse}$ 是擴散機率。

SIR 模型

目前討論到的兩種傳播模型（廣播模型和擴散模型）中，人們接受科技後就不會放棄使用。接受電力、洗碗機和電視等等科技產品方面，接受後就不會放棄，十分合理。但並不是所有藉由擴散傳播的事物都是如此，例如：人們感染疾病後會逐漸康復；特定服飾風格或流行舞步，也會慢慢退燒。習慣上，我們將放棄採用的人群稱為**已復原**（recovered）。加入已復原人群之後，就能建構出流行病學中最為重要的 SIR 模型（S ＝ susceptible 易感染、I ＝ infected 已感染、R ＝ recovered 已復原）。

由於 SIR 模型源自流行病學，而且復原現象在感染疾病時較常自然發生，所以我們將使用疾病傳播為例，說明 SIR 模型。為了避免數學式過於複雜，我們假設病人復原後，會重新成為易感染人群——也就是疾病痊癒後，並不具有免疫力，仍可能再次感染。

SIR 模型：傳染模型

$$I_{t+1} = I_t + P_{contact} \cdot P_{spread} \cdot \frac{I_t}{N_{POP}} \cdot S_t - P_{recover} \cdot I_t$$

其中，$P_{contact}$、P_{spread}、$P_{recover}$ 分別對應於疾病的接觸機率、傳播機率和復原機率。

流行病學家會分別追蹤接觸機率和傳播機率。接觸機率取決於病毒在人群間的傳播方式：HIV 病毒透過性接觸傳播、白喉桿菌透過唾液傳播、流感病毒透過空氣傳播，因此接觸機率的高低依序為流感病毒、白喉桿菌、HIV 病毒。接觸發生後，各種疾病的傳播機率也不同，百日咳比起 SARS 病毒更容易傳染給他人。

SIR 模型設定了一個臨界點，稱為**基本傳染數**（basic reproduction number），以 R_0 表示。R_0 等於接觸機率（$P_{contact}$）乘以傳播機率（P_{spread}）除以復原機率（$P_{recovery}$）。疾病的 R_0 如果大於 1，則可以透過人群傳播；如果 R_0 小於 1，則疾病會逐漸消失。SIR 模型中，疾病或資訊不一定會傳播到全部相關人群，是否會傳播到全部相關人群取決於 R_0 的大小。因此，美國疾病管制與預防中心（CDC）之類的政府機關，需要根據 R_0 估算值來指導行動。[6]

R_0：基本傳染數

$$R_0 = \frac{P_{contact} \cdot P_{spread}}{P_{recover}}$$

如下方的表格所示，透過空氣傳播麻疹的基本傳染數，比透過性接觸和共用針頭傳染的 HIV 病毒高。估算 R_0 大小時，並不會假設人們因疾病而改變日常行為。但實際上若學校受到蝨子侵擾，家長可能會將小孩留在家中，藉此減少接觸機率；或者，家長可能會幫小孩剃頭，藉此降低接觸時的傳播機率，這些動作都會降低蝨子傳染的 R_0 值。

	麻疹	脊髓灰質炎	HIV 病毒	流行性感冒
R_0	15	6	4	3

如果沒有疫苗，隔離是一種高成本、但能解決疾病傳播問題的選項。[7] 如果疫苗已經研發成功，接種疫苗能有效預防疾病傳播，甚至不必所有人都接種疫苗，就能避免疾病傳播。**疫苗接種閾值**（vaccination threshold）代表需要接種疫苗來避免疾病傳播的臨界相關人群比例，由模型可以推導出計算公式為：[8]

$$V \geq \frac{R_0 - 1}{R_0}$$

疫苗接種閾值的大小，會隨著 R_0 增加而提高。若要避免 R_0 為 6 的脊髓灰質炎傳播，5/6 的相關人群必須接種疫苗；但若要避免 R_0 為 15 的痲疹傳播，則需要 14/15 的相關人群接種疫苗。推算出疫苗接種閾值，有助於制定公共衛生政策。如果接種疫苗者的占比太少，則疾病會持續傳播，因此，政府通常會接種超過 SIR 模型估算閾值的相關人群比例。而像是痲疹、脊髓灰質炎（會造成小兒痲痺症）這類基本傳染數極大的疾病，政府會要求每個人都要接種疫苗。

有些人擔心疫苗會帶來副作用，因此不願參與疫苗接種計畫。如果擔心的人只占總人口一小部分，其他絕大多數人接種了疫苗之後，也能避免疾病傳播給未接種疫苗的人。流行病學家稱這種現象為**群體免疫**（herd immunity），[9] 這等於是：選擇不注射疫苗的人，搭了注射疫苗的人群的順風車。本書之後的章節會詳細探討**搭便車**（free riding，見第 302 頁）問題。

R_0、超級傳播者和分支度平方

推導基本傳染數 R_0 時，假設了隨機混合，也就是在每個週期，人群中每個人會隨機接觸。隨機混合這項假設，可能適用於藉由空氣或接觸傳染的疾病，但若使用在性接觸傳染疾病上，就顯得沒什麼道理。

如果將 SIR 模型嵌入網路，就能發現分支度對疾病傳播有重大影響。我們可以分別嵌入**矩形方格網路**（也就是棋盤網路，每個節點可連結到東南西北四個節點）以及**軸輻式網路**（一個樞紐節點連結到其他節點），進行比較。

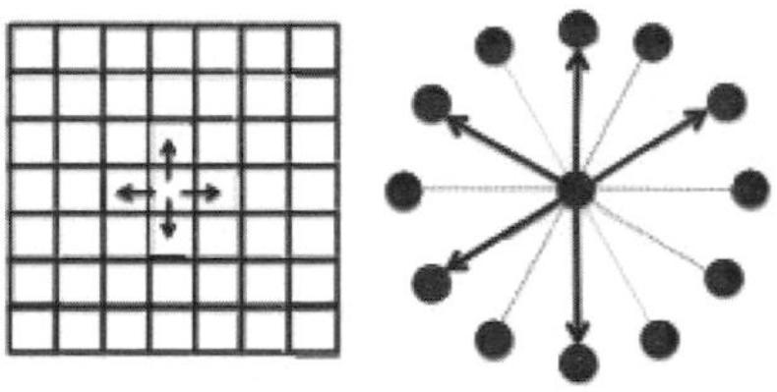

假設疾病隨機在其中一個節點爆發，並假設網路中的 $P_{contact} = 1$，也就是每個人都會和相連結的人接觸。下一個週期時，根據疾病傳染力不

同，會有一定機率傳播給鄰居。

首先考量矩形方格網路，在每個週期，疾病可能會傳至東南西北四個方向中的任一方向。如果疾病傳播機率超過 1/4，則能夠預期疾病將傳播出去。再多觀察一個週期後會發現，如果一個新節點感染了疾病，則又會有三個可能感染的鄰居；如果是兩個新節點（例如東方和西方的鄰居）感染了疾病，則會有六個可能感染的鄰居。我們可以觀察到，在矩形方格網路中，不論是哪個節點先感染了疾病，並不會影響疾病傳播機會。

接下來考量軸輻式網路，第一個感染疾病的節點可能是樞紐、或是輻條節點。如果是樞紐感染了疾病，則會傳播到任何一個幅條節點，可以想像，疾病即使只有極低的傳播機率，也依然會傳播出去。但如果是幅條節點感染了疾病，則只有樞紐一個節點有機會感染疾病，因此疾病傳播出去的機率就小得多。

軸輻式網路中，如果樞紐先感染了疾病，則疾病有很高的機率會傳播出去，此時 R_0 就沒辦法告訴我們太多訊息。流行病學家將這些高分支度的感染者稱為**超級傳播者**（superspreader），HIV 病毒和 SARS 病毒初期傳播主要都是借助超級傳播者。[10] 超級傳播者不需要特別活躍、或與很多人連結，超級傳播者可能是收費員、銀行行員、牙醫師……這一類需要和許多不同的社會網路接觸的人。

瑪莉（Mary Mallon），又被稱為**傷寒瑪莉**（Typhoid Mary），二十世紀初在紐約擔任廚師。因為瑪莉的工作會接觸許多家庭，因此造成許多人感染了傷寒。當瑪莉被發現是傷寒感染源之後，立即遭到強制隔離。

為了要推論高分支度節點造成的影響，首先請注意高分支度節點不僅比較容易傳播疾病，同時也更有可能感染疾病。例如，有一個社交能力很強的人，他擁有的朋友人數是一般人的三倍，因此，他的疾病接觸機率和疾病傳播機率都是一般人的三倍，所以他對於傳染疾病的貢獻是一般人的九倍。

總結來說，一個節點對疾病傳播（或思想傳播）的貢獻，相當於節點分支度平方。如果節點 A 的分支度為節點 B 的 K 倍，則節點 A 比起節點 B，有 K 倍可能感染疾病，而節點 A 染病之後，可能被他傳染的人數也是 K 倍。因此，節點 A 的總傳播效果為節點 B 的 K^2 倍，這個現象稱為**分支度平方**（degree squaring）。

傳播模型的擴大應用

雖然 SIR 模型原本是用來檢驗疾病傳播，但也可以應用到藉由擴散方法傳播，然後又自然而然消失的社會現象，例如：暢銷書、流行歌曲、時尚舞步、流行語、熱門網站、飲食和運動風潮等等。我們可以估算接觸機率、傳播機率和復原機率，同時也能計算出這些情境下的基本傳染數。我們從 SIR 模型中可以發現：上述機率的些微變動，會影響基本傳染數是否大於 1——這可能成為社會現象是否能流行起來的關鍵。

是否蔚為風潮，僅取決於絲毫差異，就像美國作家厄普代克（John Updike）在描述美國職棒打擊王威廉斯（Ted Williams）的最後一次揮棒一樣：「事情搞定和搞砸，只有一線之隔。」[11] 假如你想到一個新笑話，要是這個笑話不要太冷，就能讓基本傳染數 R_0 大於 1，讓更多人聽到這個笑話。相同邏輯也可以應用到某個想法能否深植人心，如果一個想法可以留在人們腦中稍微久一點，復原率就會降低，進而增加基本傳染數。

並非所有案例都正好落在閾值上下。像是披頭四才華洋溢，基本傳染數 R_0 理所當然遠遠大於 1，當然這僅僅只是猜測。使用網路下載量，可以估算現今流行明星的基本傳染數。流行巨星小賈斯汀（Justin Bieber）的 R_0 估算為 24，也就是說，小賈斯汀的魅力比麻疹傳染力還要高。[12]

在 SIR 模型中，我們推導出兩個關鍵閾值：R_0 和疫苗接種閾值。這兩個閾值皆為**情境臨界點**（contextual tipping point），也就是環境（情境）的些微改變，會導致完全不同的結果。情境臨界值和**直接臨界點**（direct tipping point）不同，直接臨界點指的是在某時間點的一個小動作，可以永遠改變系統路徑。直接臨界點發生在不穩定系統上，像是小球放在山頂尖端時，朝任意方向輕輕一推，就能讓小球滾向山丘任意一邊。輕輕一推就是觸發直接臨界點改變的力量。[13]

在情境臨界點上，參數改變會完全改變整個系統的行為；而在直接臨界點上，未來結果會急轉直下。擴散模型產生的 S 型採用曲線中，第一個彎折並不符合任一種臨界點的定義。採用曲線中的彎折，是對應到斜率增加最多的一個點，在這個點上，擴散正在正常進行，並沒有任何臨界現象發生，因此並非臨界點。

圖 11.3 呈現了 Google ＋社群網站最初兩週的使用人數。[14] 圖中的彎折在 Google ＋上線後第六天發生。第六天時，擴散依然正常進行。這個現象並非代表「Google ＋剛上線時沒多少人願意使用，但在第六天出現了一個直接臨界點的改變，導致 Google ＋在兩週後擁有一千六百萬使用者」。事實上，Google ＋剛上線時，即一鳴驚人，擁有兩百萬使用者了。由於許多人將急速增加點與臨界點混用，認為急速增加也是一種臨界現象，才導致臨界點這個術語被過度濫用。新聞媒體或網路上提到臨界點時，很少是符合正式定義的。

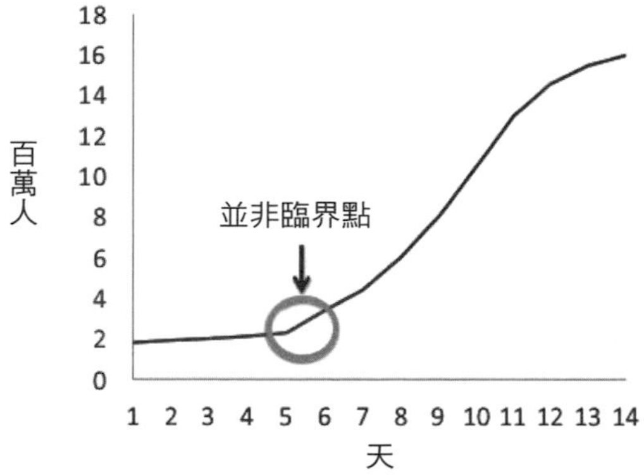

圖 11.3　Google ＋使用人數的彎折（並非臨界點）

肥胖同樣也可以視為一種流行病。雖然人們無法像感染感冒一樣，感染了肥胖，但卻可能受到社會影響而做出導致肥胖的行為。[15] 若要反轉肥胖流行，則必須減少基本傳染數，方法為減少接觸機率或減少分享機率，或是增加復原機率。請注意，我們並不是說 SIR 模型應用到肥胖、輟學率或犯罪上，會比經濟成長模型或社會模型更適用。SIR 模型是個完全不同的模型，能提供不同的解釋和預測，也可能指出不同的行動或政策。SIR 模型能夠和其他模型配合，幫助我們合理解釋世界上的諸多現象，但並非解決問題的萬靈藥。

應用廣播模型、擴散模型、傳染模型來解釋社會現象時，可能會發現僅有部分假設符合，例如：在疾病傳播上，每次接觸都有獨立傳播機率；但在社會領域中，人們可以選擇是否採用——不過，若是接觸得愈頻繁，傳播機率自然也就愈大。

我們不會選擇感冒，而是不得已感染了感冒。但我們可以選擇是否購買緊身牛仔褲，如果愈多人穿著緊身牛仔褲，則更有可能我們也會選擇穿著緊身牛仔褲。相同邏輯也可以應用到選擇是否加入社會運動、接受新科技、或決定要不要刺青。在這類涉及信仰或信任的傳染行為中，我們可能需要修正模型，允許「在接觸次數增加後，每次接觸時的採用機率將會提高」的可能性。[16]

增加模型應用範圍時，往往必須進行某些修正。

第12章
熵值：建構不確定性模型

資訊是不確定性的解方。

—— 向農（Claude Shannon），資訊理論創始人

本章將介紹**熵**（entropy，俗稱「亂度」），這是不確定性的正式測量方法。使用**熵值**能說明**不確定性**、**資訊量**（information content）和**意外**三者實為同一件事，低熵值相當於低不確定性和揭露極少資訊，而在低熵值系統產生的某個結果，例如太陽從東邊出來，並不會讓我們感到意外。在高熵值系統中，例如樂透號碼開獎，結果十分不確定，而當結果發生時，會揭露資訊，同時讓我們感到意外。

利用熵值可以比較兩種全然不同的現象，例如：可以判斷紐西蘭選舉結果和聯合國不信任投票，何者不確定性高；比較股價和運動比賽結果，何者不確定性高。我們還可以利用熵值來分辨四種不同種類的結果：平衡、循環（週期性）、隨機、以及複雜狀態。我們將得以分辨看似隨機的複雜模式，也可以分辨看似固定模式、實則隨機的現象。

熵值也可以用來描述分布。在沒有受到控制或缺乏調節力量時，某些群體會逐漸趨向最大熵值（最大亂度）。而在給定限制之下，例如：固定平均值或變異數時，則可以算出最大熵值分布。最大熵值的結果也可以告訴我們如何選擇模型，採用哪些分布會優於其他分布。

本章分為五個部分，第一部分將定義**資訊熵**（information entropy），並提供直觀的說明；第二部分將說明資訊理論大師向農對一般類別熵值的測量，所提出的公理基礎；第三部分將討論如何使用熵值來區分平衡、循環、隨機和複雜狀態；第四部分將探討在給定限制下產生最大熵值的系統；第五部分將討論為什麼有時我們做結論時，會偏好複雜狀態而非平衡狀態。

資訊熵

熵值可用來測量「與事件結果的機率分布有關的不確定性」，因此也能用來測量意外程度。熵值和變異數不同，變異數是用來測量一組數值的離散程度，雖然不確定性也和離散相關，但兩者並不相同。高不確定性的分布，每個結果都會有一定的機率出現，而且就算是非數值結果也能計算不確定性；但是高離散的分布則是代表有許多極端數值。

透過比較最大熵值分布和最大變異數分布，就能看出兩者完全不同。假設結果值為 1 到 8，最大熵值分布在各結果上有相同比重。[1] 而最大變異數分布則各有 1/2 的機率結果值為 1 或 8，如圖 12.1 所示。

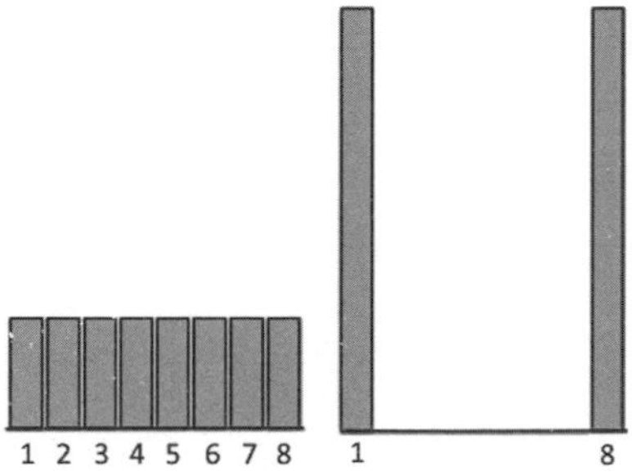

圖 12.1　**最大熵值分布** vs. **最大變異數分布**

熵值也用機率分布來定義，因此熵值也可應用到非數值資料的分布上，例如：森林中不同種鳥類的分布、或不同口味果醬的市場分布。熵值的正式計算公式為「機率」乘以「機率對數值」後，所有項目加總的負值。聽起來有點複雜，但稍加說明就能夠直觀理解。

首先討論**資訊熵值**這個特例，資訊熵值可測量隨機投擲公平硬幣之類的不確定性。假設每個家庭都正好生兩個小孩，生男生女機率各半，家庭中小孩的性別（按照出生順序排序）與投擲兩枚公平硬幣相當，因此，詢問 2 個是非題就能知道結果，所以資訊量等於 2。同樣的道理，有三個小孩的家庭的小孩性別，相當於投擲三枚硬幣，若要瞭解小孩性別，則需要詢問 3 個問題，資訊量等於 3。相同的邏輯可以應用到擁有任何數量小孩的家庭上。一般來說，想知道 N 個小孩的性別，需要詢問 N 個問題。

請注意，這 N 個問題可以區分出 2^N 種可能的出生順序。這種數學關係是瞭解熵值測量方法的關鍵：N 個二元隨機事件，能產生 2^N 種可能結果序列；相同的，詢問 N 個問題也能得知結果序列。因此，資訊熵值針對 2^N 種結果的均等分布，定義不確定水準（以及資訊量）為 N。

若要以正式數學形式呈現關係，首先要注意到每種結果序列出現的機率為 $1/2^N$。若要轉換為 N 的表示式，[2] 則需要使用複雜的運算式 $N = -\log_2(1/2^N)$。這個運算式可以廣泛應用到任意機率上，如果一個結果序列的機率為 p，則定義不確性為 $-\log_2(p)$，相當於瞭解序列所需詢問的是非題數量。

要計算一個分布的資訊熵值，公式如下：

資訊熵值

給定一個機率分布 $(p_1, p_2, \cdots p_N)$，則資訊熵值 H_2 等於：

$$H_2(p_1, p_2, \ldots p_N) = -\sum_{i=1}^{N} p_i \log_2(p_i)$$

注意：下標 2 代表使用底數為 2 的對數。

乍看之下，數學式似乎把事情弄得更複雜了，但透過下面的例子解釋後，公式就會直觀許多。想像一個家庭第一胎如果生了女孩，就不會再生下一胎，但如果生了男孩，則會再生兩個小孩。如此則會有一半家庭只生一個女孩，剩下一半家庭生小孩的狀況，會平均分配到四種結果中：生三個男孩，生兩個男孩後又生一個女孩，生一個男孩後又生兩個女孩，依序生了男孩、女孩、男孩。這四種狀況的發生機率皆為 1/8。

資訊熵值等於想瞭解一個家庭的小孩狀況時，預期所需詢問的問題數量。首先會詢問第一胎是否為女孩，有 1/2 機率的答案為是，如此便不需要再詢問其他問題，因此有一半機率只會詢問一個問題，資訊熵值會是 $-\frac{1}{2}\log_2(1/2)$。如果第一個問題答案為否，則必須要再詢問兩個問題，總共詢問三個問題。這會有四種狀況，機率皆為 1/8，因此資訊熵值都是 $-\frac{1}{8}\log_2(1/8)$。五種狀況加總後，得到資訊熵值為 2。[3] 直觀來看其實十分清楚：資訊熵值對應於預期詢問的是非題數量。需要詢問的問題愈多，分布的不確定性就愈高。一旦確定了結果，就會揭露資訊。

熵值的公理基礎

熵值的四個公理

$$H_a(p_1, p_2, \dots p_N) = -\sum_{i=1}^{N} p_i \log_a(p_i)$$

其中，$a > 0$。這個熵值測量方法，唯一滿足下列四個公理：

對稱連續函數：使用任何 σ 排列機率，都會滿足 $H(\sigma(\vec{p})) = H(\vec{p})$。

極值性：當所有 N 個結果的 $p_i = 1/N$ 時，$H(\vec{p})$ 有最大值。

零性質：$H(1, 0, 0, \cdots, 0) = 0$。

可分解性：如果 $\vec{P} = (p_{11}, p_{12}, \dots p_{nm})$：

$$H(\vec{p}) = H(P_1, P_2, \dots P_N) + \sum_{i=1}^{N} H(Q_{P_i})$$

其中 $P_i = \sum_{j=1}^{m} P_{ij}$ 且 $Q_{P_i} = (\frac{p_{i1}}{p_i}, \frac{p_{i2}}{p_i}, \dots \frac{p_{im}}{p_i})$。

我們採用公理化方法，得到熵值的一般運算式。向農在他的方法中提出四個公理條件。前三個公理都十分容易理解。熵值必須有連續對稱性，在所有結果以相同機率出現時有最大值，並且在結果確定時為零。第四個條件（可分解性）要求：n 個分類（且每個分類有 m 個子分類）的機率分布的熵值，等於各分類的熵值加上所有子分類的熵值。與分布有關的理論，通會都會有「可分解性」這項假設。例如：假設結果是由兩件獨立事件產生，可分解性意味著：結果的資訊量等於這兩件獨立事件各自資訊量的加總。向農也證明了一般的熵值測量方法唯一滿足上述公理。

如同描述夏普利值特性的公理，熵值公理主要用來解釋熵值測量方法的合理性。聰明的數學家總是能建構出合理的公理來定義函數。前兩個公理難以質疑，至於將已知分布的不確定性隨意設定為 0，可能會讓人覺得懷疑，但卻是適當的基準值設定。而另一個選擇則是將已知分布的不確定性設定為 1。[4] 可分解性公理解釋起來雖然較複雜，但我們也難以質疑「兩件隨機事件結合後的不確定性，理應等於個別事件不確定性的加總」。整體來說，公理合理性難以撼動，基本上沒有爭議的地方。

用熵值區分四類狀態

接下來將說明熵值測量方法，如何協助我們將經驗資料和模型產出結果，分類至英國傑出數學家兼企業家沃爾仁（Stephen Wolfram）的四種類別中：平衡狀態、循環（或週期）狀態、隨機狀態、複雜狀態。[5] 在沃爾仁的分類中，放在桌上的筆為平衡狀態、繞著太陽運轉的行星為循環狀態、丟硬幣的結果序列為隨機狀態，下一章將會探討的紐約證券交易所股價也接近隨機狀態。最後，大腦中的神經元放電為複雜狀態——既非隨機放電、也沒有固定模式。圖 12.2 以圖像呈現出這四種分類。

平衡狀態沒有任何不確定性，因此熵值為零。循環（或週期）過程有較低的熵值，完美的隨機過程有最大熵值。複雜狀態則有中等熵值，大小介於循環狀態和隨機狀態之間。平衡和隨機這兩種極端狀態的熵值很明確，但是循環狀態和複雜狀態的熵值就沒有那麼明確了，必須使用其他方法來區分。

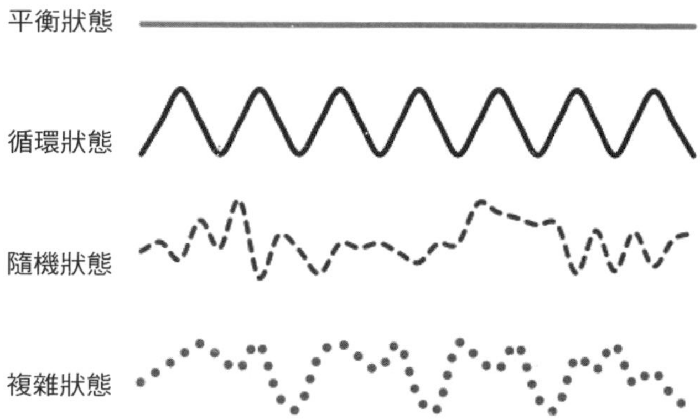

圖 12.2　沃爾仁對於系統運作結果的四種分類

若要分類時間序列資料，則必須計算不同長度的子序列的資訊熵值。假設某位男士持續記錄每天戴的帽子類型，他會戴貝雷帽（B）或紳士帽（F）。這位男士一年所戴的帽子類型，會建立成一份有 365 個事件的二元（B 與 F）時間序列資料。我們首先計算長度 1 序列的熵值，也就是藉由男士戴 B 帽或 F 帽的機率，來計算熵值。如果男士戴這兩種帽子的機率相同，則長度 1 序列的熵值等於 1。由於男士每天會戴不同的帽子，因此我們可以排除平衡狀態，但仍不知道是其他三種狀態中的哪一種。

為了決定類別，我們接下來要繼續計算長度 2 到長度 6 序列的熵值。假設隨著考量的序列增長，熵值緩慢增加，直到最大值 8；也就是說，不論序列增加到多長，熵值永遠不會超過 8。由於具有最大熵值 8，因此我們可以排除循環狀態了。

男士戴帽的序列，現在看起來比較像是複雜序列，包含某種結構和模式。但我們無法確定時間序列結果確實為複雜序列，有可能男士想要隨機選擇帽子，但未能完全成功。

三種最大熵值分布

我們建模的許多狀況都包含不確定性，因此身為模型建構者，必須對這些分布做出推斷。原則上，我們並不想做出只適用特定狀況的假設。我們可能會對分布產生的過程有部分瞭解，並使用「邏輯—結構—功能」法，推導過程中產生的統計結構。

例如：假設想對房地產拍賣商品的總價值分布做出判斷，總價值等於個別商品價值的總和，因此可以借助中央極限定理並假設總價值分布為常態分布。同時因為房屋價值取決於多個條件，例如：房間數目、浴廁數目和停車位大小等等，所以也可以假設房屋的可能價值也同樣為常態分布。

但是常態分布並不適用於藝術作品或稀有手稿，基本上我們並不清楚這些商品決定價值的過程。其中一個決定藝術品價值的方法，就是假設分布有最大不確定性，也就是最大熵值分布。

最大熵值分布的形狀取決於某些限制。如同前面提過的，假如分布有最大值和最小值，**均匀分布**（uniform distribution）會有最大熵值，如圖 12.1。教科書和學術期刊中的許多社會科學模型都假設均匀分布。我們可能會認為真實世界極少有均匀分布，而質疑那些假設，然而，**無差異原則**（principle of indifference）認為，如果只知道一個範圍或一系列可能結果，除此之外沒任何資訊，則應該要認為可能結果為均匀分布。

某些情況下可能會知道分布的平均值，並確定所有數值必須為正，在這樣的限制下，最大熵值分布必須有長尾，而若要將分布散布到範圍更大的不同數值，則必須有許多低數值結果來平衡高數值結果，才能達到要求的平均值——我們可以證明出最大熵值分布就是**指數分布**（exponential distribution）。因此，如果你正在建構網站點擊次數或市占率的假想模型，卻缺乏足夠資料，則自然而然會假設為指數分布。

最後，如果固定平均值和變異數，並允許負值出現，則最大熵值分布就是常態分布。與上一段例子的邏輯類似，若要不確定性提高，則需要更多極端值。我們在允許負值的情況下，可以用負值來平衡正值，讓平均值維持一致。然而，極端值愈多，變異數也愈大，需要在接近平均值的地方加入更多數值，以保持固定變異數，因此會產生鐘形曲線。

使用「邏輯—結構—功能」法，能解釋這三種最大熵值分布。如果我們認為在特定社會、生物或物理情境下，微觀層級過程有最大熵值，則應該期望這些分布會出現。另一個方法是先假設微觀層級過程，然後證明過程中熵值不斷增加，如此也會出現這三種分布的其中一種。

三種最大熵值分布

均勻分布：在特定區間 [a, b] 內，有最大熵值。

指數分布：在特定平均值 μ 下，有最大熵值。

常態分布：在特定平均值 μ 和變異數 σ^2 下，有最大熵值。

我們得到的資料可能為指數分布或常態分布，雖然我們不一定要瞭解「是否有某些潛在行為可在特定限制下增加熵值」，但若能深入瞭解，則可以得到新洞見。第 5 章利用中央極限定理來解釋物種身高、體重和長度的常態分布，本章則是呈現了不同模型基礎的解釋。如果突變會讓熵值最大化（以便達到最佳生態棲位），則在體型平均大小和總散布（變異數）固定下，體型分布會呈現常態分布。此處想強調的是，並非使用最大熵值方法能提供更好的解釋，而是在特定平均值和變異數的限制下，若要達到最大熵值，則必定會產生常態分布。因此假如發現常態分布，則有可能是熵值最大化之下產生的結果。

熵值的實用性

現在，我們已經瞭解熵值如何用來測量不確定性、資訊量和意外，以及與測量離散程度的變異數之間的差異，並且瞭解熵值如何幫助我們把狀態分類、以及比較不同種類的結果。之後在第 13 章〈隨機漫步〉和第 14 章〈路徑依賴〉中，我們將會使用熵值來辨識隨機性及測量路徑依賴程度。熵值測量方法可以實際使用在許多現實世界的應用中，例如：測量「干預金融市場是否會提高或降低不確定性」，測試電子、運動賽事或運氣遊戲的結果是否隨機等等。

上述例子中，熵值做為**實證性**（positive）測量方法，可告訴我們世界的真實樣貌，而非世界應該呈現什麼樣貌。系統中存在熵值，本質上並無好壞，熵值的高低取決於實際狀況。例如：制定稅法時，可能會希望稅收是平衡狀態，不希望是隨機狀態；城市規劃時，則希望能保有複雜狀態，若結果是呈現平衡狀態或循環狀態，則會讓城市顯得呆板。畢竟人們總是希望城市充滿活力，能夠提供偶然巧遇和互動機會。

雖然多一點熵值，能帶來更好的結果，但依然存在上限，完全隨機並非人們所希望。完全隨機會讓規劃變得困難，甚至可能癱瘓我們的認知能力。理想上，世界最好不時發生一些複雜事件，為生活增添更多樂趣。

英國建築師亞歷山大（Christopher Alexander）說明過：中心強烈、邊界厚實和藕斷絲連的幾何性質，如何能建設出複雜而充滿生命力的建築、街廓、鄰里和城市。[6] 亞歷山大主張城市和生活空間應該有複雜性。但是中央銀行官員可就不怎麼喜歡複雜狀態了，銀行官員偏好可預測的平衡狀態和穩定成長路徑。

本章學到最重要的內容為：我們通常關心系統是否會達到平衡、或產生循環模式、或隨機發展，或導致複雜狀態。使用熵值模型，我們或許就可以觀察到哪種狀態會出現，有時還可以設計出我們想要的狀態的系統——不論是複雜系統或平衡系統，都有機會設計出來。

第 13 章
隨機漫步

醉漢會尋路回家，醉鳥將迷失天涯。

—— 角谷靜夫（Shizuo Kakutani），日裔美國數學家

本章將利用機率和統計，來學習兩個經典模型：**白努利甕模型**（Bernoulli urn model）和**隨機漫步模型**（random walk model）。[1] 這兩個模型雖然看起來結構有點複雜，但實則都在描述隨機過程。

若沒有蒐集到足夠資料，將十分難以分辨隨機性。例如，人們往往認為能找到選舉結果、股價和運動比賽分數的模式，但就如同《黑天鵝效應》作者塔雷伯（Nassim Taleb）經常掛在嘴邊的一句話：「我們常常被隨機愚弄。」[2]

白努利甕模型可說明產生離散結果的隨機過程，例如投擲硬幣或丟骰子。白努利甕模型在數世紀前就推導出來，用來解釋賭博勝率，目前已占據機率理論的重要位置。隨機漫步模型則是建立在白努利甕模型上，隨機漫步模型持續計算硬幣丟出正反面的移動加總（running total）。隨機漫步模型也能呈現液體或氣體中粒子的運動、動物在實體空間的運動，以及人類從出生到童年的身高成長變化。[3]

本章一開始會簡單討論白努利甕模型，並分析事件連續發生的可能長度。接下來會說明隨機漫步模型，我們將得知一維及二維隨機漫步會不斷回到出發點，但三維隨機漫步模型則難以回到出發點。另外，也會瞭解一維隨機漫步回到出發點的時間將遵循冪律分布。

隨機漫步可能會被單純當作某種數學趣味現象，但其實可以用來解釋物種和公司壽命的長短。本章最後，將使用隨機漫步模型來評估效率市場假說和決定網路規模。

白努利甕模型

白努利甕模型假想一個裝有灰球和白球的甕，從甕中抽出球來，代表隨機事件的結果，而每一次抽球，都和先前及未來任何一次抽球獨立，因此，我們可以應用**大數法則**（law of large numbers）：長期下來，每種色球抽出的比例將收斂至各色球在甕中的比例。但這並不代表從裝有七顆白球、三顆灰球的甕中抽一千次球，正好會抽出七百次白球，大數法則只說明白球抽出比例會朝向 70% 收斂而已。[4]

白努利甕模型

每段週期會從裝有 G 顆灰球和 W 顆白球的甕中，隨機抽出一顆球，球的顏色代表事件結果。下個週期要抽球之前，會將抽出的球丟回袋中。令 P ＝ G ／ (G ＋ W) 代表灰球比例。假設抽了 N 次，則可以計算期望抽出的灰球數量 N_G 及標準差 σ_{N_G}：

$$N_G = N \cdot P \text{ 且 } \sigma_{N_G} = \sqrt{N \cdot P \cdot (1-P)}$$

白努利甕模型可以協助我們預測特定事件連續發生的可能性。例如，在裝有相同數量灰球和白球的甕中，抽出灰球的機率等於 1/2，連續抽出兩顆灰球的機率等於 1/2 乘以 1/2。也就是說，如果甕中灰球比例為 P，連續抽出 N 顆灰球的機率等於 P^N。透過機率的計算，就能評估事件是否可能連續發生，機率上是否極不可能出現、而足以合理懷疑作弊可能。譬如，當一位籃球員連續投中九顆三分球，是因為球員手感火熱嗎？還是這種連中九元的現象依然在期望之內呢？數學計算顯示，一位超級優秀的三分球射手在十年職業生涯中，無法連續投進九顆三分球的機率，大約 47%。所以，連中九元的現象並不如想像中那麼難以出現。[5]

類似的計算可以用來決定一位投資人究竟是幸運、優秀、或根本在作弊。例如，由「股神」巴菲特經營的波克夏企業集團，在 1965 至 2014 五十年間，其中四十二年的投資表現優於市場。1964 年在波克夏公司投資 1 美元，到了 2016 年會增值到超過 10,000 美元；但若投資 S&P 500 指數，則僅僅增值到 23 美元。如果波克夏只有一半機率打敗市場，五十年間應該只有二十五年表現能優於市場，標準差為 3.5 年（50 × 1/2 × 1/2 的平方根）。但實際上，波克夏打敗市場的年數高出平均值四個標準差，也就是僅有百萬分之一的機率，因此可以排除運氣因素。

由於波克夏公司公開透明揭露投資內容，這也可以排除作弊。相對來說，搞出史上最大基金騙局的馬多夫（Bernie Madoff）就沒有揭露投資內容，馬多夫聲稱他的對沖基金連續幾十年都有正報酬，但這種狀況發生的可能性太低，投資人應該強烈要求馬多夫公開投資內容。[6]

隨機漫步模型

接下來要討論的是**簡單隨機漫步模型**（simple random walk model）。

簡單隨機漫步模型建立在白努利甕模型上，並持續追蹤過去結果的移動加總。模型設定初始狀態（初始值）為零，每抽出一顆白球，則總值加 1，抽出一顆灰球，則總值減 1。任何時候模型狀態等於先前所有結果的加總，亦即：抽出的白球總數減掉抽出的灰球總數。

次頁的圖 13.1 呈現隨機漫步圖形，看似有某種模式：一長段下降趨勢後，緊接著一段上升趨勢，突破零之後，微幅下滑。但這種模式實為隨機產生。

簡單隨機漫步

$$V_{t+1} = V_t + R(-1, 1)$$

其中，V_t 代表在時間 t 的隨機漫步值，$V_0 = 0$，而 $R(-1, 1)$ 是一個有相同機率為 −1 或 1 的隨機變數。任何週期的隨機漫步期望值等於 0、標準差為 $\sqrt{t}$，其中 t 等於經過的週期數。[7]

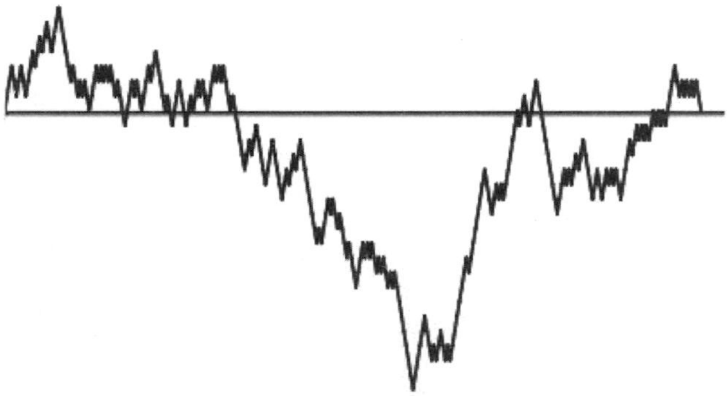

圖 13.1　歷經 300 個週期的簡單隨機漫步圖

簡單隨機漫步具有**遞迴**（recurrent，經常回到 0 的位置）和**無界**（unbounded，可以超出任何正負限制）兩種特性。如果時間夠長，隨機漫步有機會超出一萬、或下滑到負一百萬，且通過 0 無數次。此外，與 0 之間的距離分布呈現冪律分布（長尾分布）。[8] 大部分的週期漫步距離都和 0 十分接近，所有漫步值中，有一半只需要兩步就能回到 0，但其他漫步則需要很長時間才會回到 0，例如，走到一百萬然後再次回到 0，需要兩百萬步以上。根據隨機漫步的無界性，上述描述必定為真。

隨機漫步的位置呈現冪律分布，有意想不到的應用方式。如果以隨機漫步模擬公司銷售量或員工數，公司壽命將呈現冪律分布。詳細說明如下：假設公司銷售量大時，會聘用新員工，銷售量不佳時，會解雇員工，而如果公司沒有任何員工就會倒閉，則公司員工數回到 0 的時間分布，相當於公司壽命長短的分布，因此公司壽命長短會呈現冪律分布。而公司壽命長短實際上的確近似冪律分布。[9] 相同的邏輯可用來預測不同**分類階元**（taxon，也就是界、門、綱、目、科、屬、種）的壽命長短。如果分類階元中的成員數量遵循隨機漫步模型，例如某一屬中的物種數目會隨機增減，分類階元的規模應該也要遵循冪律分布。實際資料也同樣支持這個論點。[10]

我們也可以把沿著地表滑動的冰川，看成是在隨機漫步，而套入隨機漫步模型。模型預測冰蝕湖大小的分布符合冪律分布——每次當冰川的底部掘蝕到地表以下、再回到地表時，就會製造一個直徑對應**返回時間**（return time）長短的冰蝕湖。實際資料也大致符合這種現象。[11]

簡單隨機漫步模型也可以修改得複雜些。首先可修改成**常態隨機漫步模型**（normal random walk model）。常態隨機漫步每個週期數值的改變量，相當於由常態分布中抽出的一個數值。常態隨機漫步不會正好回到 0，但是會在 0 的上下來來回回無數次。

再來，也可以修改成**偏差隨機漫步模型**（biased random walk model），讓部分結果出現的機率較高。偏差隨機漫步可以用來預測純運氣遊戲的勝率。例如輪盤遊戲中，賭紅色贏錢的機率為 9/19，[12] 因此輸錢的機率是 10/19。我們可以將一系列下注結果的贏錢總數（或輸錢總數），套入偏差隨機漫步模型，模型數值增加 1 的機率為 9/19（約 47.4%）、減少 1 的機率為 10/19（約 52.6%）。100 場賭局後，預期輸掉 5 美元，標準差為 10 美元，在 95% 的信心水準下，輸贏落在負 25 美元和正 15 美元之間。10,000 場賭局後，預期輸掉 525 美元，標準差為 100 美元，因此 95% 的賭局輸掉的金額在 325 到 725 美元之間。[13] 賭了 10,000 場還贏錢的機率高出平均值五個標準差，發生機率小於一百萬分之一。因此，若想要在輪盤遊戲中贏錢，應該要一次下重注，而非下許多次小注。

包含籃球在內的許多運動競賽，也可以模擬成兩個偏差隨機漫步模型。賽場上兩支球隊每次進攻都有機率得分，根據球隊進攻能力和對手防守能力，我們可以估算每次進攻的得分機率。將球隊的進攻模擬為隨機事件，每支球隊的得分對應到偏差隨機漫步值，則有更高得分機率的隊伍，獲勝機率較高。分析 NBA 比賽資料會發現，結果和模型的預測十分接近。只有在某支隊伍得分大幅領先時，才會偏離偏差隨機漫步，領先隊伍的比分縮小機率比拉大機率高。這是因為：擁有巨大優勢的隊伍缺乏誘因繼續積極搶分，而落後隊伍則會盡全力搶分，避免輸得太難看。[14]

我們觀看籃球比賽時，可能會認為比賽結果一點也不像偏差隨機。雖然強壯而聰明的球員會採行複雜戰術、打出精采好球，但這些努力也可能會被抵消——拚命進攻可能會被強悍的防守抵消，精采的抄球後上籃也可能會被後方趕來的對方球員給蓋了火鍋。因此，偏差隨機漫步模型也做出策略建議：愈強大的隊伍愈應該加速比賽節奏，來爭取更多進攻機會。優勢隊伍會想多轉幾次輪盤，因為隨機漫步愈多次，對優勢隊伍愈有利。

簡單隨機漫步模型是發生在單一維度上，但是我們也可以建構**多維度隨機漫步模型**。二維隨機漫步模型由原點 (0, 0) 出發，每個週期會隨機向東南西北方漫步。二維隨機漫步類似一條畫在紙上彎彎曲曲的線。二維隨機漫步也滿足遞迴性和無界性。例如，隨機搜尋能在客廳找到遺失的耳環，數學遞迴性使得隨機搜尋成為螞蟻覓食的一種策略。[15] 如果二維隨機漫步沒有遞迴性，則螞蟻腦中需要有更複雜的地圖、或更強烈的荷爾蒙痕跡，才能找到回巢的路。

然而在三維空間中，隨機漫步並未滿足遞迴性。在空中飛行的蒼蠅或空氣中碰撞的分子，回到出發點的次數很有限，這就是本章一開頭，角谷靜夫引言中所說的醉漢和醉鳥的不同。[16]

三維隨機漫步缺乏遞迴性，又提供了一個說明模型如何讓思維更清晰的例子。例如，我們可能直覺認為：隨著維度逐漸增加，遞迴逐漸難以出現。但實際上卻有如陡升的階梯：一維和二維中，隨機漫步會回到出發點無限多次，可是三維漫步中，則有很高的機率不會回到出發點。這需要用數學方法來論證，單純利用直覺不足以完整推論。

使用隨機漫步估算網路規模

利用低維度隨機漫步遞迴性，可以估算網路大小。方法十分簡單，首先隨機選擇一個節點，然後開始沿著網路邊線隨機漫步，並持續追蹤回到出發點的頻率。回到出發節點的平均時間與網路規模相關。若要估算社交網路大小，則可以請某人說出一位朋友的姓名，然後再請那位朋友說出另一位朋友的姓名。持續追蹤這個過程，看看又回到第一個人的頻率是多少。

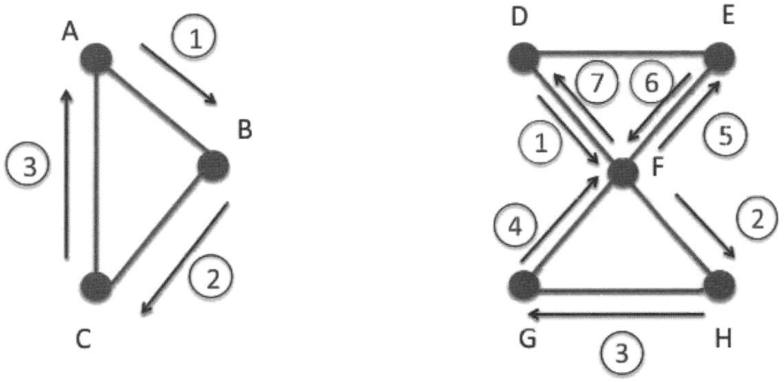

圖 13.2　網路中的隨機漫步

圖 13.2 呈現兩個網路，左側網路由三個節點構成一個三角形，右側網路由六個節點構成兩個三角形。從左側網路的節點 A 出發，假設移動到節點 B、節點 C，然後回到節點 A，則隨機漫步經過三步後，回到起始點。右側網路中，隨機漫步由 D 點開始，可能經過七步路徑：F − H − G − F − E − F − D。如果重複試驗多次，左側網路的平均返回時間會比較短。

雖然運用隨機漫步遞迴性來計算小型網路，簡直像是畫蛇添足，但若用在估算大型網路規模，例如全球資訊網或巨大電子郵件網路，這個方法就會十分實用。

隨機漫步和效率市場

股價已經被證實為接近**常態隨機漫步**，並趨向正值來呈現市場收益，許多個股的股價也近似於隨機。圖 13.3 呈現了臉書股票在 2012 年 5 月 18 日首次公開發行後，一年之間的每日股價資料。臉書的發行價格為每股 42 美元，到了 2012 年 6 月 1 日，股價跌到每股 28.29 美元，一年後股價跌到 24.63 美元。圖中也呈現了校正到相近變異數的隨機漫步曲線，做為對比。

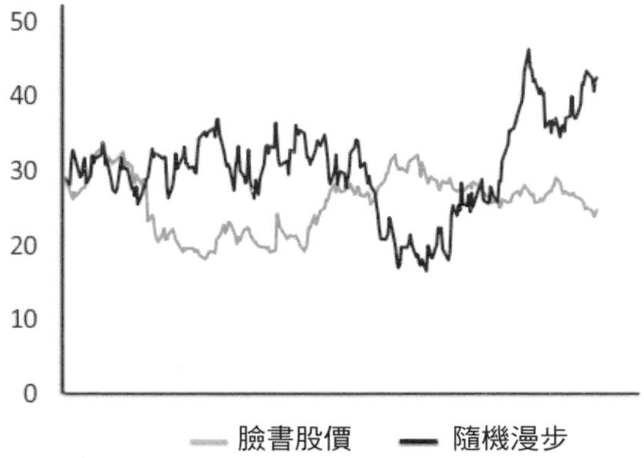

圖 13.3　**從** 2012 **年** 6 **月到** 2013 **年** 6 **月，每日臉書股價對比於隨機漫步**

我們可以使用統計檢定來檢視臉書股價序列，瞭解是否符合常態隨機漫步假設。首先，股價上漲和下跌機率應該要相同，觀察的 249 天交易日中，臉書股價下跌天數為 127 天，相當於 51% 的交易日。再者，隨機漫步中，每日股價上漲機率應獨立於前一週期的上漲機率，而臉書股價有 54% 的交易日連續兩天上漲或下跌。最後，期望最長連續上漲或下跌的天數應為 8 天，而臉書股價在這一年交易日中，曾有連續十天的上漲紀錄。總結來說，我們無法拒絕臉書股價符合常態隨機漫步的假設。

所有股票的每日股價都可以採用相同的方式來分析，但必須減去股價平均上升趨勢。研究顯示從 1950 年代到 1980 年代，每日股價有些微正相關，即使去掉上升趨勢，股價連續兩天上漲的機率仍然超過 1/2。但是 1980 年以後，投資人愈來愈精明，股價連續兩天上漲的機率下降到 50%，符合隨機漫步假設。之所以股價會遵循隨機漫步模型，是因為精明的投資人發現了股價上漲模式，進而導致股價上漲模式的消除。例如 1990 年代，分析師發現股價在年初會上漲，稱為**1 月效應**。於是，聰明的投資人就在 12 月趁低價購進股票，並在 1 月賣出獲利。由於愈來愈多投資人在 12 月購買股票，結果在 12 月已拉抬了股價。因此，我們就別再期望 1 月效應了。

經濟學家將股市中可發現的持續模式，類比為在路邊發現百元美鈔。如果有人看到百元美鈔，一定會撿起來，之後路邊就找不到百元美鈔了。相同邏輯可以應用到股價模式上：如果模式存在，很快也就會消失。因此，聰明投資人所在的市場，很少存在可預測的股價模式。如果股價不存在任何模式，則唯一可能的走勢為隨機漫步（減去市場一般存在的長期上升趨勢後）。

諾貝爾經濟學獎得主薩繆森（見第 48 頁）寫了一個產生隨機漫步的早期模型。薩繆森的模型不要求投資人瞭解股票在所有未來期間的價值，而只需要瞭解價值分布。正如薩繆森自己也曾提過：「人們不應該對現有定理做出過多解讀，定理並未證明實際競爭市場必定完美運作。」[17]

但薩繆森的說法並未得到所有人認同。某些人延伸薩繆森的想法，建立了**效率市場假說**（efficient market hypothesis）。效率市場假說認為不論在任何時刻，股價都會呈現出所有相關資訊，而未來股價必須遵循隨機漫步。但效率市場假說卻是建立在邏輯悖論上。[18] 要正確判定股票的價值，需要時間和精力，金融分析師必須蒐集資料並建構模型，但如果股價漲跌遵循隨機漫步，則這些努力將是白忙一場。然而，如果沒有人花費心力估算股價，則股價無法正確反應價值，路邊就會有大把大把的美鈔。

簡單說，**格羅斯曼－史迪格里茲悖論**（Grossman and Stiglitz paradox）聲稱：假如投資人相信效率市場假說，則會停止分析；但若投資人停止分析，則市場會失去效率；如果投資人認為市場沒有效率，則又會應用模型分析，讓市場變得有效率。

儘管精細統計技術可以揭露短期模式，但事實上，股票價格的變動十分接近隨機漫步。[19] 雖然路邊沒有百元美鈔，但如果仔細尋找，還是能在草地中發現四葉幸運草。

批評隨機漫步假說的人提出，某些投資人長期持續獲利，超越純粹靠運氣的期望獲利。[20] 此外，股價也可能因為某些其他因素而隨機變動，例如複雜交易規則的綜合影響等等。日復一日的股價波動，其實所反映的已超出流入市場的資訊，即使全世界沒發生任何重大事件，市場也會出現暴漲或暴跌現象，這說明了泡沫實實在在存在。某些人認為會帶來影響的事件，另一些人可能認為無所謂。股市波動確實很高，但少量資訊其實就能帶來巨大影響。就算市場不會暴漲暴跌，也可能遵循**長尾隨機漫步**（longer-tail random walk），也就是每日變動量為長尾分布中隨機抽取的一個數值。

雖然許多人認為「股價永遠都與實際價值相等，並不切實際」，但是長期下來，股價不應與實際價值偏離太多。應用 72 法則，就可以發現這個現象。如果經濟成長率每年為 3%，則半世紀過後，經濟將會成長四倍。1967 年時，美國 GDP 約為 4.2 兆美元，到了 2017 年，GDP 增加到接近 17 兆美元（皆以 2009 年美元幣值計算），整整增加了四倍，跟預期的 3% 成長率正好相符。同期間內，S&P 500 股票的實際價值也增加大約四倍。如果股票市場每年成長 12%，股價理應成長二百五十六倍，但這是不可能發生的事。[21]

長期下，效率市場假說或類似理論可視為合理假設；但是短期下，一味認為股價會即時反映價值，則風險極高。董事成員包含兩位諾貝爾經濟學獎得主的避險基金——長期資本管理公司（LTCM）的案例就十分值得借鏡。1996 年和 1997 年時，LTCM 公布的報酬率超過 40%，部分來自發現市場效率不足及預測市場將修正。1998 年，LTCM 正確注意到俄羅斯債券價格與美國國債價格不一致，因此 LTCM 砸下重注。但是，俄羅斯債券最後違約了，這是 1917 年以來首次發生，也加劇了短期不一致程度。LTCM 虧損了四十六億美元，且險些造成金融市場崩潰。在政府救助 LTCM 後，債券價格確實回到一致，但慘劇已經發生。這案例讓我們得到一個明確的教訓：永遠不要完全相信單一模型。

結論：避免被表象愚弄

本章中，我們學到了白努利甕模型和隨機漫步模型，並可擴展這兩種模型的應用範圍。我們瞭解如何區分隨機和手感火熱、如何制定賭博策略、評估股價時間序列，以及合理解釋籃球比賽結果。同時也瞭解如何應用隨機漫步返回時間的冪律分布，來瞭解公司和各分類階元的壽命長短。

從這些應用中可發現，隨機漫步模型能提供評估時間序列的實用架構。所以，我們不應該因為近幾年的成功，就相信卓越表現會持續下去。歷久不衰的暢銷書《從 A 到 A＋》中，作者柯林斯（Jim Collin）找出能夠持續成功的公司特質，例如：擁有廣納意見的領導者、為團隊找到合適成員，以及維持紀律——柯林斯稱作「沖洗茅屋起司」，這是在向史考特（Dave Scott）這位得過六次鐵人三項冠軍的運動員致敬，史考特有一種嚴格自我要求的習慣：每天吃乳酪時，要先沖洗掉乳酪上的油脂，以減少脂肪含量。

柯林斯提出了十一家遵循他所提出原則的卓越企業。但書籍出版十年後，十一家中僅剩下一家企業成長得更強大。另外十家公司，一家被收購、一家由政府接管，另外八家經營不善、毫無獲利。

雖然卓越公司有相同特質，但並不代表這些特質就能讓公司成功，經營不善的公司也可能正好擁有與卓越公司相同的特質。找到最好的公司並研究該公司的特質，並非模型思維。模型思維需要推導出可帶來成功的特質，例如：優秀的工人，然後利用資料驗證這些結論，可能的話還會尋找自然實驗，也就是相關屬性不受控制的實例。我們在第 28 章將討論到的舞動地形和崎嶇地形模型，就對柯林斯的核心假設提出質疑。

如果經濟體十分複雜，則現今已經證實的公司成功特質，不見得在未來也適用。現在帶來巨大成功的策略，例如大石頭優先法則，在十年後有可能不會是好策略。任何人在做出所謂「成功準則」的聲明之前，應使用多種模型來仔細檢驗，這可以減少犯下巨大錯誤的風險。我們尤其應該避免被模式所愚弄，因為看起來像是趨勢的現象，也可能只是隨機發生。

第 14 章

路徑依賴：環環相扣的世界

無人能踩進同一條河兩次，河變了、人也變了。

—— 赫拉克利特（Heraclitus），古希臘哲學家

本章將討論路徑依賴（path dependence）模型。舉凡任何「人群行為受到其他人行為影響」的領域，例如：國際事務、藝術、音樂、運動、商業、宗教、科技或政治，都很可能一定程度受到路徑依賴影響。大學生修課選擇會指引他走向某些職業道路；候選人得到選民支持，會推進他的政治生涯；一段友誼可能會導致其他社會連結。我們不論是穿的衣服、讀的書籍、看的電影，以及花費時間從事的活動，都呈現某種程度的路徑依賴。

在更大尺度上也存在路徑依賴。在英美法系，判決結果會形成判決先例，進而影響未來的判決。[1] 早期制度形式也會影響未來的制度選擇。美國透過私人公司提供醫療保險的決策，導致許多大型私人健康保險產業、健康維護組織和許多公私立醫院成立。[2] 制度同時也會影響行為模式，造成自利傾向或合作傾向，進而影響未來的制度效能。[3]

本章中，我們建構了動態甕模型，產生一系列呈現路徑依賴的過程。這些模型延伸了白努利甕模型，允許甕中球的分布以過去的結果為函數變化。使用這些模型建構思維後，將會提供路徑依賴的正式定義，並且區分**結果路徑依賴**（outcome path dependence，事件結果會因路徑不同而不同）與**平衡路徑依賴**（equilibrium path dependence，最終的平衡狀態會因為路徑不同而不同）。這些正式定義也有助於辨別：路徑依賴和臨界點將如何影響結果。

本章分為四個部分，前兩部分說明**波利亞過程**（Polya process）與**平衡過程**（balancing process）。波利亞過程假設正回饋，能出現結果路徑依賴與平衡路徑依賴。許多路徑依賴的經典例子，包含 QWERTY 鍵盤布局的發揚光大等等，都屬於正回饋。平衡過程則是假設負回饋，平衡過程仍會出現結果路徑依賴，但不會出現平衡路徑依賴。

本章第三部分會說明熵值的變化可用來分辨路徑依賴和臨界點，第四部分則深入討論更多的模型應用方式。

波利亞過程

波利亞過程是從白努利甕模型延伸而來，不同之處是每次都再多丟入一顆與抽出球相同顏色的球（也就是甕中的球數會不斷增加），藉此呈現正回饋現象。這種過程會產生結果路徑依賴，也就是每個週期的結果取決於先前週期的結果。至於結果的長期分布（也就是最終的平衡狀態），也取決於路徑，因此波利亞過程也會產生平衡路徑依賴。[4] 平衡路徑依賴的過程必定為結果路徑依賴。如果長期結果取決於路徑，則過程中的各個結果必定也取決於路徑。然而結果路徑依賴的過程則不一定導致平衡路徑依賴。目前發生的事可能取決於過去，但是長期平衡可能一開始就決定好了。

接下來，我們將說明兩種路徑依賴模型（波利亞過程與平衡過程）之間的差別。

波利亞過程

甕中有一顆白球和一顆灰球。每個週期隨機抽出一顆球，並連同另一顆與抽出**顏色相同**的球，一起丟回甕中。抽出球的顏色代表結果。

波利亞過程呈現各種社會和經濟現象。譬如，一個人想學習網球或壁球，可能取決於其他人的選擇，如果愈多朋友選擇學網球，這個人也更可能選擇學網球，因為能找到球伴的機會較大。同樣的，一個人選擇購買的軟體、智慧手機、想學習的語言，也取決於朋友已經做出的選擇。相同邏輯也可以應用到公司選擇採用何種技術標準上，公司也會根據其他公司的行動來做出選擇。

波利亞過程模型藉由改變甕中白球與灰球的比例分布，來呈現這些社會影響。如果灰球代表選擇學網球的人、白球代表選擇學壁球的人，愈多人學網球則甕中灰球愈多，造成之後選擇的人有更大機率抽出灰球（也就是選擇學習網球）。於是，後來結果的出現機率，會愈來愈傾向愈多人的選擇結果，就造成了路徑依賴。

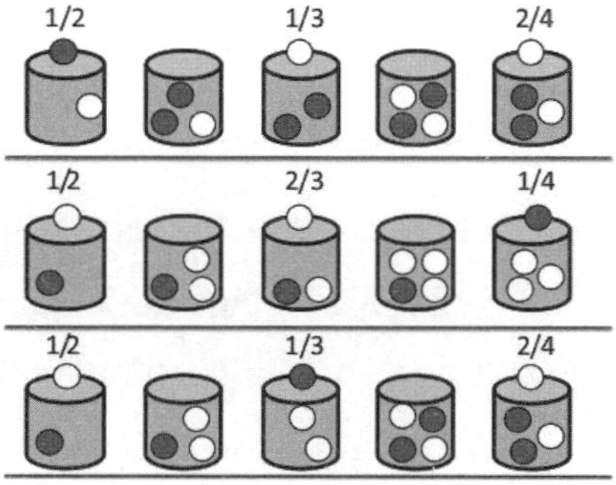

圖 14.1　波利亞過程

我們可以推導出波利亞過程出乎預料的兩種特性。第一，任何有相同白球數量結果的序列，發生的機率相同。第二，白球和灰球的每種分布方式都有相同機率。第二種性質意味著極端路徑依賴，也就是任何狀況都可能出現，而且出現機率相等。例如，1,000 個週期過後，甕中有 40% 白球的機率等於有 2% 白球的機率。

若要瞭解原因，請考量在前三個週期可能出現的所有情況。第一個週期抽出灰球的機率為 1/2。如果抽出灰球，則加入另一顆灰球，提高第二週期抽出灰球的機率到 2/3。如果第二週期又抽出灰球，則加入第三顆灰球，於是第三週期抽出灰球的機率增加到 3/4。因此甕中有三顆灰球（或白球）的機率為 1/2 乘以 2/3 乘以 3/4，等於 1/4。

前三週期抽出結果為兩顆白球、一顆灰球的三種序列，如圖 14.1 所示。第一列中，結果序列為灰球、白球、白球，這序列出現的機率和其他兩個序列相同，都是 1/12。因此出現這三種序列其中一種的機率為 1/4。利用對稱性推論，抽出兩顆灰球和一顆白球的機率也等於 1/4。因此，抽出三顆白球、抽出三顆灰球、抽出兩白一灰和抽出兩灰一白，四種結果出現的機率皆同為 1/4。此外，兩白一灰的各種序列都有相同的出現機率。不論經過多少週期，都能證明出類似結果。[5]

如果延伸波利亞過程，加入其他顏色的球到甕中，這兩種特性依然成立。序列結果可以產生任何比例的顏色組合，而各種比例出現的機率也都相等，這個結果讓消費品生產者遇到難題：長期消費者偏好的產品屬性可能是隨機的，福特汽車可不希望生產四萬輛皮卡車之後，才發現在路徑依賴過程中，紅色成了消費者最愛的顏色。

雖然各種結果出現的機率相等，以致我們無法預測結果是哪一種，但波利亞過程模型告訴我們的知識，仍然能提供行動資訊。例如，廠商面對消費者可能不喜愛某顏色、以致產品賣不出去的潛在風險，他們有兩種策略可以選擇。第一種策略：廠商建構的生產線可能到最後才決定產品的顏色，例如服飾公司可能會等到流行顏色趨勢明朗後，才將毛衣染上顏色。第二種策略：公司可以決定只給消費者單一選項，例如：福特汽車公司只提供黑色 T 型車；蘋果公司在推出第一臺 iPhone 時也採用相同策略，消費者只能買到黑色 iPhone。

平衡過程

平衡過程模型的假設，恰好與波利亞過程相反：抽出一顆球後，會放入另一顆不同顏色的球。如果在前兩個週期抽到白球，則甕中會有三顆灰球和一顆白球，因此第三週期抽到灰球的機率為 3/4。

平衡過程同樣會產生結果路徑依賴：任何週期結果的可能性，取決於過去結果的歷程。然而，平衡過程並不會出現平衡路徑依賴，因為各種不同的路徑長期下來，都會達到「甕中各種色球的比例相等」這個唯一的最終平衡狀態。[6]

平衡過程

甕中有一顆白球和一顆灰球。每個週期隨機抽出一顆球，並連同另一顆與抽出**顏色不同**的球，一起丟回甕中。抽出球的顏色代表結果。

平衡過程呈現一系列導向平均分配的決定和行動。例如，有兩個小孩的父母，可能會試著給予每個小孩相同的陪伴時間。如果已經花了一下午陪伴其中一個小孩，其他時間就會想要陪伴另一個小孩。

平衡過程甚至可以模擬國際組織想要達到平等的努力。例如，國際奧林匹克委員會（IOC）想要世界上的每個區域都有機會主辦奧運。2013 年，國際奧委會宣布東京獲選為 2020 年夏季奧運和殘障奧運的主辦城市，而伊斯坦堡和馬德里兩座歐洲城市則不幸落選。四年過後，國際奧委會給予巴黎 2024 年奧運主辦權，以及北美城市洛杉磯 2028 年奧運主辦權。東京之所以贏得 2020 年奧運主辦權，原因之一是日本強而有力的提案，原因之二是自 1964 年以來，夏季奧運就從未在日本舉辦過。地理公平性似乎發揮了一定作用，歐洲、亞洲（和大洋洲）及美洲在二戰過後，主辦了約相同次數的奧運會。歐洲獲得八次主辦權、美洲六次、亞洲（和大洋洲）七次。

路徑依賴或臨界點

路徑依賴會逐漸影響結果，而臨界點則會驟然改變結果。微軟的成長歷程提供一個路徑依賴的絕佳範例。微軟成立於 1975 年，開發了 BASIC 電腦語言的解譯器。1979 年，微軟與 IBM 達成協議，為 IBM 個人電腦提供作業系統。這項交易為微軟開展全新道路，從僅有四十名員工的小公司轉身一變，成為全球最有價值企業。

IBM 的合約促使微軟成長，但是並不保證能帶來長期成功。當時個人電腦市場規模小，網路尚未開發，也沒有先進的文字處理工具、商業軟體或電玩遊戲。個人電腦成功的其中一項原因，是因為微軟開發了 DOS 作業系統。隨著個人電腦市場成長，其他公司開發了與 DOS 相容的軟體，提供了更多正回饋。DOS 的成功、個人電腦市場成長，以及 DOS 平臺上執行軟體的開發等等事件，可以想成同一種顏色的球不斷從甕中抽出。每個事件的發生，都讓下一個事件更有機會發生。電腦時代或許無論如何都會到來，而微軟占據重要角色及個人電腦的成長，即為許多潛在路徑中的一條。

我們可以拿 1914 年 6 月 28 日斐迪南大公（Archduke Franz Ferdinand）遇刺案做對比，來說明臨界點。斐迪南大公遇刺案被視為導致第一次世界大戰的臨界點。遇刺案六年前，奧匈帝國已經併吞了波士尼亞與赫塞哥維納。塞爾維亞人都很不滿意事態發展，而普林西普（Gavrilo Princip）更因而開槍殺害了斐迪南大公和夫人蘇菲。刺殺事件無可避免的造成奧匈帝國嚴厲控訴塞爾維亞，並向塞爾維亞宣戰，以及尋求德國皇帝威廉二世協助，結為同盟。緊張情勢逐漸升溫，塞爾維亞與俄羅斯結為同盟，同為俄羅斯同盟的英法兩國也加入了戰爭。8 月 2 日，德國向法國宣戰。8 月 3 日，比利時拒絕讓德軍借道進入法國，第一次世界大戰全面爆發。

如今我們瞭解，因為各國之間的同盟關係，斐迪南大公遇刺事件成了第一次世界大戰的導火線（臨界點）。

透過可能結果的機率變化，可以測量路徑依賴和臨界點。[7] 在波利亞過程中，初始機率分布為各色球抽出機率均勻分布，同時也是最大熵值分布。隨著事件逐漸發生，分布慢慢變得愈來愈窄，代表路經依賴存在：已經發生的結果會影響之後事件的發生機率，且熵值會逐漸減少。但若是存在臨界點，機率分布會突然改變，熵值也會急劇下降。

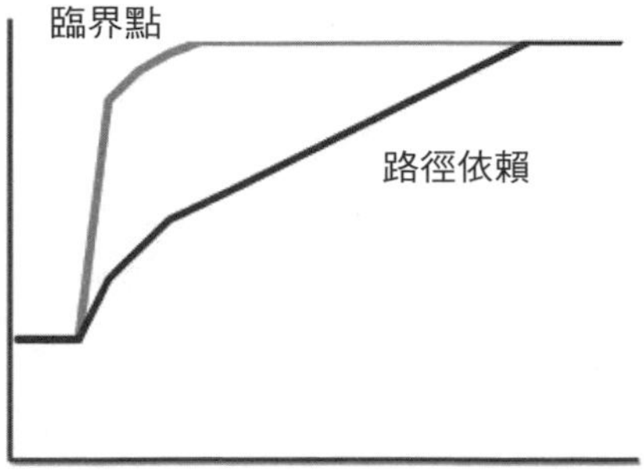

圖 14.2　臨界點 vs. 路徑依賴

圖 14.2 呈現了兩種過程的差異。事件發生後（微軟與 IBM 簽約、或斐迪南大公遇刺），後續事件的發生機率就改變了，之後發生的事件也會改變未來事件的發生機率。產生臨界點的過程猛然彎折，而路徑依賴過程則緩慢改變。

波利亞過程的更多應用

真實情況下，路徑依賴程度可能不會像波利亞過程那般極端。然而利用波利亞過程模型可以推理出，如果一項行為受社會影響甚大，則任何結果都有可能發生。例如，某校園中大部分學生可能會穿著黑色毛皮大衣，而另一座校園的學生則穿著藍色海軍大衣。模型思維認為差異除了可能來自於偏好不同，也可能因為社會影響而造成。任何人群從固定選項中做選擇、且所做的選擇受到先前其他人的選擇的影響，都會發生路徑依賴，例如：民主選舉、電影選擇和購買科技產品。

波利亞過程模型還可以進一步延伸，讓各種選項有相異的社會影響力。人們對香草冰淇淋的回饋差異不大，但奇特的綠茶冰淇淋可能就會產生不同回饋：討厭綠茶口味的朋友可能不會推薦你嘗試，但喜愛綠茶口味的朋友可能會強烈建議你點來吃看看。資料顯示如果回饋差異愈小，則選擇該項結果的可能性愈高。[8] 波利亞過程模型也可以進一步修正，讓不同人受社會影響的程度不同，也就是新丟入甕中的球的權重不同——可能多丟入兩顆球、也可能丟入不到一顆。

在任何變體模型中，都可以測量（或計算）路徑依賴程度，並和其他變體模型做比較。如果我們建構的「引進新產品的模型」顯示，結果取決於早期路徑，則盡早進入市場將是絕佳策略。這種模型可告訴我們：為什麼公司該迅速讓產品上市、提供超優惠折扣，或者邀請名人先行試用。而另一種變體模型可能會顯示，產品品質良好比盡早加入市場更重要，如此較佳策略就會變成注重產品品質。我們使用多模型，就能找出不同特定情境下的重要因素，包含個人偏好、社會影響、回饋差異和品質差異的相對重要性，並利用這些知識來提供策略資訊和指導資料蒐集。

總結來說，波利亞過程呈現了正回饋如何產生結果路徑依賴與平衡路徑依賴。路徑依賴出現的情境遠比我們想像的更多，每當一個行動的衝擊會牽動到未來的行動時，就會出現某種程度的路徑依賴，就算沒有平衡路徑依賴，也會有結果路徑依賴。大型公共計畫的決策也會造成路徑依賴。[9] 建設公園或高速公路的決策，會限制未來計畫的決策。路徑依賴程度通常取決於計畫的規模，例如面積巨大的中央公園，對紐約市的發展方向，就會產生相當重大的影響。

雖然波利亞過程告訴我們「交互作用會造成路徑依賴」這個洞見，但我們仍需有更貼近現實、能呈現波利亞過程洞見的模型，來指導行動。

風險值和波動性

時間序列資料中的標準差，可以解釋為**波動性**（volatility）。投資股票、房地產和私人企業，都免不了有波動性。

風險值（value at risk, VaR）則是測量特定期間內，特定損失發生的機率。例如，有一筆 10,000 美元 1 年期 5% VaR 的投資，代表在一年過後有 5% 的機率，損失將超過 10,000 美元。[10]

銀行使用 VaR 的計算結果，來決定客戶必須保留避免破產的資產金額。例如，為了保證一筆 100,000 美元 14 天 40% VaR 的投資安全，投資人可能會被要求保留 100,000 美元的現金。

如果一筆投資遵循簡單隨機漫步，每個週期增加或減少 M 美元，則該筆投資為$2M\sqrt{N}$ 美元 N 週期 2.5% VaR。[11] 因此，如果有一筆每天隨機上下 1,000 美元的投資，則該筆投資為 6,000 美元 9 天 2.5% VaR，或 38,000 美元 1 年 2.5%VaR。請注意：VaR 隨著漫步大小而線性增加，同時也隨著週期長短的平方根而線性增加。使用 VaR 公式，可以解釋為什麼美國聯邦存款保險公司（FDIC）僅要求銀行為隔夜拆款（隔夜貸款）保留 2% 現金資產，但銀行卻要求客戶為房貸保留 20% 現金。因為隔夜拆款的期間僅一天，但房屋貸款期間超過十年（3,650 天的平方根約為 60）。

上述都是在簡單隨機漫步的前提下計算 VaR，但分析師通常會根據報酬分布的過去經驗來計算 VaR。如果經驗上分布為長尾分布，也就是大數值事件的發生機率愈高，則 VaR 也會隨之增加。

雖然 VaR 概念最早是在金融領域出現，但 VaR 卻可以應用到許多領域。例如，由非營利組織經營、並由志工服務的週六晨間廚房，需要 25 名志工，非營利組織可能會想知道志工人數不足的機率高低。如果志工數量遵循簡單隨機漫步，每週增加或減少 1 人，則使用 VaR 公式，設定 M = 1 而 N = 52（1 年有 52 週），可計算出結果 15 人 1 年 2.5% VaR，意指非營利組織有 2.5% 的機率，志工人數嚴重不足（缺 15 人，僅剩 10 名志工）。

第 15 章
局部交互作用模型

每個世代總嘲笑過氣流行，卻又虔誠追求新時尚。

—— 梭羅（Henry David Thoreau），《湖濱散記》作者

本章將研究兩個局部交互作用模型：**局部多數模型**（local majority model）和**生命遊戲**（Game of Life）。兩種模型都建構了一副棋盤，棋盤上的格子可以呈現兩種狀態中的一種，除此之外，這兩種模型有極大差異。局部多數模型中，格子會轉換為與大多數鄰居相同的狀態；而生命遊戲中，格子則會根據更複雜的規則和多種閾值來轉換狀態。這兩種模型的結果也大不相同，局部多數模型永遠會收斂到平衡狀態，但生命遊戲根據初始狀態不同，可能會產生任意狀態的結果：平衡狀態、循環狀態、複雜狀態或隨機狀態。

局部多數模型可用來解釋和預測社會體系或物理系統[1]的真實世界結果，例如：磁性合金材料會呈現一種自旋玻璃（spin glass）狀態，也就是材料內部的眾多磁矩方向都處於隨機凍結狀態。局部多數模型也可以呈現社會中隨波逐流的個體的各自抉擇。

相反的，生命遊戲則單純做為探索之用。開發生命遊戲是為了解釋簡單規則的綜合效應如何產生複雜現象。在生命遊戲中，週期模式、複雜序列和隨機狀態都能藉由交互作用而**突現**（emergent）。生命遊戲模型顯示整體和個體之間的性質可以完全不同。例如人腦，人腦由上千億個神經元組成，能夠展現出情緒、認知能力和意識等等特性，然而單一神經元並不具備這些特性。

本章首先會分析局部多數模型，呈現標準的**協調賽局**（coordination game）如何能提供模型假設的行為規則的微觀基礎。如此便能將模型中的決策者，解釋為遵循規則的智能體，或是使用最適反應策略的理性決策者。然後將說明生命遊戲，並呈現生命遊戲如何使用簡單規則產生複雜結果。本章最後的討論將聚焦在局部交互作用模型的**探索**價值（探索是模型的七大功能之一，見第 2 章）。

局部多數模型

局部多數模型假想一個由許多格子組成的棋盤。每個格子為**開**或**關**的其中一種狀態。一開始隨機分配狀態，之後每個格子的狀態取決於鄰居格子的狀態。有多種方法可以定義鄰居，局部多數模型的定義方法為：格子 C 的鄰居為東南西北方加上四個角落，總共八個鄰居。

局部多數模型

二維棋盤上，每個格子為開或關的其中一種狀態。每個格子有八個鄰居（如下圖所示）。[2] 每個週期會隨機選擇一個格子。[3] 如果所選格子的鄰居有五個以上和所選格子狀態相反，則所選格子會改變狀態。

1	2	3
4	C	5
6	7	8

局部多數模型中的局部交互作用，呈現出正回饋，格子會轉換為與其他格子相同的狀態。圖 15.1 呈現了一種局部多數模型的典型平衡狀態。每個格子

的平衡狀態會和多數鄰居相同，平衡狀態呈現出如同荷蘭乳牛般的黑白斑塊。雖然平衡狀態取決格子的初始狀態，但是模型對於不同的初始狀態並非十分敏感，改變其中一個格子的初始狀態，對最終狀態的影響微乎其微。不過，選擇啟動格子的順序會影響最終圖案，因此模型呈現出路徑依賴，最後可能達到的平衡狀態數量極大——局部多數模型可能產生的平衡狀態，就像草原上每一隻荷蘭乳牛的斑塊般，隻隻不同。

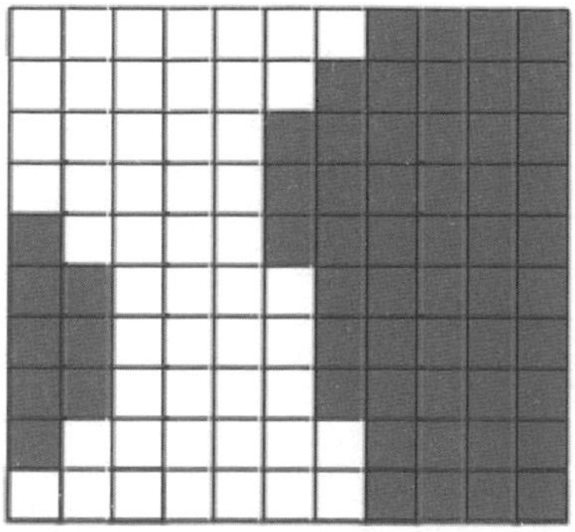

圖 15.1　**局部多數模型的平衡圖案**

局部多數模型原本是設計來呈現一種物理系統：每個格子的狀態代表電子的自旋態。但我們可以把每個格子想像成一塊磁鐵。每塊磁鐵都放在局部磁場內，磁力會驅動磁鐵，轉換為和鄰居相同的磁矩方向。相同模型也可以用來呈現玻璃和水晶的微觀結構。

接下來，我們將使用局部多數模型來呈現人群局部協調或從眾行為。每個格子可以代表個人行為，行為可以是任何習慣，例如：握手或鞠躬、插話或舉手。一個人會想選擇和周遭鄰居相同的行為。

棋盤就代表社會網路。例如，劇院裡的觀眾座位也呈現方格狀，觀眾可選擇是否要起立為表演者鼓掌。因此棋盤十分適合用來模擬這些社會網路。[4] 雖然棋盤只是一種粗略近似的模擬，但能讓我們瞭解局部多數模型的核心概念。

如果使用電腦執行局部多數模型，將發現最終都會達到斑塊平衡狀態。

在第 16 章〈李亞普諾夫函數與平衡〉中，我們將會瞭解原因。現在，我們若使用物理來解釋局部多數模型，則斑塊平衡狀態可對應到**受抑狀態**（frustrated state），也就是某些格子的多數鄰居處於開的狀態、某些格子的多處鄰居處於關的狀態。如果從社會學角度解釋局部多數模型，受抑狀態可以視為**次佳均衡**（suboptimal equilibrium）。我們就以「與人打招呼」為例，「開」對應到握手、「關」對應到鞠躬，在斑塊邊界的人與部分鄰居的互動，會顯得彆扭，例如：他們想向鄰居握手打招呼，但鄰居卻鞠躬回應。

如果每個人都選擇相同行動（也就是解決了**協調賽局**），整體來說，人們會更快樂。次佳均衡或受抑狀態之所以出現，是因為互動影響只在局部發揮作用，假如每個格子會與全體多數做出相同行為，則很快所有格子就會擁有相同狀態。上述想法意味著若要達成一致行為，則必須在影響廣泛的網路中，才做得到。如果人們只與鄰居協調，則會形成斑塊般的各種不同行為。讓人感到矛盾的是，如此的協調反倒造成多樣化。

純協調賽局

在純協調賽局（pure coordination game）中，每位玩家選擇 A 或 B 其中一種行動。如果兩位玩家選擇相同行動，則都獲得報酬 1；如果選擇不同行動，則都獲得報酬 0。

行動	A	B
A	**1**, 1	**0**, 0
B	**0**, 0	**1**, 1

純協調賽局有兩種效率平衡狀態：兩位玩家都選擇 A 或都選擇 B。另外也有無效率平衡狀態，也就是兩位玩家隨機選擇 A 或 B。

局部多數模型可以解釋為：每個格子都是一位玩家，玩家只能選擇一種行動，來和八位鄰居同時進行協調賽局。如果玩家只能在隨機啟動時改變行動，則會選擇和大部分鄰居相同的行動，來提高報酬。由於這種策略並沒有考量鄰居的未來行動，因此這種策略稱為**短視最適反應**（myopic best response）。如果一位玩家的鄰居有五位選擇 B，則短期內將行為 A 改變為 B 能提高報酬；但如果玩家和鄰居周圍絕大多數的人都選擇 A，則玩家保持行為 A 是期望報酬較高的策略。

值得注意的是：雖然局部多數模型中的行為規則是一個假想規則，但卻可能已深植於賽局理論模型中。

協調悖論（paradox of coordination）將不同群體之間的差異視為族群特色。不論是將醬油或番茄醬放在櫥櫃或冰箱，或是在室內穿鞋或脫鞋等等行為，和別人採取相同行動，都是最合理的做法。各地區的不同文化，會使得生活更加豐富——譬如，義大利的小杯芮斯崔朵（ristretto）咖啡、法國的中杯濃縮咖啡（espresso）和華沙的大杯奶油咖啡（kawa ze smietanka），往往增添了在歐洲旅遊的樂趣。

但某些差異也可能造成效率低落，例如：插頭有的三支腳、有的兩支腳，就會讓人惱怒。隨著地球村概念逐漸成形，科技協調失敗將造成巨額成本。

瑞典倒是一個成功的例子：瑞典為了符合其他歐洲大陸國家的習慣，決定由靠左行駛改為靠右行駛，瑞典在 1967 年 9 月 3 日清晨 4 點 45 分完成轉換，稱為 H 日。當時路上所有車輛和許多瑞典人都參與了這樁歷史事件，在轉換時間點，車輛同時停下，接下來的十五分鐘內，所有車輛由道路左側緩緩開向右側，到了清晨 5 點整，所有車輛開始靠道路右側繼續行駛。

儘管有許多誘因鼓勵協調，有時候人們卻不會進行協調。英國與歐洲大陸雖然有隧道相連，卻仍然駕駛在「錯誤」方向。某些早期受英國殖民的小島居民，例如香港，也仍然維持靠左行駛。

協調悖論

如果人們僅進行局部協調，則全域狀態看起來會充滿斑塊且各有差異。

應用局部多數模型時，務必謹記許多協調形成的文化習俗，例如：如何悼念死者或慶祝小孩出生，並非奇風異俗，而僅僅只是多元文化的一部分。人們的許多共同行為、習俗和文物，定義了民族，並給予人們意義和歸屬感。[5]

我們也可以改變參數，並觀察對結果產生的影響，如同其他模型的處理方式那般。在局部互動模型中，加大鄰居規模會造成平衡時斑塊大小擴大，且擴大程度高於鄰居數量增加的程度。如果讓影響棋盤中一個方格的鄰居數量增加一倍，則斑塊會大於原本大小的兩倍。因此由模型可以推斷，隨著科技和都市化讓人們距離愈來愈近，協調力量會造成更大的同質行為和信念斑塊。

實驗也顯示：如果將模型設定為又長又窄的長方形棋盤，當結果趨於平衡狀態時，傾向形成垂直或水平條紋的斑塊分布，如圖 15.2 所示。[6]

斑馬條紋是其中一種平衡狀態，因為每個開（關）的小方格都有五個以上開（關）的鄰居。雖然這種圖案在正方形棋盤上也是其中一種平衡狀態，但卻鮮少出現。這類令人費解的發現可能過於鑽牛角尖，通常沒有什麼實際價值或理論價值，不過也有可能提供洞見，引導出更深入、意料之外的發現。

譬如說，「正方形棋盤會產生荷蘭乳牛毛皮圖案，而細長的長方形棋盤則會產生斑馬條紋圖案」，這讓我們忍不住想問，這類模型能不能解釋動物毛皮上的圖案。我們從文獻探討發現，還真的可以解釋動物毛皮的花紋。[7]

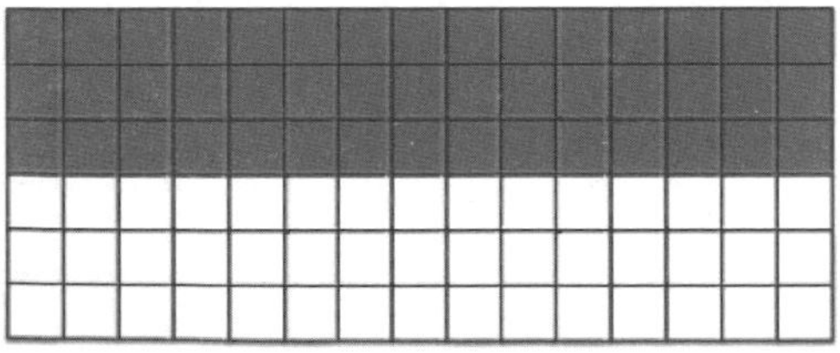

圖 15.2　**局部多數模型的平衡條紋**

生命遊戲

接下來是本章的第二個重頭戲：生命遊戲模型，這個模型也假設棋盤上的格子處於兩種狀態中的一種。關鍵差異為格子轉換狀態的規則有兩種閾值，而且所有格子會同時轉換狀態。因此我們可以描述：初始狀態、時間 1 的狀態、時間 2 的狀態等等。同步轉換可以想像成「行進樂隊動態」(變陣！變陣！再變陣！)。[8]

生命遊戲

每個二維棋盤網路上的格子狀態為存活（開）或死亡（關）。棋盤網路上，每個格子周圍的八個相鄰格子為格子的鄰居。每個格子遵循兩條規則，以轉換自身狀態：

復活規則：正好有三個存活鄰居的死亡格子，會復活。

死亡規則：存活格子如果有少於兩個或超過三個存活鄰居，則會死亡。

假設一開始有三個存活格子，水平排成一列，如圖 15.3 最左側。下一個週期中，中央存活格子因為有兩個存活鄰居，因此會保持存活狀態，但它左右兩側的存活格子都只有一個存活鄰居，因此會死亡。然後，在中央存活格子的上方和下方的格子會復活，因為這兩個格子都各有三個存活鄰居。每個格子根據復活規則和死亡規則同步轉換後，將呈現三個存活格子，垂直排成一列，如圖 15.3 中央。

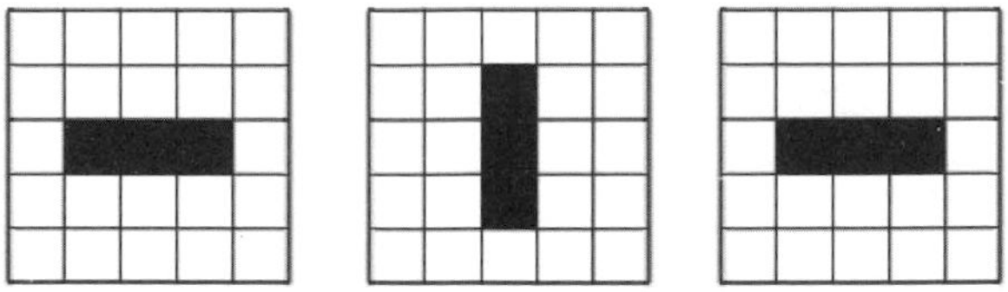

圖 15.3　**生命遊戲：信號燈**

應用相同方法推理，下一個週期後，又回到三個存活格子水平排成一列的狀態，如圖 15.3 最右側。如果反覆根據規則轉換，則圖案會在水平線和垂直線之間不斷轉換，也就是呈現出不斷閃爍的狀態。

格子間交互作用的結果產生信號燈，這並非理所當然。複雜系統學者將這種巨觀層級的現象稱為**突現**。生命遊戲產生的突現結構中，信號燈屬於比較普通而不怎麼稀奇的結構。圖 15.4 中呈現其他三種簡單狀態：方塊（block）、滑翔機（glider）和 R 型五格骨牌（R-pentomino）。

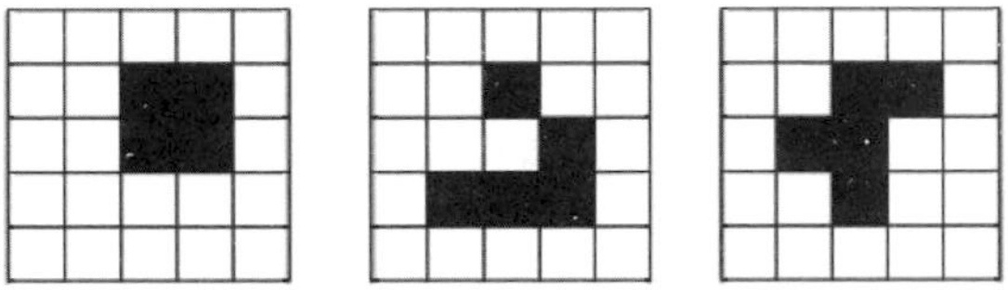

方塊
（平衡狀態）

滑翔機
（循環狀態）

R 型五格骨牌
（複雜狀態）

圖 15.4　生命遊戲的模式

方塊屬於平衡狀態，每個存活格子都正好有三個存活鄰居，而每個死亡格子最多只有兩個存活鄰居，存活格子不會死亡，而死亡格子也不會復活。中央的滑翔機狀態為四個週期的循環狀態，每次都有兩個格子的位置會變動，整架滑翔機則是持續往右下角滑動。更複雜的稱為「滑翔機槍」（glider guns）的狀態，會不斷製造一連串的滑翔機。

第三種 R 型五格骨牌，則會製造出一系列複雜狀態：如果將 R 型五格骨牌在超大棋盤上進行生命遊戲超過一千個週期，則會產生滑翔機和信號燈，以及許多小型、穩定的狀態。

生命遊戲也可以產生隨機狀態。[9] 因此，根據初始狀態不同，生命遊戲可以產生任何類型的結果。

生命遊戲的這些特性，讓我們想提出一個哲學問題。生命遊戲由排列在棋盤上的兩種狀態的格子所組成，可依循很簡單的規則持續變換狀態。生命遊戲可以產生複雜圖案，如果進行適當編碼，就可以改造成通用計算機。初始圖案可視為輸入，產生結果的規則則可解釋為計算。

由此，我們可以將生命遊戲模型和人腦做個粗略的類比：人腦也是由在空間中連結的簡單單元（神經元）所組成，同時也依循基於閾值的規則來運作，但是人腦比起生命遊戲模型可複雜得多了。我們不能把生命遊戲中看到的變換圖案，類比成人腦產生的意識。世界上找不到任何一本書，名叫《生命遊戲：意識的解釋》。不過，認知科學家丹尼特（Daniel Dennett）還真的寫過一本書，名叫《意識的解釋》，書中丹尼特認為，像生命遊戲這樣的簡單模型，可以提供意識演化的洞見。物理學家霍金（Stephen Hawking）也同意丹尼特的想法，霍金曾寫過：「可以想像如同生命遊戲般、只遵循幾個基本法則的模型，卻有可能產生高度複雜的形徵，甚至產生智慧。」[10]

結論：世界有如棋盤

本章探究了兩種排列在棋盤上的格子進行交互作用的模型。第一個是局部多數模型，這種模型最終總會達到某種平衡狀態，且可以詮釋為各種物理過程和社會過程的類比模型。第二種模型為生命遊戲模型，生命遊戲可以產生任何狀態的結果，例如平衡狀態或隨機狀態都有可能出現。不過，生命遊戲模型並沒有與現實世界明確連結。生命遊戲顯現出微觀層級的規則，能造成巨觀層級結構的動態突現，因此提供了一個範例，說明「另類現實」能產生洞見，且能協助我們更加瞭解這個現實世界。

生命遊戲還顯示出整體可以表現出遠遠超出個體能力的功能，例如：將兩個 3 乘 3 正方形的角落相連，創造一個傾斜的數字 8，則生命遊戲會產生八個週期的循環圖案——最初的傾斜數字 8 的圖案，會循環轉變為一系列圖案，然後正好在第八週期，回到傾斜數字 8 的圖案。

長得像 8 的圖案，貌似表現出從 1 數到 8 的行為，讓人感到十分訝異。

若要瞭解「生命遊戲產生複雜結果，但局部多數模型最終總會達到平衡」的過程和原因，則需要額外的分析工具和架構。第 16 章將介紹「李亞普諾夫函數」，李亞普諾夫函數使用不同方程式來分類世界狀態。只要仔細建構李亞普諾夫函數，就能解釋為什麼局部多數模型必須達到平衡狀態，以及為什麼生命遊戲不需要達到平衡狀態。

最後提醒大家，模型（或者可以延伸為現實世界）是否會產生平衡狀態、循環狀態、複雜狀態或隨機狀態，這個問題的重要性在探索模型時，會自然而然的浮現而出。在探索過程中，我們發現僅有部分模型會達到平衡。原本我們以為模型是用來回答問題的，但在本章中，卻發現模型也可以用來提出問題。

第 16 章

李亞普諾夫函數與平衡

唯有耐心鑽研，才能發現數學之美。

—— 米爾札哈尼（Maryam Mirzakhani），史丹佛大學數學教授

本章將學習李亞普諾夫函數（Lyapunov function，李亞普諾夫是俄國應用教學家兼物理學家），李亞普諾夫函數提供了模型達到平衡的條件。李亞普諾夫函數是與動態系統的穩定性有關的函數。動態系統每個週期的**組態**（configuration）會有一個李亞普諾夫函數值。如果組態改變，也就是模型尚未到達平衡，則李亞普諾夫函數至少會減少一定數值。李亞普諾夫函數有最小值，也就是說，函數值最終必定會停止減少，此為模型達到平衡的時間點。使用李亞普諾夫函數就能證明模型（例如：局部多數模型）一定會收斂。

本章將學到的最重要內容是：如果能建構模型的李亞普諾夫函數，則模型必定能達到平衡，我們就可以確定模型並非循環狀態、隨機狀態或複雜狀態。此外，藉由建構局部多數模型的李亞普諾夫函數，我們亦可以證明：李亞普諾夫函數甚至能確定「收斂到平衡所需的最大時間」。

本章分為六個部分，首先定義李亞普諾夫函數，然後應用在**逐底競爭賽局**（Race to the Bottom Game）；接下來則會建構**局部多數模型**及**自我組織活動模型**（self-organizing activities model）的李亞普諾夫函數；第四部分將說明為什麼只有某些交易市場可以建構李亞普諾夫函數；第五部分會討論為什麼生命遊戲缺乏李亞普諾夫函數，接著將討論一個難以理解、永遠會達到平衡、但卻沒有找到李亞普諾夫函數的數學問題。本章最後會重新回到「平衡是否一定能找到」的問題上。

逐底競爭賽局

離散動態系統（discrete dynamical system）中包含了所有可能的組態，例如：生命遊戲中初始的存活格子和死亡格子，以及**轉換規則**（transition rule）描述了時間 t 到時間 t + 1 的組態變化。李亞普諾夫函數把組態映射到實數中，並滿足兩項假設。第一，如果**轉換函數**（transition function）未達平衡，李亞普諾夫函數值至少會下降一定數值 A（稍後會詳細說明）。第二，李亞普諾夫函數有最小值 M。如果這兩個假設都成立，則動態系統必定會達到平衡。

李亞普諾夫定理

給定一個包含轉換規則 $x_{t+1} = G(x_t)$ 的離散時間動態系統，如果實數函數 $F(x_t)$ 為**李亞普諾夫函數**，則必須所有 x_t 都滿足 $F(x_t) \geq M$，且存在一個大於 0 的 A，滿足：

$$若\ G(x_t) \neq x_t，則\ F(x_{t+1}) \leq F(x_t) - A$$

亦即，李亞普諾夫函數值會隨著時間 t 的增加，而逐步下降。

如果 $F(x_t)$ 是 $G(x_t)$ 的李亞普諾夫函數，則從任意 x_0 開始，必然存在一個 t^* 可滿足 $G(x_{t^*}) = x_{t^*}$，且系統會在有限時間內達到平衡。

我們首先使用逐底競爭賽局，來建構李亞普諾夫函數。逐底競爭描述在一個策略環境中，每位玩家可以選擇一定的支持水準，而每位玩家都會偏好提供正好低於平均水準的支持。

逐底競爭賽局

N 位玩家在每個週期中，各自提出 { 0, 1,⋯, 100 } 中的一個支持水準，而每個週期中提出最接近 2/3 平均水準值的玩家，可贏得獎勵。

逐底競爭賽局可以用來解釋美國許多州政府為何要減少社會計畫支出，例如，減少貧困補助。雖然各州州長和州議會都不想冷血處理窮人問題，但更不希望慷慨的補助計畫吸引鄰州窮人遷入。各州都願意提供補助，但希望少於平均值。

國家在選擇環境法規或稅率時，也面臨相同誘因，各國都想要減少環境政策限制，並採用低於平均的稅率，藉此吸引商業活動進入自己的國境。

逐底競爭賽局能否達到平衡，取決於玩家的行為規則，例如：如果玩家選擇隨機的支持水準，則將導致隨機結果。但是根據逐底競爭賽局的報酬結構，玩家並不會採取隨機支持水準的策略。因此接下來，我們將設定了與實驗發現相符的行為規則：[1] 第一週期時，假設每位玩家選擇少於 50 的隨機支持水準，接下來各週期，每位玩家將選擇比上一週期平均值的 2/3 還少 1 或更低的支持水準，如果數值小於 0，則玩家會選擇 0。

要證明任何玩家的最大支持水準滿足李亞普諾夫函數的條件，十分簡單。最大支持水準的最小值為 0，且因為支持水準為整數值，各週期最大支持水準至少減少 1；因此，最終所有玩家提出的支持水準都將降至 0，也就是完全逐底了。在這個例子，模型產生了我們很不願見到的結果。若要避免逐底競爭，則需要改變遊戲規則。例如，為了增加貧困補助，美國可以改為由聯邦政府給予貧困補助，或者設立補助標準的樓地板。[2]

順道一提，假如玩家可以選擇 0 到 100 之間的任意實數，而不一定要選擇整數，並假設玩家在各週期都會選擇上一週期平均值 2/3 的支持水準，則平均支持水準會逐漸減少，但永遠不會到達平衡值 0。

如同**芝諾悖論**（Zeno's paradox）所提出的想法，這樣的過程會讓支持水準愈來愈接近 0，但永遠不會到達 0。因此，我們必須假設最小減少值 A，以確保必定能達到平衡。

局部多數模型的平衡

接下來，我們要回頭討論局部多數模型。首先定義李亞普諾夫函數為群體的**總分歧值**（total disagreement）：把所有格子上，與鄰居狀態相反的數量，全部加總起來的數值。若要證明模型會達到平衡，則必須證明格子改變狀態時，總分歧值至少會下降一定數值。

代數計算上並不會太複雜，首先，如果某個格子會改變狀態，則這個格子當初的狀態相對於鄰居必定為少數——我們可推理出最少有五個鄰居與這個格子的狀態相反，而最多只會有三個鄰居與這個格子的狀態相同。因此，一個格子轉換狀態時，與格子相反狀態的鄰居格子數量至少減少 2（如圖 16.1）。

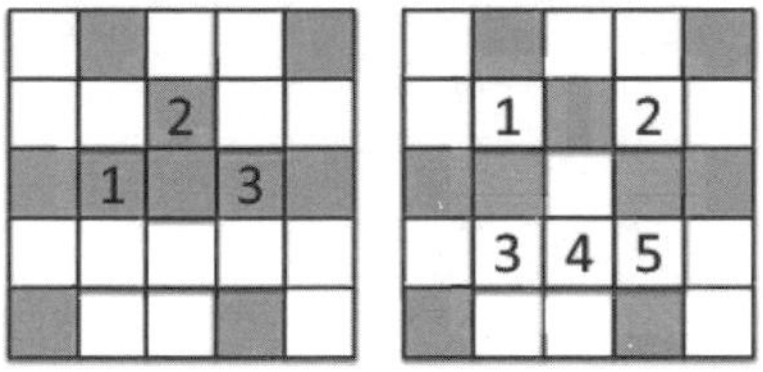

圖 16.1　**局部多數模型中，總分歧值下降** 4

若要計算總分歧值的變化，則必須加入鄰居格子對總分歧值變化的貢獻。以圖 16.1 為例，五個和這個中央格子現在的狀態相同的鄰居格子，分歧值各下降 1；三個與這個格子當初的狀態相同的鄰居格子，分歧值各上升 1。因此，所有鄰居格子的總分歧值下降 2，加上這個格子本身的分歧值下降 2，所以，全體格子的總分歧值下降 4。

上述方式可以證明，即使某些格子分歧值會增加，總分歧值仍會滿足李亞普諾夫函數的條件。因此，局部多數模型必須收斂到平衡，這是必然會發生的事實。我們還可以推論出收斂速度：任何時候一個格子改變狀態，總分歧值至少減少 4，因此如果初始狀態的總分歧值為 100，則必定會在二十五個週期內到達平衡。推而廣之，總分歧值為 D 的狀態下，必定會在 D / 4 個週期內達到平衡。如同我們在第 15 章〈局部交互作用模型〉提到的，最後達到的平衡狀態，幾乎都會是斑塊狀、無效率的圖案，且有一些格子處在受抑狀態。

自我組織活動模型：城市與迪士尼世界

接下來，我們將利用李亞普諾夫函數，證明自我組織活動模型存在平衡。

自我組織活動模型包含一群人和每個人一天當中能參與的活動。模型最重要的假設為：每個人都希望活動參與人數愈少愈好。參與人數愈少，意味著在健身房等待器材的時間愈短，或者排隊等候購買咖啡或麵包的時間愈短。自我組織活動模型的靈感，來自諾貝爾經濟學獎得主謝林（Thomas Schelling）的著作《微觀動機與宏觀行為》，書中描述了城市自我組織的驚人狀況，譬如交通模式、行人人潮、公園和餐廳人數、以及商店商品，都能在幾乎沒有統合規劃之下，達到適當水準。街角商店如何做到架上總是擺放四罐來自密西根州錫達

自我組織活動模型

一座城市提供了 A 種活動選項，每天都有 L 個時段。

在擁有 M 人的群體中的每個人，每個時段都會選擇例行的活動，也就是依序在 L 個時段中，參與 L 項活動（從 K 種活動中做出選擇）。

每個人的**壅塞值**（congestion）等於「與他在同時段選擇相同活動的其他人數」。

維爾的純楓糖漿？麵包店如何能每天總在打烊前約二十分鐘，賣完所有新鮮黑麥麵包？即使城市充滿形形色色不同的人（遊客、商店老闆、居民和送貨員），他們都無法掌握整座城市的完整資訊，但城市的運作依然井然有序。

為了證明自我組織活動模型會收斂，就需要證明總壅塞值（也就是全體人群的壅塞值加總）滿足李亞普諾夫函數的條件。一個人降低壅塞值，則會降低對總壅塞值的貢獻，同時他不會再遇到的人，壅塞值也會降低 1，而他新遇到的人，壅塞值則會增加 1。由於他會試圖降低自己的壅塞值，即意味著：他不會再遇到的人，比新遇到的人還多。

例如：假設有一個人原本習慣在早上八點鐘前往擁擠的健身房、下午四點鐘前往擁擠的咖啡店。如果他更改行程，並發現咖啡店在早上八點鐘幾乎沒有人、健身房則在下午四點鐘人群稀少，則他不但降低了自己的壅塞值，同時也降低了所有之前遇到的人的壅塞值。雖然這個人會增加新遇到的人的壅塞值，但是人數相對較少，因此總壅塞值至少減少 1。因為總壅塞值無法達到 0 以下，因此系統勢必達到平衡。

雖然一般來說，無法保證系統會達到效率平衡，但是自我組織活動模型幾乎總是會收斂到最小總壅塞值的狀態。在無效率狀態下，人們在某個時段會傾向選擇某項活動，例如：早上八點鐘傾向去健身房，而非咖啡店。如果同一時段兩項活動的壅塞值差異極大，則個人可以更改參與這兩項活動的時段，來降低自身的壅塞值，並將減少總壅塞值。[3]

自我組織活動模型解釋了許多在現實世界看到的秩序，同時也告訴我們：城市如何在沒有集權式領導者的操控下，仍然可以自我組織到接近效率狀態。

自我組織活動模型也能解釋為什麼像迪士尼世界這類遊樂園，無法自我組織達到效率狀態。每天迪士尼世界都會有新遊客，這些遊客沒有時間嘗試新的遊玩路線。如果沒有迪士尼世界經營階層的規劃，迪士尼世界的某些熱門遊樂設施，排隊隊伍必然會很長，而某些設施卻會空無一人。迪士尼世界經營階層會試圖減少這類無效率狀態，包括：讓遊客事先登記特定時間想玩的特定遊樂設施，以及讓工作人員引導遊客到比較不擁擠的區域。

純交易經濟模型

李亞普諾夫函數也可以用來解釋**純交易經濟**（pure exchange economy）何種情況下會達到平衡，什麼情況下又不會達到平衡。

純交易經濟模型中，包含一群消費者，每位消費者都擁有一些商品及商品偏好。我們可以想像成一群人聚集在市場中，帶著一些東西，例如茄子、起司或毛毯，試圖和其他人交易。交易對於雙方而言都需要花費時間和心力，因此如果兩個人願意交易，雙方從交易中獲得的利益都必須超過交易成本。

這個例子建構的李亞普諾夫函數，並非不斷遞減且擁有最小值，反之建構的是完全相反的函數，以下我們將證明**總快樂值**（total happiness）總是至少增加一定的數值、且有最大值。根據假設，每當兩個人進行交易，快樂程度的增加量至少為交易成本的大小。此外，每個人帶來市場的東西有限，因此總快樂值有最大值（上限值）。這個推論符合李亞普諾夫函數的條件，所以系統會達到平衡。然而平衡狀態下的分配不一定有效率，而如果未達到效率狀態，市場中總有人會發現並進行交易，讓自己更快樂。

在建構上一段論點時，我們假設只有參與交易的人，才能獲得快樂（或不快樂），但某些交易並非如此。例如，若是伊拉克承諾用石油交易巴基斯坦的核武器，這兩個國家的領導人可能會更快樂，但以全球角度測量的總快樂值則會下降。世界上有其他許多國家並不希望伊拉克儲備核武器，因此那些國家的領導者即使未參加這項交易，也很不快樂。

其他國家感受到的衝擊，稱為**負外部性**（negative externality）。如果交易市場存在負外部性，則交易不一定能提高總快樂值。先前我們提到的純交易市場中，人們交易水果、蔬菜、毛毯和工具時，幾乎不存在外部性。外部性若存在意味著無法確定系統是否能達到平衡。例如，伊拉克與巴基斯坦的武器和石油交易也可能導致其他交易，伊拉克核武器愈來愈多，可能會導致沙烏地阿拉伯向同盟請求更多軍事支援，連鎖反應之下，更可能導致同一區域其他國家也採取軍備競賽。全球快樂，或者應該說是全球安全狀況，則可能隨著各國在軍備上的積極行動而起伏震盪，因此無法確定交易是否有中止的一天。

在交易情境下，李亞普諾夫函數是否存在，取決於負外部性的大小。透過我曾教過的一位學生告訴我的例子，就能發現這種狀況。學生的老闆決定要搬到一間新辦公室，新辦公室空間很大，且有很多張分析師工作專用的開放式辦公桌。學生的經理提議先隨機分配每位分析師一張桌子，然後再讓分析師自由交易想坐的位置。經理基於「自由交易能產生效率」的信念，認為這個方法能達到良好結果。

然而學生卻發現，即使任何兩位交換位置的分析師都會更快樂，但是他們的前鄰居和新鄰居則不一定會滿意。譬如，甲分析師的鄰居交換座位到房間另一端，可能會讓甲分析師感到難過，如果甲分析師當初是刻意選擇接近這位鄰居，則難過情況會更加嚴重。另外，甲分析師也有可能因為新搬來的鄰居講電話聲音太大，而不喜歡新鄰居，因此甲分析師可能會決定更換座位，進而造成更換座位情況持續很長一段時間，甚至會讓團隊逐漸失去士氣。

這項座位交易計畫的風險甚大。組織需要員工信任並尊重彼此，如果員工不斷更換座位，則很難建立信任和尊重。學生的經理仔細思考過純交易經濟模型後，決定放棄這項計畫。[4]

但故事到這裡還沒結束，那位經理還買了各種樣式和顏色的辦公椅，並準備隨機分配椅子、並讓員工自由交易。我的學生（使用模型思考後）告訴她的經理，椅子交易計畫倒是行得通。因為椅子交易不會產生任何外部性，且對員工來說是個有趣的活動，椅子交易為純交易市場。

我學生的這兩個例子，是「模型可指導不同條件下的行動」的清晰案例。純交易經濟模型在椅子上適用，但交換座位就行不通了。

缺少李亞普諾夫函數的模型

假如我們嘗試建構模型的李亞普諾夫函數，但未成功，我們仍然可以獲得知識——通常會瞭解為什麼模型無法產生平衡。

生命遊戲中，僅有某些組態可以達到平衡，如果生命遊戲模型確實可以產生平衡，就能夠寫下各組態特定的李亞普諾夫函數，例如：任何初始組態為對角斜直線的生命遊戲，每個週期的長度會減少 2，因為直線兩端的存活格子死亡、且沒有任何格子復活，這個組態最終所有格子都會死亡。這類組態下，存活格子的數目呈現李亞普諾夫函數。假如以另一個組態出發，例如：會產生一系列複雜狀態的 R 型五格骨牌，則會因為系統無法達到平衡，而無法建構李亞普諾夫函數。

但建構不出李亞普諾夫函數，並不代表模型或系統無法達到平衡。某些系統在已知案例下都能達到平衡狀態，但卻沒有人能夠建構出李亞普諾夫函數。最有名的例子為**奇偶歸一猜想**（half or triple plus one rule, HOTPO），或稱作**考拉茲猜想**（Collatz conjecture）。奇偶歸一猜想從一個正整數開始，如果數字為奇數，則乘 3 後加 1；如果數字為偶數，則除以 2；若結果得到 1，則停止這個過程。舉例來說，如果從 5（奇數）開始，乘 3 加 1 得到 16，16 除 2 等於 8，8 除 2 等於 4，再除 2 兩次，得到 1，也就是平衡點。

從 1 到 2^{64} 的所有數字，進行奇偶歸一猜想過程都會達到平衡。然而，卻沒有人能證明奇偶歸一猜想是否由所有正整數出發都能達到平衡。數學家艾狄胥（Paul Erdös）曾說過：「數學尚未成熟到得以解決這類問題。」[5]

數學家無法確定奇偶歸一猜想能否達到平衡，這件事給我們一個警示：模型僅提供證明結果的可能性，並沒有保證人們一定能推導出來。通常我們在寫下模型時，會發現要證明結果十分困難，甚至完全不可能。

深入瞭解複雜性的成因

從本章中，我們瞭解到李亞普諾夫函數如何協助證明系統或模型能否達到平衡，並且能夠計算到達平衡所需最大時間。即使某些模型無法建構李亞普諾夫函數，也能得到收穫，得以讓我們深入瞭解複雜性產生的原因，例如：包含外部性的交易經濟和交換座位案例。這兩個案例都無法建構永遠持續減少或持續增加的全域變數，因此無法保證這些過程會達到平衡。

請重新回想模型的七大用途：推理、解釋、策劃、溝通、行動、預測和探索，你會發現李亞普諾夫函數可以在所有用途上發揮作用。李亞普諾夫函數可以協助推理為什麼系統會達到平衡，也可以用來策劃設計類似迪士尼世界登記遊玩時間的資訊系統，還可以利用模型得到的洞見，來提供行動資訊（例如：不允許交換座位）、溝通和解釋系統如何達到平衡、預測達到平衡的時間，並且如同在城市自我組織的案例中那般，進行探索。

第 17 章
馬可夫模型

歷史是時間寫出的人類記憶循環詩。

——雪萊（Percy Bysshe Shelley），英國詩人

馬可夫模型（Markov model，馬可夫也是俄國數學家）呈現了根據特定機率、在有限狀態之間轉換的系統——政治系統可能會在民主和獨裁之間轉換；市場可能會在波動和穩定之間轉換；一個人可能也會在快樂、沉思、焦慮、難過之間轉換。

在馬可夫模型中，會根據固定機率而產生狀態之間的移動。例如，某個國家某年由獨裁轉為民主的機率，可能是 5%；一個人一小時內由焦慮轉為疲倦的機率，可能是 20%。如果系統能夠藉由一系列的轉換，而由任一種狀態轉變為另一種其他狀態，且不存在簡單循環，則馬可夫模型會達到唯一的**統計平衡**（statistical equilibrium）。雖然達到統計平衡，個別實體依然會持續在狀態之間移動，但是各狀態的機率分布會保持固定。譬如，「意識型態」馬可夫模型的統計平衡，允許人們在自由意識、保守意識和獨立意識之間轉換，但各意識型態的人數比例保持不變。若我們把馬可夫模型應用在單一實體，統計平衡就意味著實體在各狀態下的長期機率保持不變。譬如，一個處於統計平衡的人，可能 60% 時間快樂、40% 時間難過，這個人的心理狀態雖然可能時時刻刻都在改變，但長期而言，各種心理狀態的機率分布保持固定。

唯一統計平衡意味著：結果的長期分布與初始狀態和事件發生路徑無關。

換句話說，初始條件和歷程對於馬可夫模型來說並不重要，任何干預都無法改變長期狀態。隨著時間演進，無可避免的，終將達到唯一統計平衡，然後維持在平衡狀態。

我們要再次提醒，馬可夫模型揭示了一種條件邏輯：若「現實世界符合馬可夫模型的假設」，則「歷程長期下來，對平衡結果影響不大」。但是馬可夫模型並沒有聲稱歷程必定完全不會帶來影響。首先，馬可夫模型允許結果路徑依賴，也就是下一件發生的事取決於目前的狀態。再者，馬可夫模型也允許歷程可影響長期的平衡結果，但前提是模型的其中一項假設不成立。

馬可夫模型可應用在眾多情境下，例如：用來解釋動態現象，像是民主轉型、戰爭發生、藥物療癒成功等等；此外也可以用來為網頁排名、或是為學術期刊和運動團隊排名；甚至可以用來判定書籍或文章的作者身分。本章首先會介紹兩個案例，然後提出統計平衡存在的一般定理，之後則會討論馬可夫模型的種種應用。本章最後的討論中，將根據馬可夫模型得到的知識，重新探討歷程如何及何時會帶來影響的問題。

案例一：學生上課的精神狀態

馬可夫模型包含一組狀態，和狀態之間的**轉換機率**（transition probability）。第一個例子中，我們將一個人某天的心情，訂為精神集中或感到無聊，以代表馬可夫模型的兩種狀態。接下來設定轉換機率，以代表在兩種狀態間移動的機率。我們假設某人精神集中時，有 90% 機率繼續保持精神集中狀態、10% 機率變成感到無聊；感到無聊時，則有 70% 機率繼續保持無聊狀態、30% 機率轉換為精神集中。

假設修習生物課的 100 名學生的精神狀態，都符合上述的轉換機率。在上課的第一天，有一半學生精神集中，而另一半感到無聊，如圖 17.1 所示。應用上述轉換機率，則我們會期望隔天有 5 位（10%）精神集中的學生變為感到無聊，而有 15 位（30%）感到無聊的學生轉變為精神集中。於是，第二天學生精神狀態的分布就轉變為 60 位學生精神集中、40 位學生感到無聊。第三天，60 位精神集中的學生中，有 6 位變為感到無聊，而 12 位感到無聊的學生變為精神集中，於是將有 66 位精神集中的學生和 34 位感到無聊的學生。繼續應用轉換規則，過程最後會收斂到統計平衡，也就是 75 位精神集中的學生和 25 位感到無聊的學生。在這種平衡狀態下，學生仍然會持續在兩種精神狀態之間轉換，但兩種精神狀態的學生人數不再改變。

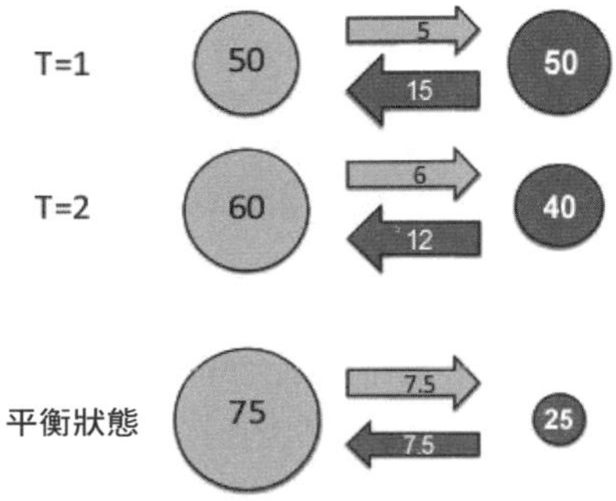

圖 17.1　馬可夫過程

如果過程是從 100 位精神集中的學生開始，隔天僅會有 90 位學生精神集中，第三天會下降到 84 位。如果持續進行馬可夫過程，長期下來，也會有 75 位學生精神集中和 25 位學生感到無聊。可見即使初始狀態不同，馬可夫模型依然得到相同的統計平衡。

案例二：民主自由化

我們再舉第二個例子：將世界上的國家區分為三種狀態——自由、部分自由和不自由。次頁的圖 17.2 根據非政府組織「自由之家」（Freedom House）的資料，呈現了截至 2010 年底的三十五年間，三種狀態的國家數量的百分比變化。我們從圖 17.2 可以明顯看出自由民主國家逐漸增加的趨勢。那三十五年期間，自由國家所占的百分比從 25% 上升到 45%，如果相同線性趨勢持續下去，到了 2040 年，世界上三分之二的國家都會成為自由國家，而到了 2080 年，世界上九分之八的國家都將成為自由國家。

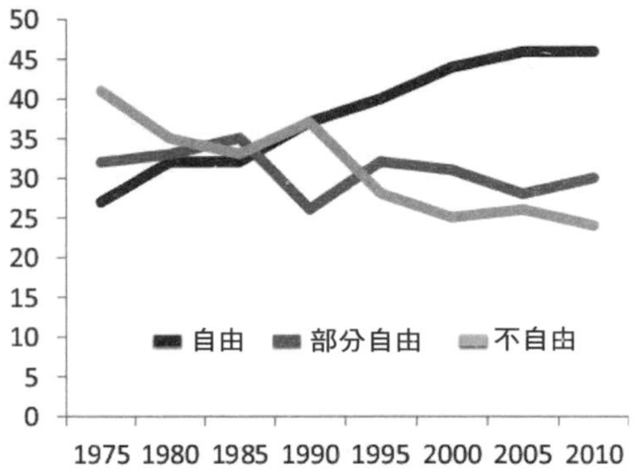

圖 17.2　自由國家、部分自由國家和不自由國家的占比

但是馬可夫模型給出了不同的預測。為了利用馬可夫模型做出預測，首先設定一個週期的長度為五年，並根據過去資料粗略校正轉換機率（表 17.1）。[1]

表 17.1　民主自由化的馬可夫轉換機率

		下一週期狀態		
		自由	部分自由	不自由
目前狀態	自由	95%	5%	0%
	部分自由	10%	80%	10%
	不自由	5%	15%	80%

如果使用 1975 年的各類國家占比做為模型的初始狀態，校正後的模型針對 2010 年所做的預測是：48% 自由國家、31% 部分自由國家和 21% 不自由國

家，幾乎完全符合 2010 年的實際百分比（46%、30% 和 24%）。如果持續執行模型的計算，則模型預測 2080 年會有 62.5% 自由國家、25% 部分自由國家和 12.5% 不自由國家。

馬可夫模型所預測的前景之所以不如線性模型那般美好，是因為線性模型忽略了自由國家也可能轉變為部分自由或不自由國家。自由國家愈多，則轉變為部分自由國家的數量就會增多。產生這種民主倒退的情形有很多原因，例如實行民主需要有足夠執行能力的財政機關和行政機構。借用政治學者弗羅雷斯（Thomas Flores）和努爾丁（Irfan Nooruddin）的說法，在某些地區，民主可能難以扎根。[2] 我們必須預期這些地區的國家可能會從自由國家轉換為不自由國家。馬可夫模型能捕捉到這種整體現象。

佩龍—弗羅賓尼斯定理

上面的兩個例子，最後都會收斂到唯一統計平衡，這並非隨機發生。任何「狀態數量有限、轉換機率固定、能由任一狀態經一系列轉換到達任意另一狀態，並且沒有固定循環現象」的馬可夫模型，都會收斂到唯一平衡。

佩龍—弗羅賓尼斯定理（Perron-Frobenius Theorem）

滿足以下四個條件的馬可夫過程，會收斂到唯一統計平衡：

數量狀態有限：$S = \{1, 2, \cdots K\}$。

轉換機率固定：狀態之間的轉換機率固定，例如：每個週期從狀態 A 轉換到狀態 B 的機率都等於 P(A, B)。

遍歷性（ergodicity）：系統可以從任一狀態，經過一系列轉換，到達任意另一狀態。

非循環：系統不會在一系列狀態之間固定循環。

佩龍—弗羅賓尼斯定理指出：如果以上四種假設皆滿足，則初始狀態、歷程和任何改變狀態的干預，都無法改變長期平衡狀態。例如，若是國家根據固定的機率，時而獨裁、時而民主，則在部分國家推行民主或鼓勵民主，不會有任何長期效果。如果主流政治意識型態的波動滿足上述假設，則歷程也無法影響意識型態的長期分布。如果一個人的心理狀態可以用馬可夫模型呈現，則鼓勵或支持的話語都無法帶來長期影響。

請注意：從佩龍—弗羅賓尼斯定理中學到的重點，並非歷程完全不會影響平衡，而是如果歷程會對平衡造成影響，則必定違反馬可夫模型的其中一項假設。「數量狀態有限」和「非循環」這兩個假設幾乎必定成立。「遍歷性」則可能不成立，例如，盟友間一旦開戰，可能就無法再重新結盟了。但儘管有例外，遍歷性通常都會成立。

至於狀態之間「轉換機率固定」的限制，則為最可能違反的假設。因此，馬可夫模型提出：如果歷程會影響長期平衡狀態，則潛在結構性力量必定會改變轉換機率，或改變可能出現的狀態。

以幫助家庭走出貧困的挑戰為例，已有研究證實：造成社會不平等的力量並不會受到政治介入措施的影響。[3] 藉由馬可夫模型，我們知道一些常見的介入措施，例如成績不佳學生的特別輔導計畫、或是一日食物募捐活動，或許能暫時帶來改善，但卻無法改變長期結果。相對而言，提供資源或培訓來改善人們的工作能力，進而降低人們從就業狀態轉換為失業狀態的機率，這類介入措施就有可能改變長期結果。

馬可夫模型的價值在於告訴我們：要深入瞭解可改變結構的潛在力量，而非僅僅試圖改變目前的狀態。

銷量—耐用度悖論

銷售量—耐用度悖論（sales-durability paradox）聲稱：產品（或想法）的流行，取決於耐用度而非相對銷售量，馬可夫模型可以解釋這個悖論。

首先以不同狀態代表擁有某類型商品的消費者比例。此處考量兩種類型的地板表面材料：磁磚（耐用商品）和油氈（銷售量高的商品）。銷售量高的商品（本例中為油氈）卻較不流行，悖論因此發生。

模型中假設油氈銷售量為磁磚的三倍。為了呈現耐用度差異，假設每年 10 人中有 1 人會更換油氈地板，但 60 人中僅 1 人會更換磁磚地板。馬可夫模型計算了平衡結果，預期三分之二的地板表面材料都是磁磚。[4]

支持「銷量－耐用度悖論」的邏輯，也能用來解釋市占率和品牌忠誠度（消費者更換品牌的可能性）的正向關係。我們運用馬可夫模型就會發現：平衡時，低品牌忠誠度必定會造成低市占率，品牌忠誠度的效果就類似耐用度。這種經驗規則，稱為**雙重危險定律**（double jeopardy law），也就是：如果品牌忠誠度低，則很可能會有低銷售量。[5]

馬可夫模型用途甚廣

在許多情境下都可以應用馬可夫模型。利用馬可夫模型可以模擬 DNA 的四種核酸（腺嘌呤、胞嘧啶、胸腺嘧啶、鳥嘌呤，即 A、C、T、G）的**基因漂變**（genetic drift）。如果每種核酸都有很小且相等的機率可轉變為另外三種核酸中的一種，我們就能夠寫出基因漂變的**轉移矩陣**（transition matrix）。轉移矩陣可以用來模擬健康軌跡，模型中包含良好、普通、虛弱等等狀態。馬可夫模型還可以評估用藥方案、手術等介入措施，如何改變轉換機率及結果的平衡分布。能讓更多人處在良好狀態，也就是能產生較佳結果的介入措施，較值得執行。[6]

馬可夫模型也可用來瞭解國際危機模式，區分「導致戰爭」與「導致和平或和解」的轉換。[7] 這項應用需要評估兩種不同的模型，第一種模型是危機導致戰爭，第二種模型是戰爭爆發前達成和解。如果兩種模型的轉換機率有巨大差異，則須比較現有模式，例如：轟炸對方、劫持人質、拒絕交換囚犯、高傲姿態等等，並觀察哪種過程較能擬合資料。

利用馬可夫模型也可以辨別書寫模式，藉此裁定作者身分的爭議。根據作者已知作品，我們可以評估字句模式出現機率。在本書中（原文書中），for這個字後面接the的次數是example的四倍，這項資訊可以用轉換機率，呈現在巨大矩陣中。本書的矩陣和其他人所撰寫書籍的矩陣，看起來會有明顯差異。如果替《白鯨記》作者梅爾維爾（Herman Melville）、諾貝爾文學獎得主莫里森（Toni Morrison）和毛澤東，分別建構轉移矩陣，會發現三人的字句接續模式有很大的不同。[8]

應用馬可夫模型和轉移矩陣技術，就可以協助分辨1787年和1788年間，由漢彌爾頓（Alexander Hamilton）、傑伊（John Jay）和麥迪遜（James Madison）三人撰寫，用來說服紐約人支持美國憲法，共八十五篇評論文章的《聯邦黨人文集》（*Federalist Papers*）中，各篇文章的真實作者。《聯邦黨人文集》的每篇文章都是以普布利烏斯（Publius）這個筆名署名。雖然大部分的文章都已經確定作者身分了，但仍有許多文章頗具爭議。馬可夫模型推論所有爭議文章都是麥迪遜所寫[9]——雖然也有可能是漢彌爾頓或傑伊撰寫的，只是模仿了麥迪遜的寫作風格。此外，針對政治學者薩克森豪斯（Arlene Saxonhouse）發現的四篇講稿和作者不明的十二篇論文所進行的分析，顯示至少三篇有很高的機率是英國政治哲學家霍布斯（Thomas Hobbes）所寫。[10]這兩個案例中，馬可夫模型不一定給出正確答案，但模型產生了知識。我們可根據這些知識，仰賴自己的智慧來決定如何權衡馬可夫模型、其他模型和直覺。

馬可夫模型還有一項很著名的應用：建立谷歌原始的**網頁排名**（PageRank）演算法。網頁排名改變了全球資訊網上的搜尋方式。[11]全球資訊網是由許多互相連結的網頁網路組成。若要評估各網頁的重要性，則須計算其他網頁連結到這個網頁的連結總數。在圖17.3的網站網路中，B、C和E網站各有2個連結連入，A有1個連結連入、D則沒有任何連結連入。計算連入總數的方法可以粗略估計網頁的重要性，但是卻存在缺陷。例如，雖然網站B、C和E都有兩個連結連入，但網站E在網路中的位置似乎比網站B還要重要。

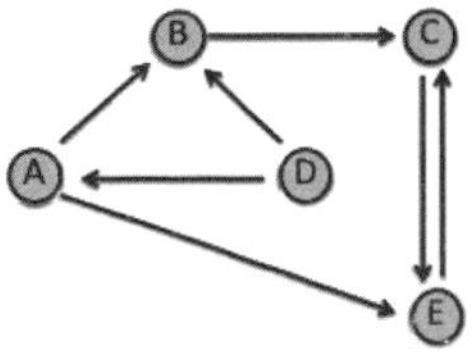

圖 17.3　全球資訊網上的網站連結

谷歌的網頁排名則將每個網站視為馬可夫模型中的一種狀態，然後在兩個連結網站之間分配正轉換機率。我們假定分配給每個連結的機率是相等的，也就是說，A 網站的搜尋者移動到 B 網站或移動到 E 網站的機率相等。如果搜尋者移動到 E 網站，則會永遠在 C 網站和 E 網站之間來回移動。而如果一開始選擇 B 網站，則會繼續移動到 C 網站，然後同樣在 C 網站和 E 網站之間來回移動。事實上，不論從任何網站出發，最後都會在 C 網站和 E 網站之間來回移動。因此可以再次看出，C 網站和 E 網站似乎才是最重要的兩個網站。

不幸的是，網頁排名模型並不符合佩龍—弗羅賓尼斯定理中的「遍歷性」和「轉換機率固定」這兩個假設，因為系統並不能從任何網站移動到任何另一個網站，例如：無法從 C 網站移動到 D 網站。此外，轉換機率會造成 C 網站與 E 網站之間的迴路。

為了修正這兩個問題，谷歌新增了很小的隨機機率，讓任何網站可以移動到任何另一個網站，如圖 17.4 所示。如此一來，模型便能夠滿足佩龍—弗羅賓尼斯定理的所有假設，並且能找出唯一統計平衡。如此就可以根據平衡狀態下各網站的被造訪機率，來進行排名。

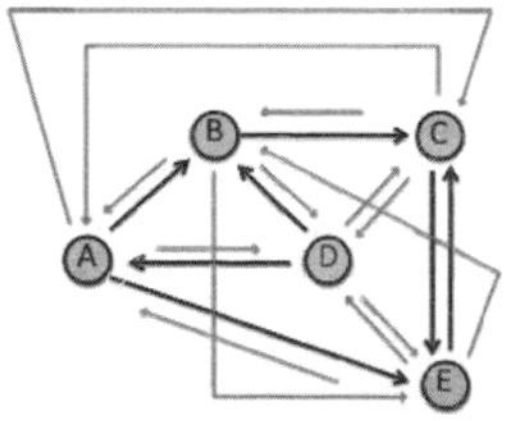

圖 17.4　在各網站之間，增加隨機移動

例如，從 A 網站出發的搜尋者，很有可能在幾個搜尋步驟後，就移動到 C 網站或 E 網站，之後則會在兩個網站之間來回移動，直到出現很小的機率移動到任何網站為止。如果搜尋者移動到 A 網站或 D 網站，則最有可能透過 B 網站回到 C 網站。因此，雖然搜尋者停留在 A、B 或 D 網站的機率都十分低，B 網站的排名仍應高於 A 網站或 D 網站。

圖 17.5 就呈現出這種統計平衡狀況。A 網站、B 網站和 D 網站都很少有人造訪，但三者中，B 網站被造訪的機率最高。

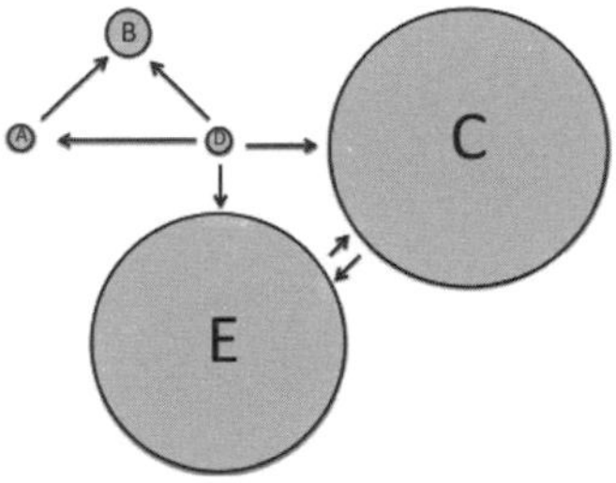

圖 17.5　**網頁排名模型的統計平衡**

網頁排名模型可以想成隨機漫步模型和馬可夫模型的組合。如果將網頁排名模型視為演算法，則會發現：我們可以使用網頁排名模型來產生任何網路中的排名，例如：節點可以代表棒球隊或足球隊，轉換機率則代表一支球隊打敗另一支球隊的次數比率。[12] 如果兩支球隊只會交戰一次，則可以根據勝率分配轉換機率。得出的排名雖然並非絕對正確，但可以補充球賽專家的主觀評估。

網頁排名模型也可以應用在食物網資料上，計算出物種的重要性。[13]

結論：分辨短效與長效

馬可夫模型描述了根據固定轉換機率，而在狀態之間移動的動態系統。如果我們假設這個系統可在任意兩個狀態之間移動、且不會產生循環現象，則馬可夫模型會達到唯一統計平衡。平衡時，人群或個體以不影響各狀態機率分布的方式，在狀態之間移動。由此可見，隨著過程愈接近平衡，機率分布的變化也會隨之遞減。若以圖形表示，則曲線斜率漸趨平緩。請回想第 7 章〈線性模型：迴歸分析〉中的加州人口成長問題，因為加州人口愈來愈多，則離開加州的人口也會隨之增加，所以加州人口的成長會逐漸趨緩。

應用馬可夫模型解釋現象或預測趨勢時，選擇適當的狀態十分重要。狀態的選擇會決定狀態之間的轉換機率。例如，針對毒品成癮的馬可夫模型，可以假設兩種狀態：使用毒品或戒除毒品，更精準的模型可能會區分毒品使用頻率不同的成癮者。不論選擇的狀態為何，只要四個假設成立（本例中的重點為測試轉換機率是否固定），則系統會產生唯一統計平衡。系統狀態的任何一次改變，僅會產生暫時的效果，若要減少平衡狀態時的毒品使用率，則須改變轉換機率。

使用相同邏輯也可以推論：藉由一日活動來激發學習興趣，其實缺乏實質影響；志工到社區清理公園，也幾乎不可能帶來長期效果；偶一為之的補助，不論金額多少，除非改變轉換機率，否則效果會逐漸消失。2010 年時，臉書創辦人祖克柏捐獻紐澤西州紐華克的公立學校一億美元，其他捐贈者也捐獻了相同金額。這筆曇花一現的大捐贈，每位學生約可分配到六千美元，但幾乎沒有對學生的學習成效或考試分數有任何提升。[14]

馬可夫模型可協助我們分辨哪些是「改變狀態的政策」（這僅能帶來短期影響）、哪些是「改變轉換機率的政策」（這能帶來長期效應），並指導我們應該如何行動。如果轉換機率無法改變，就必須定期重置狀態，來改變結果。例如，每個人的日常工作中，總是在競爭、自私和挫折等心理狀態之間轉換；若是能經常抽出時間來運動、冥想或參與宗教活動，就可能讓人的心態轉換到感恩、慈悲和放鬆的狀態。週末徹底休息，已婚夫婦定期安排晚上的約會，也有類似效果，這些行動都能讓人暫時脫離可能顯得僵化的平衡狀態。

但並不是每個動態系統都滿足馬可夫模型的假設。在某些動態系統中，歷程、干預和事件也可能帶來長期效應。例如：波利亞過程中，每個週期的結果取決於先前週期的結果，最終會改變長期平衡（見第 14 章）；有些系統受到嚴重干預或衝擊時，可能會改變轉換機率、甚至改變了組態（可能存在的多種狀態的集合）；重大技術演進，例如蒸汽機、電力、電報或網際網路，改變了經濟體系的組態；界定新權力或產生新政策的政治運動和社會運動，也會改變政壇和社會的組態。因此，歷史可以視為一系列的馬可夫模型，並非只能走向某個無可避免的終點。

馬可夫決策模型

馬可夫決策模型（Markov decision model）在馬可夫模型中加入了行動。行動能根據所在的不同狀態而獲得獎勵，並且也會影響狀態之間的轉換機率。考量到行動對轉換機率造成的影響，最佳行動並不一定總是能立即獲得最大獎勵。

舉例來說，想像一群學生有兩個行動選擇：上網或讀書。上網總是產生相同的報酬，讀書則在學生精神集中時產生高報酬、感到無聊時產生低報酬。為了增加行動對轉換機率造成的效果，我們做了三個假設：

(1) 感到無聊的上網學生，會保持無聊狀態。

(2) 精神集中的上網學生，有一半機率會轉變為無聊狀態。

(3) 讀書的學生不論精神集中或感到無聊，有 75% 的機率在下個週期會處於精神集中狀態。

行動：上網、讀書

狀態：感到無聊、精神集中

報酬結構：

	感到無聊	精神集中
上網	6	6
讀書	4	8

轉換機率表：

	下一週期感到無聊	下一週期精神集中
上網、且感到無聊	1	0
上網、且精神集中	1/2	1/2
讀書、且感到無聊	1/4	3/4
讀書、且精神集中	1/4	3/4

馬可夫決策模型問題的答案，需要包含每個狀態中採取的行動。先前所提到的短視最適反應（見第 199 頁），會選擇各狀態中報酬最大的行動。因此，在這個例子中，感到無聊時應該上網，而精神集中時應該讀書。

短視解決方案的結果會造成感到無聊的學生保持在無聊狀態。一旦學生感到無聊，就會選擇上網，並在剩下的週期中都保持無聊狀態，因此長期平均報酬為 6。如果學生總是選擇讀書，則有 75% 的時間在精神集中狀態、25% 時間在感到無聊狀態，平均報酬為 7。因此，學生若較常處在精神集中狀態，選擇讀書可產生較高的平均報酬。

如同這個例子所見，若將「選擇」當作馬可夫決策問題來探討，則能產生較佳行動。藉由考量行動對狀態造成的結果，則能夠做出更有智慧的選擇：睡懶覺相較於早起和運動，能產生較高的立即報酬；購買昂貴咖啡比起自己泡咖啡，也能產生較高的立即報酬。但長期來看，運動和節省咖啡錢能帶給我們更多快樂。這些道理有困難到需要模型證明嗎？不如讀讀《聖經》箴言 21:17 所說：「愛宴樂的、必致窮乏，好酒愛膏油的，必不富足。」聽起來十分有道理，但當讀到《聖經》傳道書 8:15 所說：「我就稱讚快樂，原來人在日光之下，莫強如吃喝快樂。」你會發現格言互相矛盾。藉由將「選擇」嵌入馬可夫決策框架中，你就能使用邏輯來決定特定情況下，哪一種常識性建議更有道理。

第18章 系統動力模型

管理系統行為的原則，尚未得到廣泛瞭解。

—— 福瑞斯特（Jay Wright Forrester），美國計算機工程先驅

本章將討論系統動力模型（systems dynamics model）。[1] 系統動力模型分析的對象是具有回饋和交互作用的系統，可用來模擬生態、經濟、供應鏈和生產過程，並可以提升我們對於正負回饋的邏輯思考能力。

系統動力模型的元素包含：來源、目的地（sink）、庫存、流量、流速。來源會為系統提供**流入**（input，可以是人流、物流、金流、或資訊流等等），目的地則把**流出**（output）給吸收。庫存會反映變數的水準，而流量則呈現不同水準的庫存之間的回饋。流速可以固定或隨時間而變化。

系統動力模型可以包含正負回饋。如同第 6 章〈冪律分布：長尾曲線〉討論的馬太效應，即為正回饋，例如：成功孕育更多成功、銷售帶來更多銷售，學術論文或專利的引用會吸引更多人引用。

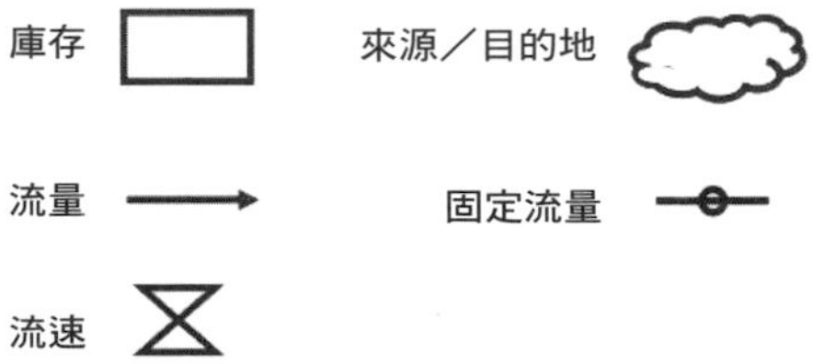

圖 18.1　系統動力模型的元素

負回饋則會抑制趨勢。必須注意不要因為「負」這個字，而推論負回饋會帶來負面結果，負回饋常可產生我們希望得到的特性。例如：負回饋可以避免金融體系泡沫化或崩盤；吃東西飽足時，大腦會接收到停止進食的訊號；企業利潤增加到超過正常報酬時，會吸引競爭者進入市場，進而降低企業的利潤並避免企業剝削消費者；物種大量繁衍時，個體會彼此競爭食物，進而減緩族群成長。這些例子都代表負回饋有利於維持系統層級的穩定性。

使用系統動力模型，往往可以辨識出複雜系統的形成原因。系統中同時包含正負回饋時，就會產生複雜系統，生命遊戲就是其中一種複雜系統——存活格子會造成死亡格子復活，但存活格子過度擁擠則會造成格子死亡。

系統動力模型將流量和庫存水準以數學函數呈現，校正後可以解釋歷史庫存值、預測未來值，並估算干預效應。接著就可以使用系統動力模型來解釋、預測和指導行動。系統動力模型也可以做定性分析，在每個箭頭標上正負符號可以建立清楚的邏輯。[2]

本章包含五個部分，首先要建立麵包店定性模型，來解釋系統動力模型的元素；然後根據特定的方程式，建構**掠食者—獵物模型**（predator-prey model），這個版本將以狐狸和野兔族群的互動為例，並嵌入正負回饋；接下來我們會演示如何使用系統動力模型預測惡性循環；然後說明描述全球經濟的巨型模型：**WORLD3 模型**。在本章的結論中，則會討論系統動力模型如何經常產生違反直覺的結果，並藉此說明人類推理能力的極限、以及運用模型來幫助邏輯思考的價值。

麵包店系統動力模型

如前所述，系統動力模型的元素包含來源、目的地、庫存、流量、流速、以及固定流量。來源會產生庫存；庫存就是某些變數的量值或水準；流量說明庫存水準如何變化；目的地則接收了庫存的流出。庫存水準根據來源和流量而隨時間變化，例如：遊樂園系統動力模型中，遊樂園中的人數（庫存）隨著遊客到來（來源）而增加。人潮多寡（流量）則取決於其他參數，例如：天氣、廣告量或門票價格等等。

圖 18.2　麵包店系統動力模型

系統動力模型使用如圖 18.2 的表達方式。來源和目的地使用「雲」來表示，庫存用方框表示，流量則用帶正負符號的箭頭來表示，流速用沙漏狀的兩個三角形（讓箭頭穿過）來表示，而固定流量則以箭頭穿過圓形來表示。標記正號的箭頭代表正回饋，也就是箭頭尾端變數的數值增大，則前端變數的數值也會增大，而標記負號的箭頭則代表兩變數間呈現負回饋關係。

為了讓大家熟悉系統動力模型，我們首先建構一個包含麵包師傅、麵包和顧客的「麵包店基本系統動力模型」。麵包師傅做麵包，而顧客購買麵包。如果麵包師傅做麵包的速率（流速）超過顧客購買麵包的速率，則麵包的庫存會提高，麵包店會放滿麵包。相反的，如果銷售速率超過麵包師傅的生產速率，則架上麵包會不斷被顧客掃蕩一空。為了讓模型更貼近現實，模型可以允許麵包師傅調整生產速率，讓生產速率是麵包庫存的函數。如圖 18.3 所示。

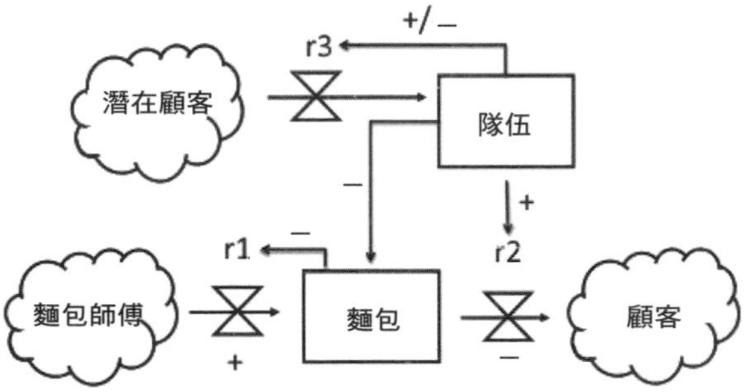

圖 18.3　更詳盡的麵包店系統動力模型

在圖 18.3 中，麵包庫存有一個流量（箭頭），指向麵包師傅生產麵包的速率 r_1。箭頭上有一個負號，代表生產速率會隨著麵包庫存的增加而減少。如果調整速率設定適當，模型將達到平衡，平衡時麵包生產速率等於顧客購買麵包的速率，因此庫存會保持平衡。

為了讓模型再更貼近現實，可以增加第二個庫存：「隊伍」，隊伍等於在麵包店外排隊的顧客人數，以及增加第二個來源：「潛在顧客」，潛在顧客會增加顧客到隊伍中。隊伍不要太長，較可能吸引潛在顧客，隊伍過長則會讓潛在顧客不想加入隊伍。為了呈現「隊伍長度」這項變數對於潛在顧客加入隊伍的速率 r_3 的影響，我們在箭頭上加上「＋ / －」符號。同時假設隊伍愈長，顧客購買麵包的速率（麵包銷售速率）r_2 就愈快，因此我們在由「隊伍」指向 r_2 的箭頭上，加上正號。

這個麵包店系統動力模型可以利用資料進行校正。我們可以根據隊伍長度估算顧客加入隊伍的速率，然後麵包師傅可以使用麵包庫存和隊伍長度做為函數，決定生產麵包的最佳速率。決定後的速率暫時當作基準，之後可能會再調整到更適當的速率。即使沒有使用資料校正，寫出或畫出這種模型也能提供價值：麵包師傅會瞭解到隊伍長度對整體銷售的重要性。

掠食者—獵物模型

掠食者—獵物模型為呈現「野兔（獵物）數量」和「狐狸（掠食者）數量」關係的生態模型。模型中包含兩個正回饋：野兔生野兔、狐狸生狐狸，以及一個負回饋：狐狸吃野兔。掠食者—獵物模型認為：如果野兔數量多，則狐狸會生更多小狐狸。次頁的圖 18.4 定性呈現了這個假設，但並沒有提供定量關係。從圖中可以觀察到，如果狐狸數量增加，則野兔數量減少；而野兔數量減少，進而會造成狐狸數量減少；狐狸數量減少後，野兔數量又會激增，進而導致狐狸數量增加。邏輯推理可能會認為最終將形成循環狀態或平衡狀態，但我們並無法確定。

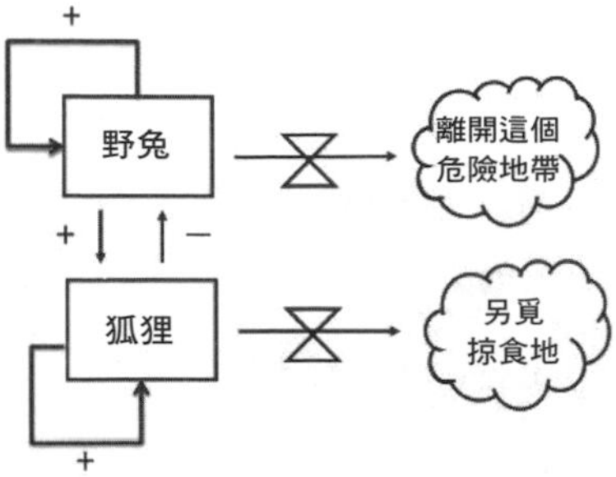

圖 18.4　掠食者—獵物模型的系統動力模型

為了深入瞭解實際發生的狀況，我們需要建構定量版本的模型。首先假設庫存水準會線性對應到流量——沒有任何狐狸的情況下，野兔數量會以固定比率成長；而沒有任何野兔的情況下，因為缺乏食物，狐狸數量會以固定比率減少。模型也假設野兔與狐狸接觸的機率，與「狐狸數量和野兔數量相乘」成正比。為了呈現兩種動物接觸時，狐狸吃野兔的狀況，我們假設狐狸增加速率為某固定比率乘以上述乘積，而野兔減少速率則是另一固定比率乘以上述乘積。最後得出的方程式，稱為**洛特卡—沃爾泰拉方程式**（Lotka-Volterra equation）。

洛特卡—沃爾泰拉模型

這個生態系中，包含野兔（H）和狐狸（F）。野兔群體以固定比率 g 成長，狐狸群體則以固定比率 d 死亡。野兔和狐狸接觸時，野兔群體以「被捕食比率 a 乘以兩者數量乘積」的速率死亡，而狐狸群體則以「狐狸捕食野兔造成的狐狸數量增加率 b 乘以兩者數量乘積」的速率成長。這些假設可以寫成下列微分方程式：[3]

$$\dot{H} = gH - aFH \qquad \dot{F} = bFH - dF$$

方程式有一個**滅絕平衡**（F = H = 0），

以及一個**內部平衡**（F = g/a 與 H = d/b）。

微分方程式描述野兔和狐狸數量隨時間經過的變化，當兩個方程式都等於 0 時，野兔和狐狸數量都不會改變且系統達到平衡。其中一個平衡是**滅絕平衡**（extinction equilibrium），也就是系統中不存在任何野兔和狐狸。因此，模型預測在某些情況下，掠食者與獵物的關係會導致兩種物種滅絕。但並非所有案例都會發生滅絕平衡，否則地球上將不存在任何物種。

內部平衡（interior equilibrium）狀態下的狐狸和野兔數量皆為正值。內部平衡時，狐狸數量會隨著野兔群體的成長率而增加；但如果狐狸和野兔接觸造成野兔群體的減少率大於成長率，則狐狸數量也會隨之減少。這兩種結果都十分直觀，如果野兔繁殖愈快，則系統可以養活更多狐狸；但如果每隻狐狸都需要更多野兔才能生存，系統則只能養活較少狐狸，這樣的結果也和直觀相符。掠食者—獵物的系統動力模型可能產生直觀發現，這是我們希望得到的結果。

但是系統動力模型也可能產生較不直觀的結果，狐狸野兔模型也有出現這種結果。模型顯示狐狸在平衡狀態下的數量，和狐狸死亡比率 d 一點關係都沒有。這是因為：如果狐狸群體死亡率加快，則野兔的平衡數量增加，進而造成剩下的狐狸有充足食物，也就代表狐狸群體成長率會加快。狐狸數量快速成長正好抵消了狐狸群體較高的死亡率。

相同邏輯也可以應用到野兔群體上，野兔在平衡狀態下的數量也與野兔群體成長比率 g 或野兔被狐狸捕食的比率 a 無關，但野兔數量卻取決於狐狸死亡比率 d 與狐狸捕食野兔造成的狐狸數量增加率 b。由於我們無法全面思考回饋造成的效應，因此會產生錯誤的直覺，以為更多野兔會直接造成野兔群體成長率加快，但更多狐狸也會間接造成野兔減少，因此兩種效應會互相抵消。

獲得違反直覺的發現，正是系統動力模型的特點。直覺之所以錯誤，是因為我們會只注重直接效應，卻沒有仔細進行完整的邏輯推理思考。即使直接增加（或減少）流速或流量可能會增加（或減少）庫存，正回饋和負回饋的系統效應存在，意味著其他庫存數值也會改變，因此改變流速或流量造成的淨效應可能減少、抵消，甚至可能逆轉。

使用數學，可以呈現洛特卡—沃爾泰拉方程式的兩個平衡。我們並無法肯定哪一個平衡會發生，但如果模型由平衡出發，則肯定會保持在平衡狀態。但是在執行模型計算之前，我們無從得知方程式會產生平衡、循環、隨機或複雜結果，唯一知道的是平衡確實存在。

用這些方程式來模擬生態系，會產生**延遲循環**（lagged cycle）：首先，其中一種物種數量較多，然後該物種數量減少，而另一種物種的數量則逐漸增加。研究發現這種循環十分常見，圖 18.5 呈現了五十年間，蘇必略湖上、長七十公里的皇家島上，狼（掠食者）和麋鹿（獵物）的數量變化。[4] 請注意掠食者和獵物物種的數量以延遲循環的方式波動。一如預期，圖中呈現的實際波動模式，並沒有像模型的計算結果那麼規律，因為模型忽略了地理、狼和麋鹿以外的其他物種、天氣變化等等因素。

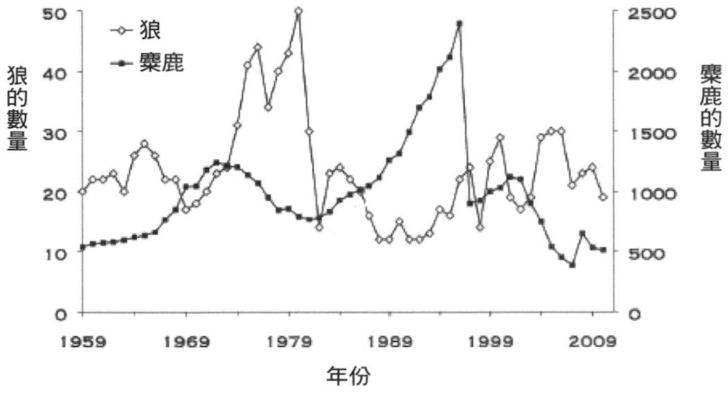

圖 18.5　密西根州皇家島上的狼與麋鹿數量變化

洛特卡－沃爾泰拉方程式的分析，強化了我們先前的發現，也就是不應該將「平衡存在」和「能達到平衡」混為一談。狼與麋鹿的例子中，系統會產生循環結果而非平衡結果——實際上是在平衡附近的動態循環。因此，平衡結果能告訴我們狐狸的平均數量和野兔的平均數量。由此可見，先前的反直覺結果，也就是「狐狸（或野兔）群體成長率的增加，對狐狸（或野兔）的平衡數量沒有影響」，整體看來依然成立。

使用系統動力模型指導行動

系統動力模型可以包含正和負**回饋迴路**（feedback loop）。正回饋迴路能形成**良性循環**（virtuous cycle），例如：兩國互相信任，能促進貿易、減少軍事衝突，進而又鞏固兩國的邦誼。負回饋迴路則會造成**惡性循環**（vicious cycle），例如：一個地區工作機會減少，可能會造成人們失去學習技能的誘因，而缺乏合格勞工又會導致公司離開該地區，進而讓工人更加缺乏誘因學習新技能。

系統動力模型可以協助預測惡性循環。2008 年時，許多國家面臨嚴重金融壓力。資產價格下跌時，槓桿過高的銀行徘徊在破產邊緣。投資人和存款人都愈來愈擔心投資安全。美國在內的部分國家，僅提供有限度的銀行存款保險，而澳洲在內的其他國家，則完全沒有提供存款保險。

為了避免恐慌，澳洲決定推行存款保險。邏輯聽起來很周全：存款保險可以避免銀行遭到擠兌，然而，澳洲政府只考量到部分系統。推行存款保險存在嚴重缺陷，只要寫下金融系統動力模型，就會發現缺陷十分明顯。

金融系統模型中，每家銀行（庫存）有一定數量的資產；存款人將現金放在銀行，並賺取利息；借款人向銀行貸款，進行投資；存款保險則擔保存款人放在銀行中的現金。

人們也會將現金放在股市或是貨幣市場基金，各種類型的投資都是一種庫存。一旦開始畫上箭頭，也就是方框之間的流量，政策缺陷就會十分明顯。政府提供的存款保險，直接提高了銀行存款安全，讓人們更願意存款到銀行中（次頁的圖 18.6 中的箭頭 1），也讓其他類型的投資吸引力降低。想像你是一位金融動盪時代的投資人，在銀行和貨幣市場都有一筆資金，現在銀行存款得到保險，但是貨幣市場基金沒有保障。你會採取謹慎的行動，把資金存入銀行，讓銀行存款增加（箭頭 2），並從貨幣市場抽出資金（箭頭 3）。

惡性循環因而產生：貨幣市場投資減少，讓貨幣市場風險提高，風險提高進而造成更多資金撤出貨幣市場，產生正回饋迴路（循環路徑 4）。資金撤出提高風險，風險造成資金撤出，然後又帶來更高風險。政策看來肯定會造成貨幣市場產業崩潰，而當時崩潰的確發生了。在實行銀行存款保險四天之內，政府就凍結了貨幣市場帳戶，以避免貨幣市場產業崩潰。然而這項決定帶來了災難性的後果。依靠貨幣市場帳戶提款來支付飲食、居住和其他必需品的數百萬退休族，因此連基本生活費用都無法支付。[5]

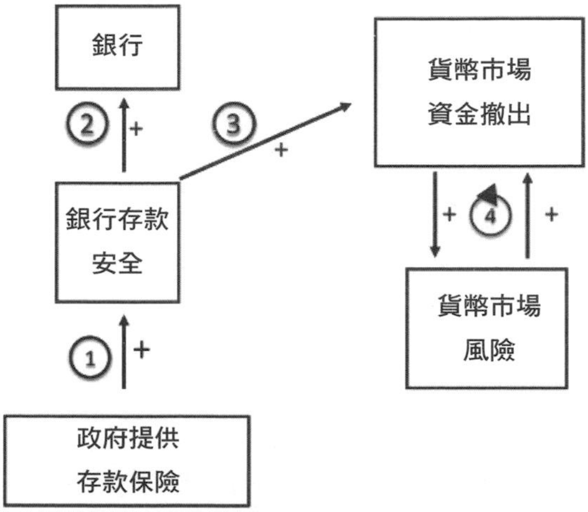

圖 18.6　金融體系的系統動力模型

雖然回頭來看，惡性循環十分明顯，但我們依然無法確定，就算當時澳洲政策制定者建構了系統動力模型，是否同樣會發現銀行存款保險政策的執行將帶來嚴重後果。無論如何，建構模型能揭露金融體系中，銀行存款保險帶來的效應，同時也讓隨之而來的惡性循環更加明顯。存款保險例子也呈現了盲目相信資料的後果。其他國家的資料可能顯示存款保險能穩定金融體系，但不同的是，這些國家的存款保險實施時間並非金融危機時期，因此造成了誤解。

WORLD3 模型

接下來我們要思考一個更複雜、涵蓋全球經濟體系的系統動力模型，也就是 WORLD3 模型。WORLD3 模型在 1970 年代提出，預測除非政府改變經濟成長政策和環境政策，否則世界經濟終將崩潰。[6] WORLD3 模型涵蓋了在共同框架中，以不同速率成長的多個互動過程，能讓政策制定者觀察交互作用。[7] 主流經濟學家往往摒棄 WORLD3 模型，因為模型太複雜，且未考量經濟決策者的理性反應。

WORLD3 模型假設人口和經濟產出每年成長固定百分比，而經濟產出會製造汙染。隨著時間推移，土地生產力下降，人口數量超越土地得以負荷及生產的食物量，世界經濟終將崩潰。這項預測讓我們想起兩世紀前，馬爾薩斯的可怕警告。

WORLD3 模型包含約 150 個變數、300 個方程式和 500 個參數，其中包含生育率、經濟成長率和土地使用率。為了校正模型，參數的增加率必須利用資料估算。WORLD3 模型加入了變數之間的交互作用，意味著多個參數的變化往往會產生非線性效應。因此若要測試模型穩定性，則需要同時改變二個變數或三個變數。500 個參數能產生超過 12,000 組雙變數組合，以及 20,000,000 組三變數組合，數量之多，任何人都難以分析。

WORLD3 模型預測：2100 年全球將減少至四十億人口。經濟學家米勒（John Miller）發現，只要調整兩個參數：工業生產分配給消費的比例及女性一生中生小孩的時間，就能讓模型預測的世界人口幾乎加倍，達到七十四億人口。正回饋是導致預測結果大幅提高的原因。婦女花費更長時間懷孕生產，意味著世界上將有更多小孩，也就需要更多食物；提高生產食物的比例，能讓更多小孩存活，而存活的婦女又會有更長時間懷孕生產，生出更多小孩，結果就造成人口大幅成長。[8]

微幅改變參數就能讓預測人口翻倍，這項發現讓人十分苦惱。然而，結果取決於參數，並非 WORLD3 模型的弱點。相反的，建構模型的目的就是要用來指導行動及幫助找出有效政策，例如：WORLD3 模型顯示減少生育率能減緩人口成長，實際上確實已經發生。此外，如果經過校正，模型就能估算人口成長的減少幅度，然後就能配合一系列其他的模型，來產生更準確的預測。

隨著時間推移，WORLD3 模型原本的預測愈來愈不準確了，部分原因是：

隨著人口增加，人口成長會逐漸趨緩，不再符合模型的假設。這是經濟學家預期的適應反應。雖然 WORLD3 模型的擁護者也接受上述批評，但他們也很快指出，模型中包含經濟成長和世界總人口等等資訊，預測都十分準確。至於生育率下降部分，擁護者指出：如果 WORLD3 模型在本身失敗的過程中，扮演影響世界的重要角色，也就是 WORLD3 模型讓人們意識到人口過剩和環保的重要性而做出改變，模型預測失準也是擁護者樂見的結果。[9]

結論：當心隱藏的間接效應

建構系統動力模型時，首先要選擇關鍵要素（庫存），並說明這些要素之間的關係（流量），然後設計模型並發現其中的蘊含。系統動力模型和馬可夫模型不同處在於速率（扮演轉換機率的角色）會變動，因此模型不一定會達到平衡結果，必須要執行模型的運算後，才能觀察結果。此外，因為並沒有解出結果，所以不需要擔心模型所作的假設的可處理性。

系統動力模型可以包含許多變數，而這些變數之間可以存在任何類型的回饋。就算變數之間的關係不寫出，也能建構系統動力模型，但一旦畫下了定義庫存的方框，模型建構者就會忍不住想在方框之間畫上箭頭。模型建構者會覺得自己有義務深入探討：「還有哪些其他變數會受影響？這些變數的改變又會如何回饋到目前模型中？」，因此就會建構出更複雜的模型。

要讓模型能彈性調整，需要付出一定的代價：模型中建立愈多庫存和流量就會讓模型愈難讓人理解。建構實用系統動力模型的技術，在於納入足夠多的細節，以便能夠揭露違反直觀的洞見，但同時又不希望納入太多細節，建立出像現實世界一樣混亂的泥淖。最好用的系統動力模型，必須恰恰落在這個甜蜜區，這些模型可以呈現意外影響，並讓人們做出更好的政策行動。如同本章提到的例子，就算像是澳洲存款保險這類意圖良好的政策，也可以產生意想不到的後果。

系統動力模型也可以呈現負回饋迴路如何限制了干預效果。例如，強制要求汽車安裝防鎖死煞車系統或安全氣囊等安全設備的法律，可能導致人們肆無忌憚，做出危險駕駛的行為；拓寬道路可能會造成更多人移居市郊，進而加劇居住擁擠程度；減少香菸的尼古丁含量，可能會造成吸菸者抽更多菸；開發 HIV 之類性傳播疾病更有效的治療方法，可能會導致人們更容易進行危險性行為。類似例子不勝枚舉。[10] 回顧來看，這些負回饋似乎十分明顯，但事前要預料到結果並不容易。所以，我們最好是寫下定性系統動力模型，以清楚呈現回饋迴路，並讓我們做出更好的決定。

系統動力模型最大的優勢是鼓勵模型建構者將回饋納入模型。1696 年，英國國王威廉三世開徵窗稅，基礎稅率為每間房子 2 先令，根據窗戶數量還要加徵額外稅款，超過 10 扇窗戶須額外徵收 4 先令，超過 20 扇窗戶則需額外徵收 8 先令。威廉三世之所以徵收窗稅，是因為窗戶可以輕易觀察到、可客觀計算且與房屋價值相關。如果威廉三世根據財產價值評估稅率，很可能導致偏袒和賄賂發生。窗稅的想法十分有效，在接下來整整一個世紀，窗稅傳到了法國、西班牙和蘇格蘭。法國直到 1926 年才取消窗稅。

身為模型思考者，我們預期具目的性和適應性的人們會對稅收做出反應。當時的英國人民確實採取了許多不同的因應做法，有的人將自己房子的窗戶封起來，建築師改變房屋設計，使得當時許多中產階級住宅的二樓臥室都沒有窗戶，愛丁堡有一排房子的特色就是完全沒有窗戶。[11] 基於以上種種對策，造成稅收大幅減少。坎貝爾定律（見第 71 頁）又再次得到證實：政治家創造新規定，而民眾則會找出方法規避。更複雜的系統動力模型會納入窗戶減少帶來的影響，基於缺乏新鮮空氣和陽光會讓市民變得不健康，所以會從「窗戶」這項庫存畫上箭頭，指向「市民健康」等等屬性。

系統動力模型的巨大價值，部分在於能協助推斷行動帶來的影響。我們往往會透過政策的直接影響來思考結果，例如：徵收窗稅可以提高政府收入、要求安裝防鎖死煞車系統可以拯救生命等等。雖然憑直覺無法總是預料所有間接效應，也就是正負回饋，但利用系統動力模型，就可以更清晰的深入思考目前已確知的正負回饋的意義。

第19章

個體為本模型

民主社會的重要理想為：
將不同種族、民族及其他遭貼上嚴重社會不平等標籤的族群
都平等聚合在一起。
—— 安德森（Elizabeth Anderson），美國政治哲學家

本章將討論**基於閾值的行為**（threshold-based behavior）模型。基於閾值的行為定義為：外部變數低於閾值或超過閾值時，人群選擇的行動會改變。例如，一個人會在外套價格低於一百美元時購買，或是在社會運動成員達到一千人時才願意加入，這時就會發生基於閾值的行為。

基於閾值的行為十分直觀且很容易分析，但卻常常產生違反直覺的結果，例如：容忍的行為也會產生隔閡。基於閾值的行為常常會產生臨界點，例如：如果一個人決定是否參加社會運動，取決於已經參加社運的人數，則愈多人加入社運時，總人數愈有可能超過其他人願意參加的閾值，因此會產生臨界點，很可能導致一夕之間，參加社運的人數暴增。

本章的模型可以歸類為**個體為本模型**（agent-based model，智能體基模型），也就是利用電腦程式分別模擬每個智能體。系統動力模型使用單一庫存變數來呈現整個群體，而個體為本模型則能比系統動力模型達到更高的精細度。個體為本模型將智能體放在空間中，且可以納入行為差異。這些額外的自由度可以帶來優勢，但我們必須牢記在心：過多細節會模糊掉建構模型的目的。例如，我們不應在建構人們如何決定是否加入社會運動的模型時，也建構了一個人腦中的神經元如何串連的模型。精細度的理想水準，取決於模型的目的。

本章一開始，會討論著名的美國社會學家格蘭諾維特（Mark Granovetter）提出的**抗爭模型**（riot model），接下來會討論模擬新創公司成長過程的**雙重抗爭**（double riot）版本。再來會討論兩個**分隔**（segregation）模型，第一個分隔模型考量人們在派對房間中如何移動，第二個分隔模型考量城市規模的分隔。然後將介紹**乒乓模型**（ping-pong model），乒乓模型包含負回饋，可能產生循環狀態或平衡狀態。本章的結論會再次討論模型精細度的議題。最後則會舉出兩件股市崩盤案例，呈現雙重閾值規則如何創造正負回饋的組合（正回饋會創造相關行為，而負回饋則會抑制行為）。

格蘭諾維特抗爭模型

在基於閾值的行為模型中，個人會根據總變數值是否超過閾值，再來執行兩種行動中的一種：若總變數值超過閾值，則執行行動一，否則執行行動二。我們的第一個模型將要模擬抗爭和社會運動，模型中每個人可以選擇加入抗爭或退縮，是否加入取決於參加抗爭的人數。模型並不考慮行為正當性，不管是對抗獨裁者的社會正義運動、或是足球流氓破壞公物的非法聚眾行為，兩種例子模型皆適用。

抗爭模型

以 i 排序標記，總共 N 個人，每個人都有抗爭閾值 $T(i) \in \{0, 1, \cdots, N\}$。一開始任何抗爭的閾值為 0，也就是 $T(i) = 0$ 的民眾會加入抗爭。$R(t)$ 等於在時間 t 時的抗爭人數。如果 $T(i) < R(t-1)$，則民眾 i 會在時間 t 加入抗爭。

抗爭模型給予每個人一個閾值。當參與抗爭的人數超過閾值時，某人就會加入抗爭。[1] 抗爭一開始只會有閾值 0 的人加入。為了方便討論，我們先假設這是一場社會運動，只會站在中央廣場或遊行等等。假設第一天有 200 位閾值 0 的民眾開始進行社會運動。第二天，這 200 位民眾依然繼續進行社會運動，而閾值小於 200 的民眾也會陸續加入。如果閾值小於 200 的民眾有額外 500 位，則第三天，閾值小於 700 的民眾也會加入，參加人數可能會突破千人。

模型分析顯示，**閾值多樣化**（threshold diversity）比平均閾值還要重要。我們來比較包含 1,000 位民眾的三個情境，就能瞭解原因。第一個情境，每位民眾的閾值皆為 10，因此沒有社會運動發生。第二個情境中，5 位民眾閾值為 0，10 位民眾閾值為 1，其他民眾閾值皆為 20。因此一開始會有 5 位民眾加入社會運動，第二天 10 位加入，總人數成為 15 人，但接下來就不會再有任何民眾加入了。第三個情境中，每位民眾的閾值都不同，分別是自 0 到 999。方便起見，我們根據民眾的閾值，把民眾編號為 0 到 999 號，i 號民眾閾值為 i。第一天 0 號民眾會加入社會運動，第二天 1 號民眾加入，第三天 2 號民眾加入，每天都會有一位新民眾加入，直到所有 1,000 位民眾都參與社運。

第一個情境有最低平均閾值，但因為沒有民眾閾值為 0，所以不會發生任何社會運動；第二個情境中，部分民眾閾值為 0，但數量不足以造成廣泛參與的社會運動；只有最後一個情境，才會發生全體民眾參與社運的事件。

模型顯示閾值平均值並不重要，全體的閾值分布才是社會運動是否發生的關鍵。因此由模型也能看出，我們十分難以預測哪些社會運動會成功。模型同時也能指導行動，告訴想發起抗爭以對抗獨裁者的革命家，除了要有核心成員發起抗爭，也需要讓其他民眾願意加入抗爭行列。

抗爭模型的變體版本也可以應用到起立鼓掌、改變政治觀點（接受同性戀權利）、流行風潮的改變（改配戴蝶形領結），以及市場動態（加入股票市場或房地產泡沫）。各案例中，人群行為大概都會根據基於閾值的行為規則，而每個人的閾值也各不相同。在這些情境中，大型事件發生的可能性，例如大規模群眾運動或粗框眼鏡流行，極可能大多取決於閾值分布，而非閾值平均值。

開創新市場：同步雙重抗爭

抗爭模型可以延伸涵蓋到「創造買賣雙方新市場」的網路新創公司。若要創造新市場，新創公司必須先創造買家和賣家。例如，媒合狗主人和狗保母的網站，需要同時有狗主人和狗保母註冊。提供貨運、搭乘或家庭清潔的網站，狀況也類似。

這些網站都必須同時創造買家和賣家，才能成功。此外，買賣雙方必須以接近相同的速率成長，否則買賣其中一方會找不到交易對象，可能會失望而離開網站。也就是說，新創公司必須創造**同步雙重抗爭**。

Airbnb 這間成功的新創公司，正好能提供同步雙重抗爭的小型案例研究。Airbnb 媒合願意出租房子、房間或公寓的屋主，以及想要尋找地方短期居住的旅客。Airbnb 需要建構兩組人群：租房者和屋主。尋找租屋處的旅客只有在網站有足夠可租用房間時，才會造訪網站，因此 Airbnb 需要願意出租公寓的屋主上網發布。Airbnb 網站頭兩次開啟營運都失敗了，因為要在網站上發布出租資訊很費時費力，既要上傳圖片，還要輸入資訊。在 Airbnb 尚未有足夠租房者族群時，沒有足夠誘因吸引屋主在網站上發布房屋出租資訊。

因此，Airbnb 既需要足夠的房間清單來引發租房者「抗爭」，也就是讓租房者造訪網站，也需要足夠多的租房者來引發有意發布房間和公寓資訊的屋主「抗爭」。

Airbnb 是否能扶搖直上，取決於兩群體的閾值。要讓屋主願意到網站發布房間資訊是主要困境，因為發布資訊費時費力。Airbnb 藉由登門拜訪、協助屋主發布公寓資訊，解決了這個問題。一旦部分屋主願意發布資訊，租屋者的抗爭就開始了，然後又會吸引更多屋主參與抗爭。[2]

Airbnb 之所以能成功，是因為創立者想出辦法，先引導足夠數量的屋主發布租屋資訊，藉此吸引租房者，讓雙重抗爭發生。之後 Airbnb 努力建構好了屋主發布資訊的環節，而帶動重要的租房者持續流入。

分隔模型之一：謝林派對模型

接下來是兩個由謝林（見第 209 頁）開發的模型，將討論分隔現象。

人們在不同尺度上，以種族或族群分隔。例如，國家或地區將人們分隔，美國以城市中的街區，甚至學校餐廳中的桌子，分隔不同種族。這些現象可做為人們無法容忍不同族群的證據。但這些分隔現象，卻與逐年增加的跨種族、跨族群婚姻，形成矛盾——同樣的人群為什麼不願意與不同種族生活在同一街區，甚至不願意一起吃飯，但卻願意跨種族結婚呢？

如果跨種族婚姻的人群和分桌用餐人群屬於不同社會階級，或許可以解釋得通。但事實並非如此，跨種族婚姻在各種收入水準都會發生，而即使在菁英大學，依然可以看到分桌用餐現象。謝林模型可以同時納入這兩種現象，解釋寬容的人群如何產生分隔。

第一個模型是謝林派對模型（Schelling's party model），謝林派對模型可視為隨機漫步模型與抗爭模型的綜合模型。模型描述一棟擁有兩間房間的房子裡，正舉辦派對。派對主人邀請由外觀可以直接辨識、屬於兩種不同類型的客人參加派對，例如：男性和女性、黑人和白人、西班牙人和澳洲人，或者喜愛音樂和喜愛運動的人等等，關鍵假設為每位客人都能夠分辨其他人的類型。

謝林派對模型

N 位客人參加派對，每位客人都可以觀察出屬於類型 A 或類型 B。每位客人先隨機選擇一間房間，每個週期每位客人都有機率 p 移動到另一間房間。客人 i 擁有**容忍閾值**（tolerance threshold）T_i，如果房間中與客人 i 同類型的人小於容忍閾值，則客人 i 會離開這間房間。

為了瞭解即使人們互相容忍，依然會有分隔狀態，我們首先假想派對有

20 位澳洲人和 20 位巴西人。每位客人都有一定容忍度，只要房間中有 25% 的其他客人與他屬於相同族群，則會繼續留在所在房間。假設一開始其中一間房間有 12 位澳洲人和 9 位巴西人，另一間房間有 8 位澳洲人和 11 位巴西人。雖然沒有人感受到必須離開房間的壓力，但客人依然會以隨機漫步模式，在兩間房間移動，因此每間房間中的族群組成百分比會改變。圖 19.1 中，左側房間有 11 位澳洲人和 4 位巴西人。這間房間正處於臨界狀態，如果任何一位巴西人離開房間，房間中巴西人的比例會低於 25%，造成另外 3 位巴西人也很快離開。房間內所有巴西人都離開後，就不會再有巴西人進入這間房間。

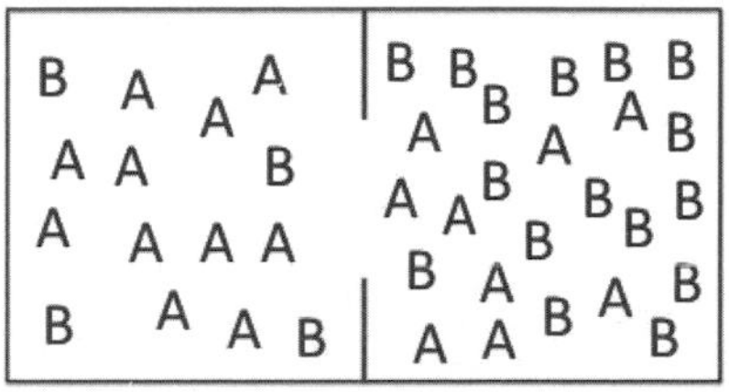

圖 19.1　**即將產生分隔的狀態**

請回想隨機漫步模型中提到過（見第 13 章），一維隨機漫步會跨越任何閾值。房間中的澳洲人數量，屬於一維隨機漫步模型，因此只要派對時間夠長，分隔將無可避免的發生。但就算是精采派對也有結束時間，因此並非所有派對最後都會以分隔收場。愈大的派對愈不可能產生分隔，因為愈多人在派對中，隨機漫步就需要跨越更高閾值。譬如，在有 1,000 位客人和兩間相同大小房間的派對中，我們將很難看到任一房間中，任何一種類型的客人人數少於 25%；但若一場派對只有 12 位客人，則很有可能發生分隔。因此，愈少人的派對，分隔現象愈容易發生。

假如人們的容忍閾值各有差異，則我們預期會更容易產生分隔。若要瞭解原因，首先假設有 10 位巴西人和 10 位澳洲人，每個人的容忍值在 5% 到 45% 之間，兩種人的平均容忍閾值皆為 25%，如次頁的圖 19.2 所示。

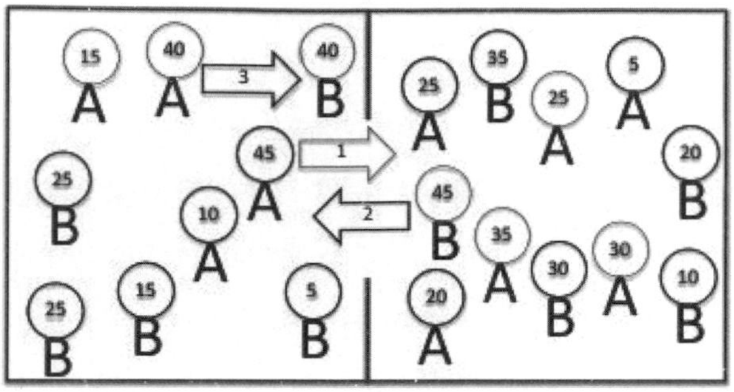

圖 19.2　因閾值不同而造成的移動

左側房間有 5 位巴西人和 4 位澳洲人，因此澳洲人比例低於 45%，造成容忍度最低的澳洲人移動到右側房間（以 1 號箭頭表示）。這名澳洲人移動到右側房間，會降低右側房間的巴西人比例，造成容忍度低的巴西人移動到左側房間（以 2 號箭頭表示）。這兩次移動，讓左側房間的澳洲人比例低於 40%，造成第二低容忍度的澳洲人也移動到右側房間（以 3 號箭頭表示），接著引發連鎖反應。

然而，如圖 19.3 所示，結果並不會完全分隔，因為兩間房間中，容忍度最高的人最後都不會感到不舒服。模型顯示容忍閾值的多樣化會產生兩種效應：第一是會讓分隔更容易發生，第二是會讓完全分隔更不容易發生，因為兩間房間中容忍度最高的人最後都不會感到不舒服。

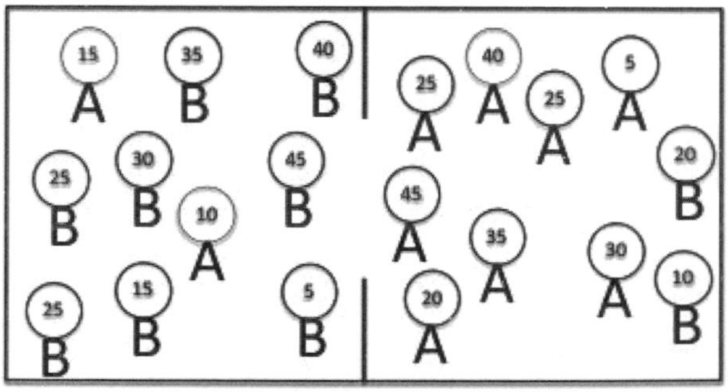

圖 19.3　因閾值不同而造成的分隔

分隔模型可以幫助解釋為什麼不同職業的男女比例不同，例如：為什麼女性護理師較多，而男性業務較多。職業男女比例差異可能是因為偏好不同，但也可能是因為有些人偏好和相同性別的人一起工作，因而造成這種結果。

旋轉門模型（revolving-door model）可以更正式的解釋這種現象。旋轉門模型做出兩個基於經驗的假設：第一，離職女性會選擇有更多女性從事的新工作；第二，女性離職比率高於男性。[3] 如果擅長生命科學的女性，離開生物醫學研究的速率高於男性，且會選擇雇用較多女性的健康保健工作，則她們的行動會提高這兩種職業領域的性別分隔。

分隔模型之二：謝林分隔模型

謝林分隔模型（Schelling's segregation model）將智能體放在棋盤地理空間上的不同位置，除此之外，與謝林派對模型完全相同。謝林分隔模型也假設兩種類型的族群，行為假設也和謝林派對模型相同。

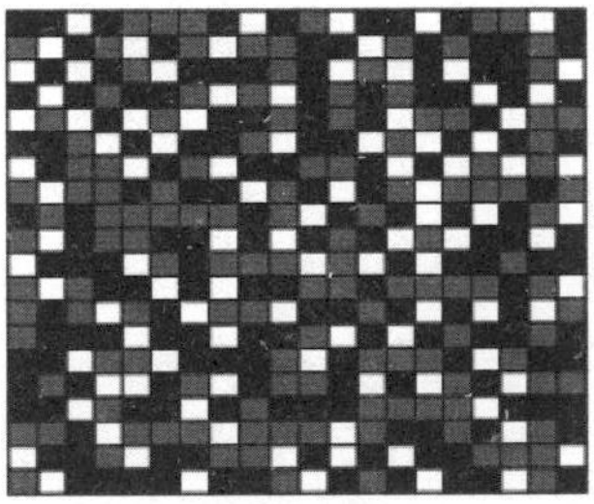

圖 19.4　**謝林分隔模型的初始狀態**

謝林分隔模型

N 個分別為類型 A 或類型 B 的個人，隨機安排到 M 乘 M 的棋盤格中，並且保留一些空格。每個人都有容忍閾值 T_i，在周圍八位鄰居與他相同類型的人數小於閾值時，會遷移到一個隨機的新位置。

如果所有人的平均閾值接近 50%，則模型會發生分隔，如圖 19.5 所示。因為每個人都只考量他的局部鄰居，最多為八位鄰居，所以分隔會發生。幾乎任何隨機初始狀態，都會有某些人被與他相反類型的鄰居包圍。如果個人移入有較多與他相同類型個體的區域，就可能造成另一種類型的人遷移到其他區域。隨著遷移不斷發生，分隔進而出現。閾值多樣化同樣也會加劇分隔效應，其中的邏輯與抗爭模型相同，此處就不再重新解釋。

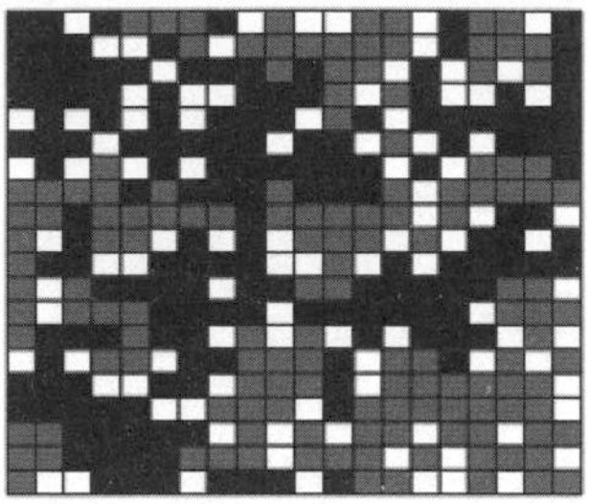

圖 19.5　謝林分隔模型：發生遷移之後的狀態

雖然每個人對其他類型的人都有程度不一的容忍度，但人群還是可能產生分隔居住模式。這就是謝林在他的開創性著作《微觀動機與宏觀行為》裡提出的基本見解：巨觀層級發生的現象，不需要與微觀層級的個人動機直接相符。

乒乓模型

接下來討論的**乒乓模型**，我們假設：基於閾值的行為會產生負回饋。在上一章曾提到，負回饋可以讓系統穩定，或者如同在掠食者－獵物模型般，產生循環狀態。

應該不難想到許多乒乓模型的應用，例如：人們會分配時間和資源到多個慈善機構，如果某機構受到太多關注或收到過多捐款，則人們下次會改捐款給其他慈善機構，讓每個機構收到的捐款不至於太過不均。另外，一個國家可能會有兩個聯合國教科文組織世界遺產網站，需要志工管理，如果一個網站志工

乒乓模型

族群大小 N 當中的每個實體 i（實體可為人群、生物、或機械），都有從區間 [0, 特定範圍] 中，均勻抽出的反應閾值 T(i)，且 T(i) > 0。

系統的初始狀態 S_0 設定為 0。在第一週期，每個實體隨機採取一種正行動（+1）或負行動（−1）。所有未來的系統狀態 S_t，即等於前期狀態 S_{t-1} 加上「該週期所有實體的行動平均值」和一個隨機項 ϵ_t ：

$$S_t = \frac{\sum_{i=1}^{N} A_i(t)}{N} + S_{t-1} + \epsilon_t$$

ϵ_t 為由 { −1, +1} 中，隨機抽出的數值。

在每個週期中，若系統狀態的絕對值 $|S_t|$ 未達到實體的反應閾值 T(i)，則該實體仍採取與前一週期相同的行動；若系統狀態的絕對值超過實體的反應閾值，則實體會改採「可降低系統狀態值的絕對值」的行動：

若 $|S_t| \leq T(i)$，則 $A_i(t+1) = A_i(t)$

若 $|S_t| > T(i)$，則 $A_i(t+1) = -S_t$

太多，某些志工可能會重新分配心力，去管理另一個網站。

正如名稱所暗示，乒乓模型會在平衡狀態附近產生循環行為——其中一個週期，太多人選擇這一種行動，下一週期又變成太多人選擇另一種行動。舉個最簡化的例子：如果所有實體的反應閾值皆為 0，這表示任一週期的系統狀態的絕對值，必然都會超過實體的反應閾值，因此所有實體都會採取可降低系統狀態的絕對值的行動。結果就是所有實體會在某一週期全部選擇+1，下一週期全部選擇−1，再下一個週期又全部選擇+1……如此循環不已。

為了探索閾值多樣化如何影響人群採取類似乒乓球行為或找到平衡行為，我們考量以下三種情形，每種情形都包含 100 個人。

第一種情形中，假設所有人的閾值均勻分布在 0 到 10 之間。如果第一週期的系統狀態值為－6（絕對值為 6），會超過大約 60 人的閾值，這 60 人在第二週期將改為採取＋6 的行動，使得第二週期的系統狀態值大約變成－2。在第三週期，這 60 人當中，約有 20 人將改採取＋2 的行動，但其他 40 人由於閾值已高於系統狀態的絕對值 2，因此仍維持上一週期的＋6 行動，這將使得第三週期的系統狀態值變成＋1。可以想見，系統狀態值將會繼續往正值衝高，直到高過＋6，才會讓那些仍採取＋6 行動的人，改為採取－6 的行動，如此又會很快把系統狀態值往負值的方向，強拉下去。

第二種情形，我們考量的是閾值的多樣化擴大了，在 0 到 100 之間均勻分布。我們仍假設第一週期的系統狀態值為－6，則將只有 6 個人會在第二週期改為採取＋6 的行動，使得第二週期的系統狀態值最多只會變成－5。比起第一種情形，系統狀態值的變化將會緩和多了。

第三種情形，我們考量居中狀況：閾值平均分布在 0 到 60 之間。我們仍假設第一週期的系統狀態值為－6，則將只有大約 10 個人，會在第二週期改為採取＋6 的行動。因此，我們可以預期：第三種情形的系統狀態值的變化，比第二種情形稍微強烈一些些，但仍比第一種情形緩和。

圖 19.6 顯示了這三種不同的閾值範圍，系統狀態的震盪程度。因此，在包含負回饋的系統中，閾值多樣化愈大，愈能帶來穩定，效果與正回饋模型相反。

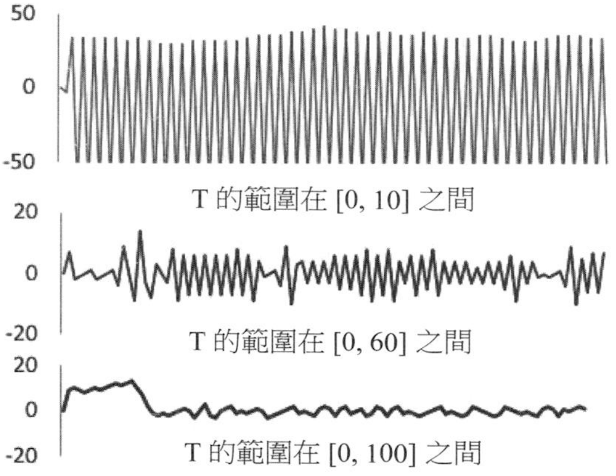

圖 19.6　乒乓模型：三種閾值範圍的時間序列資料

模型精細度可高可低

回饋的基本邏輯十分簡單：正回饋強化行動、負回饋抑制行動。系統如果只有正回饋，則會爆炸或崩潰；系統如果只有負回饋，則會穩定或循環；系統如果同時含有正負回饋，結果可能產生複雜狀態。

系統動力模型中，回饋會作用在庫存變數（野兔數量）和速率（麵包店的麵包銷售速率）上。個體為本模型則會因為個人行動而產生回饋，例如本章討論的閾值模型。

更精細的模型還會包含閾值多樣化：閾值多樣化會加劇正回饋並減緩負回饋；容忍閾值的多樣化，會增加分隔；具有負回饋的系統中，反應的多樣化也會阻止同質性回饋造成大幅波動。在企業經濟競爭模型中，異質性生產成本也可以產生類似功能。因為企業生產成本不同，對價格上升或下降做出的反應也不同。[4]

系統動力模型和個體為本模型之間的差異，會讓模型精細度的問題浮現。我們究竟是要建立標記「野兔」的變數（或系統動力模型中的方框），並以其他變數建立函數來說明野兔增減，或者需要個別建構每隻野兔的模型呢？分解變數可以提高描述準確度，但模型並非以此為標準來判斷好壞。還記得博克斯提出所有的模型都是錯的（見第 14 頁），以及波赫士所提的「與真實世界大小相同的地圖」（見第 44 頁）這兩個例子嗎？包含愛因斯坦在內的許多模型建構者都認為，應該要尋找適當水準的模型精細度，例如：如果寫下解釋人類手臂施力的模型，則不需要包含 DNA 在內。

研究社會系統則不存在模型精細度的理想水準，我們可能必須在許多不同水準的精細度下，探討社會系統。藉由建構多個不同精細度的模型，我們可以橫跨這些模型進行比較。譬如，若想要合理解釋瑞典和芬蘭的經貿模式，可以先從「將這兩個國家做為變數」著手，找出巨觀模式。接下來可以將兩國進出口按產業分類，然後再按照產業內的公司分類。

產業層級的資料可以讓我們更容易解釋過去的模式，並能對未來的模式做出更精準的預測。深入討論這些產業內的公司，包含成本結構和成長軌跡等資訊，也往往能產出更好的研究結果。但是，要建構含有眾多變數的實用模型，則需要獲取無窮無盡的資訊。譬如，我們甚至可以建構這些公司內部領導力的模型，但很可能針對「領導力」所做的最深入探究與詮釋，對於我們想要探究的產業層級和國家層級來說，幾乎不會有多少效益；但也有可能某些領導人以追求擴張的策略而聞名，因此探討這些人的領導力，或許在產業層級和國家層級上，也能帶來一些啟示。

總結來說，高精細度並不代表能建構出更好的模型，細節太多對模型來說不見得是件好事。即使我們所建構的是較為粗略的模型，但不同的模型就會有不同的假設，藉由比較這些不同的假設，我們可以發現這些假設如何影響模型預測的結果，並能發現這些假設受限於什麼條件。因此，我們不僅該留意這些模型採用了哪些假設和變數，更要留意這些模型在解析相同的變數上，各有哪些優劣之處。

演算法抗爭：兩個股市崩盤案例

抗爭模型和乒乓模型也能提供股市崩盤和價格回彈的洞見。接下來我們將討論兩個案例。

第一個案例發生在 1987 年 10 月 19 日星期一，當天道瓊工業平均指數暴跌超過 22%，隔天全世界都遭受道瓊崩盤波及，而崩盤原因目前依然在研究中。當時美國經濟已進入第四年擴張，1987 年前八個月，道瓊工業平均指數上漲超過 40%，或許是因為股價大幅飆升，許多人認為股價已經高估。崩盤的前一天（星期日），美國財政部長貝克（James Baker）威脅說：如果德國不降低關稅，就要讓美元貶值。當時這席話聽起來無關緊要，隔天市場竟崩盤了，但十四個月後，市場又回到先前價位。

為了應用模型來解釋這案例，我們首先使用單一金融資產來代表整體市場。假設每個擁有這份資產的人都有一個**崩潰閾值**（crash threshold），如果資產價格在某一天下跌到低於崩潰閾值，投資人會賣掉資產，將資金撤出市場。這條崩潰閾值法則，捕捉到了市場趨向和**雜訊交易者**（noise trader）的行為，並建立另一種版本的抗爭模型：如果一定比例的投資人在 10 月 19 日起床後，決定賣出大量資產，勢必會造成市場價格下跌。如果價格下跌到超過其他投資人的崩潰閾值，則其他投資人也會相繼賣出資產，造成惡性循環下跌。上述結果為經典的正回饋迴路：賣出資產導致價格下跌，進而造成更多人賣出資產。

接下來，我們把乒乓模型的洞見加入到分析中。如果下跌到過低價格，部分投資人會應用第二條規則：**廉價品閾值規則**（bargain threshold rule）。根據廉價品閾值規則，投資人會在價格下跌超過閾值時買入，此時投資人根據價值而非趨勢來行動。價格劇烈下滑時，廉價品閾值會造成負回饋，買家搶著以便宜價格買入資產，阻止了價格繼續下滑。

實際市場當然比上述情況複雜得多，並非「價格一旦跌落閾值，賣家賣出，買家等待接手」這樣簡單。股市中存在許多類型的交易者，包含大型機構、退休基金、國外政府、投機者、投資組合保險公司和散戶投資人。[5] 因為交易者類型眾多，價格下跌時幾乎總是有人接手，進而提供穩定股市必要的負回饋。

早期在分析 1987 年崩盤事件時，往往強調崩盤是因為廣泛使用**程式交易**（program trading）所致。電腦程式中，內建了基於閾值的規則，「如果市場指數下跌超過特定比率，則賣出所有股票」之類的規則會自動執行，並沒有人類監控。目前大部分的分析師相信，程式交易確實影響了 1987 年的崩盤，但並非主因。更多 1987 年崩盤的詳細分析指出，大量投資組合保險公司，也就是保證投資人投資報酬率的交易者，製造出劇烈到連負回饋都無法減緩的正回饋。這些投資組合保險公司在市場崩盤時，瘋狂拋售股票來避免損失，隨著崩盤日益嚴重，股票愈賣愈多。保險公司雖說是由許多人組成的群體，但行為竟如同心中有個崩潰閾值的人。其中一間投資組合保險公司曾在股市中倒出超過十億美元股票，而當天整日全市場股票成交量也僅有二百億美元，可見占比之重。

第二個崩盤案例是 2010 年 5 月 6 日的**閃崩**（flash crash）事件，當時道瓊工業平均指數在三分鐘內下跌了 5%。閃崩是程式交易造成的結果。由於現代金融交易市場既複雜又快速，沒人敢肯定造成閃崩的確切原因為何。目前所瞭解是有一家大型共同基金掛了一筆大賣單，將超過四十億美元的股票期貨倒進市場，而市場上當時存在許多試圖利用高頻交易（high frequency trading）演算法來套利的「快閃小子」。他們的演算法感測到價格趨勢後，會以極快的速度介入交易過程，在毫秒之間攫取不當利益——你可以想像成急速進行的抗爭模型。這種快閃式交易方式造成了**有毒市場**（toxic market），有毒市場中的交易者擔心大型機構投資人搶先得知內線不利消息，所以爭相退出市場。[6] 因為出現異常的市場行為，許多演算法停止交易，另一些演算法則持續賣出資產，崩盤在幾分鐘內相繼發生。二十分鐘內，如同乒乓模型所預測，廉價品閾值規則開始產生效應，將價格拉回至接近原本起跌的價格。

第 20 章

空間與特徵選擇模型

我們認為，如果你需要消費者告訴你，販售的東西究竟是什麼，

那你自己肯定也搞不清楚在賣什麼，消費者也不可能有良好體驗。

—— 梅爾（Marissa Mayer），美國資訊科技工程師、企業家

本章將討論以屬性呈現選項的個人選擇模型，這些模型是開發來呈現消費者的選擇，例如：購買房子的人會考量面積、房間數和浴廁數及建築品質。這些選擇模型也可以應用在大學招生篩選、或是選民投票選擇候選人。大學招生主任會考量申請人的 SAT 分數、學業成績平均點數（GPA）和學習歷程。選民則會根據候選人對教育、基礎建設、犯罪和稅收的立場，來評估候選人。這些模型除了可協助我們瞭解個人選擇，也提供選項出現原因的洞見，例如：為什麼有這麼多早餐麥片供選擇。

我們討論的選擇模型中，部分屬性歸類為**空間**（spatial）屬性，部分歸類為**特徵**（hedonic，又稱「享樂」）屬性。空間屬性並沒有最佳選擇，例如：夾克顏色或土司片的厚度。每個人都偏好特定屬性大小，例如：饕客偏好不同的豬肋排辣度、業餘滑雪愛好者偏好不同的滑雪道坡度。空間屬性的選擇模型認為：產品屬性與消費者心中的理想位置愈接近，對消費者來說價值就愈高。理想位置因人而異，有些人喜歡辣一點的肋排，而有些人又不喜歡太辣。

特徵屬性則總是愈多愈好（某些屬性為愈少愈好）。人們都喜歡智慧手機電池壽命愈長愈好、房屋面積愈大愈好、鞋底耐用度愈久愈好，而車子耗油量愈低愈好。大部分的產品選擇屬於兩種屬性混合，同時包含空間屬性和特徵屬性，例如：車子的顏色為空間屬性，但油耗量則為特徵屬性。

本章中，我們假設人們會選擇他們認為最有價值的選項——原因在第 4 章〈建構人群行為模型〉已提過：模擬人類行為時，理性行為能提供基準、可進行分析處理、能做出唯一預測，而且在重複且重大情境下，將符合經驗結果。

空間和特徵選擇模型廣泛使用在經濟領域和政治科學上。[1] 本章首先會討論產品的**空間競爭模型**（spatial competition model），然後把空間競爭模型應用到政治上，演示如何分析**現狀效應**（status quo effect）、提案權、以及否決者的影響力。接下來則會討論特徵屬性模型和混合模型，進而呈現價格競爭的洞見。我們也會演示：如何將資料納入模型，根據候選人在議案表決所持立場的歷史資料，來判斷候選人的意識型態。最後也可以利用資料和模型，推理「無法定價的屬性」的隱含價格，例如：乾淨空氣或較短通勤時間的價格。[2]

空間競爭模型

空間競爭模型根據屬性來定義選項，並且根據理想位置來定義消費者。空間競爭模型最簡單的版本，只考量單一屬性的產品。美國數理統計學家霍特林（Harold Hotelling）提出的最原始的空間模型中，產品屬性即為地理位置。[3]

霍特林模型假設一群消費者分散在海灘上，圖 20.1 中，以黑色實心小圓圈代表這些消費者。海灘上還有兩位冰淇淋小販，分別以星號 A 和星號 B 表示。每位客人都會向最近的小販購買冰淇淋。**分割點**（cut point）為兩位小販正中間，並決定消費者會向哪位小販購買冰淇淋。分割點左側的六位消費者向小販 A 購買，分割點右側的七位消費者則向小販 B 購買。

利用「消費者偏好購買距離較近的商品」這想法，我們也可以用抽象方式呈現距離差異，例如：想像冰淇淋小販在同一地點，但是販售不同乳脂含量的冰淇淋，則圖 20.1 也可以用來呈現：小販 B 販售的冰淇淋比起小販 A 販售的冰淇淋，含有更多乳脂。經過重新詮釋後，圖中的消費者位置就不再是海灘上的實體位置了，而是十三位消費者對於冰淇淋乳脂含量的偏好水準。

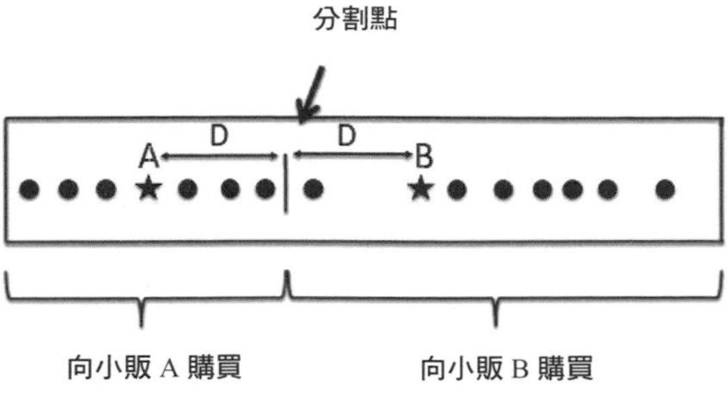

圖 20.1　霍特林地理模型——海灘上的冰淇淋小販

接下來，我們便可以應用一對多的模型思維，並且使用空間競爭模型來分析政治競爭。**唐斯模型**（Downsian model）把霍特林地理空間轉化為「左派到右派意識型態的連續體」。利用以下方式可以重新詮釋圖 20.1：星號 A 代表自由派候選人，而星號 B 代表保守派候選人，黑色實心小圓圈則代表不同選民的意識型態理想位置。為了延伸這個類比，我們假設選民偏好意識型態與自己較接近的候選人。

從商家的地理位置和產品屬性，轉換到政治意識型態，涉及從攤位地點和乳脂含量之類的物理屬性，轉換到更抽象概念的意識型態。物理屬性能夠準確測量，但是若要測量意識型態，則需要方法將候選人的行為轉換為數字。如果候選人過去有議會表決紀錄，則可以先蒐集候選人所有的表決紀錄，藉此判定候選人的意識型態。但記得要忽略所有缺乏意識型態元素的表決，例如：無異議通過設立國家牛奶日。其他表決紀錄則可以根據專家的意見，區分為自由立場或保守立場。候選人在連續體中的空間位置，可以設定為候選人傾向保守立場的百分比。[4] 總是持保守立場的候選人位在連續體最左邊；持保守和自由立場機率各半的候選人則位在連續體中間。

使用唐斯模型，配合實證檢驗，可以證實美國政黨意識型態分歧日益加劇的說法。圖 20.2 顯示，政黨平均理想位置兩極化的狀況不斷增加，且愈來愈強烈。分析顯示兩極化的最主要原因是：共和黨逐漸向保守立場靠攏。

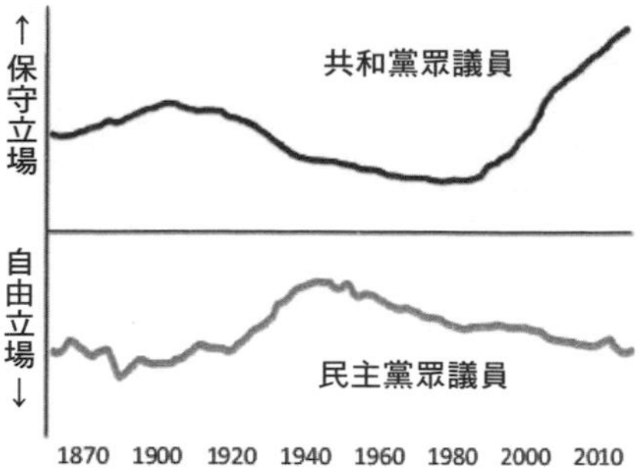

圖 20.2　美國國會逐漸增加的意識型態兩極化

增加屬性數量

更廣義的空間競爭模型可包含任意數量的屬性，例如：沙發包含長度、寬度、高度、結構類型、座椅材料等屬性。消費者由產品獲得的價值（效用），取決於產品在特定屬性上與消費者心目中理想位置的距離。產品價值函數可以寫成「常數項」減掉「選項與消費者理想位置的差距」。[5]

空間競爭模型

選項包含 N 種**空間屬性**：$\vec{a} = (a_1, a_2, \dots a_N)$。

個人由**理想位置**來代表：$\vec{x} = (x_1, x_2, \dots x_N)$。

個人由選項得到的**報酬**（效用）等於：

$$\pi(\vec{x}, \vec{a}) = C - (x_1 - a_1)^2 - (x_2 - a_2)^2 \ \dots - (x_N - a_N)^2$$

其中 C 為常數。

例如：$\vec{x} = (3, 4, 6)$，$\vec{a} = (2, 1, 8)$，$C = 20$：

$$\pi(\vec{x}, \vec{a}) = 20 - (3-2)^2 - (4-1)^2 - (6-8)^2 = 6$$

廣義化的空間競爭模型如圖 20.3 所示，兩種巧克力棒可以用糖含量百分比和可可含量百分比來表示。分割線等於兩產品連線的垂直平分線。理想位置位於分割線左側的消費者偏好 A 產品、位於右側的消費者偏好 B 產品。[6]

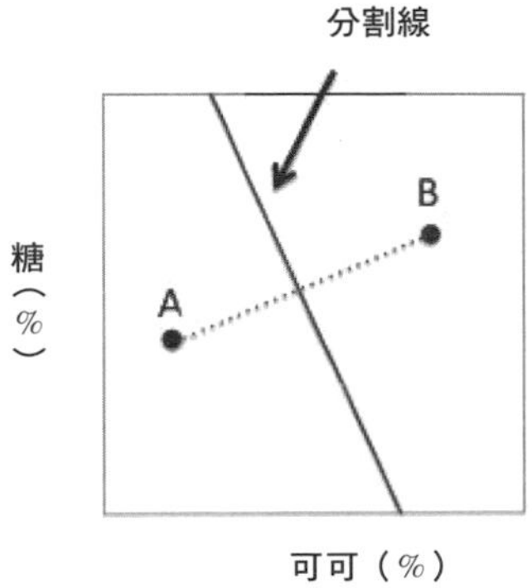

圖 20.3　兩支巧克力棒的產品屬性及分割線

模型也可以包含任意種產品，我們可以在屬性空間中加入另一個點 C，代表第三種巧克力棒。若要決定消費者會購買哪一種巧克力棒，則需要畫上額外的分割線，如圖 20.4。多條分割線將理想位置的空間分割為三個部分，這稱為**沃羅諾伊區域**（Voronoi neighborhood），沃羅諾伊區域根據理想位置與產品之間的距離，來劃分理想位置的空間。

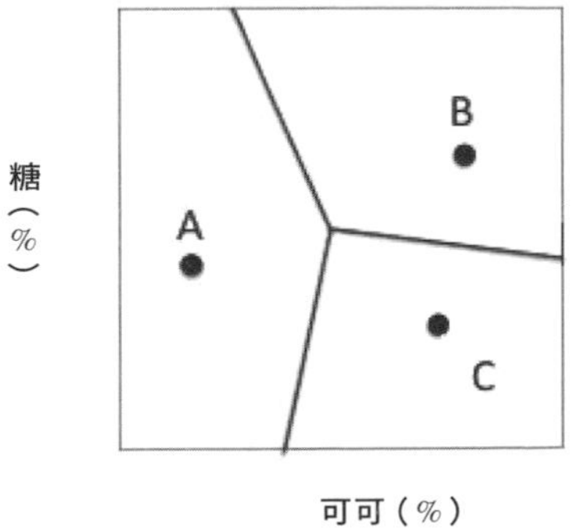

圖 20.4　包含三種產品的空間模型：沃羅諾伊區域

中間選民定理

接下來，我們將使用模型來解釋候選人的立場，首先假設候選人皆以選票為重，主要目標為贏得選戰。一開始我們先以一個例子，來思考候選人改變立場的誘因。圖 20.5 畫出十三位選民和兩位候選人的兩種情境，請記得選民偏好投票給理念較接近的候選人。第一張圖中，以 L 代表的自由派候選人獲得五票，而以 R 代表的保守派候選人獲得八票。第二張圖中，自由派候選人向中間立場靠攏，吸引到七張選票而贏得選舉。

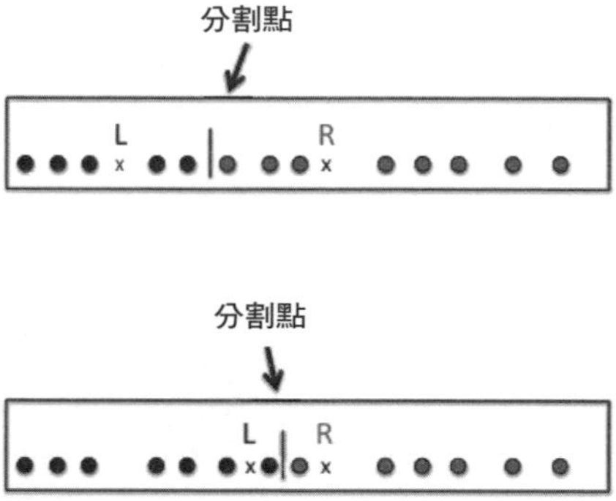

圖 20.5　**政黨向中間立場靠攏，以贏得選舉**

自由派候選人有足夠誘因靠向中間立場，相同邏輯對保守派候選人也同樣成立。保守派候選人可以向左側移動，但仍然保持在 L 右側，並贏得選舉。同樣邏輯推理下，自由派候選人 L 也可以繼續向中間選民的理想位置靠近。如果繼續使用相同邏輯來推演，會發現候選人都會收斂到中間選民理想位置。這種結果稱為**中間選民定理**（median voter theorem）。

中間選民定理可以使用強式或弱式來解釋。強式中間選民定理認為，兩位候選人都會選擇相同位置，即中間選民理想位置，但經驗上這並非事實。弱式中間選民定理認為，候選人有誘因移向較為中間的立場，經驗證據顯示這種狀況確實會發生。在選舉過程中，候選人會向中間立場靠攏，雖然移動速度不見得會十分迅速。擁有堅定意識型態或受益於極端核心支持者的候選人，改變立場則更需謹慎。

唐斯模型將每位候選人和選民，縮小到單一意識型態的位置，這是十分極端的假設。捷克作家兼政治家哈維爾（Václav Havel）反對這種一維意識型態的預測：「對迷惘的人類來說，意識型態提供立即歸所：唯一要做的就是接受它。突然間一切都會變得清晰，生命有了新意義，所有神祕、未解之謎、焦慮和寂寞都瞬間消失。當然，人們為這間廉價住所付出了昂貴代價：放棄了自己的理性、良知和責任，意識型態的核心元素就是把理性和良知，奉獻給更高權力。」[7] 哈維爾提到了重點，我們不應該因意識型態而放棄理性。這正是為什麼我們需要多模型思維，因為多模型能提供更好的推理，讓我們更理性。

唐斯模型可幫助我們瞭解政治人物行為背後的誘因。我們利用資料可以判斷：有多少把握可認定每位政治人物在連續體中的位置。我們可以非常有自信的，將總是採取中間立場的政治人物放在連續體中央。

順道一提，哈維爾不認為意識型態可以縮小到一個點上，並使用資料來驗證。如果哈維爾的批評成立，也就是確實無法根據議會表決紀錄來確定意識型態，我們仍然不需要放棄模型。我們可以使用區間、而非單一位置，來呈現意識型態的不確定性。又或者可以利用意識型態測量結果，建構時間序列，觀察政治人物的意識型態是否保持一致。最高法院大法官意識型態位置的相關研究顯示，部分大法官從事法官工作愈久，就會變得愈偏向自由立場。[8]

最後，我們還可以增加模型維度。二維模型可以同時區分社會政策和財政政策，如此便能呈現「社會政策上採自由立場、財政政策上採保守立場」的政治人物。美國國會中，一維模型能解釋約 83% 表決結果，但增加第二個維度僅僅多解釋了 4%。[9]

增加維度除了讓模型的準確度增加外，也同時改變了理論的發現。例如，我們在一維模型中發現，如果第一位候選人沒有在任何一個議題上採取中間立場，另一位候選人可以在某個議題上與第一位候選人採取相同立場（因此這個議題對勝選來說變得無關緊要），而在另一個議題上採取中間立場，藉此便可贏得選戰。同樣的，如果一位候選人在一個議題上採取中間立場，但另一個議題上沒有採取中間立場，則其他候選人可以在兩個議題上都採取中間立場，來贏得選戰。由此可見，唯一有機會不會敗選的立場為**二維中立**（two-dimensional median），但圖 20.6 顯示，實心圓圈所在的二維中立位置依然會敗選。如果實心方形所代表的候選人，在議題 1 採取偏左態度、議題 2 採取偏右態度，可以製造能夠在五票中贏得三票的分割線。

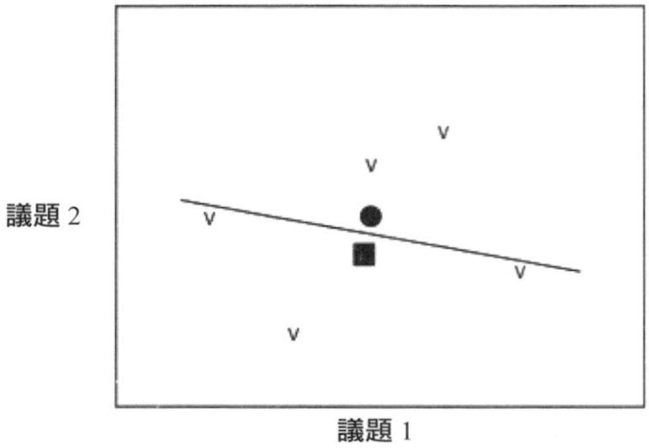

圖 20.6　二維中立候選人輸給挑戰者

用直覺判斷這個例子，會發現二維中立策略只有在「通過二維中立位置的任何一條分割線，線兩側的選民人數都小於一半」時，才確定不會敗選，[10] 這種分布稱為**輻射對稱**（radial symmetry）。如果選民理想位置在圓形或正方形上均勻分布，則會滿足輻射對稱條件，但這是十分極端的假設。任何立場都可能被擊敗的結果，稱為**普洛特無勝者結果**（Plott's no-winner result）。在二維及二維以上的空間競爭模型中，普洛特無勝者結果才會成立。

一維和高維的差異十分明顯，一維模型暗示候選人應採取中間立場；高維模型則暗示候選人不應採取中間立場。我們應該相信哪一種模型呢？其實不應該完全相信任何一種模型，而應該要從兩種模型中獲得洞見。一維模型顯示，想勝選的候選人有強烈誘因採用中間立場；高維模型則顯示，那些誘因都有其限制，候選人採取任何立場都無法保證勝選，也很可能無法找到平衡狀態。因此我們應該預期空間競爭模型會產生複雜結果，藉由結盟來競爭選票的現象，將無終止之日。[11]

現狀效應、提案權和否決者

唐斯模型也可以用來解釋委員會、議會、立法機構和總統通過的法案的意識型態。關鍵是把法案（或政策）與委員會成員一併納入單一維度意識型態中。此模型須考量三種策略效應：目前政策的影響（**現狀效應**）、提案權，以及加入否決者的影響。

此處利用理想位置分別在 40、60 和 80 的三人委員會為例，理想位置 40 的委員提出了一項政策，且必須得到多數人贊成，才會通過。圖 20.7 顯示最後政策如何受到現狀效應的影響。如果現狀位於 80，則提案委員需要獲得中間立場的委員，也就是理想位置 60 委員的支持。這個情況下，中間立場的委員應當會接受位於 40 的提案，因為新提案和現狀對中間立場的委員來說，沒有優劣差異。[12] 但如果將現狀移至 70，則中間立場的委員將拒絕位於 40 的提案，提案委員需要提出位於 50 的提案。最後，如果現狀位於中間立場委員的理想位置 60，則提案委員就無從提案了。因此可以得出以下推論：現狀為極端值時，提案者有最多權力。

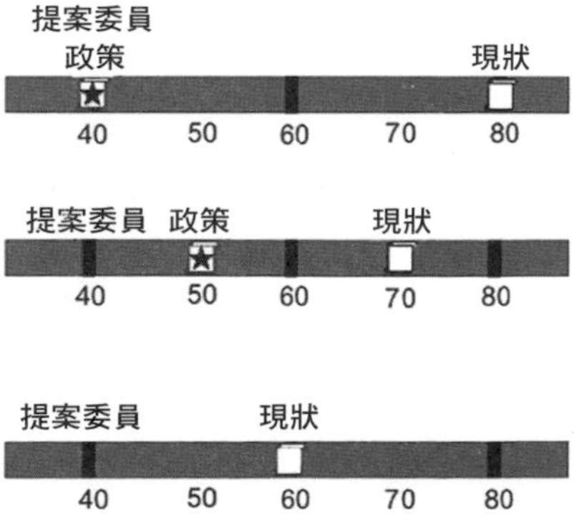

圖 20.7　現狀對政策提案的影響

這個洞見可以應用到任何「人們需要投票且意見能映射到一維空間」的情境。例如，非營利組織負責人向董事會提案，要求提高「低收入住房方案」的支出。如果目前的支出水準和中間立場的董事想法相符，則負責人幾乎沒有任何提案權。只有在目前政策不符合董事的理想時，負責人才會獲得提案權。

接下來，我們考量現狀位於 70 的案例，如圖 20.8 所示。第一張圖呈現先前案例，提案委員的位置為 40，並提出位於 50 的政策。第二張圖呈現中間立場的委員可以自行提案（位於 60），同時也會獲得位於 40 的委員支持。第三張圖呈現提案委員的位置是 80 的案例，提案委員無法提出一個自己和中間立場的委員都覺得比現狀好的方案，因此只能接受現狀。

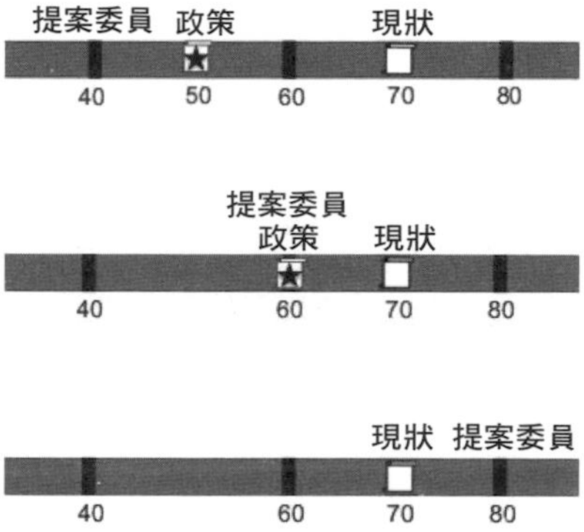

圖 20.8　提案人對最終政策的影響

圖 20.7 和圖 20.8 這兩個案例，呈現了提案權受到的限制。法案和政策可能會移向有權者的理想位置，但我們從上面的演示可以瞭解到，權力大小會因為現狀效應而受到削減。[13]

最後，相同模型可以用來考量不同層級的政府，以及否決者數量增加的狀況。這裡將三位委員會成員指定為：眾議員、參議員和總統。法案若要通過，三位投票人都必須相較於現狀更偏好法案。而且，三位投票人都有否決權。請再次參考圖 20.8，假定現狀位於 70。如果三位反對者都須同意才能改變現狀，則沒有任何提案能取代現狀。任何位於 70 左側的政策，都會被位置 80 的投票人否決；而任何位於 70 右側的政策，則會被另外兩位投票人否決。[14] 如果三位投票人都能否決法案，除非現狀位於 40 到 80 的區間之外，也就是現狀遠遠超出任何人理想位置的左側或右側，否則將不會有任何新法案通過。

這個唐斯模型呈現了「否決者的意識型態差異和數量」與僵局程度的緊密關係，這項洞見在一般情況下都成立：存在各類否決者的組織，將無法採取任何行動。

特徵競爭模型

特徵競爭模型（hedonic model of competition）又稱為**蘭開斯特模型**（Lancaster model），也使用屬性來呈現選項（通常為產品）。然而在特徵模型中，屬性包含品質、效率和價格等等，除了價格愈低愈好，其他屬性消費者都偏好愈高愈好。為了呈現異質性，模型允許個人在不同維度加上不同權重。

配合**線性迴歸**，就可以使用特徵競爭模型來推理出商品屬性的隱含價值。應用十分簡單，模型假設報酬為產品屬性和個人權重的線性函數。

特徵競爭模型

一個**選項**有 N 種**可訂價的屬性**： $\vec{v} = (v_1, v_2, \ldots, v_N)$。

個人偏好：以分配到屬性上的**權重** $\vec{w} = (w_1, w_2, \ldots, w_N)$ 來表示。

個人由選項得到的**報酬**（效用）等於：

$$\pi(\vec{v}, \vec{w}) = w_1 \cdot v_1 + w_2 \cdot v_2 + \cdots + w_N \cdot v_N$$

例如：$\vec{v} = (3, 1, 2)$, $\vec{w} = (4, 2, 5)$，

則 $\pi(\vec{v}, \vec{w}) = 4 \cdot 3 + 2 \cdot 1 + 5 \cdot 2 = 24$

我們如果握有數千間房屋的銷售價格資料，以及這些房屋的相關屬性（面積、房間和浴廁數量、當地學校優劣、庭院大小和建築品質等等）資料，利用迴歸，就能計算出購買房屋的人對每項屬性的平均權重（以美元為單位）。這種方法稱為**特徵迴歸**（hedonic regression）。

房屋的某些屬性，例如游泳池或新式廚房，都有市價。我們比較估算價格和市價，就能夠檢查模型是否有問題。如果迴歸顯示游泳池增加 150,000 美元至房屋價格，但游泳池市價只有 15,000 美元，這代表模型必定缺少某些屬性。如果迴歸顯示游泳池附加價值僅有 8,000 美元，則很可能代表新屋主買貴了。

「從房屋通勤到市中心」等等屬性則沒有市價，因此迴歸會產出這些屬性的隱含價格，而隱含價格則能提供資訊。下面的表格呈現了六間房屋的假設價格資料。

房屋	面積（平方英尺）	房間數量	通勤時間	價格
松樹街 204 號	2,000	3	30 分鐘	200,000 美元
楓葉街 312 號	3,000	5	60 分鐘	280,000 美元
薹迪街 211 號	2,500	4	10 分鐘	310,000 美元
馬丁街 342 號	1,500	2	20 分鐘	150,000 美元
克拉街 125 號	2,000	4	30 分鐘	220,000 美元
布朗街 918 號	4,000	6	50 分鐘	420,000 美元

如果假設這六間房屋的所有其他屬性完全相同，然後進行特徵迴歸，可以得到以下的迴歸式：

價格（美元） = 100 **（平方英尺）** + 20,000 **（房間數量）** − 2,000 **（通勤時間）**

迴歸式估計人們在購買房屋當下，認為額外一平方英尺的面積價值 100 美元、每間房間價值 20,000 美元、且每節省一分鐘通勤時間價值 2,000 美元。居住二十年的住戶將有 4,000 天到 5,000 天需要出門通勤，如果取較小天數，每天多一分鐘通勤時間，則會累積 4,000 分鐘額外通勤時間，相當於 60 小時，因此，2,000 美元額外花費估算約等於每小時價值 30 美元。換句話說，人們為了鄰近市中心所付的費用，相當於每小時通勤時間 30 美元。[15]

擁擠市場和稀疏市場的競爭策略

空間競爭模型和特徵競爭模型不同處，在於呈現屬性偏好的方式。空間競爭模型中，每個人對於各項屬性有一定的偏好水準，隨著選項愈靠近維度上的個人理想位置，選項對他來說，價值就愈高。特徵競爭模型中，每個人對各項屬性的偏好，差異不大。

我們常需要利用模型來推演的選項，像是：消費商品和服務、理想的人生伴侶、公共政策、宗教、求職者，都同時包含空間屬性和特徵屬性。例如，每個人喜好不同酥脆程度的薯條，但大家都希望薯條愈便宜愈好。因此，酥脆程度是空間屬性，價格則是特徵屬性。雇主在尋找潛在職員時，需求的個人特質大不相同，有些公司需要外向員工，有些公司則需要內向員工，但所有公司都希望員工誠實正直。由此可見，個性類型為空間屬性，而誠實則為特徵屬性。

因此，我們可以建立選項同時包含空間屬性和特徵屬性的混合模型。混合模型可以用來分析市場進入、產品差異和價格競爭程度。回到先前提到巧克力棒的例子，新廠商在決定產品屬性之前，首先會先將三種現有產品放到屬性空間中，並對消費者的喜好進行調查，藉此瞭解消費者的理想位置分布，接著新廠商可以估算出提案產品的沃羅諾伊區域。如果提案商品在沃羅諾伊區域中只有極少消費者，預期銷售量通常也會不盡理想。

任何想要進入市場的企業家，都可以採用上述方法，例如：靴子製造商可以找出現有絕緣靴設計，然後會發現數十款設計中，沒有任何一款使用閃亮漆皮；智慧手機「待辦事項」應用程式的設計人員，可以先找出現有應用程式的功能、測量市場總需求，然後預測可能銷售量。

利用空間競爭模型中的分割線移動，可以視覺化呈現價格降低的影響。請再次參照呈現兩種巧克力棒的圖 20.3。分割線的位置對應的是同樣喜愛 A 巧克力棒和 B 巧克力棒的消費者。如果生產 B 巧克力棒的公司降低產品價格，且消費者偏好產品價格愈低愈好，則此舉會讓分割線移向 A 巧克力棒，並增加 B 巧克力棒的市占率。雖然不需要模型，就能預測到 B 巧克力棒價格降低能提高市占率，但是我們仍然需要模型，才能估算市占率提高的程度。關鍵點在於區分**擁擠市場**（crowded market）和**稀疏市場**（sparse market），擁擠市場擁有大量產品且處於低維屬性空間，稀疏市場則只有極少競爭者。擁擠市場中，每種產品都只有一小塊沃羅諾伊區域；稀疏市場中，沃羅諾伊區域則十分廣闊。

價格變動在這兩種市場有不同的影響。圖 20.9 顯示假設糖果棒 B 從 2 美元降到 1.8 美元，價格下降 10% 造成的影響。左圖呈現稀疏市場：糖果棒 B 價格降低，會造成糖果棒 A 和糖果棒 B 之間的分割線移動，進而讓糖果棒 B 的市占率由 50% 上升到 54%，等於銷售量成長了 8%。10% 降價和 8% 銷售量增加，總共減少 3% 營收，所以降價是個錯誤策略。

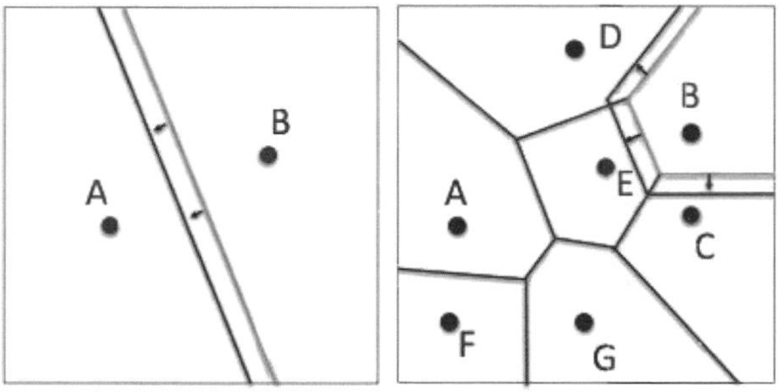

市占率 50% **增加到** 54%
銷售量增加 8%

市占率 15% **增加到** 20%
銷售量增加 33%

圖 20.9　**稀疏市場和擁擠市場的價格競爭**

右圖則呈現七種不同類型糖果棒的擁擠市場：此時降價對糖果棒 B 的市占率影響較小，僅僅由 15% 增加到 20%，但是銷售量卻等於增加了 33%，整體效應總共增加 20% 的營收。[16] 因此，模型預測在擁擠市場的價格競爭，比起稀疏市場還大得多。產品之間毫無差異性的大宗商品，競爭更是激烈，例如：原油、豬肚和紅麥。產品競爭模型預測高檔流行商品的價格競爭較不激烈，因為產品屬性維度高，造成了稀疏市場，設計師能夠穩定推升產品價格。

產品屬性和價格競爭程度的關係，提示了增加產品新屬性可能是一項好策略。擁有新屬性的產品能夠讓市場更稀疏、減少價格競爭，進而創造高利潤。不過，即使這樣的推理完全正確，增加新屬性的策略說起來簡單，做起來卻困難重重。新屬性得來不易，因而價值連城，好幾個失敗嘗試（例如 Bic 的拋棄式內褲），才能出現一項成功產品（例如無線立體聲喇叭）。

分辨基本偏好與工具偏好

空間競爭模型、特徵競爭模型和混合模型提供了一個能呈現不同產品、政治候選人、甚至求職者的架構。這些模型可以測量意識型態立場、價格的隱含屬性、以及評估進入市場的難易度。這些模型也提供了市場競爭創造差異化的誘因、政治競爭創造往中間立場靠攏的誘因，以及愈少屬性的產品價格競爭愈激烈的洞見。

在這些模型中，我們做出極端且經驗上無法接受的假設，例如：假設人們不會改變偏好、且不會屈服於社會壓力。如果這種觀點屬實，為什麼公司和政治人物要花費大把鈔票，試著改變人們的偏好呢？我們當然可以再次引用博克斯的話「所有的模型都是錯的」，一筆輕輕帶過。但是，我們也可以認真回應這項批評。我們應當區分人們渴求結果的**基本偏好**（fundamental preference）和人們為了達成基本偏好的結果而產生的**工具偏好**（instrumental preference）。

舉個例子：學生的基本偏好可能是在受歡迎、健康和學業之間取得平衡。學生可能會藉由工具性行動，來兼顧這些基本目標，例如早起、購買果汁，並且及早完成作業，以便有時間在傍晚參與社交活動。選擇喝水果奶昔，能幫助學生達成健康這項基本偏好，喝水果奶昔本身則為工具偏好。如果學生讀到一篇揭露水果奶昔中含有高糖分的科學報告，則可能會改為喝白開水。如此即使學生的基本偏好沒有改變，工具偏好卻改變了。

我們又再次看到，建構模型本身並非最終目的，而是提供一個架構來建構思維。

商品價值的三種估價模型

市場經濟中，個人所認為的商品價值，可以用願意付出的價格來測量，例如，某人可能認為煙燻牛肉三明治價值 7 美元、西班牙浪漫主義畫家哥雅（Francisco Goya）的一幅畫價值 300 萬美元、佛州奧卡拉市一英畝的土地價值 75,000 美元。許多模型忽略了這些估價的根源。諾貝爾經濟學獎得主史蒂格勒（George Stigler）曾引用杜斯妥也夫斯基《卡拉馬助夫兄弟們》書中感性主義者米迪亞的一句名言：「品味無可爭辯。」我們所討論的模型很少講品味，而是將品味轉換為：人們賦予商品的貨幣價值。

以下簡單介紹三種跟商品價值有關的模型：

特徵屬性模型（hedonic attribute model）：特徵屬性模型根據內在屬性，來解釋商品價值——對於商品屬性的不同基本偏好，會產生不同的估值。這些屬性可能是商品的物質成分，例如煙燻牛肉三明治包含黑麥麵包、煙燻牛肉、瑞士起司、芥末、醃黃瓜和洋蔥，因此煙燻牛肉三明治的價值可以寫成這些材料的加權線性組合。更詳盡的特徵模型可能包含交互作用項，譬如，煙燻牛肉若是搭配烤黑麥麵包做成三明治，則煙燻牛肉會顯得更有價值。

協調模型（coordination model）：協調模型認為價格是由社會共同建構，例如，哥雅畫作的價值取決於其他人給予畫作的價值。一開始時，人們有自己相信或認為的畫作價值，然後人們會和社會網路中的其他人互動，並調整自身的信念。兩個人可能會調整價值到兩人平均，某些人可能改變自身價值到與另一個人相同，又或者大家都會朝向其他人的價值方向來調整自身認為的價值。這三種假設，不論是哪一種假設成立，價值在局部都會收斂，因為互相交流的人們最終會有相似的估值。商品最終得到的價值，便是取決於一開始的價值分布、社會網路、以及人們互動的順序。

預測模型（predictive model）：預測模型認為價格取決於對未來價值的預測。佛州奧卡拉市一英畝土地、比特幣或股票的價值，取決於未來人們願意支付多少金額購買。這些商品會根據預測模型來估價，而預測模型則是根據屬性和分類來評估價值。例如，我們可能會將奧卡拉市分類為溫暖、低稅和內陸地區。人們使用不同的預測模型，就會得出不同的估價。因此投資人常使用多個預測模型，這些模型大多基於屬性來估價，而像是比特幣的估值，也會將人與人之間的協調納入考量。

這三種模型提供了商品價值的三種不同解釋，但沒有任何一種模型在所有案例中都有最佳表現，不同情境中的最佳模型各不相同。燻牛肉三明治的價值很可能來自於本身屬性——這適合用特徵屬性模型來解釋。哥雅畫作的價值則可能由社會共同建構，畫作帶有價值是因為人們認為它有價值——這就適合以協調模型來解釋。佛州土地價格則取決於對未來房地產價值的預測而做出的估價——這得使用預測模型來解釋。
各種模型就像是箭筒中的一把箭，我們可以選擇適合的一支箭來瞄準、射向目標，做出詮釋。

第21章 三種賽局模型

演繹推理由抽象開始逐漸具體，

首先由一組公理開始，並使用邏輯和數學定理操作，形成對世界的預測。

—— 柯洛森（Rachel Croson），美國經濟學家

賽局理論是在模擬策略性互動。接下來幾章會討論的許多模型，例如合作模型、訊號傳遞模型、機制設計模型、集體行動模型，都包含了賽局。本書會提到很多賽局模型，但僅提供淺顯的介紹，不做深入分析。

為了說明賽局理論，本章先呈現三個主要賽局類別的例子：玩家從離散行動（通常為兩項）中做出選擇的**正規形式賽局**（normal-form game）、玩家依序採取行動的**逐步賽局**（sequential game，序列賽局），以及玩家可以選擇任意努力程度的**連續動作賽局**（continuous-action game）。本章的目的是介紹賽局的主要概念，這有助於大家瞭解後面幾章的模型，且賽局理論本身也很值得一學。

本章共有三部分。首先討論 2 乘 2 的**零和賽局**（zero-sum game），藉此介紹賽局理論的基本術語。零和賽局中，會有兩位玩家從兩種行動中做出選擇。不論玩家選擇哪種行動，其中一位玩家獲得的報酬，必定正好等於另一位玩家的損失。第二部分要探討**市場進入賽局**（market entry game），這是一種逐步賽局，在賽局中，新公司會對抗現有公司；重複進行市場進入賽局多次之後，則會產生所謂的**連鎖店悖論**（chain store paradox）。

第三部分將討論**努力賽局**（effort game），努力賽局中，每位玩家選擇努力水準來贏得固定大小的獎賞，而提高努力程度能提高玩家贏得獎賞的機率。本章最後，將簡單討論賽局理論模型的價值，做為結論。

正規形式的零和賽局

首先來分析兩位玩家的正規形式零和賽局，我們會介紹兩種正規形式零和賽局。在這兩種賽局中，每位玩家都會選擇一項行動，並根據玩家自身行動和另一位玩家的行動，來獲得相應的報酬。此外，兩玩家的報酬加總為 0。

第一種賽局是圖 21.1 呈現的**錢幣配對**（Matching Pennies）。賽局中，每位玩家會選擇兩項行動中的一項：正面或反面。左側玩家（以粗體字列出他的行動和報酬）想要選擇和上方玩家（以灰色字列出他的行動和報酬）相同的硬幣面，而上方玩家則想要出和左側玩家不同的硬幣面。如果雙方都出正面硬幣，則左側玩家獲得報酬＋1，上方玩家獲得報酬－1；如果左側玩家出反面硬幣，而上方玩家出正面硬幣，則左側玩家獲得報酬－1，上方玩家獲得報酬＋1。各種情況的報酬如下：

	正面	反面
正面	**1,** –1	**–1,** 1
反面	**–1,** 1	**1,** –1

圖 21.1　**錢幣配對賽局**

策略（strategy）代表玩家的遊戲方式，策略可以是選擇固定行動、隨機選擇行動，或者一系列的行動規劃。如果兩位玩家各自選擇的策略，就對方所選的策略來說，都是自己所能選擇的最佳因應策略，此時兩位玩家的策略組合即稱為賽局的**奈許均衡**（Nash equilibrium，奈許是諾貝爾經濟學獎得主）。

錢幣配對賽局中，只有唯一的均衡策略，那就是兩位玩家各自隨機選擇出正面硬幣或出反面硬幣。如果要證明隨機策略會達到均衡，則須證明如果其中一位玩家採取隨機策略，另一位玩家的最佳策略同樣也會是隨機策略。證明的方式十分直觀：如果左側玩家有 1/2 機率出正面、且有 1/2 機率出反面，則上方玩家不論做什麼行動，期望報酬皆為 0。因此，隨機選擇也會是上方玩家的最佳策略。我們利用對稱方式來推理，也會得知：隨機選擇對左側玩家來說，也是最佳策略。

這種最佳化的隨機策略，在策略環境下，對行為將造成影響。例如，球賽是一種零和遊戲，一隊獲勝即代表另一隊落敗。足球罰球時，前鋒會想要隨機瞄準球門左側或右側角落；網球比賽時，球員會想要隨機發球在內角或外角；美式足球賽中，第四次嘗試推進時，進攻方會想要隨機選擇向前衝或傳球。在這些例子中，對手也會隨機選擇應對計畫，因為任何非隨機策略都會遭對手利用。撲克遊戲中，相同的道理也成立——優秀撲克玩家會隨機詐唬。如果玩家每次都詐唬，對手會發現玩家的策略而永遠不會棄牌，造成玩家每次詐唬都會失敗。同樣的，如果玩家永遠不詐唬，則對手每次都會正確棄牌。隨機的詐唬頻率，可以讓對手不確定該跟注或棄牌。

第二種賽局模型為**最小化風險賽局**（minimize risk game），如圖 21.2 所示，每位玩家可以選擇冒險或安全行動。這是一個非對稱零和賽局，報酬不只取決於行動，還取決於哪位玩家採取哪種行動。

	冒險	安全
冒險	–10, 10	0, 0
安全	10, –10	0, 0

圖 21.2　**最小化風險賽局**

最小化風險賽局中，左側玩家的**優勢策略**（dominant strategy）為選擇安全行動。因為不論上方玩家選擇哪種行動，左側玩家選擇安全，都能獲得較高報酬。而上方玩家則沒有優勢策略，如果左側玩家選擇冒險，則上方玩家應該選擇冒險；如果左側玩家選擇安全，則上方玩家也應該選擇安全。

仔細思考左側玩家的選擇誘因後，上方玩家可以推理出左側玩家永遠不會選擇冒險，因為安全相對於冒險為優勢策略。因此，上方玩家十分確定左側玩家會選擇安全，所以上方玩家也應該要選擇安全。一位玩家不斷消除另一位玩家劣勢策略的推理方式，稱為**反覆消除劣勢策略**（iterative elimination of dominated strategy）。在最小化風險賽局中，使用反覆消除劣勢策略可推得，兩位玩家都選擇安全，是最小化風險賽局的唯一奈許均衡。

逐步賽局

逐步賽局中，玩家會依照特定順序選擇行動，順序會呈現在包含節點和邊線的**賽局樹**（game tree）上。每個節點都對應到某位玩家須採取行動的時刻，從節點延伸出的每條邊線則代表其中一項可能行動。賽局樹的分支末端則會寫下按照該行動路徑得到的報酬。圖 21.3 的賽局樹呈現的是**市場進入賽局**。

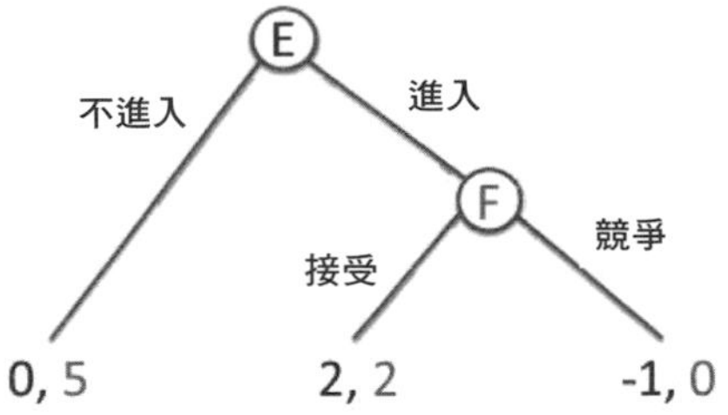

圖 21.3　**市場進入賽局**

市場進入賽局包含兩位玩家：潛在新公司和現有公司。如果新公司選擇不進入市場（賽局樹最左側分支），則不會獲得任何報酬，而現有公司則會獲得 5

點報酬。如果新公司進入市場，現有公司必須選擇接受新公司，使本身獲利由 5 點下降到 2 點；或者和新公司競爭，造成本身獲利降至 0 點，而新公司獲利則為－1 點。此處假設新公司獲利為負值，是因為進入市場需要負擔成本。

逐步賽局中，策略就對應到每個節點的動作選擇。假設現有公司的策略是在新公司進入市場時選擇競爭，如果新公司知道現有公司的策略，則不會進入市場，因為進入市場只會獲得負報酬。新公司選擇不進入市場，而現有公司準備在新公司進入市場時與之強力競爭，這組行動為奈許均衡。然而，這並不是唯一的奈許均衡，也不是最可能發生的狀況。市場進入賽局還存在第二個奈許均衡，即為新公司選擇進入市場，且現有公司選擇接受新公司進入市場，不與之競爭。

若要從這兩個奈許均衡中做選擇，則須採用最佳化標準。在逐步賽局中，常用的最佳選擇為達到**子賽局完美均衡**（subgame perfect equilibrium）。我們使用**逆向歸納法**（backward induction）解出子賽局均衡：首先從末端節點出發，並選擇每個末端節點的最佳行動。假設每位玩家會根據其他玩家在上一個節點做出的決定來選擇最佳行動，然後我們就依序逆向找出賽局樹中，每位玩家的最佳行動。在市場進入賽局中，我們須從現有公司的末端節點出發。若是現有公司的最佳行動為「接受」，我們就沿著這條分支，往賽局樹的上方走，並發現新公司的最佳策略為「進入」。

如果市場進入賽局重複發生，則會產生更有趣的現象。想像現有公司出現在許多市場，例如，在數十座城市都有連鎖店。同時假設有多家潛在新公司正在評估要不要進入市場，則現有公司將逐次參與好幾個市場進入賽局。

如果從最後一個市場開始，現有公司就使用逆向歸納推理，則現有公司將會接受最後一家新公司，因為這是帶來最大報酬的行動。繼續使用相同邏輯，現有公司也會接受倒數第二家新公司。當然繼續推理下去後，現有公司會接受所有新公司。由此可見，在一系列的子賽局都達到唯一完美均衡的狀況下，所有潛在新公司都會選擇進入市場，而現有公司會接受所有新公司。

因此每個市場中（也就是現有公司設有分店的每座城市中），進入和接受都是唯一子賽局完美均衡。但實務上可能不會發生這樣的狀況。請想像我們是現有公司的董事會成員，面對第一家進入市場（且學過賽局理論）的新公司，我們可能會想要強力競爭，來嚇阻其他新公司進入市場。如果能建立公司不怕競爭、勇於競爭的形象，也就是說，這種嚇阻力足以取信於新公司時，則選擇競爭將會是絕佳策略。我們希望出現的結果，和子賽局完美均衡不同。

「市場進入賽局」理論的預測，與玩家的實際行為不相符的現象，賽局理論家稱之為**連鎖店悖論**。這個例子說明了賽局理論認為的理想行為，在利害關係龐大時，並不一定會是心思複雜的玩家的選擇。不過，連鎖店悖論並沒有否定賽局理論、或完全顛覆了理論所作的「理性選擇」假設；悖論的最重大意義在於提醒我們：必須勇於反思和檢驗模型所作的假設，必須深入瞭解這些假設在什麼條件下會成立（或者會失真）。

連續動作賽局

接下來，我們將介紹玩家可以選擇任意努力程度的連續動作賽局（例如：跳棋、井字遊戲）。在連續動作賽局中，行動對應到努力程度，玩家選擇付出愈多努力，則有愈高機率贏得獎賞。連續動作賽局可以模擬任何玩家人數。以下以努力賽局為例：

努力賽局

N 位玩家都選擇一個可以用貨幣計算的努力水準，以贏得價值 M 的獎賞。玩家贏得獎賞的機率，等於「玩家付出的努力」除以「全部玩家付出的努力之和」。如果 E_i 等於玩家 i 付出的努力水準，則玩家 i 贏得獎賞的機率，可以寫成以下公式：[1]

$$P(\text{i 玩家獲勝}) = \frac{E_i}{(E_1 + E_2 + \cdots + E_N)}$$

奈許均衡下的努力水準：$E_i = \frac{M}{N} - \frac{M}{N^2} = \frac{M(N-1)}{N^2}$

努力賽局推導出的「奈許均衡下的努力水準」算式，呈現了幾項洞見。首先，個人努力隨著獎賞愈大而增加，這項結果與預期相符。其次，個人玩家的努力水準會隨著玩家數量增多而下降（這項結果較不直觀），但所有玩家加總的努力值會上升。因此藉由努力賽局可推理出，無論是爭取研究贊助計畫、建築競圖、或論文競賽，如果參賽者眾多，反而與預期相反，會產生實力較差的獲勝者。因為在愈大型的比賽中，參賽者付出努力的誘因就愈少。

奈許均衡時，所有玩家的總努力值將會低於獎賞的價值。在假設玩家會採取最佳化行動下，這項結果也在預期之內。玩家會努力贏得獎賞，但也不至於不顧一切、過分投入。

結論：避免落入零和賽局

本章一開始先討論了零和賽局，零和賽局假設沒有任何行動組合能讓雙方共同獲利，任何讓其中一位玩家得利的行動，一定會造成另一位玩家的損失。在零和賽局中，任何行動對其中一位玩家的傷害，一定等於對另一位玩家的幫助，例如：拿走一個人的錢給另一個人，就是一個零和賽局。許多個人行為和政策選擇在某些維度上，也同樣為零和賽局，因為每天的時間、可花費的金錢和可分配的資源都十分有限。然而，一個維度的零和行動，並不代表在另一個維度也同樣為零和，預算分配從貨幣方面來看為零和分配，但是就人民幸福或滿足方面，則可能產生正效益或負效益。

我們應隨時探討新提出的政策或政令改變，是否會造成零和賽局，例如：許多人批評自由選校，也就是讓父母有權利選擇小孩要上哪所學校，因為這項政策會增加學校之間的競爭。但市場模型的邏輯認為，藉由強迫競爭，學校就有誘因改善教學品質和教學環境。

然而，實際上只有在學校可以超收學生的情況下，學校才有誘因改善品質和環境，否則，自由選校反倒會造成學生之間的零和賽局。

請想像某城市有 10,000 名學生和 10 間學校，每間學校可以招收 1,000 名學生。如果學生志願入學的學校排序相同，最好的學校就必須以抽籤方式決定誰可以入學。贏得抽籤的學生可以上較好的學校，籤運不佳的學生就只能上較差的學校。由於好學校無法容納更多學生，所以這些較差的學校依然能夠繼續經營。這等於迫使學生玩起零和賽局。但如果有新學校開張，或是現有學校改善，則賽局將不再呈現零和狀態，每位學生都能從中獲利。

市場模型與零和賽局模型都能提供洞見。市場模型揭露了改善品質和新學校成立的誘因，零和賽局模型則呈現了如果只考慮自由選校政策，則學生之間必有得失。根據不同情境，我們會在兩個模型各放上不同的權重。這些情境包括：好學校是否有足夠的空間，來吸收額外學生？學校是否有足夠資源和專業知識，來改善品質？企業家會開設新學校嗎？交通系統是否足以支持學生通勤到各間學校，藉此創造學校之間的競爭？

我們從自由選校的例子中，學到的重點是：市場模型和零和賽局模型都無法提供正確答案，但都能產生實用的見解。自由選校會產生競爭，也會產生帶有零和賽局特點的複雜排序問題。根據情境不同，競爭的正面效應可能會超過其他種種負面效應，或者正好相反。所以，我們必須將多模型套用到真實事件上，藉此做出最佳的政策選擇。

鑑別問題（identification problem）

從人群的行動資料中，往往能看到集群行為。課業表現好的學生比較可能會和其他成績很好的學生做朋友，作奸犯科的人也比較有可能和幹壞事的人混在一起，不論好壞的任何社會行為，包括抽菸、身體健康、肥胖、甚至幸不幸福，都會在社會網路中產生集群現象。人們也會因為信念而聚在一起：民主派集群、共和派集群、自由派集群等等。

以下兩個模型可以解釋集群現象：**同儕效應模型**（peer effect model）以及**分類模型**（sorting model）。同儕效應模型使用賽局理論解釋集群，每個人會和朋友進行協調賽局；分類模型中，人們會靠近和自己相似的人。因此，一群成績好的學生可能是由於彼此協調出相同行為（同儕效應），或者物以類聚（分類模型）。快速瀏覽資料可發現，這兩種效應是無法區分的。

資料：學生可能得到高分（H）或普通（M）成績，兩種情況發生機率相等。四人組成的圈內朋友有以下的分布：

P({H, H, H, H}) ＝ P({M, M, M, M}) ＝ 5/16

P({H, H, H, M}) ＝ P({M, M, M, H}) ＝ 3/16

P({H, H, M, M}) ＝ 0。

同儕效應模型：一開始，學生隨機組成四人團體，機率如下：

P({H, H, H, H}) ＝ P({M, M, M, M}) ＝ 1/16

P({H, H, H, M}) ＝ P({M, M, M, H}) ＝ 4/16

P({H, H, M, M}) ＝ 6/16。

如果團體中成員類型相同，則成員類型都不會改變。如果其中一位學生與其他三位學生類型不同，則會改變自己的類型，因此 {H, H, H, M} 團體會變成 {H, H, H, H} 團體。如果團體中，兩種類型的學生各有兩位，則其中一位學生會改變類型，因此，{H, H, M, M} 的團體有相同的機率變成 {H, H, H, M} 或 {M, M, M, H}。

分類模型：一開始學生隨機組成四人團體。在任何含有兩種類型學生的團體中，至少與另外兩位學生不同類型的學生，會和其他團體相反類型的學生交換團體。因此，{H, H, H, M} 會變成 {H, H, H, H}，而 {M, M, M, H} 會變成 {M, M, M, M}，至於其他 {H, H, M, M} 的團體則有相同的機率變成 {H, H, H, M} 或 {M, M, M, H}。

這兩種模型得出的結果都與資料相符，於是產生了**鑑別問題**。我們單憑瀏覽資料，無法決定吸菸、看漫畫或玩滑板的學生集群，是受到同儕效應還是分類效應的影響。在某些情況下，我們可以推理判斷哪種模型適用。例如，美國中西部居民喜歡稱氣泡飲料為 pop，而東西岸居民則喜歡稱為 soda，這種現象幾乎可以確定是同儕效應造成，不太可能有人因為想稱可樂為 soda，就搬到波士頓居住。
其他更重要的行為，例如：課業表現、毒品使用、肥胖和幸福，則需要更多時間序列資料，來辨別究竟適用哪一個模型。若能橫跨時間觀察，就能夠分辨究竟是人們改變自身行為來融入朋友（同儕效應），或者是結交其他朋友並保持自己原來的行為（分類效應）。許多我們感興趣的行為中，兩種效應都有一定作用。[2]

第22章
合作模型

付出，不曾讓人變得貧窮。

—— 安妮．法蘭克（Anne Frank），《安妮日記》作者

若是請專家提出科學上最重要的問題，往往會得到以下幾個回答：宇宙如何形成？生物為什麼有意識？是否能找到癌症治癒方法？專家也會提出一個橫跨社會科學和生物科學的問題：合作如何產生？[1]

合作需要採取對自己毫無利益的行動，也就是說，不應該期待能看到許多合作行為。然而在各種領域和各種尺度下，卻都能發現合作行為，例如：細胞透過黏附合作（細胞會分泌細胞外基質，便於其他細胞黏附）；螞蟻、蜜蜂、人類、人類成立的組織，都可以看到合作行為，甚至各國也會透過條約和國際法進行合作。

本章將使用模型討論合作如何產生、如何維持，以及如何創造更多合作行為。本章的模型無法解釋世界上存在的所有合作行為，例如：為什麼渡鴉要分享尋找到的腐肉位置？為什麼裸鼴鼠要集體合作，抵禦掠食者？為什麼藤本植物在近親附近生長時，長出的根較少？為什麼白蟻和蜜蜂會蓋出結構精密的巢穴？為什麼某些地區的螞蟻會鎖住附肢、搭起橋梁，便於搬運食物？然而，模型雖然無法解釋這些行為，還是能提供一些洞見。[2]

雖然我們能在物種內和跨物種發現許多合作例子，但也不乏失敗例子。合作能到達何種程度，取決於實際狀況，例如：聯盟成員可能隨時加入、隨時退出；英國是歐盟早期加入的會員國之一，但現在卻退出了歐盟；為學校募款活動擔任志工的人，可能會在超市插隊或逃漏稅；參與群體獵捕水牛的獅子，可能會偷偷獨自獵食疣豬。而且，並不是所有物種都有合作行為，例如：黑胡桃樹的根會釋放胡桃醌（juglone）到土壤中，胡桃醌是一種除草劑，會抑制附近的植物生長。

細胞、樹根、渡鴉、人類、商業公司和國家等等合作實體的各種行為，必須要用多模型方法才能解釋。細胞和植物依循固定規則，所以我們最能夠準確模擬；但針對渡鴉、螞蟻和獅子，則需使用與環境條件和過去歷史相關的更複雜規則來模擬；而人類、商業公司和國家，則還須考量未來的發展和計算成本效益。

本章會學到的第一個重點是：合作可藉由許多機制產生並維持。本章聚焦在四種促進合作的機制：**重複**（repetition）、**信譽**（reputation）、**局部集群**（local clustering）和**群體選擇**（group selection）。這四種機制都能在沒有外部干預和管理下促成合作，並能夠應用到裸鼴鼠、蜜蜂和人類合作行為上。而人類還有其他方式來誘發合作與維持合作，本章最後會描述一些制度性的解決方案，例如：付款給人們請求合作、罰款不合作的人、立法強制要求合作行為。

本章會學到的第二個重點是，上述四種合作機制是否有效，取決於合作者的**行為戲目**（behavioral repertoire）。重複這項合作機制，幾乎在任何行為下都能見效；而信譽（和規範）則需要人們能夠放眼未來、並分享資訊——這對於心思細膩的決策者來說，最為有效。

另一方面，集群影響則因模型而異，稀疏網路上較常出現決策者因突現的壓力，而選擇合作行為或抗拒合作行為。至於若要透過規範來合作，則反而需要密集網路。群體選擇的效力，取決於決策者展望未來的能力和適應速度，如果決策者更注重未來，則會提高群體選擇力量，但決策者適應速度愈快，則愈容易減低群體選擇力量。

為了探討這些問題、並揭開行為假設與合作之間的互動關係，接下來我們將使用**囚犯困境賽局**（Prisoners' Dilemma game）與**合作行動模型**（cooperative action model）進行探討。其中，合作行動模型能呈現利於多位玩家的行動及模擬網路上的合作。

本章接下來的內容，將使用以下的順序進行討論：首先說明囚犯困境，並說明理性決策者之間如何維持合作；接下來將會說明「重複」如何在**規則為本**（rule-based）的決策者之間誘發合作，以及為什麼演化出合作行為比維持合作行為困難許多；再來將考量心思較單純的生物決策者，並說明**親緣選擇**（kin selection）和局部集群如何提升合作行為；最後兩部分將討論群體選擇，以及如何使用這些模型來製造更多合作行為。

囚犯困境

「囚犯困境」這個名稱，來自於兩名嫌犯遭指控共同犯罪的故事。刑事單位掌握嫌犯犯罪的間接證據，並給予兩名嫌犯認罪機會。嫌犯面臨一個困境，如果兩人都不認罪，兩人都會因間接證據判處輕刑；如果只有一名嫌犯認罪，則認罪者不會受到處罰，而另一名嫌犯則會遭到重罰；如果兩名嫌犯都認罪，則兩人都會遭受重罰，但刑罰會比只有其中一人認罪時輕。

	合作	背叛
合作	3, 3	1, 4
背叛	4, 1	2, 2

圖 22.1　囚犯困境賽局範例

圖 22.1 將這個故事呈現為兩玩家賽局。每位玩家可以選擇**合作**或**背叛**，灰色數字代表上方玩家的報酬，而黑色數字則代表左側玩家的報酬。兩人的優

勢策略都是背叛，因為不論另一位玩家選擇何種行動，背叛都能產生最高報酬。但是，兩人都選擇背叛的報酬比起兩人共同合作的報酬還低，因此，只考慮自身利益，將會導致對團體總和來說更差的結果。

囚犯困境呈現了許多真實世界中的關鍵誘因。囚犯困境可以模擬美國和前蘇聯的軍事競賽，其中「背叛」對應於將經費投入武器研製，「合作」則對應於投入發展經濟。囚犯困境也可以模擬競選活動，候選人可以選擇負面競選廣告（背叛）或正面競選廣告（合作）。囚犯困境同時也能解釋：為什麼雄性孔雀有又長又美的尾羽，因為每隻孔雀都有誘因，表現出比其他孔雀還要健壯。

某些囚犯困境的例子只有在事後才會發現。許多首先採用新科技的公司，往往會發現公司利潤增加，例如：最早使用 ATM 機臺的銀行。而其他銀行跟進之後，由於競爭變得激烈，利潤也隨之下降。選擇使用 ATM 已被證實為類似囚犯困境中的背叛行為。[3]

	合作	背叛
合作	R, R	−S, T
背叛	T, −S	0, 0

$$T > R > 0 > -S$$
$$2R > T - S$$

圖 22.2　囚犯困境的通用形式

圖 22.2 是囚犯困境的通用形式：假設兩位玩家皆背叛的基準報酬為 0，並使用三個變數來描述：合作的**獎勵**（R）、背叛的**誘惑**（T）和遭到背叛的**傻瓜報酬**（−S）。圖中的不等式顯示，雖然背叛為每位玩家的優勢策略，但雙方合作才能產生效率結果。

藉由重複賽局和信譽進行合作

關於「重複」和「信譽」這兩種促進合作的機制，我們要先說結論：賽局重複和建立信譽，能夠**維持**理性決策者之間的合作。

不過，即使合作能維持，也不保證玩家一定會合作。這項結論唯一能說明的是：如果一開始時，玩家產生合作行為，則理性玩家會繼續保持合作。為了證明賽局重複能維持玩家間的合作關係，我們需要建構**重複賽局模型**（repeated game model）。重複賽局中，每場賽局結束後，有機率 P 會再重複進行一回合相同賽局。理論上，重複賽局可以永遠不會結束。

重複賽局中，玩家會採用重複賽局策略，重複賽局策略會根據賽局歷程來決定玩家行動。首先考量一個稱為**冷酷策略**（Grim Trigger）的重複賽局策略，冷酷策略在第一回合中選擇合作，而只要其他玩家沒有背叛，接下來所有回合都會保持合作；但如果其他玩家選擇背叛，冷酷策略在接下來的回合都會一直選擇背叛，冷酷策略並未設有原諒機制。如果兩位玩家都使用冷酷策略，則在所有回合中都會互相合作。

若要證明冷酷策略在重複賽局中能維持合作行為，只需要證明如果其中一位玩家選擇冷酷策略，另一位玩家在同樣選擇冷酷策略時，會得到可能的最高報酬。因為第二位玩家只要背叛一次，第一位玩家就會永遠背叛，所以第二位玩家只要比較「永遠合作」的期望報酬，對比一次背叛加上之後兩位玩家「永遠互相背叛」的期望值，就能找出最佳策略。[4]

冷酷策略是否能產生最高報酬，取決於誘惑報酬 T、獎勵報酬 R 和賽局重複機率 P。我們從右頁灰色方框中的算式，能夠看出：如果誘惑報酬是獎勵報酬的三倍以上，也就是 $T > 3R$，則賽局重複機率必須超過三分之二，冷酷策略才會成立。由不等式中能看出，如果獎勵報酬 R 增加、賽局重複機率 P 增加或誘惑報酬 T 降低，會讓合作更容易維持。這三項推理結果，各指出一項能製造更多合作的方法：提高合作獎勵、提高持續互動機率，以及降低背叛誘因。雖然這三種方法十分容易推論出來，但在寫出模型前，大家不見得會立即想到。

重複賽局能維持合作

囚犯困境重複賽局中，冷酷策略能維持合作的前提為：賽局重複機率 P 大於「誘惑報酬 T 減掉獎勵報酬 R 後，與誘惑報酬 T 的比值」：[5]

$$P > \frac{(T - R)}{T}$$

在思考合作的必要條件時，我們也可以推理出較不符合直觀的洞見。由算式可以看出，如果玩家認為未來賽局繼續進行的機率低於閾值，則理性玩家會在機率改變前（而非等到機率改變發生時），就停止合作。[6]

「重複賽局有助於理性玩家維持合作」的推論，取決於模型的一項特徵：賽局有一定的機率繼續進行。如果改為僅重複固定次數，例如賽局只進行三回合，我們使用逆向歸納法，就能證明理性玩家不會合作：

假設賽局僅進行三回合，而第一位玩家宣稱將使用冷酷策略。假設 T ＝ 3、R ＝ 2 且 S ＝ 1，如果第二位玩家在三回合賽局中都選擇合作，會獲得總報酬 6 點（2 ＋ 2 ＋ 2）。接下來，我們需要檢視其他策略的總報酬，才能確定三回合都合作為最佳策略。如果第二位玩家在第一回合就背叛，他會獲得總報酬 3 點（3 ＋ 0 ＋ 0），因為第二位玩家背叛後，第一位玩家在最後兩回合都會選擇背叛。如果第二位玩家在第二回合才背叛，他獲得總報酬 5 點（3 ＋ 2 ＋ 0），因此兩種策略都非明智之舉。但若在第三回合才背叛，會獲得總報酬 7 點（2 ＋ 2 ＋ 3）。因此，理性玩家會在最後一回合才背叛。

第一位選擇冷酷策略的玩家應該也會意識到，第二位玩家在第三回合必定會背叛，因此也會在第三回合選擇背叛。照此推理下去會發現，第二位玩家也應察覺，兩位玩家都會在第三回合背叛，因此賽局第二回合就應該背叛。而第一位玩家使用相同的邏輯推理後，也會搶在第二回合就背叛。這樣的解析方式會持續套用到第一回合。

只要賽局重複次數有限，上述推理就會成立。因此，最終唯一理性的策略竟然就是永遠背叛。

目前為止，我們都只考慮到兩位玩家的孤立賽局，也就是將兩位進行賽局的玩家與其他人隔離。事實上，賽局模型可以延伸到一個大團體，團體中每個人都會互相觀察彼此的行為，並處罰背叛者。

為了模擬團體賽局模型，我們假設每天都會將團體中的所有成員隨機兩兩配對，並進行囚犯困境賽局。團體成員都相信賽局會不斷進行下去，因此未來賽局繼續進行的機率等於 1。由於團體成員幾乎不可能隔天又分配到和同一位成員進行賽局，因此背叛機率會大幅提高。但是，模型中允許背叛行為有一定機率會讓團體的其他成員都知道，假若如此，背叛成員將招致惡名，團體會共同約定：未來所有成員將不會和背叛者合作。

如果令 P_D 代表背叛者被抓到背叛的機率，一旦被抓到，他將會被貼上背叛者標籤，並在所有未來賽局中受到處罰，則我們可以寫出團體成員持續合作的條件：$P_D > (T - R) / T$。這項條件與維持合作的賽局重複機率 P 的算式相似，唯一差異為：用背叛者被抓到的機率 P_D 取代賽局重複機率 P。

信譽模型（reputation model）中，團體會強制大家合作，被抓到的背叛者在未來賽局中，將永遠遭到團隊成員背叛。在團體賽局中，每個人同樣會計算背叛的利益和成本。所有人同時也必須相信其他人會確實執行處罰，在信譽模型中即為其他人一定會背叛背叛者。但若要這項條件屬實，則團體成員必須互相認識，或者有某種方法辨識或標記過去的賽局對手。

由此可見，在其他條件相同下，愈小的社群愈容易藉由重複賽局，來達到強制合作效果。例如，在北方小鎮中，人們冬天將汽車停在商店停車格時，不會熄火，之所以不擔心汽車被偷（相當於背叛），是因為小鎮中大家都互相認識。偷車子的居民即使只是開玩笑，也會喪失信譽。

利用實體標籤標示背叛者，也能讓信譽成為公共資訊，藉此維持團體的合作。霍桑（Nathaniel Hawthorne）的經典小說《紅字》裡，女主角海斯特因犯下通姦罪，而被迫在胸前配戴鮮紅的 A。古時候某些文化會斬斷小偷的雙手，這些都是代價十分沉重的標籤。其他物種也會將背叛者貼上標籤，裂唇魚（*Labroides dimidiatus*）別名為清潔魚，可以選擇從其他魚類身上清除寄生蟲（合作）、或食用其他更美味的食物（背叛）。如果裂唇魚選擇合作，則鄰近的魚類身上不會有寄生蟲。其他魚類都可以觀察到寄生蟲消失現象，裂唇魚鄰近魚類的寄生蟲生長狀況就成了一種標籤，標示裂唇魚的信譽。[7]

社會網路與信譽

如果要透過信譽機制來維持合作，則玩家的鄰居必須知道玩家的背叛行為。為了評估玩家背叛行為經鄰居傳播出去的可能性，我們可以應用將 SIR 傳染模型嵌入網路時（見第 161 頁），學習到的三項洞見。第一，網路分支度愈高，則背叛資訊更容易傳播出去；第二，分支度分布的差異會讓傳播的可能性大幅提高，特別是存在超級傳播者的時候；第三，如果玩家背叛了另一位沒有連結到玩家自身任何鄰居的其他玩家，則鄰居不太可能得知背叛之事。因此，如果信譽要傳播出去，則網路必須擁有高集群係數，集群係數代表社會資本（social capital）。

規則為本的行為

接下來我們要放寬理性假設，並假設玩家會應用規則為本的策略，例如冷酷策略，然後我們使用模型來瞭解合作是否可能發生及如何發生。規則為本的行為賽局模型假設：一群玩家重複進行數回合囚犯困境賽局，每一回合賽局結束後，都有一定機率繼續再進行相同賽局一回合。如果繼續進行的機率夠高，則此設定能夠誘發理性玩家彼此合作。

玩家的行為若以規則為本，則有些玩家會採取冷酷策略、有些永遠合作、有些永遠背叛。其他物種也可能採用各種不同的策略，例如：雄性鶯類會採取**親敵策略**（dear enemy strategy），也就是不使用高亢聲音或攻擊鄰居來擴展自身領域，親敵策略可以想像成一種合作行動。[8]

為了方便解釋，我們假設每個玩家都會和所有其他玩家進行賽局。所有玩家都進行過賽局後，各個玩家皆會公布自己在所有賽局中獲得的平均報酬。此處使用平均報酬、而非總報酬，因為賽局是否繼續進行，是採用機率來決定，有些玩家進行的回合數可能會多於其他玩家。在模型的這種設定之下，各項策略的表現取決於玩家策略的分布狀況，因此我們可推論出，勝出策略也取決於起始採用各種策略的玩家分布。

賽局過程中，我們隨機分配每位玩家五種行為規則策略中的一種：永遠合作、永遠背叛、冷酷策略、**以牙還牙**（Tit for Tat）和**地痞策略**（TROLL）。冷酷策略一開始採取合作行為，然後持續合作直到對手背叛，對手背叛後的賽局回合中，冷酷策略玩家會永遠選擇背叛。永遠合作和永遠背叛從名稱上就能看出策略行為，即不論另一位玩家採取任何行動，玩家自己都一直選擇合作或一直選擇背叛。以牙還牙在第一回合選擇合作，之後的行動會複製另一位玩家前一回合所選擇的行動，如果兩位玩家都採用以牙還牙策略，則所有回合中，兩位玩家都會維持合作。地痞策略則會剝削永遠合作的玩家。地痞策略在前兩回合選擇背叛，如果這兩個回合另一位玩家都沒有背叛，則地痞策略玩家會永遠保持背叛。但如果另一玩家在其中一個回合中選擇背叛，則地痞策略玩家會改採合作行為兩個回合，然後再改為採取冷酷策略。

我們仍利用圖 22.1 的囚犯困境報酬，來計算每種行為規則策略對抗所有策略得到的報酬。首先計算採用永遠背叛策略的玩家，如果對手採用永遠合作策略，則自己會在每回合賽局中獲得報酬 4 點，而對手卻只能在每回合賽局中獲得平均報酬 1 點。如果對手是以牙還牙或冷酷策略玩家，則自己會在第一回合獲得報酬 4 點，之後的每個回合都只能得到報酬 2 點。如果假設賽局重複無數次，平均報酬值僅會稍微大於 2 點，寫成 2 ＋。如果對手是地痞策略玩家，兩位玩家都會在前兩回合背叛，然後地痞策略玩家會在第三和第四回合合作，但之後的回合則會永遠背叛。因此自己的平均報酬為 2 ＋，地痞策略玩家的平均報酬會略小於 2 點，寫成 2 －。

採用相同方法能夠計算出每組策略對抗後的期望報酬。[9] 表 22.1 呈顯各策略互相對抗後得到的平均報酬。

表 22.1　左側策略對抗上方策略的平均報酬

玩家策略	對手策略				
	永遠合作	永遠背叛	以牙還牙	冷酷策略	地痞策略
永遠合作	3	1	3	3	1
永遠背叛	4	2	2 ＋	2 ＋	2 ＋
以牙還牙	3	2	3	3	3 －
冷酷策略	3	2	3	3	2 ＋
地痞策略	4	2	3 －	2	3 －

表格呈現出包含共同合作、互相背叛、和利用其他策略的缺陷來獲益的各種策略。仔細觀察會發現：五種策略中，除了永遠背叛策略，其他四種策略在對上自己的策略時，會選擇長期合作，這四種策略可以稱為潛在合作策略。而只有以牙還牙策略在遇上所有四種潛在合作策略時，平均報酬都可以維持在 3 點（或很接近 3 點），因此如果這四種策略中，任何一種為大多數人的策略，則以牙還牙策略很有可能成為最佳策略。[10]

數千筆囚犯困境的真人實驗數據顯示，人們的策略選擇差異甚大，因此我們需要使用表格中的平均報酬結果，進一步詳細思考在不同策略分布下產生的結果。由於不同的策略對抗組合的平均報酬差異甚大，所以最佳策略取決於玩家策略的分布狀況。

假設某個團體中，幾乎所有人都採用永遠合作策略，則永遠背叛策略將會表現最佳。於是，陸續有人改採永遠背叛策略。可是當永遠背叛策略的玩家占大多數，而維持永遠合作策略的人數很少時，則冷酷策略、地痞策略和以牙還牙都會表現得比永遠背叛策略還要好。這三種策略中，尤其是以牙還牙策略，應該會成為最佳策略。

「背叛者初始表現較佳，但長期下來，合作會得到較高報酬」的模式，可以在許多人類實驗中發現，甚至電腦人工智能體實驗也能看到相同結果。這些案例中發生的狀況，可以解釋為合作突現或演化。

我們可以假想這五種策略任意分布，或者納入其他任何策略組合，然後計算平均報酬，並思考每個人都具有學習能力和選擇能力的情況下，會發生什麼情況。本書第 26 章會建構學習模型，目前我們還不想論證，只想指出：合作是否產生，取決於一開始人們選擇的策略的分布，以及人們如何學習並演化出新策略。

突現或演化出合作行為的必要條件是：在特定團體中，合作的報酬大於背叛的報酬。若非如此，則選擇和學習都會導致人們向背叛策略靠攏。為了簡化分析，我們假設有一個團體，成員各自採用了合作策略（包含冷酷策略、永遠合作、以牙還牙）或背叛策略（包括永遠背叛策略），然後計算平均來說合作策略是否真的表現較佳。計算顯示：產生合作行為比維持合作行為加倍困難，且合作行為本身也無法**自我引導**（bootstrapping）出更多合作行為，也就是說：若只有少數合作者，並無法讓整個團體產生合作行為。[11]

維持合作行為、突現或演化出合作行為、以及合作行為自我引導出合作行為，這幾種狀況的差異值得進一步探討。如果所有玩家選擇合作策略、且合作能得到最高報酬，則合作狀況便能維持。藉由冷酷策略合作，是重複賽局中的一種奈許均衡，就是一個維持合作的例子。但若要突現或演化出合作行為，則需合作策略在與其他團體成員對抗時，平均表現比起背叛策略還要好。如同先前提到，產生合作的條件比起維持合作的條件還要嚴苛許多，事實上，數學已經論證：想要藉由合作行為自我引導出合作行為，根本毫無可能。

如果團隊成員中幾乎沒有合作者，則合作者的報酬會比背叛者還要低。但數學論證的結果，僅僅表示在目前的模型中無法發生，並不代表「合作引導出合作」實際上永遠不會發生。若要產生團體合作行為，則一開始需要有一部分成員採取合作行為。如果人們有能力仔細思考囚犯困境賽局，則很可能會有人採取合作行為；但對蜜蜂或樹根來說，這種狀況似乎不太可能發生。為了瞭解自我引導如何發生，則必須使用納入了**局部學習**（local learning）、演化和群體選擇的詳盡模型。接下來我們將採用詳盡模型，進一步討論。

合作行動模型

為了研究合作行為如何產生，我們需要引入合作行動模型。

合作行動模型中，玩家可以採取合作行動或拒絕合作。[12] 採合作行動的玩家將花費成本，但能讓其他玩家得利；拒絕合作的玩家則不須花費任何成本，但同時也無法創造任何利益。

合作行動賽局和重複囚犯困境賽局有許多不同處。首先，合作行動賽局中的玩家並非進行重複配對賽局，他們只能選擇合作或拒絕合作。第二，模型並沒有考量應用了複雜規則的理性決策者或玩家。第三，玩家皆屬於互動網路中的一員，玩家合作行動只會影響與玩家相連結的鄰居。第四，因為玩家類型固定，所以對所有鄰居都會採取相同行動，例如：選擇合作且有五位鄰居的玩家，將會花費五次成本並讓五位鄰居皆得利。

網路是讓合作發生、甚至自我引導的重要關鍵，一小群彼此互動的合作者

合作行動模型

包含合作者和背叛者，總共有 N 位玩家的族群，在網路中互相連結。

合作者在每次互動中，會花費成本 C，並產生利益 B 給予另一位玩家；背叛者則不須花費成本，也不會產生利益。

合作優勢比率（ratio of cooperative advantage）B / C，呈現出合作帶來的潛在利益。

會產生良好表現，因此造成合作行為擴散到整個族群。生態系中，子代往往會居住在親代附近，如果合作者的子代也很可能成為合作者，則合作行為自我引導出合作行為會更容易發生。

為了呈現**局部集群**能引導合作，我們首先建構一個尚未完全填滿的網路，網路上每個節點都是玩家可能存在的位置，以生態學來說，這些位置為可能的棲息地。接下來，我們在部分網路中放入合作者或背叛者。例如：先建構平均分支度為 10 的隨機網路，然後為每個節點隨機丟一顆骰子，如果丟出六點，則放上一位玩家；如果丟出其他點數，則保持節點上無任何玩家。如果節點有放上玩家，則再丟一次骰子，如果丟出五點，則玩家會採取合作行為；如果丟出其他點數，則玩家會採取拒絕合作的行為。用這方法可以在網路中六分之一的節點填入玩家，且填入的節點中，有六分之一為合作者。

這種建構方式會使得每位玩家的鄰居數量各不相同，某些玩家沒有鄰居，某些玩家則有四、五個鄰居。為了讓合作產生或消失，則需逐步在已有玩家的周圍節點上，也填入玩家，來填滿剩餘網路。我們假設空節點會選擇變成「鄰居節點中，獲得報酬最高的類型」。圖 22.3 呈現兩小段線性網路，合作者以黑線表示，背叛者以灰線表示，而空節點則以虛線表示，每一段網路都包含一個空節點在正中間，並有兩個鄰居：一個合作者和一個背叛者。圖中的合作者會為鄰居創造 2 點利益，並自己花費 1 點成本。

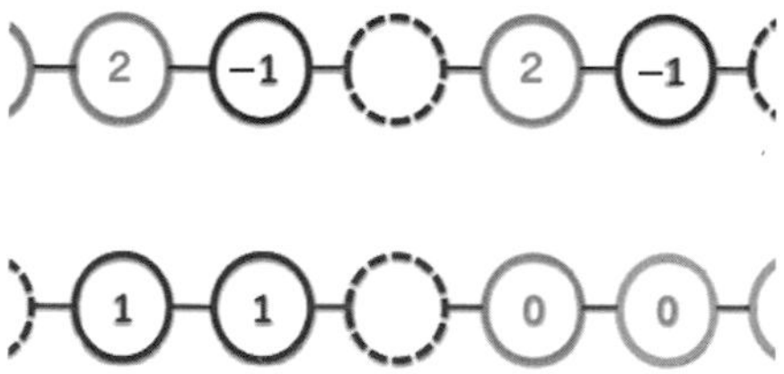

圖 22.3　**兩個線性網路中，空節點鄰居的報酬**

圖 22.3 上方那段網路中，空節點的右側是背叛者，背叛者的右鄰是合作者，因此背叛者獲得報酬 2 點；空節點左側是合作者，合作者的左鄰為背叛

者，因此合作者獲得報酬－1 點。根據節點填入規則，空節點會變成「鄰居節點中，獲得最高報酬的類型」，因此空節點會選擇跟右鄰一樣，當個背叛者。而在下方那段網路中，空節點右側背叛者的右鄰也是背叛者，而空節點左側合作者的左鄰也是合作者。因此在這段網路中，會得到完全相反的結果，此時空間點左鄰的合作者有較高報酬，因此空節點會變成合作者。

上述例子中，只靠一位合作者無法引導出合作者，但兩個相連的合作者就可以引導出新合作者。由此可見，被空節點包圍的一小群合作者節點，可以擴張，讓空節點成為合作者。因此，藉由一小群合作者就能產生一片合作區域。

根據合作者和背叛者鄰居比例及合作優勢比率，可以寫出空節點會變成合作者或背叛者的一般條件，藉此可發現：在低分支度網路中，合作行為更有機會自我引導出來。這項發現正好與分析信譽如何維持合作時的發現相反，信譽維持合作的模型中，連結愈多的網路，愈容易增加背叛者惡名昭彰的機率，因此愈多連結愈能維持合作。

連結愈多網路會產生愈多或愈少合作現象，並沒有唯一解答——如果是由注重信譽、思考縝密的決策者來維持合作，連結愈多的網路有助於團體合作；但如果合作為簡單決策者自我引導或演化而出，例如螞蟻的合作，則連結愈少的網路愈能產生合作行為。這項發現也提供了另一個例證，來說明多模型思維的優點：讓我們注意到不同模型有不同的特定條件，各有適用的場域。

局部集群自我引導出合作行為

如果空節點的鄰居包含分支度為 D 的合作者，且此合作者有 K 位合作者鄰居，另外，所有空節點的背叛者鄰居都沒有合作者鄰居，則空節點變成合作者的條件為：**合作優勢比率**（B／C）超過分支度（D）與合作者數量（K）的比率，如以下的公式所示：[13]

$$B / C \geq D / K$$

群體選擇

我們最後要討論第四種促進合作的機制：**群體選擇**。

群體選擇必須依賴於族群間的競爭或選擇（亦即：優勝劣敗）。[14] 為了模擬群體選擇，我們需將族群分為許多子族群，每個子族群中，個體的行為滿足某種合作行動模型，模型中的個體可以選擇合作或背叛。如同先前的模型，我們可以計算出每一個個體獲得的報酬。另外也會計算出族群中個體的平均報酬，做為整個族群的報酬。模型認為族群間會有選擇現象（優勝劣敗現象），也就是報酬較高的族群會漸漸取代報酬較低的族群，而這種群體選擇現象對於表現較佳的合作者族群較有利。

但是，群體選擇導致合作者族群取代背叛族群的想法，存在一個缺陷：任何族群中，背叛者的報酬總是高於合作者。例如，兩個有 10 位成員的族群，第一個族群有 2 位合作者和 8 位背叛者，第二個族群有 2 位背叛者和 8 位合作者。我們同樣假設合作者會創造 2 點利益，並花費 1 點成本。於是，第一個族群中，每位背叛者獲得的報酬為 4 點（來自 2 位合作者給予的各 2 點利益），但每位合作者各花費了成本 9 點、卻只獲得 2 點利益，因此報酬各為－ 7 點，所以族群成員的平均報酬為 1.8 點。第二個族群中，每位背叛者從 8 位合作者各獲得 2 點利益，報酬各為 16 點，而每位合作者從其他 7 位合作者獲得共 14 點利益，但花費 9 點成本，因此報酬各為 5 點，所以第二個族群成員的平均報酬為 7.2 點。

上述計算結果呈現了很弔詭的洞見：各族群中的背叛者獲致的報酬皆優於合作者，但是擁有較多合作者的族群表現較佳。族群中的緊張關係應當十分明顯：**個體選擇**（individual selection）對背叛者有利，群體選擇卻對合作者有利。這種緊張關係在各種生態、社會、政治和經濟情境下，都會發生，例如：根部和其他樹木合作的樹木個體，生長較差，但有助於造就更強健的生態系，讓樹林生長得更廣；合作團體中，合作者比背叛者獲得較少利益，但合作團體本身的規模卻會逐漸擴大；支持政黨的候選人比起重視自身的候選人，連任機會較小，但團結的政黨更有可能成長壯大；公司員工如果只學習對當下公司有用的技能，可能不會為自己帶來利益，但卻能讓公司的競爭力勝過其他公司。

合作行動模型幫助我們辨識並量化這些緊張關係。若要觀察群體選擇能否自我引導或演化出合作行為、並維持合作，則需增加更多細節到模型中。演化生物學家特勞爾森（Arne Traulsen）和數理生物學家諾瓦克（Martin A. Nowak）提出了一個很巧妙的模型，模型中族群成長和有新成員加入，代表族群表現較佳，模型同時包含了個體選擇和群體選擇。選擇確實會發生在個人層級，但是表現較佳的人更有可能來自合作的族群。當族群成員太多時，會一分為二，產生一個新族群。為了避免族群過大，新族群形成時，會造成隨機的現存族群消失——最後這一項特色是建立在弱式群體選擇上。[15]

這些模型顯示：只要合作行動的利益相對夠大，並且最大族群規模相對於族群數量夠小，則群體選擇都能夠增加合作行為。群體選擇的效力，部分取決於最大族群規模與族群數量之比。這項發現，揭露了競爭的必要性。愈多族群意味著某個族群中所有人皆為合作者的可能性提高了，同時也隱含族群之間的競爭將更為激烈。更令人意外的結果為：最大族群規模愈小，愈能引發更多合作行為。較小的最大族群規模，可避免族群中的合作者被背叛者剝削，也就是限制了個體選擇效應。

群體選擇會增加合作的潛在可能性，這項發現可以應用到企業組織內。大部分的企業組織主要依照個人績效來發放獎金和福利，但若將員工分成小組互相競爭，並按照小組績效分配獎金和升遷機會，反倒能誘發合作行為。如果把資源分配給小組，則個人會有誘因在小組中努力付出，也就是與小組成員密切合作。[16] 如果合作利益夠高，而且各小組人數相對於小組數量足夠少，則這些誘因應該更能提高小組內的合作行為。

評估群體選擇的潛在影響時，必須仔細考量心思細膩的個人決策者。樹木適應速度較慢，因此群體選擇不必運作太快；但人類適應速度快，因此如果個人背叛誘因極高，則群體選擇也必須相應，以更快的速度運作。然而，人們也會意識到群體選擇效應，於是可能會更加認真的面對團體之間的競爭，並曉得打造強大的團體也能讓自己獲利，因而促進合作行為產生。

最後要再一次提醒：我們應當小心謹慎，不要對特定模型中，會促進合作的特定條件抱持太高信心；我們應該橫跨多種模型，仔細研判那些特定條件在什麼情境下才會成立。

結論：合作不一定帶來共同利益

合作行為如何產生、如何維持的謎團，已歷經數以千計來自各學門學者的研究。研究利用了許多模型的輔助，其中最著名的就是囚犯困境模型。如果在重複賽局中假設玩家為理性決策者，則謎團早已破解，利用威脅利誘的方式，就能維持合作。針對背叛者的處罰，可以在重複賽局中直接實現，或是透過信譽機制間接實現。但是這些機制可以解釋在高利害關係設定下，心思細膩的人們如何產生合作，卻無法解釋螞蟻、蜜蜂、樹木和裸鼴鼠為什麼也會合作。當我們開始在以規則為本的玩家之間建立合作關係時，會發現演化出合作並不容易。然而，在以規則為本的決策者無法演化出合作行為的環境中，理性決策者依然可以維持合作。

我們同時也發現：以牙還牙之類的簡單規則，雖然並非理想策略，卻能在與人合作時，避免被剝削。但是進一步研究發現，如果假設賽局過程中會發生隨機錯誤行動，則以牙還牙策略的報酬不如預期那麼高。如果兩位使用以牙還牙策略的玩家，其中一位不小心犯錯、做了背叛行為，則兩位玩家在接下來的賽局中，會不斷循環選擇背叛與合作行動。如果兩位玩家不幸同時犯錯，則以牙還牙策略會導致兩位玩家持續背叛，直到下一次錯誤出現。

現實生活的囚犯困境賽局中，玩家確實會犯錯。1983 年 9 月 1 日，大韓航空 007 班機自阿拉斯加安克拉治飛往南韓首爾途中，意外闖入蘇聯領空，蘇聯 SU-15 攔截機擊落了客機，造成機上二百六十九名旅客死亡。美國認為這是蘇聯的背叛行為，而蘇聯則認為大韓航空的客機在進行間諜偵察任務，因此認為美國做出背叛行為。

若要避免因為錯誤而造成無止盡互相處罰對方，則須採取**贏就守，輸就變**（Win Stay, Lose Shift）等其他策略，來容忍錯誤發生。「贏就守，輸就變」策略中，獲得合作的獎勵報酬 R 和背叛的誘惑報酬 T 視為贏，獲得其他報酬皆視為輸。「贏就守，輸就變」策略一開始採取合作行動，之後的回合如果贏，則在新回合會維持上一回合的行動；如果輸，就改做另一種行動。藉由探討一些案例，就能發現「贏就守，輸就變」策略如何回歸到合作行為。[17]

本章也說明了兩種其他機制：局部集群能促使合作行為自我引導出合作行為，局部集群機制藉由合作者互動進行賽局，進而透過選擇，將合作行為傳播出去。群體選擇也以類似的邏輯運作，合作者族群表現較佳，進而取代背叛者族群。建構模型時我們會發現，透過局部集群和群體選擇產生合作，比起透過重複和信譽產生合作，條件更為嚴格。同時我們也瞭解到，各種機制是否成功，取決於個體模擬方式。想要將所有機制都套用在人類、螞蟻和樹木上，十分不切實際。心思愈細膩的決策者，理應愈能放眼未來，因而更容易維持合作關係；當然同時也更容易在大家都合作時，發現背叛能獲得利益。

大部分的討論都將合作視為有益行為，但其實，實體之間也可能藉由合作來剝削其他實體，例如：公司可能聯合壟斷、哄抬物價；國家結盟以便限制石油這類資源供給，藉此從中得利並無視全人類利益；癌細胞會合作來攻擊免疫系統等等。[18] 研究合作行為時，務必注意：合作不一定會帶來共同利益，水牛並不會從獅子的合作行動中得到任何好處。

第23章

三個集體行動問題

自從智人大約在五萬年前發展出現代創造力、追求效率和狩獵技巧後，永續管理環境資源就變得極為困難。

—— 戴蒙（Jared Diamond），《槍炮、病菌與鋼鐵》作者

本章將討論集體行動問題（collective action problem），也就是個人利益與集體利益衝突的狀況。不論大小事件都可能出現集體行動問題，例如：在機場時，對旅客個人而言，愈靠近行李轉盤愈好，但如果每個人都退後幾步，對大家整體而言會更有利；民主社會中，因為一張選票而扭轉選舉結果的機率微乎其微，所以選民幾乎沒有全面瞭解所有資訊後再投下神聖一票的誘因，但若是選民充分瞭解資訊後再下決定，應能產生最好的結果。集體行動問題可以想成多位玩家的囚犯困境賽局：每位玩家都有誘因背叛，但集體而言，合作能讓大家都獲得較佳結果。

人們往往藉由歷史事件，來研究集體行動模型，例如：蘇格蘭公用草地管理，或者紐芬蘭和緬因州沿岸的龍蝦棲息地管理。[1] 歷史案例中也能找到慘烈的失敗事件，其中最著名的案例是生物地理學家戴蒙提出的復活節島文明崩潰事件。[2]

復活節島坐落於智利西岸超過三千公里外的南太平洋上，在方圓一千五百公里內沒有任何可居住島嶼，因為地理位置緣故，復活節島居民（玻里尼西亞人）必須自給自足。超過一千年時間，復活節島民都過著美好生活，某些學者估計在十七世紀早期，復活節島人口成長到超過一萬五千人。十六世紀時，復活節島民蒐集足夠資源並騰出勞動力，建造了重達八十噸的巨型石像頭，稱為「摩艾石像」。但復活節島居民忙著建造摩艾石像時，卻無法在管理森林上達成合作。到了 1722 年，歐洲人首次登陸復活節島，當時島上的食物已經變得十分稀少，人口也劇減到約兩千人。剩下沒幾棵超過三公尺的樹木，許多鳥類和動物幾乎絕跡。引用戴蒙的說法，復活節島文明已經崩潰。歐洲人帶來的病毒殺害了所剩無幾的島民後，復活節島文明就完全崩潰了。

根據戴蒙的說法，復活節島文明、中美洲馬雅文明、美國西南方阿那薩齊人（Anasazi）、格陵蘭島文蘭人（Vinlander）的崩潰，皆由於過度開採自然資源（導因於制度或文化失敗）和氣候變遷所致。文蘭人在貧瘠土地上放牧，並撕下脆弱的草皮建造房屋，不久後，土地就因過度使用而寸草不生，進而導致文蘭人族群鬧出饑荒。就像復活節島民一樣，文蘭人也未能管理好共同資源，砍下太多樹木和使用太多草地，造成了文明崩潰。

雖然這些負面教材能引發人們反思，但卻讓許多人認為：集體行動問題只會在過去社會造成重大影響，受限這種思考框架並不是件好事。隨著世界連結遽增且愈來愈複雜，集體行動問題在現今社會更應該受到重視。幾乎所有規模的人類組織中，都會遭遇集體行動問題，例如：公共教育、醫療保健、基礎建設、公共安全、司法和國防等等資源提供，都會產生集體行動問題；而管理全球漁場、對抗氣候變遷，特別是減少大氣含碳量，也同樣會產生集體行動問題；此外，愈來愈多工作需要團隊合作，必定也會產生集體行動問題。團體成員有誘因搭上其他人努力成果的順風車，成員同時也有誘因過度要求更大的共享工作空間，以便確保團隊有足夠空間來工作。

本章的內容按以下方式安排：首先定義一般集體行動問題，然後分析三個特定類型的問題：第一個是**公共財提供問題**（public goods provision problem）、其次是**壅塞問題**（congestion problem）、第三個是**可再生資源開採問題**（renewable resource extraction problem）。在公共財提供問題中，個人須出資建設道路、學校和社會服務設施，或者花費時間和精力來清潔公園或水源。在壅塞問題中，必須限制個人使用道路系統、海灘或公園等等資源。可再生資源開採問題牽涉到每個人都會消費的可再生資源，包括魚類、龍蝦和樹木。

壅塞問題每天都會重新來過，如果太多車子導致倫敦街道擁擠不堪，倫敦可以提高進入市區的費用來解決問題，因此過去過度使用，並不會造成長期效應。然而過度開採森林或漁場，則需要數十年時間才能重新再生，我們都必須為過去的合作失敗，付出慘痛代價。

三個特定模型中，個人誘因和集體目標之間的落差，性質各有不同，因此解決方法也不同。公共財問題可以使用徵稅來解決，某些案例則可以透過**分類**（sorting）來解決；壅塞問題可以透過收費或管制使用量來解決；但要解決可再生資源問題，則需要更精細的監控和強硬措施，再配合衝突解決機制。

本章提出的解決方案，可提供基本洞見，而基本洞見還必須按照不同情境進行調整。任何真實世界的狀況都包含模型遺漏的複雜層面，例如：峇里島有上游居民搶先使用水資源的**順序壅塞問題**（sequential congestion problem），而水神廟解決了水資源分配問題；挪威沿岸過度捕撈魚類的解決方案，可能會受到瑞典、俄羅斯和丹麥等附近水域的過度捕撈而破壞，而限制捕撈的國際捕魚權解決了可移動資源的共同資源問題。[3]

真實世界的解決方案，部分得依據第 22 章〈合作模型〉中討論到的，在囚犯困境中建立合作的機制——重複賽局、信譽、局部集群和群體選擇。群體選擇的成效是間接的；成功解決了集體行動問題的社群和國家會成長壯大，而成功的解決方案也會讓其他社群和國家複製效法。

一般集體行動問題

一般集體行動問題中，每個人都必須在「為團體做出貢獻」和「搭便車」之間做選擇。搭便車最符合個人利益，能為個人帶來最大報酬。但如果所有成員都願意為團體做出貢獻，則大家都能獲得更大利益。

一般集體行動問題

集體行為問題中，N 位成員為集體行動各自選擇了搭便車（f）、或為團體做出貢獻（c）。個人報酬取決於自身行動及合作者總人數，個人若選擇搭便車，則能獲得最大報酬，報酬函數為 (f, C)，大於選擇為團體做出貢獻的報酬，報酬函數 (c, C ＋ 1)。但若所有成員都選擇貢獻團體，則能獲得最大總和報酬。

一般集體行動問題可以使用多玩家版本的囚犯困境賽局來呈現，因此我們可以回頭參考第 22 章〈合作模型〉提出的解決方案，藉此獲得產生合作行為和維持合作行為的洞見。然而，第 22 章中提出的方法無法盡善盡美，主要基於兩個原因：第一，集體行動問題涉及團體和社群，並非只有兩兩成員成對互動；第二，許多集體行動問題各有特定形式，若採用特定方式來處理，則能得出比其他方式更有效率的解決方案。

公共財的提供

我們第一個要討論的特定類型集體行動問題，是公共財提供問題。公共財滿足**非競爭性**（non-rivalry，個人使用公共財不會影響其他人使用）和**非排他性**（non-excludability，無法禁止其他人使用）。公共財包含乾淨空氣、國防、龍捲風預警和知識生產。美國憲法明定政府有責任建立司法制度、維護國內治安和提供共同防禦，這些項目皆為公共財。

與公共財相對的是**私有財**（private goods），例如：腳踏車、燕麥餅乾和量角器——既不具有非競爭性，也不具有非排他性。知識同時具備非競爭性和非排他性，若並列比較燕麥餅乾和三角函數知識，就能明顯看出兩者的差異。譬如，老師可能會說：「卡拉吃掉了最後一塊燕麥餅乾，其他人沒得吃了。」但老師絕對不會說：「梅麗莎，很抱歉卡拉剛剛使用了畢氏定理，現在其他人都不能使用畢氏定理了。」

公共財的非排他性和非競爭性造成了集體行動問題，但並非團體成員不願貢獻而造成問題，實際上是因為成員低估自身貢獻的價值，才會造成公共財提供問題。每個人一點一滴的貢獻，都會提高所有人的效用。此處要描述的公共財提供模型中，每位成員需要分配收入到公共財和代表性私有財中（若將模型延伸為包含多項公共財和私有財，只會讓分析更為困難），我們可以想像私有財為花費在除了公共財以外，其他商品上的金錢。

公共財提供問題

N 位成員各自分配收入 $I > N$ 到各單位成本為 1 美元的公共財和私有財中。每位成員的**效用函數**如下：

$$\text{效用函數（公共財，私有財）} = 2\sqrt{\text{公共財}} + \text{私有財}$$

社會最適分配（socially optimal allocation）：

公共財＝N（如果 N ＝ 100，則每個人貢獻 100 美元）。

均衡分配（equilibrium allocation）：

公共財＝1 / N（如果 N ＝ 100，則每個人貢獻 0.01 美元）。[4]

模型中假設公共財的效用為凹函數，而私有財的效用為線性函數。這兩項假設都需要理由支持，第 8 章曾提到凹函數對應到報酬遞減（見第 115 頁），也就是個人消費愈多，商品帶來的價值就會愈來愈少。公共財數量帶來的效用呈現凹函數，意味著公共財呈現邊際報酬遞減，此為公共財的標準假設。例如，高速公路增加第三線道帶來的利益，會大於增加第四線道；清潔嚴重汙染的空氣，比起移除最後少許殘存微粒，更有價值。另一方面，由於私有財代表所有私有財產的集合，所以我們假設私有財的效用為線性函數。例如，巧克力、電視或牛仔外套等任一項商品的效用函數可能為凹函數，但所有商品集合的效用函數很可能為線性函數。這項假設能夠讓模型更容易分析。

首先，我們需要解出最大化成員效用總和的**社會最適分配**，也就是讓最多人達到最幸福。[5] 社會最適分配得出每位成員需要繳交等同於團體總人數的金額到公共財中。請注意：如果成員人數增加，每位成員需要繳交到公共財中的金額也會增加。這個結果並不會因為特定效用函數而改變，而是因為成員數量愈多的團體中，非競爭性的公共財可以讓更多成員使用，例如：若有愈多人使用乾淨空氣和國防，就應該要提供愈多乾淨空氣和國防。

均衡分配（或均衡貢獻）的金額則為 1 除以團體成員人數。隨著團體成員人數增加，成員就有更大誘因搭上其他成員貢獻的順風車。只要藉由多增加一位團體成員來模擬，就能看出原因。這位新成員會和舊成員從公共財得到相同效用，如果其他成員的貢獻維持不變，則新成員對公共財做出貢獻的誘因比舊成員還低，因此，新成員會貢獻得比舊成員還少。不過，新成員的貢獻還是會增加公共財總量，並會造成誘因，讓其他成員貢獻得比先前還要少。

因此模型呈現出，隨著團體成員愈來愈多，公共財提供問題會逐漸加劇，因為雖然公共財的最適分配水準提高了，但是為公共財做出貢獻的誘因卻降低了。模型推導出的貢獻金額（分別為 N 和 1/N）確實取決於我們設定的函數，但貢獻不足的問題在一般情境下都會成立。

上述分析假設團體成員都自私自利，這是經濟學模型中常用的假設。但是從調查、實驗和非正式觀察中都顯示，人們往往會關心他人，希望更多人能讀到好學校，或希望大家都能在平坦的道路上開車。

藉由增加**利他參數**（altruism parameter）到模型中，就能夠呈現出關心他人的現象。利他參數值 0 對應到經濟學中自私自利的理性決策者；利他參數值 1 則對應到人們關心自己和關心他人程度相同。就如次頁的灰色方框所示，完全利他主義者（$\alpha=1$）會貢獻出社會最適水準；但只要不是完全利他主義者，都會造成貢獻不足的問題。

利他主義者的公共財提供

N 位成員對總和效用的利他偏好權重為 α：

$$(1-\alpha)\cdot 效用函數_j(公共財,私有財)+\alpha\cdot\sum_{i=1}^{N}效用函數_i(公共財,私有財)$$

完全利他主義者的均衡：公共財＝N

一般解的均衡[6]：公共財＝$[(1-\alpha)+\alpha N]^2/N$

例如 $\alpha=1/2$，則公共財≒ N / 4

計算顯示：只要團體成員人數夠多，成員貢獻值約為最適水準乘以利他參數的平方。雖然貢獻不足的程度取決於效用函數，但這個例子可以呈現出利他主義的限制。如果成員關心他人的程度為關心自己的一半（$\alpha=1/2$），則只會貢獻最適水準的四分之一；如果成員關心他人程度下降到關心自己的三分之一（$\alpha=1/3$），則只會貢獻最適水準的九分之一。

因為我們並非生活在完全利他主義者的世界，所以必須尋求其他機制的幫助，例如稅收。政府徵收稅金來支付道路、國防、教育、司法和其他公共財，要徵收多少稅收，則需要使用包含收入和**偏好異質性**（preference heterogeneity）的詳細模型來計算。人們也可以投票決定稅收多寡和共同稅率，**空間投票模型**（spatial voting model）預測稅率會等於中間選民對於公共財的偏好水準。但事實上，人們會有不同收入和偏好，中間選民的偏好水準可能並非社會最適水準。

學校、道路和資源回收計畫等公共財，可歸類為**地方公共財**（local public goods）。地方性的社區有排他性，但在社區內部的公共財則幾乎無競爭性和排他性。允許人們根據自身偏好來選擇社區，稱為**蒂柏分類**（Tiebout sorting），這能夠提出「地方公共財提供問題」可能的解決辦法：想要更好的學校、公園、游泳池和警察保護的人們，可以投票支持徵收更高稅金來因應公共財支出；而不想要地方公共財的人們，則可以居住在不同社區並支付較低稅金。

但蒂柏分類並非解決所有問題的萬靈丹，蒂柏分類會造成降低社會凝聚力等額外成本。此外，高收入族群主動與低收入族群分隔後，會降低貧窮社區的公共財提供，而且也會減少資訊流通網路與知識傳遞網路上的互動。[7]

壅塞問題

第二種類型的集體行動模型在討論道路、海灘和供水系統等等資源，這類資源隨著使用者增加，個人分配到的價值會隨之減少。任何曾經塞在車陣中的人都能體會壅塞問題，寬廣暢通的道路比起車滿為患的道路，能讓用路人更愉快並帶來更多效用。美國每年因道路交通壅塞造成的成本，估計高達一千億美元，洛杉磯和華盛頓特區等部分大城市，通勤族平均每月的塞車時間超過六十小時。

壅塞模型假設資源總量固定，人們每天可以選擇使用或不使用資源，個人使用資源獲得的利益會隨著使用人數而線性減少。[8] 線性減少的斜率即為**壅塞參數**（congestion parameter），呈現出壅塞效應的程度。

壅塞模型

N 個人當中，有 M 個人選擇使用資源，則這 M 個人的效用函數可寫成：

$$效用函數(M) = B - \theta \cdot M$$

其中，B 代表**最大利益**（maximal benefit），θ 為壅塞參數。[9]

剩下 N − M 個人放棄使用資源，獲得效用為 0。

社會最適分配：$M = B/2\theta$，效用函數 (M) = B / 2

奈許均衡：效用函數 (M) = 0，所以 $M = B/\theta$，

社會最適分配的資源使用人數為：最大利益除以兩倍壅塞參數。這個發現與直觀相符。最大利益愈大，則使用資源的人數應增加；而壅塞效應愈大，則使用人數愈少。奈許均衡時的資源使用人數，正好為社會最適資源使用人數的兩倍，而奈許均衡時的壅塞變得太過嚴重，導致沒有人能獲得任何利益，效用函數為 0。這項發現會得出「建造一座美麗公園，卻幾乎無法為市民帶來任何效用」如此違反直覺的結果。這是因為奈許均衡狀態下的公園會過於擁擠，造成人們待在公園和留在家中的享受程度相差不大。

每當模型產生違反常理的結果時，我們就需要推敲原因為何。市民擁有一座公園必定會更快樂，因此模型一定有錯誤。第一個錯誤為假設市民有相同偏好；事實上，市民待在公園的享受程度很可能不同，某些人獲得正效用時，另一些人或許不會獲得任何利益。第二個錯誤為假設公園總是十分擁擠，實際上並非如此。第三，不去公園的另一個選項可能是去海灘，而非待在家中，而新公園可能會讓海灘人潮減少。最後，人們喜歡不同的體驗，如果城市中同時有滑板公園、遛狗公園和水上公園，市民可能會在不同日子到不同公園遊玩，從不同體驗中獲得利益。

儘管存在這些挑戰，模型結果依然有一定的說服力。人多的時候，公園有可能會壅塞到無法產生任何利益的程度。雖然城市中存在其他休閒地點，比起只有一座公園好得多，但依然無法避免擁擠狀況。此外，如同右頁灰色方框所顯示的，興建多座公園並不能保證市民會很平均的分散到各座公園去，我們發現在奈許均衡時，會有太多市民跑到較大的公園。

除了蓋更多公園，社區也可以嘗試其他解決方案，例如：配給使用時間、輪流使用、進行抽籤、收費和擴大公園空間。配給每位市民或家庭固定的資源使用量，對於水之類的資源來說，採用配給制十分有效，但道路就較難以實行配給制了。常見的輪流使用方案，例如在空汙警戒時期，城市會限制單數車牌或雙數車牌的車輛在不同日期進城。但是像熱門公立學校的入學機會，就無法使用配給制或輪流使用方案，此時可以採用抽籤解決。

多種壅塞的公共財

M 位市民前往公園 1，而 N － M 位市民前往空間較大的公園 2。

兩座公園的效用，可以寫成以下的算式：

公園 1：效用函數 (M) ＝ N － M

公園 2：效用函數 (N － M) ＝ 3N － 3．(N － M)

此處將公園 1 的最大利益 B 的數值，設定為群體人數 N，大公園 2 的 B 值設定為 3N，以減少變數的數量。公園 1 的壅塞參數 θ 為 1，大公園 2 的壅塞參數 θ 為 3。以方便進行社會最適分配和奈許均衡的計算。[10]

計算結果如下：

社會最適分配：M ＝ N / 2，產生總效用 N^2

奈許均衡：M ＝ N / 4，產生總效用 $3N^2$ / 4

至於道路通行權，收費是常用的解決方案。進入倫敦市中心需要收費，世界各地的限量通行收費道路也採用相同方法。收取使用費能讓資源分配到願意付最多錢的人手上，但這些人不見得能從資源中得到最多效用。新加坡同時採用收費和限量通行方案。新加坡每年都會拍賣張數固定、使用期十年的「擁車證」，擁車證的價格往往超過一般車輛售價。為了減少尖峰時段壅塞狀況，新加坡和倫敦一樣會對開進中央商業區的車輛收費。以相同大小的城市來說，新加坡的交通十分流暢，同時政府收取的大量費用又可以使用在大眾運輸交通建設與營運維護上。

擴大道路空間不一定是有效的解決方案。城市增加高速公路線道數，雖然能提高交通流量，但同時也會讓高速公路交流道周遭的住宅更具吸引力，產生正回饋。周遭房屋建造愈多，交通就會愈壅塞，於是又需要更寬敞的道路，如此就產生了類似第 18 章〈系統動力模型〉討論到的正回饋。

可再生資源開採

現在來討論可再生資源開採，也就是人們共享可自我再生資源的問題。可再生資源開採模型可以應用到森林、水源、草原和漁場。這些例子中，未來可用的資源量取決於現在使用的資源量。如果使用的資源太多，則資源再生速度可能趕不上消費速度。

由於資源需要時間，才能再生，這讓可再生資源的開採問題比起公共財問題或壅塞問題更加棘手。如果城市某年度的公共照明資金不足，則可以在下一年度提高預算，並不會因為政策疏失而必須承受長期影響。但如果過度捕撈河中魚類或過度砍伐森林，則必須付出永遠的代價，因為必須先有魚才能生出更多魚，而建設更多街燈並不需要先有街燈。此外，可再生資源通常都是生活必需品，例如：食物、飲水和保溫用的燃料等等，人們需要開採這些資源，才能存活。

可再生資源開採模型

令 $R(t)$ 代表在 t 週期開始時的可再生資源量，並令 $C(t)$ 等於在 t 週期時消耗的總資源量，而 g 則代表資源的再生速度。

在 $t+1$ 週期的資源量，可由下列微分方程式呈現：[11]

$$R(t+1) = (1+g)\left[R(t) - C(t)\right]$$

均衡消費水準：$C^* = R \cdot g / (1+g)$

可再生資源開採問題在消費水準上，有一個臨界點。任何超出均衡開採速度的消費速度，都會造成崩潰。模型可以呈現出這種現象。我們可以將資源總量想像成一個圓形區域，像一片披薩一樣。消費就像咬了一口披薩，但這片披薩會根據剩餘披薩的大小，以固定比率再生。如果消費水準低（一小口一小口慢慢咬披薩），則資源量會增加（披薩會愈來愈大片），但如果消費水準太高（一大口接一大口快速啃掉披薩），則再生量將不足以彌補消費量（披薩會愈來愈小片）。兩者之間應當能找到一個均衡消費水準，讓消費量等於再生量。

如果消費超過均衡水準，可再生資源開採模型預測：資源消耗速度將會加速，造成急速崩潰。戴蒙在他的著作中探討崩潰社會時，曾提到：北大西洋鱈魚捕撈造成的現代崩潰現象，堪比格陵蘭島文蘭人所遭受的痛苦。北大西洋捕撈鱈魚已超過五百年歷史，第一批抵達加拿大海岸的英國探險家，講述了用籃子抓鱈魚，以及划船難以通過龐大鱈魚群的故事。魚類資源看似豐盛，但我們很難精確測量魚類的資源量，只能從每年的漁獲量遞減情況，得到可能即將崩潰的線索。1992 年，加拿大終於勒令禁止鱈魚捕撈。[12]

可再生資源開採模型假設成長率固定，以便於解出均衡消費水準，但實際上，成長率每年都在變化。牧場植物生長速度取決於溫度和降雨量；魚類生長速度取決於食物多寡，而食物多寡則取決於天氣或氣候變化。

公共財和壅塞模型中，不同時期的環境差異並不會造成長期影響。某些年度可能會有過多公共財或較低壅塞程度，但這些狀況都僅會影響效用，大概不會比無法避免的天氣變化嚴重。然而在可再生資源開採問題中，如果消費行為沒有改變，成長率差異將會導致崩潰或資源過剩。圖 23.1 先假設 100 單位的資源和 25% 的平均再生率，根據這兩項假設，均衡消費水準為每年 20 單位。

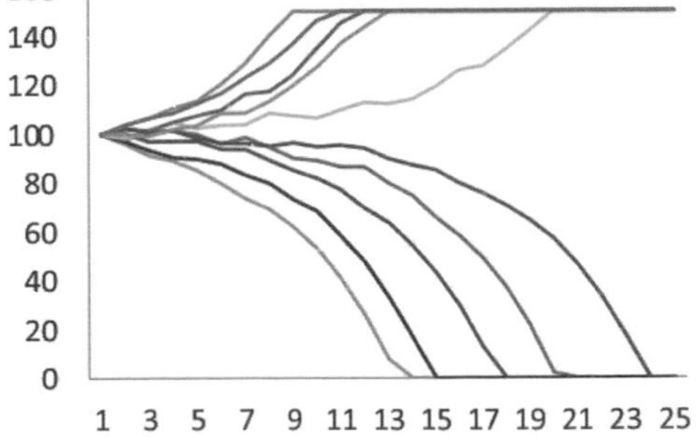

圖 23.1　假設資源成長率會變動的 10 個可能路徑

我們每年由 20% 到 30% 之間，隨機抽出一個可變的資源成長率，並將模型最大資源量訂為 150 單位。結果發現：抽出的 10 個可能路徑中，有大約一半的路徑，資源水準崩潰了，而另一半的路徑，資源水準增加到最大可能量。每年的成長率變化並無法相互抵消，[13] 反而隨著時間拉長，成長率增加或減少的效應會累積。從這個模擬中可發現，理想的消費政策會要求在資源匱乏年度減少消費，以避免崩潰發生。

由於可再生資源成長率的變化會造成消費必須隨著資源水準而改變，所以我們可以推論：管理可再生資源的社群必須能夠調整開採水準，調整方法或機制則取決於資源特性。俗話說：「天下找不到萬靈丹。」[14] 世上找不到單一解方，能應用到所有狀況中。各地區居民如何解決可再生資源開採問題，取決於資源特性和社群特性。

例如，魚和牛這兩種資源就完全不同，管理數頭共用草地的牛隻的社群，可以監控個別牛隻的行為和資源水準（草地生長狀況），一旦過度放牧，則可以藉由分配每頭牛固定時間和固定區域的輪替計畫來解決，輪替計畫可以根據草地生長高度來調整放牧時間和區域。但若是管理魚類的社群，顯然就無法精確計算海中的魚群數量了，只能根據捕獲量來估算。相對於牛隻來說，魚類資源開採問題的不確定性更高。欲管理共用水域的魚類資源，需要採取更穩健的態度和更仔細的監控才行。

集體行動問題：已解決與未解決

集體行動問題中，會因自私自利的行為，而導致結果與集體目標不一致。如先前所提到，問題會發生在各種情境中，例如：為非競爭性、非排他性的公共財付費時，問題會出現；決定何時在高速公路開車時，問題也會出現；甚至連在高速公路上開車的方式，都會產生問題。在高速公路上未保持安全距離和講行動電話的駕駛人，可能不會考量如果意外發生，這些行動對所有後方車輛所造成的損失。

集體行動問題也會出現在不同的規模尺度上，例如：家庭互動中會產生集體行動問題——保持房子整潔、做晚餐、去購物、預存旅遊費用，都可能在個人誘因和集體福利之間產生不一致。社群、區域和國家提供公共財及使用和管理有限資源時，也會出現集體行動問題，例如：碳排放問題是大至全球規模的集體行動問題，大部分國家都希望自己能產出更多能量（連帶會排放更多二氧化碳），但又希望較低的全球排放水準，因而各國的行動和全體共同利益並不一致。

自然界也會發生集體行動問題，例如：森林中的樹木會競爭陽光和水，如果某種樹演化出較高樹冠和較深根部，此樹種會增加自身存活機會，但會造成其他樹種的損失。樹林無法自行通過法規，來避免單一樹種長得太高或搶走深處水源，因此樹林無法達到社會最適解決方案。[15]

團體成員或參與的決策者愈少、或同質性愈高，加上資訊愈流通的情況下（亦即行動會更加明確且系統狀態容易監控），集體行動問題會愈容易解決。相較於家庭內部往往可以順利解決集體行動問題，國際組織要達成合作則難上許多。減少碳排放的努力需要包含不同決策者的巨大團體進行協調，且使用不精準的監控機制。解決碳排放問題不只需要協調機制，還需要執行機制。歷史告訴我們，過度捕撈或過度放牧都會招致崩潰風險，相同方式也可以應用來推理現今世界面對的集體行動問題。

諾貝爾經濟學獎得主歐斯壯（見第 55 頁）已花費了數十年時間，研究真實世界如何努力解決集體行動問題，她發現除了監控方式有差異外，解決集體行動問題的社群會商定明確界線、通過定義明確的規則、賦予當權者實行分級制裁的權力，並且建立機制，來解決爭端。[16]

第24章 機制設計

制度是設計來改變人類行為。
制度為了能長期有效，必須適應環境，
或適應「制度所規範的社會」的變化。
—— 珍娜．貝德納（Jenna Bednar），密西根大學政治學教授

本章將呈現如何利用模型來設計政治制度或經濟制度。制度包含人們溝通資訊的方法，以及根據揭露的資訊做出決定、分配資源或進行產出的程序。市場中，人們和公司透過價格溝通，並進行交易和做出生產決定；層級組織中，人們透過書寫文字來溝通，並編製工作計畫；民主制度中，人們透過投票選出政府首長和議員、表達自己的政治偏好，並令政治人物根據議事表決規則來決定政策和法案。設計良好的機制能促進產生理想結果的溝通和行動，效果不彰的制度則恰好相反。

本章將呈現模擬制度的架構，稱為**機制設計**（mechanism design）。這些架構會強調真實制度的四大面向：

一、**資訊**，即為參與者知道的內容和應該要揭露給參與者的內容；

二、**誘因**，即為採取特定行動的利益和成本；

三、**聚合**（aggregation），即為個人行動如何轉換為集體結果；

四、**計算成本**（computational cost），即為對參與者的認知要求。

機制設計最初是用來分析商品分配的一般問題，討別是討論市場機制和中央計畫機制，何者更適合用來分配商品。早期的模型先假設**受價**（price-taking，價格接受）市場或真實投票等等的行為規則，然後模型製作者會根據行為的意義進一步處理，例如：行為結果如何聚合。但這樣的假設方式如今已不再使用，而改為假設人們會表現出最佳行為，讓架構適用於賽局理論的推理。然後機制設計者會根據理性行為，解出奈許均衡，並比較制度的優劣。

這種架構方法已經證實十分有效。解出奈許均衡後、比較制度優劣的機制設計方式，可以用來找出現有規則和程序的缺陷，解釋為什麼制度成功或失敗並預測結果。機制設計可以用來設計各種制度，包含第 2 章〈為什麼要使用模型？〉提到的頻譜拍賣，以及線上市場、政府投票系統，甚至是分配太空梭航行計畫的程序。[1]

本章共分為六部分：首先使用**芒特—雷特圖**（Mount-Reiter diagram）說明機制設計的架構；其次，研究三人選擇三個選項的問題；之後會分析三種拍賣機制，並發現所有拍賣機制都會產生相同結果；然後說明三種拍賣機制產生相同結果並非巧合，並說明一個更基礎的結果——**收益等價定理**（revenue equivalence theorem），顯示任何滿足特定假設的拍賣機制，都會產生相同結果。接下來將比較**多數決投票機制**和**支點機制**（pivot mechanism），藉此決定是否進行公共工程。最後會總結說明沒有十全十美的機制，我們應混合使用各種制度。

芒特—雷特圖

機制包含六個部分：**環境**（世界的重要特徵）、一組**結果**、一組**行動**（或傳遞訊息）、人們遵循來產生行動的**行為規則**、映射行動到結果的**結果函數**（outcome function），以及映射環境到一組所希望結果的**社會選擇對應**（social choice correspondence）。社會選擇對應一般包含：使參與者效用總和最大化的結果，或者一組**柏拉圖效率**（Pareto efficiency，又譯為帕累托效率。帕累托是十九、二十世紀的義大利經濟學家）分配。結果若達到柏拉圖效率，則不存在任何所有人都有更高偏好的其他結果，反向推論時也同樣成立。柏拉圖效率為理想標準

柏拉圖效率

在一組結果中，如果比起目前結果還存在另一種所有人都更偏好的結果，則目前的結果會被另一種結果**柏拉圖支配**（Pareto dominated），其餘未被柏拉圖支配的結果，皆為**柏拉圖效率**結果。[2]

舉個例子來說明，請考量以下四種三個人可能的報酬狀況：

$$(3, 3, 4),\ (9, 0, 0),\ (0, 8, 1),\ (2, 2, 3)$$

除了 (2, 2, 3) 的報酬總和並未最大化以外，其他三種結果皆為柏拉圖效率結果。而 (2, 2, 3) 這種結果，會被 (3, 3, 4) 這種三個人都更偏好的結果所柏拉圖支配。

中的最低標準。

芒特－雷特圖呈現了機制的核心部分（圖 24.1），圖中列出我們想要的結果和實際存在的結果。從環境出發，沿著上方線段走，社會選擇對應說明了一般想得到的結果；沿著下方線段走，則會面臨現實影響，人們應用行為規則來採取行動或傳遞訊息，結果函數則把行動或訊息映射到結果。理想上，下方更曲折的路徑也會產生和上方路徑相同的結果，即為理想結果。

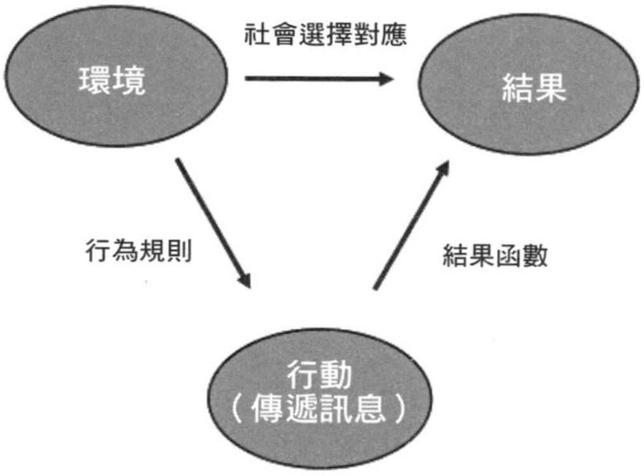

圖 24.1　芒特－雷特圖

但並非所有機制都能達到理想結果，例如：若是環境中包含偏好使用公共財的人群，社會選擇對應會把人群的偏好映射到公共財的理想水準。然而，如同我們在第 23 章〈三個集體行動問題〉中看到，在「人們按照自身意願來支付公共財」這種自願貢獻機制下，結果是每個人僅提供了 1/N 單位的公共財，而非理想的 N 單位。機制產生結果和目標不一致時，則機制並沒有實現社會選擇對應。

根據不同情境，我們希望機制能達成的性質也不同，以下說明其中五種：第一種，我們希望機制的均衡結果與社會選擇對應（柏拉圖效率）相符；第二種，理想上參與者會採用優勢策略，也就是每個人的最佳行動和其他人的行為無關，如果符合這項條件，我們就稱效率結果為**可採行的優勢策略**（dominant strategy implementable）；第三種，我們不希望強迫別人參與機制，我們希望大家都是自願參與；第四種，如果機制涉及資源轉移或支付，我們不希望額外支付金錢或摧毀資源，我們希望**預算平衡**（budget balance，本章後面在分析決定公共工程的機制時，會發現預算平衡可能難以滿足）；第五種，許多案例中我們希望人們能說真話，也就是人們傳遞的訊息能揭露真實資訊或個人真實狀況，賽局理論家稱此為**誘因相容**（incentive compatibility）。

大部分感興趣的案例中，沒有任何一種機制能滿足所有想達成的條件。因此，機制設計理論的其中一項貢獻為：呈現哪一種性質能達成，而哪一種性質無法達成。

多數決原則和擁立國王機制

此處考量的第一種環境為人們共同行動或進行法案投票。想像烏瑪、維拉和威爾三人想要一起看電影，三人須從動作片、劇情片和喜劇片中做選擇。相同環境也可以應用到三位軍人決定攻擊敵人、保衛陣地或放棄防守。不論哪種情況，環境都包含三名成員、且定義了三個選項上的偏好。此處使用排序方式寫下偏好，例如：動作片 > 喜劇片 > 劇情片，這個排序對應到最喜愛動作片，其次是喜劇片，最後是劇情片。我們假設三個人各有以下的偏好排序：

烏瑪：動作片 > 喜劇片 > 劇情片

維拉：喜劇片 > 劇情片 > 動作片

威爾：喜劇片 > 劇情片 > 動作片

本例中的社會選擇對應，是一組柏拉圖效率選擇。根據上面的偏好排序，喜劇片和動作片都達到柏拉圖效率，而劇情片則被喜劇片柏拉圖支配。

我們首先評估以**多數決原則**做為機制，但若是投票結果平手，則隨機選擇一個選項。如果大家確實按照自己的偏好來投票，喜劇片會獲得兩票。然而，假設維拉和威爾都認為其他兩個人會在劇情片和動作片做選擇，而各自都決定投給劇情片，並假設三個人並非同時投票。維拉第一個投票，他選擇劇情片，威爾第二個投票，同樣選擇劇情片。這時候，烏瑪的選擇已不影響結果，但假設烏瑪為了避免衝突，也選擇投給劇情片。三個人投票結果構成奈許均衡，沒有人有任何誘因改變投票選項。在這個案例中，多數決原則並不一定能達成柏拉圖效率結果。

接下來考量**擁立國王機制**（kingmaker mechanism）。擁立國王機制會隨機選擇一個人擔任擁立國王者，然後擁立國王者會選擇一位「國王」來決定團體的選擇。如果威爾是擁立國王者，則必須選擇烏瑪或維拉擔任國王，而被選為國王的人會決定要看哪類型的電影。

如果被選為國王的人採取理性（自利）行動，則會選擇自己最愛的電影類型，因此，結果必定為柏拉圖效率。所以，擁立國王機制會達到柏拉圖效率結果。擁立國王機制有一個額外優勢：如果任何兩個人最喜愛的電影相同，則機制會讓兩人都最喜愛的電影類型成為最終選擇。例如，我們同樣假設威爾是擁立國王者。如果烏瑪和維拉喜愛相同類型的電影，不論威爾選擇誰擔任國王，最後都會選擇觀看那類型的電影；而如果威爾和烏瑪喜愛相同類型的電影，則威爾會選擇烏瑪擔任國王。

三種拍賣

簡單瞭解「機制」的模樣和蘊含之後，接下來要研究拍賣。由於 eBay 這類線上市集十分盛行，大部分的人都應該稍微熟悉拍賣。拍賣也會應用到其他場合，包含政府招標、二手車市場和大多數的網頁廣告。此處專注在討論一位賣家和數位競標者的狀況，標的商品可能是房子、汽車、足球賽門票或藝術作品。同時我們也假設每位競標者估算的標的物價值皆獨一無二，藉此剔除平手狀況。

柏拉圖效率結果為：標的物賣給估價最高的競標者，任何其他結果都會受到這個結果柏拉圖支配。接下來將比較三種類型的拍賣：增價拍賣、次價拍賣和首價拍賣。

▶ 增價拍賣

增價拍賣（ascending-bid auction，英式拍賣）中，拍賣人會喊出一個價格，任何願意以喊出價格買下標的物的競標者，需要舉手示意，拍賣人會不斷提高價格，直到剩下一位競標者。最後一位放下手的競標者，需要支付倒數第二個競標者放下手時，拍賣人喊出的價格。增價拍賣中，理性競標者會留在拍賣中，直到價格達到自己的估價。在價格到達估價之前就放棄競標，可能造成別人以划算價格贏得標的物；而若在價格超過估價時，仍留在拍賣競標中，則可能會以超過估價的價格買下標的物，並造成損失。

如果所有競標者皆採取理性行動，則估價最高的競標者會贏得標的物，並支付估價第二高競標者的估價。舉例來說，假設有三位競標者，分別認為商品價值為 30 美元、60 美元和 80 美元，當拍賣人喊出價格 40 美元時，第一位競標者會退出拍賣；拍賣人喊到價格 70 美元時，第二位競標者也會退出。因此第三位競標者會贏得拍賣，並支付 70 美元。

▶ 次價拍賣

次價拍賣（second-price auction，第二高價拍賣）中，每位競標者會提交一個密封出價，其他競標者不會看到出價價格。出價最高的競標者將贏得標的物，但只需要支付出價次高競標者提交的價格。次價拍賣的機制，讓說真話成為最佳策略。請想像一位認為標的物價值 80 美元的競標者，要決定在次價拍賣中如何出價。假設其他競標者都已經提交出價，則競標者必須考量三種可能狀況：其他出價中的最高出價可能少於 80 美元、等於 80 美元、或高於 80 美元。不論實際狀況為何，競標者提交自己對於標的物的真實估價，都是最佳策略。

實際演示一次，邏輯就會更加清楚了。假設競標者認為標的物價值 80 美元，考量四種其他競標者提交最高價格的可能情況：70 美元（較低）、80 美元（相等）、82 美元（稍高）、90 美元（較高）。表 24.1 呈現了競標者自己從 65 美元到 95 美元的四種出價的報酬。

表 24.1 估價 80 美元時，不同出價的淨報酬

其他競標者的最高出價	競標者估價為 80 美元			
	出價 65 美元	出價 80 美元	出價 85 美元	出價 95 美元
70 美元（較低）	0	＋ 10	＋ 10	＋ 10
80 美元（相等）	0	0	0	0
82 美元（稍高）	0	0	－ 2	－ 2
90 美元（較高）	0	0	0	－ 10

由表格中可看出，不管其他競標者的最高出價是多少，出價 80 美元一定能將自己的報酬最大化。所以，競標者以自己的真實估價來出價，永遠都是最佳行動（優勢策略）。相同邏輯可以套用到所有競標者身上，所有競標者都應該以真實估價來出價（因此，次價拍賣機制為誘因相容）。由此可推論在次價拍賣中，估價最高的競標者將贏得拍賣，並且支付估價第二高競標者的估價。

▶ 首價拍賣

首價拍賣（first-price auction，最高價拍賣）中，每位競標者提交出價，出價最高者贏得拍賣，並支付出價價格。如同次價拍賣，所有競標者同時提交出價，因此沒有人知道其他競標者的出價價格。首價拍賣中，競標者的最佳出價策略取決於其他競標者對自身以外競標者估價（出價）的信念。我們首先假設競標者不知道其他競標者的估價，但競標者對所有競標者的估價分布有正確信念。具體來說，假設競標者估價均勻分布在 0 美元到 100 美元之間，且所有競標者都知道上述分布，此外，所有競標者都知道其他競標者也瞭解分布資訊。

透過計算可以得到，如果競標者估價均勻分布、且所有競標者都採用最佳出價，則如果只有兩位競標者時，應出價自己真實估價的一半，如果有 N 位競標者，則所有人應出價自己估價的 (N － 1) ／N。例如，拍賣會中除了自己還有其他 19 位競標者，則應出價自己真實估價的 95%。

根據這項出價規則，估價最高的競標者永遠會贏得標的物，且我們可以計算出，得標者支付的價格等於第二高競標者的估價。因此，首價拍賣也能產生效率結果。[3]

寫下模型前，許多人大概都能預期拍賣中有愈多競標者，就必須出更高價格，但若未經計算，則無法得知有效的出價法則。模型能提供競標者應該如何出價的確切算式，首價拍賣的出價會隨著競標者估價高低相對增減，意味者有最高估價的競標者會贏得拍賣，與增價拍賣和次價拍賣相同。

收益等價定理

增價拍賣、次價拍賣和首價拍賣這三種拍賣架構下，估價最高的競標者會贏得拍賣，因此，三種機制都會產生效率結果。此外，贏得拍賣的競標者支付價格期望值為第二高競標者的估價，換句話說，三種拍賣機制皆產生相同的期望收益，且會將標的物分配給相同的贏家，這項發現令人感到十分驚訝。更令人驚訝的是可以證明出，任何拍賣只要符合「競標者採取最佳行動、最高出價者贏得標的物，以及對標的物估價為 0 的競標者不會得到任何報酬」，則贏家和期望收益都會相等。也就是說，所有滿足上述三個條件的拍賣，都會產生相同的期望結果，這稱為收益等價定理（或稱「收入等值定理」）。[4]

收益等價定理

在任何「競標者都是從已知共同分布中，得出獨立的個人估價」的拍賣機制中，如果：

(1) 每位競標者的出價，都是將自身的期望報酬最大化，

(2) 總是由出價最高的競標者贏得標的物，

(3) 對標的物估價為 0 的競標者，期望報酬為 0，

則皆會讓賣家得到相同收益、且買家得到相同的期望報酬。

收益等價定理指出，**全支付拍賣**（all-pay auction，所有競標者皆須支付自己的出價，輸家也須支付）也會和次價拍賣產生相同結果。[5]即使是很瘋狂的**三價拍賣**（third-price auction，出價最高者贏得拍賣、且支付第三高競標者的出價）機制，也會產生相同的贏家和收益。不過，收益等價定理並不意味著拍賣規則絲毫不會影響結果。在實際拍賣中，競標者可能不會使用最佳策略，又或者在首價拍賣中，競標者對其他競標者的估價分布有不同信念。只要「競標者無法最佳化出價」或「競標者有不同信念」其中一項條件成立，則不同類型的拍賣會產生不同收益。實證和實驗測試中確實顯示出，不同的拍賣機制獲得的收益有些許不同。

我們之前已討論過何種情況下，可預期人們會表現出理性行為。根據那些結論，我們可以預期：利害關係愈大及競標者心思愈細膩，採取理性行動的可能性愈高。像是線上消費商品競標，由於利害關係不大，我們可以預期某些人會遵循經驗法則或受到偏見影響，例如每次出價都以 10 美元為單位來增加。

但是在價值數百萬美元的石油租約拍賣中，由於利害關係重大，競標者幾乎都會盡力取得完整資訊、且擁有卓越的競價能力。

此外，拍賣類型不同，也會吸引不同數量的競標者，例如在木材拍賣中，首價拍賣比起增價拍賣，會吸引更多小公司參與競標，因為如果大公司提交較低出價，則小公司也有機會贏得拍賣；相對的，在增價拍賣中，小公司完全沒有機會獲勝，因為大公司能看到小公司的出價，並且會喊出更高價格。[6]

不同拍賣方式，對於參與者認知能力的要求也不同。某些拍賣方式很容易就可以習得最佳行為，例如在增價拍賣中，競標者應留在拍賣中，直到價格達到自己的估價，即使其他競標者不遵循最佳策略，可能會導致自己有較高或較低的期望報酬，也不會改變自己的最佳策略：只要價格低於自己的估價，就應該繼續留在拍賣中。相同的道理，次價拍賣中的競標者應該永遠遵循「提交自己對於標的物的真實估價」這個策略。

請記得無論其他人採用何種策略，優勢策略都是最佳策略。增價拍賣和次價拍賣都有優勢策略，但首價拍賣並沒有優勢策略。首價拍賣中，其中一位競標者的出價策略若是改變了，可能會改變另一位競標者的最佳策略。如果對手總是出價 0 或 50，則我們應該永遠選擇出價 1 或 51，出價 60 或 70 完全沒有道理，如此出價只會支付超出贏得標的物的必要價格。依據對手的出價行為，如果出價 60 能贏得拍賣，則出價 51 同樣也能贏得拍賣。

即使拍賣存在優勢策略，也不是所有優勢策略都同樣能輕易推論出來。增價拍賣中，「只要價格低於競標者自己的估價，就留在拍賣中」的策略，只需要推理一個步驟就能得知：如果價格低於你的估價，就用這個價格購買。次價拍賣中，競標者則需要思考多種可能，才能發現「提交自己的真實估價」為最佳策略——當然如果你已經參與過許多場的次價拍賣，應該會瞭解最佳策略正是如此。

最後一個需要思考的問題是：拍賣方式會不會鼓勵競標者做出非最佳行為呢？首價拍賣和次價拍賣中，競標者是在不知道其他競標者出價情況下提交出價。但在增價拍賣中，競標者可以看到價格一路上升的過程，並得知誰還留在拍賣中，這就可能造成競標者認為贏得拍賣有額外價值，而出價過高。慈善拍賣會上，拍賣人會嘗試訴諸情緒來提高出價，像是播放貧窮孩童在遊樂器材上嬉戲的影片，而這些遊樂器材正是之前用義賣所得的善款購買的。

策略是否成功，也取決於競標者的心思。我們難以想像木材拍賣中，競標者會被說服出價高於自己的估值；但在慈善拍賣中，競標人會因為想表現善心而出價過高的可能性，就高出許多。競標者是否在出價過程中改變了估價，只是我們的猜測，但我們知道有可能發生這種狀況。而首價拍賣和次價拍賣中，競標者只會提交一次出價，因此不可能在拍賣過程中受到情緒影響。

最後，首價拍賣和增價拍賣的價格等於最高出價，而次價拍賣價格則等於次高出價，因此會讓賣家認為首價拍賣和增價拍賣商品能賣出更高價格。這就能用來解釋為什麼政府不使用次價拍賣的部分原因。想像新聞報導政府收到三筆石油開採權出價，分別為六百萬美元、八百萬美元和一千兩百萬美元：「政府收到出價一千兩百萬，但以八百萬美元賣出油田。」這將招致何等嚴厲的輿論抨擊！但是任何瞭解拍賣理論的人都知道，如果政府採取首價競標或增價競標方式，最高出價不會是一千兩百萬美元，而很可能仍會是八百萬美元。

如同整本書不斷強調的重點：正式模型必須說明「預測的結果會成立的必要條件」。收益等價定理並非聲稱所有拍賣機制都會產生相同結果，收益等價定理聲稱的是，在「競標者採取最佳策略，出價最高的競標者贏得標的物，並且估價為 0 的競標者期望報酬為 0」這三項條件下，所有拍賣機制都會產生相同收益。所以，賣家可以藉由放寬其中一項假設，來獲得更多收益。賣家很難讓人們做出違背自身利益的行為，大概也無法從那些認為標的物沒有價值的人身上獲得金錢，因此唯一提高收益的方法就是：待價而沽。

如果賣家知道買家的估價分布，則可以設定**底價**（reserve price）。在某些情況下，底價可以提高期望收益。假設賣家十分確定三位競標者對於標的物的估價分別為 5 美元、10 美元和 60 美元，為了避免估價 60 美元的競標者成為贏家、卻只需支付略高於 10 美元，賣家可以設定底價為 60 美元，並進行首價拍賣。

公共工程決定機制

接下來我們要比較兩種「決定是否建設學校、高速公路或運動場等等公共工程」的機制。首先假設每個人都能從公共工程中獲得一定價值，而工程需要支付一筆集體成本。

公共工程進行與否

令 $(V_1, V_2, \cdots V_N)$ 代表 N 個人從成本 C 的公共工程中獲得的貨幣價值，則公共工程只有在符合以下條件時，會進行：

$$C < V_1 + V_2 + \cdots + V_N$$

首先考量**多數決平均分攤機制**（majority-vote equal sharing mechanism），機制中每個人投票決定是否進行工程，如果多數人贊成進行工程，則工程成本會平均分攤到所有人身上。

多數決平均分攤

每個人投票贊成或反對工程進行，如果大多數人贊成，則工程會進行，且每個人支付成本 C / N。如接下來的例子顯示，多數決平均分攤機制違反效率和自願參與。

從空間投票模型中可得知，工程是否進行取決於中間投票人的偏好。這些中間投票人就相當於公共工程估值為中位數的投票人。根據多數決平均分攤機制的建構方式，機制滿足預算平衡和誘因相容的條件，但是從以下的例子會發現，機制不一定滿足效率或自願參與。假設成本 300 美元的公共工程能帶給三位民眾的價值分別為 0 美元、120 美元和 150 美元，從效率結果來考量，應當不進行工程，因為總成本 300 美元超過個人價值加總 270 美元。然而，因為成本會平均分攤，每個人都以 100 美元為成本來決定是否同意進行工程，因此三人之中有兩人會贊成工程，於是工程將進行並產生低效率結果。此外，從工程中得到價值為 0 的人，會獲得－100 美元的報酬，所以本例也違反自願參與。

第二個機制是**支點機制**：每個人會提交對工程的估價，如果估價加總大於工程成本，則會進行工程，未大於則不進行。個人需要繳交的款項，等於工程成本減掉其他所有人的估價加總。如果其他人估價加總超過工程成本，則個人不需要繳交任何款項。

支點機制

個人 i 為成本 C 的工程提交估價 $\widehat{V}_i$，如果所有人的估價加總超過工程的成本，則進行工程。

$$\widehat{V}_\Sigma = \widehat{V}_1 + \widehat{V}_2 + \cdots + \widehat{V}_N \geq C$$

如果 $C - (\widehat{V}_\Sigma - \widehat{V}_i) < 0$，則個人 i 不須繳交任何款項，否則就必須繳交 $C - (\widehat{V}_\Sigma - \widehat{V}_i)$。這個支點機制為誘因相容（$\widehat{V}_i = V_i$）、效率、且每個人都表現出理性行為。支點機制在採用優勢策略下，也能夠達到效率結果。但下面的例子顯示，支點機制可能會違反預算平衡。

例如：$(V_1, V_2, V_3) = (60, 120, 150)$ 且 $C = 300$。

因為 $300 < 60 + 120 + 150$，所以工程應該進行。個人 1 繳交 30 元，相當於工程成本減掉其他人的估價（300 － 120 － 150），個人 2 繳交 90 元（300 － 60 － 150），而個人 3 則繳交 120 元（300 － 60 － 120）。總共會收到款項 240 元（30 ＋ 90 ＋ 120），少於工程成本。

支點機制滿足誘因相容，背後的邏輯與次價拍賣類似。假設工程成本為 300 美元，而公共工程對某人的價值為 80 美元，則需要考量三種狀況。如果其他人的估價加總少於 220 美元，則某人沒有誘因提交超過 80 美元的估價，因為這樣做會導致他繳交超過 80 美元款項。另一種極端狀況是，如果其他人的估價加總超過 300 美元，則某人可以提交任何估價，卻不需要繳交任何款項。但如果其他人的估價加總在 220 美元到 300 美元之間，某人如果提交估價 80 美元，則會繳交「300 美元減掉其他人的估價加總」，且工程會進行（此為效率結果）。某人並不會想要提交 70 美元之類低於自己能獲得價值的估價，因為其他人的估價加總可能為 225 美元，而提交過低估價會導致工程無法進行。如果此時，某人提交估價為 80 美元，則工程會進行，且他只需負擔 75 美元（300 元－ 225 元）的成本。

支點機制若是滿足誘因相容，也就會滿足效率，而且只有在估價加總超過成本時，工程才會進行。請注意，因為提交真實估價為優勢策略，所以效率結果為可採行的優勢策略。此外，因為每個人最多支付的工程成本只會高至自己得到的價值，機制也滿足自願參與。不過，如灰色方框中的舉例，支點機制並不需要滿足預算平衡，實際上，只有極少例子會滿足預算平衡。

要決定是否進行公共工程時，沒有任何一種機制會滿足所有想要的標準。我們使用兩種最重要的模型，已證明無法達成所有標準，那就不用再浪費時間去建構能滿足所有標準的模型了。如同工程師不會浪費時間去建造永動機，機制設計者也不會為公共工程問題尋求能同時滿足誘因相容、每個人皆理性、效率和預算平衡的機制，這樣的機制並不存在。

支點機制是目前能找到的最理想機制，但是依然無法滿足預算平衡。預算平衡問題無法藉由增加大家繳交的款項來修正，因為如此便會讓支點機制無法達到誘因相容或效率。增加繳交款項將導致每個人產生說謊誘因，而且某些人可能會被強迫為工程付出超過自己可得價值的款項。

有一個變通方法是透過其他方式增加款項，並儲備可供工程使用的資金。雖然這個方法也會產生誘因問題，但不會那麼直接。比較好的方法是利用其他管道籌措資金，例如：一間同時擁有中央籌措款和學院個別籌措款的大學，可以使用支點機制來決定是否建造新學生活動中心，每位院長都有誘因揭露學生活動中心對學院帶來的價值，並由校長負責的中央單位來補足資金的短缺。

由許多子單位組成，同時擁有預算管理單位的商業機構，也可以採用相同方法，例如：轉換為雲端基礎系統的工程，可使用支點機制決定，並由上層管理單位補足資金缺口。

結論：沒有十全十美的機制

機制設計架構讓我們能使用各種標準，來比較機制的優缺點：機制是否產生效率結果？人們是否會說實話？人們是否自願參與？機制會產生利益還是損失？使用機制設計架構也可以推導出可能達成的狀況，但我們幾乎不可能找到一種機制能滿足所有希望達到的標準。

科技不斷在改變，機制也應與時俱進。以谷歌這類搜尋網站使用的拍賣制度為例，谷歌一開始是按照廣告點擊次數，每千次收取固定費用，但這項機制並不理想。由於資訊科技的進步，谷歌得以同時進行數以百萬計的拍賣，使用拍賣方式讓谷歌可以增加收益，同時更有效的分配廣告空間。谷歌目前使用一般化的次價拍賣，每位競標者會提交廣告關鍵字每次點擊的價格，例如：提交關鍵字「間皮瘤」（mesothelioma，因接觸石棉而引發的癌症）相關廣告的出價。出價最高的競標者獲得第一個廣告欄位、第二高競標者獲得第二個廣告欄位，以此類推，支付的價格則按照類似次價拍賣的方式來決定。

假設前四高出價為每次點擊收費 10 美元、7 美元、6 美元和 3 美元，出價第三高的競標者需支付第四高競標者出價的 3 美元，出價第二高的競標者則需支付第三高競標者出價的 6 美元，而出價最高的競標者需支付 7 美元。[7] 瞭解到廣告客戶的估價後，谷歌甚至可以設定底價，來賺取更多廣告費。但如果競標者知道谷歌的計畫，結果就不一定能如谷歌所願，因為「認為自己可能出最高價」的競標者，並不會想要讓谷歌知道自己的估價。設定底價也會傷害谷歌的信譽，底價會被視為非合作行為，因為谷歌無法聲稱網頁上的空間具有某個最低價值。最好的廣告位置除非能夠賣出去，否則對谷歌來說幾乎沒有任何價值。這對於出售古董相簿或二手車的人來說，就並非如此，這些物品對賣家而言都有一定的價值，因此設定底價就顯得較為合理。實際上，谷歌十分重視自己的信譽，谷歌知道設定底價來獲得更多收益可能會激怒廣告客戶，因此谷歌並沒有採取設定底價的手段。

總結來說，機制設計模型可以協助我們設計制度和選擇制度，利用機制設計模型可以推論哪一種制度可能行得通。建構能產生效率結果、誘使人們說實話，並且能夠達到預算平衡的機制，實在十分困難，因此我們不應浪費時間和精力去設計不可能達成的機制，比較好的做法是努力思考如何在效率、說實話和預算平衡之間取得妥協。

機制設計也可以用來探討更高層次的問題，例如：不同時機應該使用市場機制、投票機制、層級機制或自願集體機制，來分配資源和決定行動。[8] 市場機制、民主制度、層級機制和集體機制在某些環境下運作良好，但某些環境下就不那麼適用，例如：我們不會用投票來決定人們應該購買什麼商品，也不會使用市場機制決定政治領袖。

組織是社會的縮小版本，組織中也能看到這些制度的形成，例如：大學利用市場機制選聘教授、用民主制度選出管理階層、用層級機制分配課程任務，並使用集體機制發展策略計畫。非營利組織、營利組織和政府機關也同樣會混合使用各種制度。使用機制設計工具，則可以正式比較這些制度的功用，並藉此在不同任務上採用更適合的制度。

第25章
訊號傳遞模型

誠實的人，不會隱藏自己的行為。
—— 艾蜜莉・勃朗特（Emily Brontë），《咆哮山莊》作者

本章將研究訊號傳遞模型（signaling model）。這些模型找出了人們在何種條件下傳遞高成本訊號，以揭露資訊或自身的類型。例如，人們可能會藉由購買昂貴藝術作品，來傳遞財富訊號；藉由爬山，來傳遞體能耐力訊號；或是在社群媒體上發文支持，來傳遞同理訊號。藉由傳遞訊號揭露狀態，一直都是人類天性的一部分。十九世紀時，美國制度經濟學家范伯倫（Thorstein Veblen）提出**炫耀性消費**（conspicuous consumption）概念，精進了我們對訊號傳遞的瞭解。范伯倫發現：相較於能帶來直接享受或實際效用的商品，人們反倒常常選擇能夠傳遞社會地位訊號的商品。現代別具代表性的炫耀性消費，正好能對應到范伯倫的理論，例如：售價接近一百五十萬美元的邁巴赫半敞篷車、每瓶售價超過一千五百美元的十年老酒水晶香檳，以及售價數萬美元的徠卡相機。

炫耀性消費之所以歷久不衰，是因為人們會在意別人對自己的看法，而消費商品最能傳遞狀態訊號給別人。[1] 我們無法完完全全瞭解其他人，因此必須依靠穿著、駕駛的車輛和消費品，來推理他人的隱含屬性。如果看到某人駕駛名車，則可以推理此人十分富裕；捐款給慈善組織的人傳遞了慷慨訊號，因為自私的人不可能會捐獻；社群媒體上宣布自己擁有理論生物學博士學位，則是傳遞了智慧和敬業的訊號。幾乎所有行動都傳遞出某種程度的訊號。國會議員表決是否要對另一個國家發動戰爭或實施制裁，傳遞了意識型態訊號。有長期目標（譬如競選總統）的政治人物，可能會投票支持能傳遞最佳訊號的選項，而非能產生最佳政策的選項。

本章首先會研究**離散訊號傳遞模型**（discrete signaling model）。在離訊號傳遞模型中，個人只能選擇傳遞或不傳遞訊號，而每個人傳遞訊號的成本各有不同。如果訊號要產生實際作用，則必須有較高的傳遞成本且有足夠的證明力，這是本章最核心的重點。

例如，一位雇主夏天在西班牙巴塞隆納，多提供了一份採收李子的工作，雇主希望從一群履歷中皆表明會說西班牙語的新移工當中做篩選。然而，聲稱會說西班牙語是**無成本訊號**（costless signal），雇主較好的做法是設立一項語言徽章計畫，新移工若想在計畫中獲得徽章，則必須使用西班牙語進行一小時的演講。對於會說西班牙語的新移工來說，演講（傳遞訊號）的成本很低，但對於西班牙語不流利的新移工來說，將無法承受準備一小時演講的成本。

我們用訊號傳遞模型的正式說法：徽章**分離**（separating）了會說西班牙語和不會說西班牙語的新移工。

本章接下來會討論**連續訊號傳遞模型**（continuous signaling model）。連續訊號傳遞模型中，可以改變訊號的強度。例如，夏令營只能有一位獨木舟領隊，並希望能由耐力過人的成員來擔任。營長可能會要求兩位想要擔任獨木舟領隊的自薦者，在接下來十小時內，盡可能划獨木舟划得愈遠愈好。兩人中較強壯者可能會選擇划到競爭對手無法到達的距離，以便確定比賽能「分離」出兩人的實力。

離散訊號傳遞模型和連續訊號傳遞模型，都列出了訊號得以分離的條件。比起那些道聽途說、內幕消息，訊號傳遞模型藉由清楚說明人們在什麼條件下傳遞訊號、以及訊號成本高低的特性，將能提供更深入的洞見。例如：訊號傳遞模型將清楚解釋為什麼學生要充實學習歷程，以便傳遞自己值得上大學或醫學院的訊號。總結來說，本章將會討論訊號傳遞模型的貢獻和其他相關意義，同時也會討論訊號傳遞如何在生態學、人類學和商業活動中發生。

離散訊號

首先討論離散訊號傳遞模型。離散訊號傳遞模型中，人們會決定是否採取一項行動，例如：購買一支昂貴手錶來炫耀財富，就讀物理系來證明自己很聰明，或者橫渡英吉利海峽來證明自己很強健。人們無法選擇傳遞半個訊號，只能選擇傳遞訊號或不傳遞訊號。離散訊號傳遞模型假設兩種類型的人，分別代表**強類型**（strong type）和**弱類型**（weak type）。兩種類型可以對應到強健的陸戰隊學員和不夠強健的陸戰隊學員，也可以對應到會說兩種語言的員工和只會說一種語言的員工。

傳遞訊號的成本可能是陸戰隊學員需要參與一個月的魔鬼計畫，或者新移工需要進行西班牙語演講。根據個人的類型不同，訊號傳遞的成本也不同，例如：強健的陸戰隊學員完成魔鬼計畫的成本較低。

離散訊號傳遞模型假設所有傳遞訊號的人會公平分配總利益，這項假設可以用兩種方法解釋：第一種狀況是資源會平分給傳遞訊號的人，例如：所有捐款一千美元給學校的人（傳遞慷慨訊號），名字都會被刻在牆上；第二種狀況是從傳遞訊號的人（例如：陸戰隊魔鬼訓練過關的人和完成西班牙語演講的新移工）當中隨機選擇，給予資源。

離散訊號傳遞模型

人數 N 的群體中，包含 S 位強類型的成員和 W 位弱類型的成員，傳遞訊號的成本分別為 c 和 C，其中 $c < C$。

傳遞訊號的成員會平分利益 B（而 $B > 0$）。模型有三種可能結果：

混合（$C < B/N$）：兩種類型都會傳遞訊號。

分離（$c < B/S$ 且 $B/(S+1) < C$）：僅強類型會傳遞訊號。

部分混合（$c < B/N < C < B/(S+1)$）：強類型和某部分的弱類型會傳遞訊號。

離散訊號傳遞模型提出了三種形式的結果：一是**混合**（pooling），代表所有人都傳遞出相同的訊號；二是**分離**，代表不同類型的人傳遞不同的訊號；三是**部分混合**（partial pooling），代表某些類型彼此分離，某些類型則否。

離散訊號傳遞模型中也假設：個人會根據其他人的行動做出最佳選擇，即為將此模型當作一個賽局，並解出奈許均衡。

混合均衡（pooling equilibrium）中，每個人都會傳遞訊號，混合均衡發生在利益極高、且弱類型傳遞訊號的成本也不高的狀況，確切條件為「利益除以總人數」必須超過弱類型傳遞訊號的成本。例如，我們假設有人捐獻 100 萬美元獎學金給某一所高中，獎學金由 100 位畢業生平分。假設 50 位學生為弱類型、50 位學生為強類型，強類型學生每週只要自修兩小時就能順利畢業，但弱類型學生每週須自修十小時才有辦法畢業。強類型學生欲畢業的自修成本約為 2 千美元，而弱類型學生則為 5 千美元。如果 100 位學生都順利畢業，每位學生可分得 1 萬美元獎學金，根據假設，兩種類型的學生都應該努力自修。

但假設獎學金總額減少到 20 萬美元，則如果所有學生都畢業，每位學生只會分到 2 千美元，自修已不符合弱類型學生的利益，因此他們不會為了爭取畢業獎學金而努力自修，以求畢業。但對於強類型學生來說，自修依然能獲得畢業獎學金的利益，而在畢業時每個人將可分得 4 千美元。然而，4 千美元依然不足以誘發任何一位弱類型學生努力自修以求畢業（尚未滿足左頁灰色方框中的「部分混合」條件），因此，20 萬元獎學金贊助案會產生分離結果。

我們再假設獎學金總共有 40 萬美元，這種情況下，若每位學生都順利畢業，將可分到 4 千美元。但這金額仍少於弱類型學生的自修成本 5 千美元，因此弱類型學生應當不會努力自修，以求畢業。然而，如果所有弱類型學生都畢不了業，強類型學生每人會分得 8 千美元，這個金額對弱類型學生來說會產生誘惑力。奈許均衡下，會正好有 30 位弱類型學生和所有 50 位強類型學生一起畢業，總計共有 80 位畢業生，每位畢業生可分得 5 千美元獎學金，相當於弱類型學生的自修成本。這樣的結果稱為部分混合，因為只有部分弱類型學生混入強類型學生中。

部分混合均衡比另外兩種結果複雜得多，因為這需要弱類型學生之間進行協調。我們可以假設存在一種程序，程序中某些弱類型學生會告訴其他弱類型學生，自己將努力自修以求畢業。或者，我們可以假設弱類型學生付出有限的努力，能否畢業是隨機決定的，而平均來說會有30位弱類型學生畢業（雖然這種假設感覺較不可能出現）。

一般來說，我們應該將部分混合均衡當做基準，因為這是在人們選擇最佳行動時會出現的結果。但很可能須根據實際情況，才能決定部分混合均衡能否達成，特別是人們可否針對將要採取的行動，進行協調溝通。

連續訊號

離散訊號傳遞模型的部分混合均衡結果中，強類型可能會倍感挫折。如果強類型能夠傳遞更強烈的訊號，就可以和弱類型完全分離，並獲得更高報酬。若要將這種可能性納入模型中，則我們可以改變假設，並允許強類型選擇欲傳遞的訊號強度，這只需要稍微修改模型就能做到。

我們首先將離散訊號模型中的傳遞成本，重新詮釋為連續訊號模型中的每單位傳遞成本，然後假設無論傳遞多少單位的訊號，強類型的每單位傳遞成本都比弱類型還低。

若要在新模型（連續訊號模型）中產生分離，則強類型必須願意選擇對弱類型來說成本過高、但根據利益和成本計算依然值得傳遞的訊號量。我們完整推敲模型後會發現，即使並非全部，也會有部分強類型能把自己和弱類型分離開來。

出乎意外的，強類型人數愈多，必須傳遞的訊號量就愈少，這是因為強類型人數愈多，弱類型就愈難藉由傳遞訊號來獲利。分配利益的人數愈多，每個人分到的利益就愈少。完全分離的條件顯示，強類型的人數愈多、或是強類型傳遞訊號的成本遠遠低於弱類型的情況下，分離更可能發生。

連續訊號下的分離

在 N 個人的群體中，包含強類型 S 和弱類型 W，傳遞訊號的每單位成本分別為 c 和 C，且 $C > c$，傳遞最大訊號的人平分利益 B。

任何訊號大小 $M \geq B/SC$，可以分離強類型；如果 $CW \geq cN$，則可以分離出所有強類型；如果條件未達成，則會產生部分弱類型傳遞出訊號的部分混合均衡。[2]

連續訊號模型可以解釋為什麼昂貴手錶和珠寶可以做為財富訊號。而房子和車子雖然也能傳遞財富訊號，但人們無法隨身攜帶房子和車子。衣服雖然可以傳遞財富訊號，但可能無法產生完全分離，因為只需要幾百美元，普通人也可以擁有和富人相當的穿著。手錶和珠寶由於售價高昂，能夠很有效的用來傳遞訊號，貧窮或中產階級的人無法負擔一支就要上萬美元的手錶。戴上一支昂貴手錶，能證明自己十分富裕——有錢人得到的好處可能是更受到別人尊重，前提是人們認為有錢和某方面有重要關聯（雖然這個關聯可能會受到質疑）。

訊號的使用和價值

人們傳遞訊號是為了呈現出隱含屬性，讓其他人知道。人們會使用行動傳遞健康、財富、智慧和慷慨訊號，但有時候並不是為了傳遞訊號而採取行動，而是行動本身就額外傳遞了訊號。例如，單純為了享受跑步而參加馬拉松比賽的運動員，即便傳遞訊號並非運動員本意，也會傳遞出健康和毅力訊號。所以一個人選擇出席活動、熟練技能或購買商品，是出於個人興趣，還是為了傳遞某個類型的訊號呢？究竟是哪一種目的，我們可能十分難以區分。

不過，訊號傳遞模型倒是提供了經驗法則的另一種解釋，譬如大學文憑的價值。收入資料顯示，美國大學畢業生的薪水明顯高出非畢業生，我們可以推論是因為從大學學到的技能和知識帶來高收入。資料同時也顯示數學和科學相關學系的學生甚至能領到更高薪水，我們也可以推論為這些學系學到的技能有更高的經濟價值。然而，如果你仔細觀察數學系學生畢業後從事的工作，會發現幾乎不會用到微積分。此外，幾乎沒有任何工作面試會要求推導餘弦函數、或解釋波以耳定律。由此可推斷，不論是廣義的大學學位、或特定的科學學位或數學學位，都只是傳遞一個人「有能力學習知識」的訊號罷了。大學畢業生之所以領到高薪，完全來自學位傳遞訊號的價值，而非在學校中學到的技能和知識。[3]

想想成為醫師所需傳遞的訊號，學生必須通過物理、有機化學和微積分等等課程，才能成為醫師。但醫師看診需要用到微積分嗎？你有看過醫師檢查耳朵和鼻子後，在筆記本上寫下微積分算式嗎？這當然不會發生啊。大多數情況下，微積分知識對於成為一位醫師並不重要，但通過微積分課程是擁有「掌握大量知識的能力」訊號的絕佳傳遞方式。如此一來，儘管課程教材和成為醫師幾乎沒有直接關聯，通過微積分課程卻成為有用訊號。

建構人們傳遞訊號的制度或規則時，通常會希望：產生訊號的行動能代表某人已真正學會有用技能。例如，若要成為一位好醫師，必須有良好記憶力。醫學院要求考生記住每個國家的首都和貨幣名稱，認為這可以做為記憶能力的訊號。成功記住這些名稱，代表考生有良好記憶能力，但除此之外幾乎毫無實際用處。當你肚子痛跑到急診室時，根本不會關心醫師是否記得布拉提斯拉瓦是斯洛伐克的首都，但卻會希望醫師瞭解消化系統的各個部分。因此，醫學委員會要求醫師必須通過解剖學考試，通過解剖學考試不但傳遞了良好記憶力訊號，更重要的是，瞭解身體部位對於通過考試的人來說，也極為重要。因此，通過解剖學考試提供了**實用訊號**（functional signal）。

結論：盡可能讓訊號產生實用價值

訊號傳遞模型的應用範圍十分廣泛。先前已提到，雄孔雀美麗的羽毛傳遞強健訊號，除此之外，美麗的雀屏沒有任何實用價值，實際上，甚至還比毫無作用更糟糕。雄孔雀如果選擇長出強壯爪子會更實用，但雌孔雀難以從遠方注意到強壯爪子，所以在演化過程中，是由漂亮羽毛勝出。[4] 雄果蠅彩色的腹部及蚱蜢和鳥類的鳴叫聲，都與雄孔雀的羽毛有類似功能。鳴叫需要消耗能量，吃飽喝足的蚱蜢，才不需要獵捕食物，而有多餘力氣鳴叫。因此，鳴叫擁有訊號傳遞功能。

人類社會採用各種行動，來傳遞身強體健的訊號，人類學家已區分出三種代價高昂的訊號形式：**無條件慷慨**（unconditional generosity）、**浪費的維生行為**（wasteful subsistence behavior）和**工藝傳統**（craft tradition）[5]。生活在加拿大及美國西北地區太平洋岸的原住民，所舉辦的誇富宴（potlatch）儀式，就是傳遞慷慨訊號最為誇張的例子。誇富宴中為了慶祝出生或死亡，酋長會贈送或摧毀巨量財產，並且挑戰其他酋長贈送或摧毀相同價值的財產，酋長若無法做到，則會失去聲望。贈送物品對整體社會能帶來好處，但焚燒物資則十分浪費。

遠古的人們（通常為男人）選擇參與狩獵等等期望報酬低於採集種子和漿果的行為，就是浪費的維生行為。男人之所以選擇這類行為，是因為能受到額外敬重。成功的獵人傳遞強壯訊號和勇敢訊號，在其他狀況下，這樣的形象能產生實際作用。成功的採莓人傳遞視覺敏銳訊號和耐心訊號，當然也同樣是十分有用的特徵，但就不像獵龜技巧這類型的訊號容易讓人預測健康程度。人類學家研究了居在在澳洲北方島群梅里亞姆人（Meriam），發現男性獵龜人在五十歲時存活的後代數量，超過非獵龜人後代數量的兩倍。[6]

類似現象還有工藝傳統，製作工藝品需要付出大量時間和資源。這些活動可以製造出毯子之類的有用物品，當然也會製造出幾乎沒有實用價值的儀式物品。部分人類學家將這些創作行為視為訊號傳遞，這類物品可能被賦予重要文化意義，而不需要有實際功用。

某些廣告也被解釋為昂貴的訊號傳遞方式。公司會購買昂貴的美式足球超級盃的廣告，來傳遞正派公司訊號。昂貴廣告意味著公司相信消費者喜愛自家產品的程度，能讓公司從利潤中賺回廣告成本。

例如：想像兩家製造商分別推出一款新咖啡機，其中一家製造商知道自家產品的品質優良，而另一家製造商知道，雖然工程師已經使盡全力，但產品依然常常故障，讓消費者無法滿意。第二家製造商預期產品會有 20% 的退貨率。一年當中可能有數百萬人購買咖啡機，如果沒有廣告因素，兩家公司應當會平分市場。

假設生產優良商品的製造商，花費兩百萬美元投入廣告，來傳遞產品品質訊號。這家製造商認為借助廣告，早期購買者會購買自家產品，而長期下來則會因口碑良好，帶來更多銷售量。製造商腦中可能建構了某種版本的波利亞過程模型。相反的，生產不良產品的製造商通常就不會購買昂貴廣告，因為自家產品不太可能有巨大銷售量。花費大量資金來傳遞產品的品質訊號，有時稱作**燒錢**（burning money），燒錢吸引消費者，和雄孔雀羽毛吸引異性有相同效果。

上述所有案例中，傳遞訊號都需要成本。傳遞訊號的人會發現，讓別人瞭解自己更有錢、更有能力、甚至更慷慨而得到的好處，會因為傳遞訊號的成本而減少。此外，花費在傳遞訊號上的時間和精力可視作機會成本，這些資源本來可以用在其他地方，也很可能創造更高的社會利益。

例如：青少年可能會花費數小時決定要穿哪件衣服，只為了傳遞社會意識訊號，或者花費時間在無生產力的活動上，只因為相信如此做，能提高進入菁英大學的機會。

為了減少傳遞訊號花費的社會成本，人們會試著盡可能讓訊號產生實用價值。例如：引導年輕人加入球隊，讓他們既可以傳遞出身體健康訊號和勇敢訊號，還可以學習運動家精神和集體利益的規則，並藉此避免年輕人冒著死亡危險，跳下摩托車來展現自我。

如同我們先前提到，要求醫師記憶人體解剖學，可比要求醫師記憶托爾金（J. R. R. Tolkien）的精靈語，有用許多。但無論如何努力，浪費資源的訊號傳遞方式依然層出不窮。我們的挑戰是使用模型——特別是機制設計工具，來建構制度和規定，讓人們傳遞的訊號盡可能產生實用價值。

第 26 章
學習模型

持續不斷學習的渴望，是我們應當養成的最重要態度。

—— 杜威（John Dewey），美國教育家

本章將研究**個人學習模型**（individual learning model）與**社會學習模型**（social learning model），我們會將這兩種模型各應用在兩個情境中，第一個情境為在一組選項中學習找出最佳選擇，此情境下，個人學習模型和社會學習模型都會收斂到最佳選擇，不同的學習規則只會影響收斂速度。在第二個情境，我們會把學習規則運用到賽局中的行動——賽局中，行動得到的報酬取決於其他玩家的行動。此情境中，個人學習模型和社會學習模型都偏好**風險趨避**的平衡結果，而非效率結果。我們也會發現個人學習和社會學習不一定會產生相同結果，且無論個人學習或社會學習都無法在所有環境下皆產生較佳結果。

這些發現支持我們使用多模型方法來呈現行為。學習模型的假設位於以下兩種模型之間：人們會仔細考量情境或賽局邏輯後、採取最佳行動的**理性決策模型**（見第 60 頁），以及根據規則採取行動的**規則為本模型**（見第 66 頁）。學習模型的確假設人們會遵循規則，但這些規則會導致行為的改變。在某些案例中，行為會收斂到理想行為，因此在這些案例中，學習模型能用來合理解釋人們的最佳化行為。然而，學習模型不見得一定會收斂到平衡狀態，也可能產生循環狀態或複雜狀態的結果。如果學習模型會收斂，則會收斂到特定的平衡狀態。

本章首先會說明**強化學習模型**（reinforcement learning model），並應用到選擇最佳行動的問題上，模型會強化較高報酬的行動，長期下來，學習者只會採取最佳行動。這是最基礎的模型，能提供瞭解學習模型所需熟悉的要點。強化學習模型和實驗資料極為相符，而且不只能應用在人類身上，包含海蛞蝓、鴿子和老鼠都會強化成功的行動。事實上，相較於擁有超過 850 億個神經元的人類，強化學習模型更適用於僅有不到 2 萬個神經元的海蛞蝓。人類的神經元數量如此龐大，會讓人們在學習時考量到與事實不符的狀況，但是強化學習模型未能涵蓋這種狀況。

接下來則會介紹社會學習模型。在社會學習模型中，每個人都會從自身的選擇和他人的選擇中持續學習，往往會模仿最多人採用或高於平均表現的行動或策略。社會學習需要觀察和溝通，某些物種透過**共識主動性**（stigmergy）產生社會學習。共識主動性是一種過程，指的是「成功的行動會留下痕跡或殘留物，給其他成員追蹤」，例如：走過山脈的山羊會留下踐踏過草地的痕跡，強化了前往水源或食物的路徑。

本章的第三部分，將會把兩種學習模型都應用到賽局中。先前已提過，賽局提供了更複雜的學習環境，相同行動可能在某個回合產生高報酬，卻在另一個回合產生低報酬。一如預期，我們將會發現：無論是社會學習模型或個人學習模型，都可能無法收斂到效率平衡狀態，而且兩種學習模型也會產生不同的結果。本章的第四部分，將會帶出更複雜的學習規則。[1]

個人學習：強化

在強化學習模型中，人們會根據行動的權重而選擇採取哪一種行動，高權重的行動比起低權重的行動更常被採用。行動分配到的權重，取決於個人過去採取該行動獲得的報酬。高報酬行動的強化，將導致個人做出較佳的行動。此處我們想探討的問題是：強化學習是否會收斂到只會選擇最高報酬的選項。

我們一開始可能會認為，人們理所當然會選擇報酬最高的選項，如果報酬可以使用數字形式來表示，例如時間或金錢，則能預期人們會選擇最高數字的選項。第 4 章〈建構人群行為模型〉曾採用了這條思路，提出人們會選擇最短路徑前往洛杉磯工作（見第 70 頁）。

但一般來說，報酬並非數字形式，此時人們就必須依靠記憶來做出決定。例如：我們在一家韓式餐廳吃午餐，發現泡菜很美味，則之後很可能會選擇再來這裡用餐；星期一在慢跑前一小時吃了一片燕麥餅乾，發現跑了十公里依然能維持體力，如果星期三慢跑前同樣吃了一片燕麥餅乾，也發現對運動表現有幫助，則我們會增加這項行動的權重，因為學習到吃燕麥餅乾能維持體力，提升運動表現。

其他物種也會使用相同的學習方式，桑代克（Edward Thorndike）是二十世紀初期研究學習的心理學家，他曾進行一項實驗，實驗對象是貓：貓若拉下手柄，逃出盒子，則可以獲得魚做為獎勵；如果把逃出的貓重新關回盒子，則貓能在幾秒鐘內就再次拉下手柄。桑代克的資料呈現了連續實驗過程，他發現如果增加貓（和人類）達成任務的報酬，則會學習得更快，桑代克稱這種現象為**效果律**（law of effect）。[2] 效果律可以使用神經系統來解釋，重複活動會建構在未來誘發相同行為的神經反應途徑。桑代克也發現，如果獎勵愈讓受試者感到訝異，也就是遠遠超越過去的報酬或預期的報酬，則人們會學習得更快，這個現象稱為**驚訝原則**（surprise principle）。[3]

強化學習模型

一組選項 {A, B, C, D, ⋯ N} 有相對應的報酬 { π (A), π (B), π (C), π (D), ⋯ π(N)} 及一組嚴格的正權重 {w(A), w(B), w(C), w(D), ⋯ w(N)}，則選擇 K 選項的機率，如下式所示：

$$P(K) = w(K) / [w(A) + w(B) + w(C) + w(D) + \cdots + w(N)]$$

選擇了選項 K 之後，w(K) 會增加 $\gamma \cdot P(K) \cdot [\pi(K) - A]$，

其中，γ 為**學習速度**（learning rate）[4]，γ 大於 0，

A 為**激勵水準**（aspiration level），A 小於 $\max_K \pi(K)$。

強化學習模型中，特定選項分配到的權重，會根據選項的獎勵超乎預期的程度來調整——這個預期的程度，稱為**激勵水準**。強化學習模型的建構方式，同時嵌入了效果律（我們會較常採取可產生較高報酬的行動）和驚訝原則（我們增加到選項的權重，取決於報酬超出激勵水準的程度）。[5]

請注意，激勵水準必須至少低於其中一個選項的報酬，否則無論選擇哪一個選項，在未來都會變得更不可能選擇這個選項，最後所有選項的權重都將歸零。而如果激勵水準至少低於其中一個選項，則最終幾乎所有權重都會落在最佳選項上。這是因為每次選擇了當時的最佳選項時，這個最佳選項的權重會增加最多，因此最佳選項將得到較大的強化。

此外，即使我們把激勵水準設為低於所有選項的報酬，依然會得到相同的結果，這種情況下，每個選項被選擇時都會增加權重，因而模型會呈現**習慣化**（habituation）現象，習慣化代表我們之所以選擇做某件事，只是因為過去曾做過這件事。

即使激勵水準很低，最高報酬的選項增加權重的速度也會最快，長期下來最佳選項還是會勝出，然而，收斂到最佳選項的時間也會加長。如果增加更多選項，也會得到類似結果，選項愈多則收斂時間會相對增加。

為了避免模型過於複雜，我們可建構**內生的激勵**（endogenous aspiration）。內生的激勵將模型進行修正，讓激勵水準隨著時間調整到與平均報酬相等。想像家長想學習瞭解小孩究竟喜歡蘋果煎餅、還是香蕉煎餅，假設蘋果煎餅報酬為 20、香蕉煎餅報酬為 10，並將兩個選項的初始權重皆設為 50、學習速度為 1、且激勵水準為 5。假設家長第一天做了香蕉煎餅，香蕉煎餅的權重將會增加 2.5（$= 1 \times 50/(50+50) \times (10 - 5) = 1 \times 0.5 \times 5$），變成 52.5。再假設第二天家長又做了香蕉煎餅，這時候，新的激勵水準將等於 10（因為第一天得到的平均報酬為 $10/1 = 10$），也就等於香蕉煎餅的報酬了，因此香蕉煎餅的權重不會再增加。

假設在第三天，家長做了蘋果煎餅，產生報酬 20，這比最新的激勵水準 10（$= (10+10)/2$）還高出 10，因此，蘋果煎餅的權重將會增加 4.9（$= 1 \times 50/(50+52.5) \times (20 - 10) = 1 \times 0.49 \times 10$），變成 54.9，這就讓蘋果煎餅成為更可能被選擇的選項。蘋果煎餅的報酬較高，也會增加這三天的平均報酬，因此最新的激勵水準將會變成 13.33（= (10+10+20)/3），已經高於香蕉煎餅的報酬 10。所以，隔天家長若是選擇做香蕉煎餅，則香蕉煎餅的權重會減少（= 1×52.5/(54.9+52.5)×(10 − 13.33) = 1×0.49×(− 3.33) = − 1.63）。因此，強化學習最終會收斂到只選擇蘋果煎餅。

我們可以證明出，強化學習將會以百分之百的機率，收斂到只會選擇最高報酬的選項，這意味著相較於其他選項的權重，最佳選項的權重將會變得無比巨大。

強化學習的運作原理

在**學習最佳選項架構**（learning-the-best-alternative framework）中，強化學習的激勵水準若一直等於平均報酬，最終人們幾乎總會選擇最佳選項。

社會學習：模仿者動態

強化學習模型假設每個人獨立決定學習的行動，但其實人們也會觀察別人的行為來學習。**社會學習模型**假設每個人可以觀察到其他人的行動和報酬，這種現象會加速學習速度。

模仿者動態（replicator dynamic，又稱為複製動態）是學者研究最多的社會學習模型。模仿者動態模型假設個人採取一項行動的機率，等於行動報酬和流行程度的乘積。行動報酬可以想像為**獎勵效應**（reward effect），流行程度則為**從眾效應**（conformity effect）。[6]

模仿者動態模型通常會先假設群體的數量無限，下一步則是把採取的行動描述為所有選項的機率分布。在模仿者動態模型的標準結構中，時間以離散方式（不連續的方式）前進，以便藉由機率分布的改變，來呈現學習現象。

模仿者動態

一組選項 {A, B, C, D, … N} 有相對應的報酬 { π (A), π (B), π (C), π (D), … π (N)}，週期 t 時，群體行動可以寫成 N 個選項上的機率分布：

$$〔P_t(A), P_t(B), P_t(C), P_t(D), \cdots P_t(N)〕$$

機率分布會根據以下的模仿者公式來改變：

$$P_{t+1}(K) = P_t(K) \cdot \left(\frac{\pi(K)}{\bar{\pi}_t}\right)$$

其中，$\bar{\pi}_t$ 等於在週期 t 的平均報酬。

舉個例子來說明。我們考量某個家長社群，所有家長都必須在蘋果煎餅、香蕉煎餅和巧克力煎餅之間做選擇。假設所有小孩都有相同偏好，而三種煎餅分別可產生 20、10 和 5 的報酬。假設一開始 10% 的家長做了蘋果煎餅、70% 的家長做了香蕉煎餅、20% 的家長做了巧克力煎餅，則平均報酬會等於 10。應用模仿者公式後，在第二週期選擇這三種選項的機率，各如下表所示：

選項	π	P_1	$\pi/\bar{\pi}_t$	P_2
蘋果煎餅	20	0.1	20/10	0.2
香蕉煎餅	10	0.7	10/10	0.7
巧克力煎餅	5	0.2	5/10	0.1

在第二週期選擇做蘋果煎餅的家長，會是第一週期的兩倍，這是因為蘋果煎餅的報酬為平均報酬的兩倍；而做巧克力煎餅的家長人數則只剩一半，因為做巧克力煎餅的報酬為平均報酬的一半。至於做香蕉煎餅的報酬，因為與平均報酬相等，所以做香蕉煎餅的家長人數維持不變。加總三種選項的改變，會發現平均報酬增加為 11.5。

如同先前提到，模仿者動態模型包含從眾效應（愈受歡迎的選項，愈容易被模仿）和獎勵效應。長期下來，主要是獎勵效應影響最終結果，因為高報酬選項的選擇人數占比，相對於低報酬選項會不斷成長。模仿者動態模型中，平均報酬的作用就類似強化學習模型中，會不斷調整到平均報酬的激勵水準。兩者唯一差異在於：模仿者動態模型中為計算群體的平均報酬，而強化學習模型中的激勵水準等於個人的平均報酬。此外，由於群體提供了更大的樣本，路徑依賴對於模仿者動態的影響，會比強化學習還低。

建構模仿者動態模型時，我們假設初始狀態中的每個選項都有人選擇。由於最高報酬的選項永遠會產生高於平均的報酬，而且選擇最高報酬選項的人數也會在各週期逐漸增加，最終，模仿者動態會收斂至整個群體都選擇了最佳選項。[7] 因此，在學習最佳選項的設定下，無論個人學習或社會學習，都會收斂到最高報酬的選項。不過，在賽局中卻並非如此。

群體成員相互模仿，選擇了最佳選項

有限選項中，人們會學習選擇最佳選項。群體人數無限的模仿者動態模型，會收斂到整個群體都選擇最佳選項。

油老虎賽局中的學習

接下來，我們要把強化學習模型和模仿者動態模型，應用到賽局中。[8] 請回想一下在賽局中，玩家報酬取決於自身的行動與另一玩家的行動。特定行動的報酬，例如囚犯困境中的合作行為，會根據另一位玩家的行動不同，而可能在某個週期產生高報酬，但在下一個週期卻產生低報酬。

我們首先要介紹**油老虎賽局**（Guzzler Game）。油老虎賽局為兩玩家賽局，玩家必須選擇開省油車或耗油的車。選擇開耗油車總是得到報酬 2 點；而選擇省油車，在另一位玩家也選擇省油車時，會得到 3 點報酬，這是因為兩位玩家都會有較好的駕駛視野、車輛更省油，而且不用擔心被巨大、耗油的油老虎給撞上；但如果另一位玩家選擇開耗油車，則開省油車的玩家報酬會降至 0，因為他必須時時刻刻提心吊膽，深怕被油老虎撞上。圖 26.1 呈現了油老虎賽局的各種相對報酬。

	耗油車	省油車
耗油車	2, 2	2, 0
省油車	0, 2	3, 3

圖 26.1　**油老虎賽局**

油老虎賽局有兩個**純策略奈許均衡**（pure strategy Nash equilibria）：兩位玩家都選擇開省油車，或者兩位玩家都選擇開耗油車。[9] 兩位玩家都選擇省油車，會產生較高報酬，此為效率平衡。

我們首先假設兩位玩家都使用強化學習，圖 26.2 顯示了四次數值實驗的結果（各項行動的初始權重設定為 5、激勵水準為 0、且學習速度 γ 為 1/3，橫軸的數字為週期數）。全部四次數值實驗的結果中，兩位玩家都學習到應選擇耗油車（如圖 26.2 所示，在第 97 週期以後，選擇耗油車的占比已趨近於

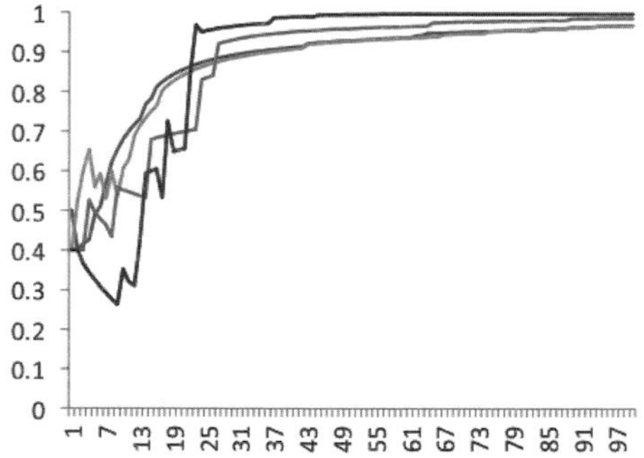

圖 26.2　**選擇耗油車的機率（油老虎賽局的強化學習結果）**

1，即 100%），也就是低效率的純策略奈許均衡。

若要瞭解結果出現的原因，只需要觀察報酬即可。開耗油車總是獲得報酬 2 點，開省油車有時獲得報酬 3 點、有時獲得 0 點。根據假設，兩種行動在初始群體中出現的機率相等，因此，開省油車只會產生 1.5 點的平均報酬，而開耗油車則一定會獲得 2 點報酬。而且隨著愈多玩家選擇耗油車，選擇省油車的玩家報酬又會降得更低。

接下來我們把模仿者動態模型，應用到油老虎賽局中。我們仍然假設一開始群體中選擇耗油車和省油車的人比例相同，並假設每位玩家都會和群體中所有人進行一輪賽局。由於選擇耗油車的玩家會獲得較高報酬，而且一開始選擇兩種車的人數相同，所以在第二週期中會有更多人選擇耗油車。[10] 再次應用模仿者公式，我們發現：選擇耗油車的玩家人數同樣會增加。持續應用模仿者公式的結果，會造成整個群體都選擇耗油車。

圖 26.3 顯示 100 位玩家的四次離散模仿者動態模擬結果。藉由假設群體的人數無限，我們可以引入小量隨機因素，採用各項行動的人數比例可能不會剛好等於模仿者公式所計算出的數字。在四次模擬中，所有玩家僅僅在七個週期後，就都選擇開耗油車。因為無論是從眾效應或獎勵效應，都促使人們在第一週期之後陸續選擇耗油車，例如當 90% 的玩家選擇了耗油車，選擇省油車玩家的報酬不到選擇耗油車玩家的六分之一，所以收斂很快就發生了。

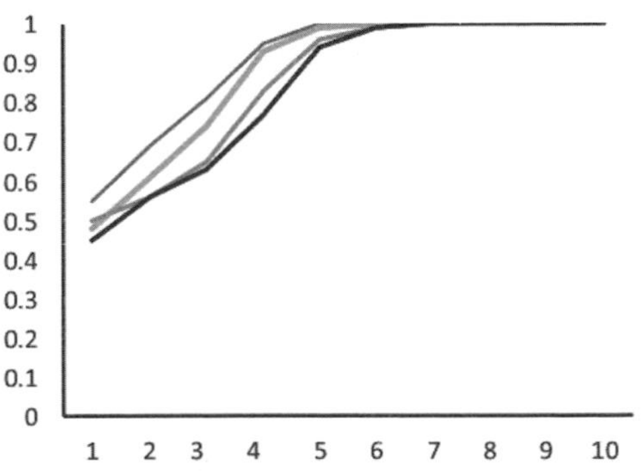

圖 26.3　選擇耗油車的機率（100 位玩家的模仿者動態）

從眾效應加強了獎勵效應，使得社會學習比起個人學習快速許多，個人學習則需要花費 100 個週期，才能達到 99% 的玩家選擇耗油車。

油老虎賽局中，在每位玩家選擇省油車和耗油車機率相等下，耗油車會產生較高報酬，所以兩種學習模型都會收斂到選擇耗油車。選擇耗油車的行動稱為**風險優勢**（risk dominant），兩種學習模型都偏好風險優勢平衡，而非效率平衡。接下來，我們要建構一個兩種學習模型分別收斂到不同平衡的賽局：善惡賽局（Generous/Spiteful Game，慷慨／惡毒賽局）。

善惡賽局

善惡賽局建立在已受到無數分析的人類行為問題上：人們比較在乎絕對報酬、還是相對報酬？如果你偏好「在所有同事領到 15,000 美元獎金時，你也可領到 10,000 美元獎金」，勝過「所有同事僅領到 5,000 美元獎金時，你可以領到 8,000 美元獎金」，則你較重視絕對報酬；若是你寧願領少一點獎金，也要比所有同事領到更多獎金，則你較重視相對報酬。惡毒男人與神燈的故事，正好能呈現出極端的相對報酬偏好。

惡毒男人與神燈

一位惡毒男人在考古探險中，發現一盞神燈。男人摩擦神燈後，精靈出現了，精靈說：「我會實現你想達成的一個願望，且因為我是仁慈的精靈，我將會賜給所有你認識的人你所許願望的兩倍。」男人思考著精靈說的話，然後拿起一支樹枝說：「刺瞎我的一隻眼睛吧。」

惡毒男人採取了自己獲得低絕對報酬、卻是高相對報酬的行動。[11] 外交事務上也存在相同的緊張關係，例如：新自由主義者相信，國家應當在軍力、經濟繁榮和國內穩定上，都把絕對報酬最大化；但另一派新現實主義者相信，國家應當更重視相對報酬，寧可擁有低絕對報酬，也要比敵人更強大。新現實主義者沃爾茲（Kenneth Waltz）在冷戰達到高峰時，曾寫下：「美國最關心的不是國力最大化，而是保持兩國國力的相對高低。」[12] 新現實主義者聲稱，在冷戰高峰時期，如果蘇聯或美國有機會摩擦神燈，兩國都會將樹枝交給精靈，讓精靈先刺瞎自己的一隻眼睛。

我們可以在 N 人賽局中，嵌入「絕對利益和相對利益衝突」的設計。賽局中有兩種行為，分別為：能增加每位玩家絕對報酬的慷慨行為，以及只會增加自己報酬的惡毒行為。這種善惡賽局和集體行動賽局不同，集體行動賽局中的慷慨行為需要付出成本（見第 23 章〈三個集體行動問題〉），但善惡賽局中的慷慨行為並不需要付出成本。[13] 下面的灰色方框中，呈現了慷慨行為與惡毒行為的報酬。慷慨行為是優勢策略，無論其他玩家選擇哪種行為，選擇慷慨行為都能讓自己獲得較高的絕對報酬。然而，就全體玩家平均來說，選擇惡毒行為能讓自己獲得相對較高的報酬。

這兩句論述，乍看之下好像互相矛盾，其實一點都不衝突。選擇慷慨行為可以提高自身的絕對報酬 3 點，但同時也會提高所有其他玩家的報酬 2 點；選擇惡毒行為的玩家提高自身的絕對報酬 2 點，但並不會提高其他玩家的報酬。每位玩家若選擇慷慨行為，都能提高自身的報酬，但是若選擇惡毒行為，雖然會讓自己的報酬少了 1 點，但卻能讓其他玩家的報酬都少了 2 點。惡毒行為能更大幅度的降低其他玩家的報酬，正是善惡賽局的關鍵假設。

如果把強化學習模型應用到善惡賽局中，玩家會學會選擇慷慨行為。若要

善惡賽局

N 位玩家各自選擇慷慨（G）或惡毒（S）行動。

$$\text{報酬}(G, N_G) = 1 + 2N_G$$

$$\text{報酬}(S, N_G) = 2 + 2N_G$$

瞭解原因，首先假設眾多玩家已經快要收斂到平衡，有 N_G 位玩家選擇了慷慨行為。此時惡毒玩家獲得報酬 $2 + 2N_G$，這將是惡毒玩家的激勵水準。如果惡毒玩家有很小的機率選擇慷慨行為，則會獲得超過激勵水準的報酬 $1 + 2(N_G + 1) = 3 + 2N_G$，因而惡毒玩家之後更有可能選擇慷慨行為。持續應用這邏輯推理，會發現所有玩家都將學會採取慷慨行為。

但如果是把模仿者動態模型應用到善惡賽局中，我們會發現群體將學習到採取惡毒行為——根據模仿者公式就能推導出這個結果。在各週期中，選擇惡毒行為的玩家比起選擇慷慨行為的玩家，都能獲得更高報酬，因此，選擇惡毒行為的玩家在每個週期的占比都會增加。

上述發現凸顯了個人學習和社會學習的關鍵差異：個人學習引導人們選擇較佳行動，因此人們會選擇優勢行動；社會學習引導人們選擇相對於其他行動表現較佳的行動。大多數情況下，這些行動也同樣會產生較高報酬，但在善惡賽局中並非如此，善惡賽局中的惡毒行為有高於全體玩家平均的報酬，但慷慨行為卻是優勢策略。請注意：我們的分析得出一個頗為矛盾的發現，即人們若採取個人學習，會更容易學到慷慨行為；若採取社會學習，會更容易學到惡毒行為，這是因為在社會學習中，人們會模仿其他表現較佳的玩家的行動。

這裡可以先停下來，回想一下第 4 章〈建構人群行為模型〉中，「規則為本模型」提到的論點。那麼，模仿者動態可以視為一種「適應規則」模型呢？還是該視為「某些固定規則之間的競爭或選擇（優勝劣敗）」的結果呢？如果認為模仿者動態是某些固定規則的淘汰賽，則「無惡不作」這條固定規則顯然最占優勢。固定規則淘汰賽的結果，不一定會產生合作行為，這項結果和我們研究重複囚犯困境時，發現重複賽局會導致合作的結果相反。

學習模型需要不斷修正

我們已經看到，個人學習和社會學習在一組固定選項中，都能找到最佳解決方案，但應用到賽局中，卻會產生不同的結果。然而，兩種情境下的結果不一致，卻是一項優點。請想像有一個巨大集合，包含所有可能的賽局，再想像第二個集合包含所有學習模型。我們可以將第二個集合中的每個學習模型，應用到第一個集合的每個賽局中，並評估績效。接下來，可以將所有賽局區分為兩組：學習模型產生效率結果和學習模型未產生效率結果。我們也可以觀察實驗數據，並且評估每一種學習模型預測實際行為的準確度。分析過程中無疑會發現意外的結果：每一種學習模型在某些賽局中會產生效率結果，但在另一些賽局又會產生低效率結果，而每一種學習模型能準確描述行為的情境也不同。這就是為什麼，本書不斷提倡使用多模型。

本章討論了兩個典型的學習模型，這兩個模型都只有一些可變動的條件。本章的目的只是要為「學習模型」這個龐大而令人興奮的研究主題，提供簡單的介紹，所以並未在這兩種學習模型中加入更多細節。如果加入更多細節，當然更能夠擬合實驗數據和實證資料。

例如在強化學習模型中，我們假設：個人是根據報酬是否超過激勵水準，來對選項或行動增加權重（或減少權重）。個人並不會對未採取的行動增加權重，也就是說，人們並不會增加「尚未做過、但能帶來高報酬的行動」的採行機率。

這樣的假設並不適用於所有案例。考量一位決定休假時不隨身攜帶手機的員工，員工度假時老闆打來一通電話，想詢問一個重要問題，員工錯過了電話，也因此錯失了升遷機會。在強化學習模型中，員工並不會在「未來度假時務必攜帶手機」這個選項增加權重。**羅思—艾勒夫學習模型**（Roth-Erev learning model）修正了強化學習模型，使得「未選的選項」仍會根據假設的報酬，而獲得權重。本例中，員工就會在「度假時攜帶手機」選項上，加上更多權重。

這項修改創造出**基於信念的學習**（belief-based learning）規則。未選的選項增加的權重大小，由實驗參數決定。實驗參數愈大，則個人愈會考量其他行動的影響，且增加愈多其他行動的權重。諾貝爾經濟學獎得主羅思（Alvin Roth）和以色列行為經濟學家艾勒夫（Ido Erev）同時也把考量過去結果的影響降低，因為羅思和艾勒夫認為其他玩家也在學習，策略很可能也會改變。[14]

這些額外假設既符合直覺，也得到實證支持，但並無法擬合所有狀況。如果重新回顧家長做煎餅的例子，「增加未選的選項的權重」意味著在家長做好香蕉煎餅後，蘋果煎餅會得到額外權重，增加的權重與蘋果煎餅能得到的報酬成正比。但這項假設只有在家長知道蘋果煎餅的報酬時才會成立，而這只會在人們可以看到或憑直覺得知未選的選項的報酬時，才有可能實現。

行為經濟學家卡梅爾（Colin Camerer）與決策科學家何德華（Teck-Hua Ho）共同建構了一種經驗加權的學習模型，他們在模型中引進一個函數形式，可同時包含強化學習和基於信念的學習，兩者皆為函數的其中一種特例，函數利用一個可擬合資料的參數，來決定兩種類型的學習規則的相對強度。[15] 結合不同模型的能力是掌握多模型的動能之一，也就是說，因為結合模型會增加參數的數量，所以勢必導致較佳的擬合。但即使去除掉參數增加帶來的影響，卡梅爾和何德華的模型依然產出了更好的預測和更深入的解釋。

建構學習模型的過程中，產生許多挑戰。在一個情境中極為適用的學習模型，不見得也能良好呈現另一個情境。此外，人們學習到的行動可能取決於初始信念，同樣情境下不同的兩人可能學習到不同行動，不同情境下的同一個人也可能學習到不同行動。因此，即使我們能建構準確的學習模型，仍然會面對**可利用性原則**（exploitability principle）問題：如果模型能解釋人們如何學習，其他人就可以應用模型來預測（甚至利用）這些知識。不過，很有可能人們會學習到不要受到利用，因此原本的學習模型就不再準確了。

這個現象在先前提出盧卡斯批判（見第 71 頁）及分析效率市場假說（見第 183 頁）時，就曾討論過。我們無法認定人們有能力學習，就能採取最佳行動，只能假設學習會淘汰差勁行動，讓人採取較佳行動。

文化影響勝過策略影響嗎？

此處將應用感染模型和學習模型，來解決組織理論中，長久以來認為文化影響勝過策略影響的說法。[16] 簡而言之，組織理論中聲稱：策略誘因無法改變行為，因為文化的拉力，也就是現存的習慣和信仰，影響太過強大。但經濟學家卻提出相反論點，認為誘因會導致行動。

我們要用條件邏輯來分析這些相反的立論。首先應用其中一種版本的網路感染模型。模型中，執行長宣布一項新策略，並且提供改變能帶來好處的證據。執行長甚至可能重新定義組織的核心原則，以便對應這項新行為。接著，組織中每位成員再根據執行長提出的理由是否有足夠說服力，選擇是否接受這項行為。一開始有部分成員接受這項新策略，然後當這些成員接觸到工作網路中的其他成員時，會繼續推廣新策略。然而同時也存在反抗新策略的力量，會造成成員拒絕接受新策略。

三項決定新策略是否能傳播出去的要素為：接觸機率（$P_{contact}$）、傳播機率（P_{spread}）和放棄機率（$P_{abandonment}$），正好對應到基本傳染數 R_0 的公式：

$$R_0 = \frac{P_{spread} \cdot P_{contact}}{P_{recover}}$$

公式中的復原機率（$P_{recover}$），現在要改成放棄機率（$P_{abandonment}$）。

如果我們加入超級傳播者的可能性，則可以推論出在以下三項條件任一項成立時，文化影響會勝過策略影響：

一、成員不相信新策略；

二、成員很快放棄新策略；

三、新策略推廣者並沒有與工作網路產生良好的連結。

如果三項條件都不成立，則策略會勝過文化。

第二個模型把模仿者動態應用到**文化／策略賽局**（Culture/Strategy Game）中。這種賽局是在模擬一組員工之間的互動，其中包含兩種行動：維持原本做法的**文化行動**（cultural action）和**創新策略行動**（innovative strategic action）。假設執行長建構的報酬為：兩位員工如果都選擇創新策略行動時，則會獲得較高報酬，但若只有一位員工選擇創新策略行動，則選擇創新策略行動的員工會獲得較少報酬。

	文化	創新策略
文化	200, 200	220, 180
創新策略	180, 220	300, 300

文化或策略賽局

賽局有兩個純策略奈許均衡：一個是雙方都選擇創新策略行動（策略勝過文化），另一個是雙方都不選擇創新策略行動（文化勝過策略）。

如果執行長真心想要推動創新策略，他應該要讓任何一種情況下，選擇創新策略行動的員工獲得的報酬，都要高於選擇文化行動的員工。如果我們寫下模仿者動態學習模型，就會發現：執行長需要足夠的初始接受者，才能成功推廣創新策略。從文化／策略賽局可證明出，如果初始接受者，也就是在第一週期接受創新策略的成員比例未超過 20%，則文化會勝過策略。[17] 如果提高創新策略行動的報酬，則就算初始接受者比例更低，依然可以達到效率結果。

這兩個模型顯示出，「文化勝過策略」和「人們會對誘因做出反應」兩個相反的說法可以在不同條件下成立。根據傳染模型，執行長若充滿魅力，且有能力說服網路連結緊密的員工，就能夠推行創新策略。而根據文化／策略賽局模型，文化將會勝過疲弱誘因，但會敗給強大誘因。

第 27 章
多臂拉霸機問題

我擅長把球打過網、並落在界內，這個動作完全能完美做到。

── 小威廉絲（Serena Williams），網壇名將

本章在學習最佳選項的問題上，要再加上不確定性，建立一類稱為多臂拉霸機問題（multi-armed bandit problem，又稱為多臂吃角子老虎機問題）的模型。多臂拉霸機問題中，選擇選項得到的報酬將以分布（而非固定值）來呈現。多臂拉霸機問題可以應用到現實世界的許多狀況，任何必須在不確定報酬的行動中做選擇的情境，包含：製藥公司的藥物試驗、廣告投放地點的選擇、應採用哪一種科學技術、是否允許在教室使用筆電，甚至大到選擇想要精進的職業，都可以使用多臂拉霸機問題來模擬。[1]

人們面對多臂拉霸機問題時，必須針對各個選項進行嘗試，來瞭解報酬的分布。多臂拉霸機問題的這項特色，產生了**探索**（exploration，尋找最佳選項）與**利用**（exploitation，選擇目前為止已知報酬最佳的選項）之間的取捨。要在探索與利用之間找到最佳平衡，需要許多複雜的規則和行為。[2]

本章包含兩部分，章末會討論模型的應用價值。第一部分說明多臂拉霸機問題的其中一種特殊類型：**白努利拉霸機問題**（Bernoulli bandit problem），問題中的每個選項都是一個裝有未知比例的灰球和黑球的白努利甕。我們將會說明和比較一些**啟發法**（heuristics，依據有限知識，在短時間內找到問題的解決方案），然後呈現這些解決辦法如何改善藥物治療、廣告計畫和教學策略的比較測試。

第二部分說明更一般化的多臂拉霸機模型，模型中的報酬分布可為任何形式，而且決策者瞭解各選項的報酬的**事前分布**（prior distribution）。我們也會探討如何計算出可決定最佳選項的**吉丁斯指數**（Gittins index）。

白努利拉霸機問題

我們要討論的第一類多臂拉霸機問題，其中的每個選項都有固定機率可產生成功的結果。這一類多臂拉霸機問題，相當於從多個裝有不同比例的灰球和白球的白努利甕中做出選擇，因此稱為白努利拉霸機問題，也稱作**頻率論問題**（frequentist problem），原因是決策者對報酬的分布完全沒有概念，決策者在逐項探索的過程中，才能得知多臂拉霸機的報酬分布。

白努利拉霸機問題

一組選項｛A, B, C, D, …N｝中，每個選項各有產生成功結果的未知機率｛p_A，p_B，p_C，p_D，… p_N｝。每個週期中，決策者選擇一個選項 K，並有 p_K 的機率可得到成功結果。

假設一家煙囪清潔公司擁有最近剛買房子的潛在客戶的電話清單。公司嘗試三種不同銷售說詞：預約時間法（「您好，我打來是為了安排年度煙囪清潔時間」）、關心提問法（「您好，您知道骯髒的煙囪容易引起火災嗎？」），以及訴諸個人情感法（「您好，我叫希爾德，這家煙囪清潔公司是我和爸爸在十四年前創立的公司」）。

三種銷售說詞都有未知的成功機率。假設公司第一次嘗試預約時間法，但失敗了，然後嘗試關心提問法，成功獲得了新客戶，關心提問法在下一通電話也成功，但接下來三通都失敗。之後公司嘗試訴諸個人情感法，第一通電話成功，但再打了四通都失敗。總共打過十一通電話後，公司發現：關心提問法有最高成功率，但預約時間法其實只嘗試了一次。

現在，煙囪清潔公司的決策者必須決定要**利用**（選擇目前為止的最佳結果選項，也就是往後都使用關心提問法）、還是繼續**探索**（嘗試更多次預約時間法和訴諸個人情感法，以獲得更多資訊）。醫院選擇手術方法或製藥公司測試藥物方案時，也會面臨相同的問題，因為每個方案都有未知的成功機率。

為了深入瞭解探索與利用之間的取捨，我們比較兩種啟發法。第一種啟發法是**取樣後貪婪法**（sample-then-greedy）：對於每個選項，都會嘗試有限次數 M 次，然後選擇最高平均報酬的選項。我們只需回頭參考白努利甕模型（見第 176 頁）與平方根法則（見第 78 頁），就能知道如何決定 M 的大小。假定每個選項各嘗試 100 次，如果我們使用兩個標準差的閾值法則，來判定是否有統計上的顯著差異，則可以十分肯定：成功率高出 10% 以上的選項，平均報酬確實較高。例如：一個選項有 70% 機率成功，另一個選項有 55% 機率成功，相差已達 10% 以上；在 95% 信心水準下，我們可以認定第一個選項確實有較高的成功率和平均報酬。

第二種啟發法為**自適應探索率啟發法**（adaptive exploration rate heuristic）：一開始每個選項都會測試 10 次，再來則會按照成功比例，安排接下來 20 次試驗。例如初始 10 次試驗中，第一個選項成功 6 次、第二個選項只成功 2 次，則第一個選項在接下來 20 次試驗中將會測試 15 次（$= 20 \times 6 / (6+2)$），第二個選項將測試 5 次。如果第二輪的測試結果成功率不變，則第三輪的測試可根據成功率的平方，按比例進行分配，則較佳選項在第三輪 20 次試驗中，會分配到 18 次（$= 20 \times 0.6^2 / (0.6^2 + 0.2^2)$），相當於 90% 的試驗。接下來每輪的 20 次試驗，兩選項的測試次數比例分配計算中，指數部分會不斷增加。藉由不斷增加較佳選項的利用率，每一輪測試結果都會比上一輪更準確。如果其中一個選項相對於另一個選項有明顯較高的機率，例如 80% 對上 10%，演算法就不會浪費數百次試驗在第二個選項上。但如果兩個選項的成功率十分接近，演算法會繼續進行探索測試，以便找出哪個選項較佳。[3]

堅持使用取樣後貪婪啟發法，不但效率低下，甚至十分不道德。密西根大學外科榮譽教授巴列特（Robert H. Bartlett）測試人工肺臟時，成功率遠大於其他選項。若在人工肺臟表現遠遠超過其他選項時，依然繼續測試其他選項，將會造成病人不必要的死亡。巴列特中止了其他選項的實驗，讓所有病人都裝上人工肺臟。事實上，自適應探索率啟發法可以視為最佳法則：如果一個選項總是成功，就該繼續利用這個選項。再去試驗其他選項可能無法帶來價值，因為其他選項都無法表現得更好。

貝氏多臂拉霸機問題

貝氏多臂拉霸機問題（Bayesian multi-armed bandit problem）中，決策者對於各選項的報酬分布擁有**先驗信念**（prior belief），換句話說，決策者瞭解各選項報酬的事前分布。

根據先驗信念，決策者可以量化「探索與利用之間的取捨」，理論上在各週期都能做出最佳決策。然而，除了最簡單的多臂拉霸機問題外，找出最佳行動都需要十分複雜的計算。在真實世界中，想要精準計算並不實際，因而迫使決策者不得不借助估算。

貝氏多臂拉霸機問題與吉丁斯指數

一組選項 {A, B, C, D, …N} 中，有對應的報酬分布 {f(A), f(B), f(C), f(D), … f(N)}，決策者對各個報酬分布有先驗信念。每個週期中，決策者會選擇一個**吉丁斯指數**最大的選項，並得到報酬，再根據報酬計算下一週期各選項的吉丁斯指數，持續決定最佳行動。

每一週期，決策者要決定最佳行動時，需要執行四個步驟的程序：第一步驟，計算各選項的期望立即報酬；第二步驟，更新各選項報酬分布的信念；第三步驟，根據報酬分布的新信念，決定下一週期可能的最佳行動，並根據當時所知的資訊，決定接下來所有週期可望採取的最佳行動；第四步驟，把下一週期所選行動的期望報酬，與未來所有可望採取的最佳行動的期望報酬相加，加總的結果稱為吉丁斯指數。在每一週期中，經過計算後，具有最大吉丁斯指數的選項，就是我們應當採取的最佳行動。請注意，吉丁斯指數的計算，量化了探索的價值。嘗試一個選項時，吉丁斯指數並不等於期望報酬，吉丁斯指數等於「假設我們根據目前所知而採取最佳行動時，所有未來報酬的加總」。

計算吉丁斯指數十分困難，我們先舉一個相對簡單的例子（較詳細的計算範例，請參閱下方的灰色方框）：假設有一個安全選項，確定每個週期都會賺到 500 美元，以及另一個冒險選項，有 10% 機率每個週期獲得 1,000 美元，但另外 90% 機率什麼都拿不到。

若要計算冒險選項的吉丁斯指數，首先要詢問可能發生的狀況：冒險選項可能每個週期會拿到 1,000 美元、或什麼都拿不到，然後徹底思考各個結果如何影響信念——如果知道冒險選項會拿到 1,000 美元，則會選擇冒險選項；如果知道冒險選項什麼都拿不到，則會在未來永遠選擇安全選項。

因此，冒險選項的吉丁斯指數對應到「10% 機率在每個週期都拿到 1,000 美元」，以及「90% 機率除了第一週期什麼都拿不到外，接下來每個週期都拿到 500 美元」。假如有無數次選擇機會，則平均下來，每個週期大約可以拿到 550 美元，因此第一週期選擇冒險選項是較佳選擇。[4]

吉丁斯指數的計算範例

為了呈現如何計算吉丁斯指數，首先考量下列有兩個選項的例子。A 選項會產生報酬 0 或報酬 80，兩者機率相等；B 選項會產生報酬 0、報酬 60 或報酬 120，三者機率相等。現在，我們假設決策者想要在十個週期過後，得到最大報酬。那麼第一週期應該選擇 A 選項、還是 B 選項？

第一週期選擇 A 選項：選擇 A 選項有 1/2 的機率得到報酬 0，若如此，則在剩餘週期都會選擇期望報酬 60 的 B 選項，因此會得到期望報酬 540

（9 乘以 60）。選擇 A 選項也有 1/2 的機率得到報酬 80，雖然報酬比 0 高多了，但第二週期的最佳選擇仍然是 B 選項，因為 B 選項有 1/3 的機率可得到報酬 120，若如此，則總報酬將是 1,160（80 加上 9 乘以 120）；另外 1/3 的機率得到報酬 60，若如此，則接下來的週期都會回頭選擇 A 選項，總報酬為 780（60 加上 9 乘以 80）；最後，B 選項有 1/3 的機率得到報酬 0，若如此，則接下來的週期同樣都會回頭選擇 A 選項，總報酬為 720（9 乘以 80）。將三種狀況加總，可得出第一週期 A 選項的吉丁斯指數等於下式：

吉丁斯指數 $_1$(A) ＝ 1/2・540 ＋ 1/2(1/3・1160 ＋ 1/3・780 ＋ 1/3・720)
＝ 2140 / 3

第一週期選擇 B 選項：有 1/3 的機率得到報酬 120，若如此，則未來所有週期的最佳選項都是 B 選項，十個週期後得到總報酬 1,200。也有 1/3 的機率得到報酬 0，則未來所有週期都會選擇期望報酬為 40 的 A 選項，期望總報酬為 360（9 乘以 40）。另有 1/3 的機率得到報酬 60，則決策者可以在未來週期中都選擇 B 選項，獲得總報酬 600；但如果在第二週期選擇 A，將有一半機會獲得報酬 80，若如此，則接下來的週期都會選擇 A，總報酬為 780（60 加上 9 乘以 80），但是第二週期選擇 A 也有一半機會獲得報酬 0，如此接下來所有週期的最佳選項都是報酬為 60 的 B，最後會得到總報酬 540（9 乘以 60），因此可得出在第二週期選擇 A，然後之後都選擇最佳選項的期望報酬等於 660（即 1/2・780 ＋ 1/2・540）。加總所有可能，可得到第一週期選擇 B 選項的吉丁斯指數等於下式：

吉丁斯指數 $_1$(B) ＝ 1/3・1200 ＋ 1/3・360 ＋ 1/3・660 ＝ 2220 / 3

根據計算結果，B 選項為第一週期的最佳選擇，而長期最佳選擇則須根據第一週期學習到的資訊來調整，例如：如果選擇 B 選項得到了報酬 120，則接下來的週期都會繼續選擇 B 選項。

分析顯示：比起期望報酬，我們更關心選項為最佳選項的機率。此外，如果選項產生高報酬，則未來應該會有較高機率選擇該選項。相反的，如果選項只是產生了平均報酬，即使報酬高於另一個選項的期望報酬，我們也較不可能持續選擇同一個選項。特別是前幾個週期，我們還在尋找最高報酬選項之際，上述選擇方式更容易成立。

這項洞見在許多我們討論過的應用中都成立，在行動風險或成本不高的情況下，多臂拉霸機模型告訴我們：即使高報酬出現的機率不大，也應該探索潛在的高報酬行動。

結論：記錄和估算很重要

我們從第 26 章知道：藉由學習模型，人們可以做出更好的決定。而在這一章我們瞭解：面對多臂拉霸機問題時，理想選擇與人們的實際選擇之間，往往有落差。從這裡，我們更可以清楚看出學習和估算的重要性。大部分的人面臨多臂拉霸機問題時，不會嘗試估算吉丁斯指數，部分原因是人們不會留下歷史資料，因此無法進行比較。例如：直到近代，醫師才開始記錄許多醫療方法的效果，包括各類型人工關節和支架的優點等等。如果沒有資料紀錄，醫師也無法決定哪種療法可產生最高期望報酬。

醫師以及所有的人都需要資料，才能應用模型產出的知識。因此，如果你想瞭解飯前或飯後散步，何者較有助於睡眠，則需要記錄兩種行動下的睡眠品質，並且使用有點複雜的啟發法來分析，如此便十分可能找到哪種方法能帶來最佳結果。聽起來似乎需要花費許多力氣來執行，但其實現在已經容易多了。拜現代科技所賜，我們得以輕鬆蒐集睡眠、脈搏、體重、甚至情緒資料。

我們大多數人都不會為日常的選擇（例如：何時該去運動），去蒐集資料並計算吉丁斯指數。事實上，我們已擁有選擇的能力，如果願意蒐集資料並分析資料，則會發現我們可以做出更好的日常選擇，包含提升睡眠品質和身體健康。心理學家羅伯茲（Seth Roberts）研究自己十二年，發現每天站著至少八小時，有助於增進睡眠品質（雖然因此減少了睡眠時間），而站立迎接晨光，則能減緩羅伯茲的上呼吸道感染症狀。[5] 大多數人可能不會像羅伯茲一樣花費心力研究自己，但若不記錄資料並比較結果，很可能因為放棄吃早餐，而錯過在早餐吃一顆葡萄柚來獲得滿滿元氣的機會。

在高風險的商業活動、政策和醫療等等較容易蒐集資料的領域，往往都會應用多臂拉霸機模型來做決策。企業、政策制定者和非營利組織，會研究各種選項，並選擇表現最佳的選項。實務上，選項甚至不會維持固定。像是政府為了提高農業補助計畫的參與度，所製作的郵件可能每年都在改變，例如：將照片由男性改為女性。[6] 這種類型的持續實驗，可以使用下一章要討論的模型來呈現：崎嶇地形模型。

美國總統大選

此處將應用三種模型，來分析美國總統大選結果。分別是：空間模型、分類模型、以及多臂拉霸機模型。

空間模型：為了吸引投票者，候選人在意識型態議題空間中競爭。因此我們預期候選人會傾向中間立場、選舉結果將會十分接近、勝選政黨的序列是隨機排列的。美國總統大選基本上非常接近上述結果。為了測試勝選政黨的序列是否隨機，我們建構了從 1868 年到 2016 年的 38 次勝選政黨的時間序列（R 為共和黨、D 為民主黨）：

RRRRDRDRRRRDDRRRDDDDDRRDDRRDRRRDDRRDDR

接下來，測量不同長度子序列的**區塊熵值**（block entropy），長度 1 的子序列熵值為 0.98、長度 4 的子序列熵值為 3.61。統計檢定顯示無法拒絕序列為隨機。因為，就長度 38 的完全隨機序列來說，長度 1 的子序列熵值為 1.0、長度 4 的子序列熵值為 3.58。兩相比較，就會發現美國總統大選勝選政黨的時間序列，幾近於完全隨機。

分類模型：如果將美國各州進行分類，並假設各州差異甚大。空間模型提出：一旦候選人選擇了初始立場，則在某些州將會毫無競爭力，同時模型還預測在某些中立州（搖擺州）會有極為激烈的競爭。2012 年時，歐巴馬和羅姆尼（Willard Mitt Romney）花費超過 96% 的電視廣告預算在十個州上。以下三個中立州，兩人更是花費了超過一半的廣告預算：佛羅里達州、維吉尼亞州和俄亥俄州。2016 年時，希拉蕊和川普同樣也花費超過一半的電視廣告預算在三個中立州上：維吉尼亞州、俄亥俄州和北卡羅萊納州。[7]

多臂拉霸機模型（retrospective voting，回顧性投票）：選民很可能會再次投票給執政成績良好的政黨。投票給執政成績良好的政黨，相當於拉下能產生高報酬的拉霸機手柄。良好的經濟狀況對執政黨有利，證據顯示在經濟表現良好時，選民非常有可能再次投票給執政黨。這種效應在執政黨現任候選人身上，比起非現任的候選人，影響又大得多。[8]

第28章
崎嶇地形模型

努力尋找時，就會發現事物驚奇之處。

—— 薩卡加維亞（Sacagawea），美國西部拓荒的嚮導

本章將研究**崎嶇地形模型**（rugged-landscape model）。崎嶇地形模型如同空間與特徵選擇模型，將實體定義為屬性的集合。每一組屬性對應到一個價值，而模型的目標為改變屬性，以建構價值最高的實體。這個模型一開始是生態學研究演化之用，現在也用來研究問題解決方案、公司競爭和創新，這些應用將是本章聚焦的重點。

本章會使用崎嶇地形模型來揭露：屬性效應的交互作用，如何讓創新變得困難，並導致找出的解決方案呈現路徑依賴，同使也產生了更多不同的解決方案。另外，我們也會看到更多樣的問題解決方案，讓許多更複雜、更困難的問題獲得更好的解決辦法。

本章包含三個部分，外加一段如何擴展崎嶇地形模型以探究競爭。

第一部分描述了**繁殖潛力地形**（fitness landscape）這個生態模型，並說明如何重新詮釋這個模型，做為解決問題和創新的模型。

第二部分討論了一維崎嶇地形模型中，崎嶇度的意義。

第三部分則呈現崎嶇地形的 NK 模型，這種模型可將一維模型延伸到任意數量的二維空間中。

繁殖潛力地形模型

繁殖潛力地形模型假設：生物擁有能提升牠們繁殖潛力的特色或特徵（所謂繁殖潛力，是比較含蓄的說法，更正式的說法是「生殖成就」)。另外，同一生物群體的各成員所具有的特定特徵，多少也存在差異。如果我們把特徵的強度畫在水平軸上、繁殖潛力畫在垂直軸上，就會畫出繁殖潛力地形圖。圖中的高海拔，就對應到高繁殖潛力。

如果我們把土狼的尾巴長度，視為與繁殖潛力有關的特徵，來畫出繁殖潛力地形圖，我們首先要假定土狼的其他屬性保持不變，然後改變土狼的尾巴長度，並測量尾巴長度對繁殖潛力的影響。當然，我們必須清楚瞭解土狼的尾巴對於繁殖潛力（或生殖成就）的貢獻，才能畫出圖形。

假設土狼尾巴可以幫助土狼在跳躍時保持平衡，並且可以傳遞開心、恐懼或攻擊訊號。首先水平軸最左側為沒有尾巴的土狼，沒有尾巴則無法做到這些功能，因此繁殖潛力為 0。尾巴愈長，則平衡感和訊號傳遞能力都會提升，因此繁殖潛力也會隨著尾巴增長而提升。尾巴長到 45 公分左右是能夠提供平衡的理想長度，如果尾巴更長，土狼的敏捷度反而會下降。而更長的尾巴能讓訊號傳遞更容易，因此約 50 公分長的尾巴能帶來最高的繁殖潛力，一旦尾巴超過 50 公分，繁殖潛力就會開始降低。

根據上述結果畫出的圖案，如圖 28.1 所示，圖中僅有一座山峰。

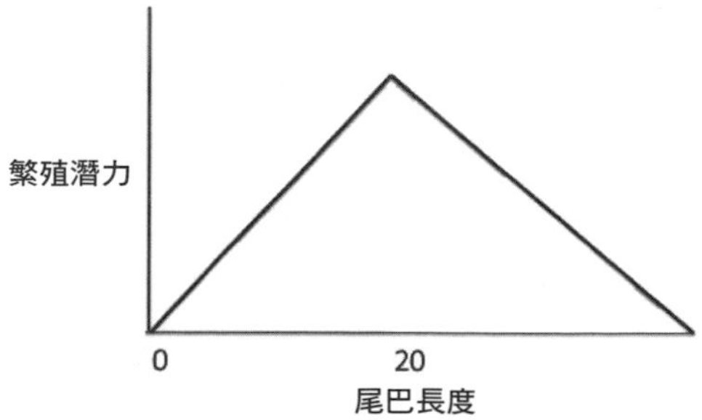

圖 28.1　土狼的繁殖潛力地形圖：富士山地形

這樣的地形稱為**富士山**，富士山地形時常出現在現實世界中。富士山問題十分容易找出最佳解，我們預期：演化或學習都能找到富士山地形的山峰。

想像一群土狼各有不同長度的尾巴，天擇壓力會造成尾巴長度約 50 公分的土狼存活下來，繁衍出最多子代。尾巴長度 50 公分的土狼，綜合來說，平衡感和訊號傳遞能力最佳，因此有最高的繁殖潛力和生殖成就，讓群體中尾巴長度 50 公分的土狼愈來愈多。如果我們把富士山問題想像成最佳化問題，會發現所有**爬山演算法**（hill-climbing algorithm）都能定位到山峰。

應用一對多思維，可以重新詮釋此問題為產品設計問題。以下我們將使用煤鏟設計問題來說明。假設煤鏟手柄長度和鏟面形狀已經決定，而鏟面大小是唯一還沒決定的設計。鏟面面積相當於繁殖潛力地形圖水平軸上的特徵，垂直軸則畫上「煤炭工一小時內使用特定大小鏟面，能挖出的煤炭重量」。

如同先前做法，從地形圖的最左側開始，對應到面積 0 的鏟面。準確來說，鏟面面積 0 的煤鏟是一根「木棒」而已，木棒沒辦法挖礦，因此煤炭產量為 0。隨著鏟面面積增加到一茶匙、一大匙、玩具鏟的大小，煤鏟會愈來愈有效率，煤鏟的地形圖坡度會逐漸上升。到了某個大小後，鏟面面積會太大，要拿起煤鏟變得非常辛苦，因此煤炭工一個小時內能產出的煤炭重量，反而開始隨著鏟面面積的增加而減少。鏟面面積大到某種程度後，將沒有任何煤炭工能拿得起煤鏟，煤炭產量也會降到 0。煤鏟問題也能畫出富士山地形，因此也可以期望能找到山峰，也就是煤鏟最理想的鏟面大小。

這種以鏟面大小的函數畫出煤鏟效率，藉此找出理想煤鏟的方法，是由美國機械工程師兼管理學家泰勒（Frederick Taylor）開發出來的。1890 年代，泰勒等管理學家開創了科學管理時代，科學管理時代的生產決定（包含生產線移動速度、焊接強度、工人休息時間），都使用崎嶇地形問題來模擬。包含福特、洛克斐勒、卡內基等等二十世紀偉大的實業家，都對這場追求效率的運動做出貢獻，現今這種管理文化通常稱作**泰勒主義**（Taylorism）。

從工匠精雕細琢獨特的產品，到生產流程劃分為多步驟、且每個步驟都最佳化和常規化的大規模生產，確實促使效率提高，但許多人認為這也導致勞動力「去人性化」。此處我們必須再次強調使用多模型的必要性，因為任何單一模型會過於簡化世界，只注重某些面向，例如：科學管理模型著重程序效率，以致根據產出效率做出的決定會忽視工人福祉和健康，因而遭致批評。

使用地形模型看起來可讓問題的處理，變得相對簡單：我們利用特徵或屬性函數畫出繁殖潛力、效率或價值，然後爬上山找到特徵的最佳大小。但是將解決問題看做爬山那樣簡單，似乎也真的只是個比喻（忽略了其他特性、人性因素、工人福祉等等，確實也不夠切合實際），然而，建構正式地形模型仍然能產出重要洞見。

多座山峰的地形

當允許多種屬性、而且屬性的貢獻可產生交互作用時，就會製造出崎嶇地形，也就是有多座山峰的地形。

假定我們現在要設計沙發，必須決定坐墊厚度和扶手寬度。我們期望沙發的設計價值能反映在市場銷售量上，因為市場銷售量和美學質感相關。如果沙發使用厚坐墊，則寬扶手在外觀上可能比較吸引人；但如果沙發使用薄坐墊，則窄扶手較為理想。我們使用扶手寬度和坐墊厚度做為函數，計算了期望銷售量、並畫成二維圖形，將會看到兩座山峰——第一座山峰對應到窄扶手和薄坐墊，第二座山峰對應到寬扶手和厚坐墊。

變數間的交互作用會造成崎嶇地形，而崎嶇有多種意義。首先，使用不同方法找到崎嶇地形上的最高點，可能會定位到不同山峰，不同出發點也會找到不同山峰。因此，崎嶇會造成初始條件對結果影響重大及路徑依賴的可能性，這兩種影響都意味著崎嶇地形會形成各種不同的最佳結果。而崎嶇也意味著可能找到次佳結果，次佳結果以地形上**局部山峰**（local peak）的方式呈現。

次頁的圖 28.2 呈現有五座山峰的崎嶇地形，其中四座山峰為局部山峰，局部山峰周圍各點的數值都較低；另有一座為**全域山峰**（global peak），也就是真正有最高數值的位置。若要瞭解如何因初始位置不同而找到局部山峰，請想像你從一個點出發爬山，這個方法稱為**梯度啟發法**（gradient heuristic）或是爬山演算法。在崎嶇地形上，梯度啟發法會卡在局部山峰上。

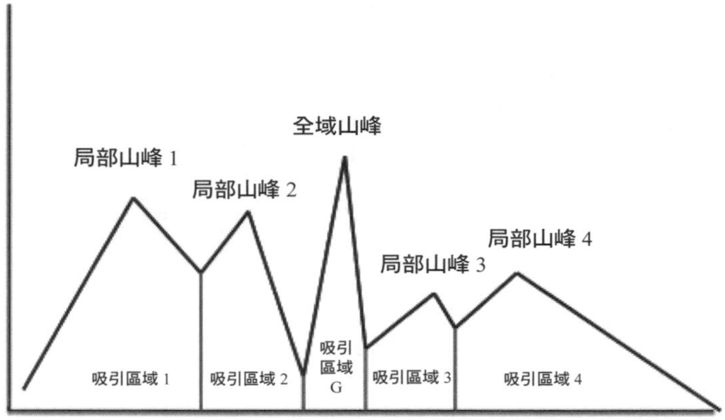

圖 28.2　含五座山峰的崎嶇地形

如果從圖 28.2 的最左邊出發，梯度啟發法會定位到局部山峰 1，但此處並非最佳結果；如果梯度啟發法從標示為區域 2 的地方出發，最後會定位到局部山峰 2。包含全域山峰在內的其他山峰，都有梯度啟發法從該處出發會定位到該局部山峰的區域，這些區域稱為**吸引區域**（basin of attraction）。圖 28.2 中，全域山峰位於最小的吸引區域，如果隨機選擇起始點、並使用梯度啟發法，則找到全域山峰的機率低於所有局部山峰。

吸引區域取決於啟發法，不同啟發法會產生不同吸引區域，例如「向右走」啟發法即為不斷向右移動，直到找到區域山峰為止。向右走啟發法和梯度啟發法會找到相同的局部山峰，但各山峰的吸引區域不同。請比較圖 28.2 和右頁的圖 28.3，就能發現兩者的差異。

若要在崎嶇地形上找到最佳或近乎最佳的山峰，則需要使用多樣化或較複雜的方法。多樣化的價值已不證自明。如果不同啟發法會定位到不同山峰，則應用多個不同啟發法來處理問題，可以產生多個不同的局部山峰，如此便能從中選擇出最佳結果。[1] 如果應用相同的啟發法從不同起始點出發，也會得到相同的結論：你將會找到不同的局部山峰，並可以從中選擇最佳結果。

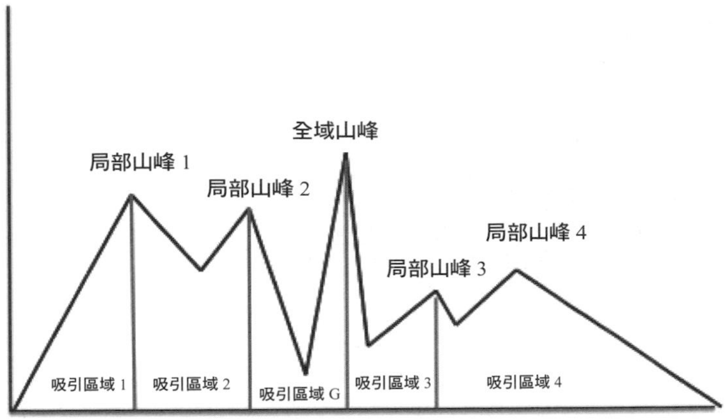

圖 28.3　「向右走」啟發法產生的不同吸引區域

請注意，由山峰數量決定的地形崎嶇度，也會和問題難度相關。此外，沒有崎嶇地形的問題也可能會難以得出答案，例如：在一片玉米田裡找到一枚金幣，會呈現為：在一片平坦地形上僅有金幣所在位置有一座小小山峰，雖然地形並不崎嶇，但硬幣卻十分難以找到。

NK 模型

接下來我們將說明 NK 模型（NK model），NK 模型讓我們能夠正式寫出交互作用和崎嶇度之間的連結。[2]

NK 模型將對象，或者稱為備選解決方案，以長度 N 的二進制字串表示，對象的價值等於字串上每個位元的貢獻加總。模型中的 K 值代表「與各個位元交互作用後決定價值」的其他位元數量。如果 K 等於 0，則價值函數為線性函數；如果 K 等於 N － 1，則每個位元都會和所有其他位元交互作用，各字串將會隨機產生價值。因此，我們可以將 K 值增減，想像為調整地形的崎嶇度，在富士山和隨機之間變化。

NK 模型提供了極其適合用來探索想法和詢問問題的架構空間。第一個問題為：如何根據交互作用項目數量的不同，來決定局部最佳值的數量。第二個

NK 模型

對象（object）s 包含 N 位元，$s \in \{0,1\}^N$。

對象價值為 $V(s) = V_{K1}(S_1, \{S_{1k}\}) + V_{K2}(S_2, \{S_{2k}\}) + \cdots + V_{KN}(S_N, \{S_{Nk}\})$，

其中，$\{S_{ik}\}$ 等於隨機選擇除了 i 以外的 k 個位元，

$V_{K1}(S_1, \{S_{1k}\})$ 為由區間 [0,1] 抽出的隨機數字。

K = 0：產生線性函數結果。

K = N − 1：任何位元改變，都會從每個位元得到新的隨機貢獻。

問題為：如何根據交互作用項目數量的不同，決定全域最佳值的高度。因為到目前為止，我們都還未定義如何搜尋可能發生結果的空間，以及使用哪種啟發法，所以這兩個問題都尚未解決。請回想先前找出哪座山峰，其實取決於所選擇的啟發法。

接下來，我們將使用**單次轉換演算法**（single-fiip algorithm）來處理問題。單次轉換演算法依序選擇各項屬性，並轉換屬性狀態，如果改變屬性之後可得到較高數值，則使用轉換後的屬性，否則會將屬性轉換回原本狀態。之所以選擇單次轉換演算法，是受到兩方面的啟發：單次轉換演算法可以詮釋為基因突變的粗略模型，也就是好的變化會取代原有群體，而壞的變化則會消失殆盡；單次轉換演算法也是在此空間中，可最自然呈現爬山演算法的方法。

我們首先以 N = 20 和 K = 0 來評估 NK 模型，當 K = 0 時，各項屬性對總價值的貢獻獨立於其他屬性，單次轉換演算法能找到各項屬性的較佳狀態及全域最佳值。因此，K = 0 時無任何交互作用，會對應到富士山地形，各種狀態的數值均勻分布在 [0, 1] 區間中。我們可以證明：從均勻分布中抽出兩個隨機數值時，較高數值的期望值為 2/3。如果把 20 個屬性的貢獻予以平均，會發現全域最佳值的期望值也同樣為 2/3。

另一個極端狀況 N = K − 1 時，各項屬性都和其他所有屬性相連結，當

一項屬性轉換時，所有屬性的貢獻都會改變，相當於又從區間 [0, 1] 的均勻分布中隨機抽出新的數字，對象價值會等於這 20 個新隨機數字（各項屬性對應到一個數字）的總和，意味著每次轉換一個屬性，就會讓對象價值與前一期的數值毫無相關。因此，地形會異常崎嶇，每一個點都有可能產生上坡或下坡。

我們可以應用上述見解，推導出局部山峰的期望數量。如果我們從任一選項出發，單次轉換演算法會將選項和其他 N 個選項進行比較，例如：從所有位元數值皆為 0 的選項出發，演算法會評估正好有一個位元的數值為 1 的 N 種可能選項。

初始選項	00000000000000000000
轉換屬性 1	10000000000000000000
轉換屬性 2	01000000000000000000
... ...	
轉換屬性 20	00000000000000000001

局部山峰必須比所有其他 N 個選項的數值都還要高。原始選項有最高數值的機率為 1/N，因此，局部山峰的數量大約等於可能選項數量 2^N 除以 N，如果 N ＝ 20，則計算結果為五萬座局部山峰。因為局部最佳值如此之多，單次轉換演算法很少能定位到全域山峰。

但最關鍵的問題並非局部最佳值的數量，而是這些最佳值的大小。只需要將這些局部最佳值的期望平均值，與全域最佳值的期望平均值做比較，就能決定單次轉換演算法的表現優劣。使用中央極限定理可以計算出這些數值，簡單計算就能證明局部最佳值的期望值約等於 0.6，而全域最佳值的期望值則略微超過 0.75。[3] 將這些數據與 K ＝ 0 時的全域最佳值 2/3 比較，會發現崎嶇地形的局部山峰會比富士山的數值略低，但全域山峰則有較高數值。

這讓我們十分好奇，當屬性交互作用的數量 K 值從 0 增加到 N － 1 時，過程中到底發生了什麼狀況。答案是會同時看到兩種效應：增加交互作用的數量會產生較高的全域山峰，但同時也會產生更多且更低的局部山峰。假設使用單次轉換演算法進行搜尋，模型計算結果顯示：K 值較小時，交互作用產生的好處，也就是較高的全域山峰，超過了局部山峰增加量。所以一開始，局部山峰期望值會隨著 K 值增加而增加，但隨著局部山峰數量逐漸增加，山峰高度的平均值會開始下降。所以如果使用單次轉換演算法受到阻礙，則一般會使用相對較小的 K 值，例如 3 或 4 左右。

其實我們不必受限於使用單次轉換演算法這個簡單的啟發法。突變造成的演化或許會受限於單次轉換啟發法，但我們並不必受限，我們可以轉換兩種屬性、甚至三種屬性，更複雜的演算法將會降低局部最佳值的數量。

崎嶇度和舞動地形

從 NK 模型中可發現，我們需要藉由適度的交互作用，以便創造更高的山峰。多模型思維要求跳脫對模型的特定假設，並思考導致結果出現的邏輯。我們發現邏輯包含兩部分：第一是組合學問題，組合數量隨著兩兩一組的數量的平方及三個一組的數量的立方而增加，因此，交互作用效應創造了更多有利於互動出現的可能性。第二是我們只需要留下較佳組合，例如：請想像你拿取任意四種食物做點心，四種食物代表有六種兩兩一組的食物組合。假設拿取以下四種食物成為一組：{醃黃瓜、香蕉、雞肉、焦糖}，則有醃黃瓜和香蕉、醃黃瓜和雞肉、醃黃瓜和焦糖、香蕉和雞肉、香蕉和焦糖，以及雞肉和焦糖，共六種組合。這六種組合當中，對我來說，只有一組感覺味道比較正常。我只需要選擇唯一的合理組合即可——吃焦糖香蕉就夠了，其他組合就算了吧。[4]

相同邏輯也能應用到演化上。能產生正面交互作用的**表現型**（phenotype）組合，例如：堅硬外殼和短而結實的腿，會在群體中活下來，而產生負面交互作用的組合，會因適者生存法則而遭淘汰。自然界不太可能看到跑得慢、美味好吃的動物有鮮豔的顏色，如果這種動物存在，很快就會被掠食者捕食殆盡。

我們在搜尋模型時，也能採用類似的直觀想法：當有多種可能時，我們更偏好這些結果之間各有差異。相同邏輯也能應用到此：兩個一組或三個一組的組合能產生極多種可能，我們偏好這些可能組合的數值大小有巨大差異，如此其中一個組合有極端高值的機會，就會大幅提高。因為交互作用效應會增加差異，所以整體來說會更偏好產生交互作用，但有一定程度的上限。如同前面提到，差異過大會造成地形隨機出現，因此理想上希望有適度的交互作用即可。

有些人提出，如果交互作用數量和規模能夠演化並適應，則系統應該會自然演化成存在高山峰的崎嶇地形，這表明系統傾向複雜狀態，而非平衡狀態或隨機結果。[5] 究竟上述描述是否為真及何時為真，就正好是使用模型能探討的有趣問題。

最後要提出一點，本章將地形視為固定不變，但生態系與社會體系中，物種或公司面對的地形取決於其他物種或公司的行動和屬性。競爭的物種適應了環境、或另一家公司改變策略，都會改變並重新建立競爭者的繁殖潛力地形模型。現在我們可以將先前提到的空間與特徵選擇模型，重新詮釋為在**舞動地形**（dancing landscape）上移動。這些移動可能會達到平衡狀態，也就是每位玩家站立在局部山峰或全域山峰上，又或者在舞動地形上的競爭可能會達到複雜的行動模式或結果模式。即使只是粗略觀察生態系、政治和經濟，也會發現複雜行動和複雜結果更常出現。之所以看到這麼多複雜結果的其中一項原因，可能是大部分的世界都有處在舞動地形上移動、擁有適應力和目的性的決策者。若要合理解釋這些複雜狀態，我們不能倚靠單一模型，必須使用多種模型。

知識是否該有專利權保護？

人們之所以能過美好生活，建立在累積了幾個世紀的知識上，包含物理定律、內燃機、複式簿記、細菌致病理論、X 光和 HTML 語言等等。知識通常為公共財、總是無競爭性，但可能有排他性。若要排他，則需要查證機制。實體人工製品嵌入知識，查證上較容易。若要查證某人使用某種演算法或技術來解決問題，則幾乎不可能；但若要查證某人將演算法嵌入軟體，則容易許多。

如果知識可以排他，則會面臨抉擇。知識可以視為類似道路和國防，可向人民徵稅來資助知識的生產。政府會藉由補助款或間接支持大學，來為人們的思考付款，同時政府也允許人們為知識申請專利。專利藉由確立一段時間的知識使用獨有權，並且可以向使用知識的其他人收費，來創造生產知識的誘因。在美國和歐洲，人們自申請專利日起，可享有二十年專利權。[6] 提倡專利權的人認為，如果私人機構發現花費數年時間開發的捕鼠器、電腦演算法或音響系統，竟可以免費讓任何人使用，則會缺乏誘因進行開發。專利權倡議者認為，專利權可以克服知識生產的先天誘因問題。

義大利政治經濟學家波德林（Michele Boldrin）和美國經濟學家萊文（David K. Levine）從數個模型借用想法，建構了一個論點來反對專利權。[7] 他們結合了許多想法的模型，推演出的結果是：專利權將限制想法的重新組合而阻礙創新。一家公司持有觸控螢幕專利技術，可能會造成其他公司減少採用觸控技術設計新產品。如果沒有專利限制，更多產品就能採用觸控技術，因此會增加創新。

支持專利的人則反駁道，雖然創新緩慢可能很糟糕，但若是沒有專利保護，投資於研發創新的舉動可能會嚴重減少。

波德林和萊文使用部分基於擴散模型（見第 11 章）的邏輯來反駁。他們認為：使用新知識的實用產品會以極快速度，擴散到消費者群體中，歷史上已有不少先例，例如收音機、電視、谷歌搜尋引擎和臉書。創新研發者將擁有**先占優勢**（first-mover advantage），只要製造一些採用新知識的產品，依然可以從中獲利。但若有了專利，則創新研發者可以改為等待其他人使用新知識，並從中獲利。

波德林和萊文也質疑創新研發者的功勞到底有多大。如果創新突破都是來自唯一天才，則沒有誘因的情況下，大部分的想法都不會出現，此時設立專利保護的理由十分充分。然而崎嶇地形模型認為，困難問題可能有多個可行的解決方案，新發現（特別是那些結合現存想法和技術的發現，包含汽車、電話和線上拍賣等等）可能自然而然就會出現，不需要依賴天才。由於想法不斷在充滿思考者的社群中傳播，可能有很多人會同時思考出這些創新想法。歷史上已有許多重大發明或發現同時出現，例如：微積分由牛頓和萊布尼茲（Gottfried Leibniz）同時開創、電話由貝爾（Alexander Graham Bell）和格雷（Elisha Gray）同時發明、天擇演化論由達爾文和華萊士（Alfred Russel Wallace）同時提出。

總結來說，我們認為：多模型思維可呈現出專利保護的優勢和缺點，但唯有對這些模型瞭解得更深入、更細緻，才能為更靈活、更有彈性的專利政策提供更堅實的論證基礎。或許我們應該根據創新想法的來源（有些是許多人已經發現的想法，只是沒去申請專利，有些則只是把其他人的點子結合起來……），而有不同的專利保護年限和保護範圍，甚至根本不該允許申請專利。

第29章

多模型思考：鴉片氾濫、貧富不均

所有事情都十分複雜，
如果一切都很簡單，
生活、詩詞和所有一切都會變得無趣。
—— 史蒂文斯（Wallace Stevens），美國現代主義詩人

最後一章將應用多模型來思考兩項重要政策議題：鴉片氾濫和貧富不均。本章將演示如何使用多模型來推理這兩項議題，並且進一步傳達這兩項議題難以解決的原因。此外，還能看到專家如何使用多模型在危機發生前進行預測，特別是鴉片氾濫議題。話雖如此，本書並不想誇大模型避免災難的能力，本書提出的鴉片氾濫處理辦法，僅是治標而非治本，也就是說，僅能做為在推理政策提案或行動時，如何應用多模型的範本。我們並沒有蒐集資料或校正任何模型，只是定性應用模型來獲得洞見。

但是在分析貧富不均（主要是探討**所得不均**）的議題上，則會包含更多細節，並更緊密連結到學術文獻。所得不均議題的分析，呈現了多模型思維的另一種極端，即為深入接觸各種類型的模型。不論鴉片氾濫或所得不均議題，使用多模型思考都能讓我們更有知識、更充滿智慧。

本章最後要簡單提出一些主張：我們應該要保持謙虛態度，模型雖然能讓我們更有智慧，但複雜系統就如同字面意義那般複雜，難以預測和瞭解。人人都會犯錯，但我們可以從錯誤中學習，然後變得更有智慧。

多模型思考：鴉片氾濫問題

利用以下的資料，可以大致瞭解 2015 年鴉片氾濫的嚴重程度：據估計，在麻州 11 歲以上的人口，4% 有鴉片成癮狀況。2016 年，全美國的醫師開出超過兩億份鴉片處方，大約有一千萬人到一千兩百萬人濫用鴉片，其中有超過兩百萬人符合鴉片成癮條件，以及超過三萬人因鴉片相關原因而死亡。

醫師之所以開出這麼多鴉片處方，是因為鴉片在減輕疼痛上十分有效。美國有約一億人長期受疼痛所苦，因此鴉片擁有巨大潛在市場。而鴉片存在的危險顯而易見，就是人們有機會因服用鴉片而上癮。為了合理解釋鴉片如何獲得核准和鴉片氾濫如何產生，以下將利用四個模型來建立一些核心想法，以便瞭解危機如何產生。

第一個模型是**多臂拉霸機模型**（見第 27 章），可解釋為什麼會核准使用鴉片。為了讓藥物獲得核准，製藥公司會進行臨床試驗，以便證明藥物有效、且無有害副作用。臨床試驗可以模擬為多臂拉霸機問題，其中一臂對應到使用新藥，另一臂對應到使用安慰劑或現有藥品。

鴉片核准模型——多臂拉霸機模型

為了證明鴉片效力，必須配合安慰劑，進行測試比對。臨床試驗中，病人會隨機分配服用鴉片或安慰劑。分配到服用鴉片，可模擬為雙臂拉霸機的其中一臂，而分配到服用安慰劑，則為另一臂。治療結束後，每項試驗會分類為成功或失敗。

臨床試驗結果發現：得到鴉片治療的病人，就統計上來說，顯著感受到較低疼痛感。無論是髖關節置換術手術、牙科手術或癌症病人的測試結果，都顯示鴉片的止痛效果遠遠勝過安慰劑。

無論任何藥物，成癮都是大家最擔憂的問題。測試結果顯示只有少於 1% 的病人成癮，因此藥物得以核准。然而，藥物測試忽略了醫師可能會開長期處方，病人有時甚至會連續服用鴉片一個月。病人服用鴉片的時間愈長，就愈可能成癮，實際上長期服用鴉片的病人成癮率超過 2.5%。

下方灰色方框的**馬可夫模型**（見第 17 章），呈現了成癮率若是由 1% 提高到 2.5%，如何讓成癮人數增加為 5 倍。模型的**轉換機率**（transition probability）只是根據資料做了簡單的校正，此處我們的重點在於：使用模型可幫助大家建立「極小成癮率如何導致大量成癮病人」的直觀概念。利用模型的模擬計算，就會發現如果減少脫離成癮狀態的機率，並且提高由不疼痛狀態到服用鴉片狀態的機率，成癮比例就會大幅攀高。例如：若將「由成癮到不疼痛的轉換機率」降到 1%，則成癮者比例將會提高到 35%。

這類模型思維帶來的其中一項影響是：藍十字（Blue Cross）之類的醫療保險機構，現在都會限制醫師處方的鴉片量。此外，包含密西根州在內的美國部分州政府，都已通過法律，限制單一處方中可使用的鴉片量。

鴉片成癮模型——馬可夫模型

包含三種狀態的馬可夫模型，呈現出成癮率和總體成癮比例之間的非線性關係。模型的三種狀態分別代表：不疼痛病人、服用鴉片病人和鴉片成癮病人。這三種狀態之間的轉換機率已經估算出來，並以箭頭表示。

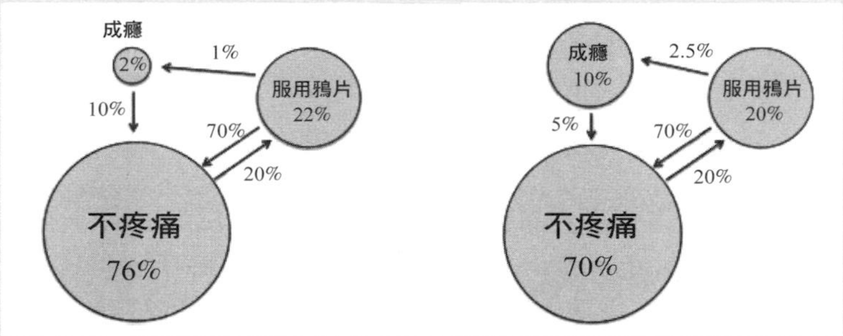

左側模型假設 1% 服用鴉片的病人會上癮、10% 鴉片成癮病人會恢復到不疼痛狀態，並且假設 20% 不疼痛的病人會轉換為服用鴉片病人。三種狀態達到平衡時，只有 2.2% 的鴉片成癮病人。

而考量到較長期的處方，右側模型假設 2.5% 服用鴉片病人會上癮、5% 鴉片成癮病人會恢復到不疼痛狀態，仍然假設 20% 不疼痛病人會轉換為服用鴉片病人。如此則三種狀態達到平衡時，會有 10% 的人鴉片上癮。[1]

第三個模型則須根據**系統動力模型**（見第 18 章）。這個模型也假設了三種狀態：疼痛病人、服用鴉片病人和不疼痛病人。然而，模型並沒有在狀態之間寫上轉換機率，而是想像疼痛病人會流入服用鴉片病人，而服用鴉片病人會流入不疼痛病人。更詳盡的系統動力模型還包含使用其他鴉片類藥物，例如海洛因，並允許服用鴉片病人和使用海洛因的病人之間得以互相流動。此外，更豐富的模型還可以包含基於其他原因而服用鴉片的病人，比如因焦慮或沮喪而服用鴉片的病人、以及因而成癮的病人，都可以包含到模型中。[2]

海洛因成癮路徑——系統動力模型

疼痛病人的群體，可產生服用鴉片病人和鴉片成癮病人。服用鴉片病人會流入不疼痛狀態，同時也會流入成癮狀態。接著鴉片成癮病人可能會成為使用海洛因的病人。病人使用海洛因的原因可能是拿不到鴉片，因此，隨著服用鴉片的病人數量增加，使用海洛因的病人數量也會增加。

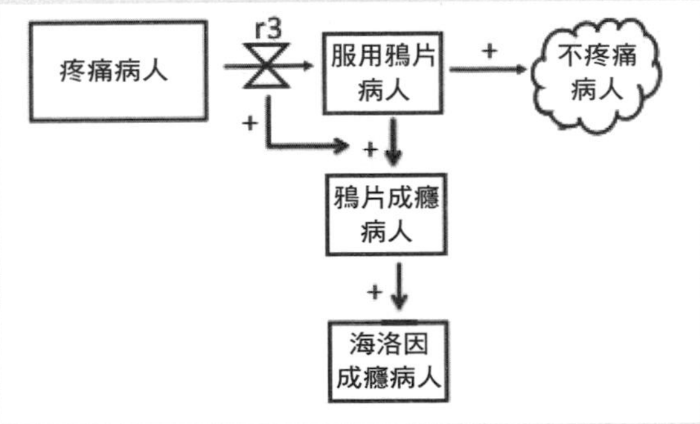

第四個模型是**網路模型**（見第 10 章），此處並沒有正式寫進灰色方框，我們只是簡要做個說明。此模型根據社會網路來解釋：為什麼人均鴉片使用量從地圖上來看，集群會集中在農村地區。使用平方根法則來分析，會知道愈小群體有愈高變異量（請回顧第 78 頁，成績最好和最差的學校都是小學校的例子）。農村地區的人們，居住地點離藥局較遠，因此醫師處方箋的效期較長，這有可能是導致農村地區鴉片使用量高於都市的原因。拋開這些推測不談，集群狀況確實已遠遠超出隨機。

如果人們提供或販售鴉片給鄰居，就會出現集群。鴉片並不像家具可以刊登廣告來販售，鴉片大多必須藉由人與人接觸，才有辦法販售。鴉片販售模型假設人們在家人或朋友的社交網路中販售鴉片，這樣的模型就會產生資料中看到的濫用鴉片局部集群現象。[3]

多模型思考：所得不均問題

最後一個多模型思維練習，我們將相對深入且更大範圍的探索所得不均的原因。以下三個原因值得我們深入探究這個問題：第一，所得不均是現代社會最重要的政策議題，收入和財富與人類福祉息息相關，擁有高收入，才能享有健康、長壽、生活美滿和幸福，收入分布於底層的人有較高機率殺人、離婚、得到心理疾病和焦慮。[4] 但是我們必須小心區分相關性和因果關係：上述現象大多只有相關性，並非因果關係，大部分現象可以用「健康快樂的人能夠賺到更多錢」來解釋。幾乎所有研究都顯示收入和生活福祉之間緊密相關，沒有人會想要當窮人。第二，經濟學家、社會學家、政治科學家、甚至物理學家和生物學家都使用各種工具，寫出大量所得不均的模型。第三，我們能找到大量國內及跨國的收入和財富資料，包含最新資料和回溯數百年的時間序列資料。

首先，我們統整了經驗上得到的規律：

第一，不論在哪個國家的哪個時間點，收入分布都呈現了類似長尾分布的現象，也就是有占比較高的低收入族群和占比很小的高收入族群。從歷史上看來，收入分布會校準到**對數常態分布**（見第 81 頁）。最近更詳細的資料顯示，長尾部分已經比對數常態分布還要長，雖然還未達到**冪律分布**（見第 86 頁）的長尾程度。而財富分布也同樣呈現偏態分布。

第二，大部分的已開發國家，無論使用何種方法測量，收入和財富不均在近幾十年都不斷攀升，目前美國人的收入和財富不均已接近鍍金時代（1870 年代到 1900 年代）的水準。整體分布的變化可能難以察覺，因此我們遵循慣例，聚焦於長尾端的收入占比，較能看清楚整體分布的變動。圖 29.1 顯示前 0.1% 高收入族群收入占比的變化：從 1930 年到 1950 年，前 0.1% 高收入族群的收入占比，大致都穩定下降，之後一直保持在 4% 以下，直到 1980 年左右開始提高。2018 年時，世界頂端富豪總財產占比，又來到約 10%。

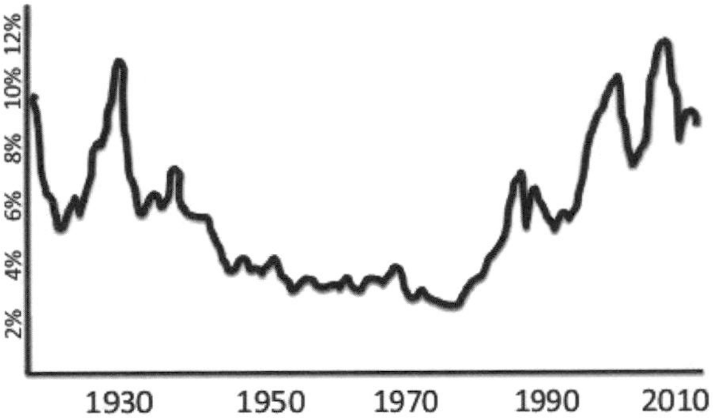

圖 29.1　1916 年至 2010 年，前 0.1% 高收入族群的收入占比。
（資料來源：Piketty 2011）

第三，從全球角度來看，貧窮人數急遽減少。富豪財產占比增加和貧窮人數下滑，這兩種趨勢之間並沒有邏輯上的矛盾，這是因為：貧窮國家收入的快速成長，既減少了跨國差異，也抵消了國內不斷提高的貧富不均。我們在第 22 章提過的群體選擇機制，就會產生類似的效應，例如：利他主義社群數量的增加速度，大於各社群內自私人數的增加趨勢。

貧富不均有許多種錯綜複雜的原因，經濟力量、社會趨勢、政治權力的運作、以及歷史遺緒，都會造成貧富不均。因此，如同美國社會經濟學家杜勞夫（Steven Durlauf）所指出：我們不應僅以單一公式，解釋貧富不均的程度和趨勢，也不應以貧富不均程度和趨勢為基礎，來制定政策。[5] 我們務必要更加仔細思考。財富和收入集中在前 1% 或 0.1% 的過程，可能與導致底層 20% 人們陷於貧困的原因毫無相關。為了瞭解所得不均的原因，我們必須使用多模型來探究。

首先，我們要說明那些可解釋收入分布變化的模型。收入來源有四種：工資和薪水、營業收入、資本收入、資本利得。不同收入水準的人，從這四種管道獲得收入的相對大小，差異甚大，低收入族群幾乎沒有資本利得或資本收入，許多高收入族群在各類型收入上，都有大量進帳，他們同時從薪資、營業活動和資本上賺取巨額收入。

第一個模型延伸自**柯布—道格拉斯模型**（見第 117 頁），將勞動力（勞工）分為兩種類型：受過教育的勞動力和未受教育的勞動力。兩類型勞工得到的工資，取決於各類型勞工相對的供給量和技術水準。[6]

科技與人力資本模型
——延伸版的柯布—道格拉斯模型

產出取決於實體資本（K）、受過教育勞動力（S）和未受教育勞動力（U），如下式所示：

$$\textbf{產出} = A \cdot K^{\alpha} S^{\beta} U^{\gamma}$$

參數 A、α、β、γ 分別呈現科技、資本與兩類型勞動力的相對價值。高技術工人和低技術工人的市場相對薪資為：[7]

$$\textbf{薪資}_S = (U/S) \cdot (\beta / \gamma) \cdot \textbf{薪資}_U$$

所得不均發生的原因：對受過教育工人有利的科技進步，增加了 β 並降低了 γ。這些改變及低技術勞工供給增加，會擴大所得不均。

延伸版的柯布—道格拉斯模型根據供給和需求，解釋了美國近年所得不均升高原因。1950 年代製造業崛起，提升了未受教育工人的需求量，同時部分因為《美國軍人權利法案》而增加了大學入學人數，進而提高了受過教育工人的供給。1980 年代，因為就讀大學的誘因減少，減緩了大學畢業生人數的成長，而大量低教育水準移民的移入，則增加了低技術工人的供給。於此同時，自動化製造和數位經濟等科技進步，也提高了受過教育工人的相對價值，而受過教育工人的薪資提高，則反映出此價值。

根據教育水準來計算平均收入的時間序列資料，十分符合延伸版的柯布—道格拉斯模型，因此許多經濟學家根據這種模型來引導政策。模型主張增加受教育機會，因為如此便能壓低受過教育工人的薪資，並減少所得不均。但是，延伸版的柯布—道格拉斯模型雖然能準確解釋大趨勢，卻無法解釋為什麼各收入階層的內部差異也擴大了。

下一個討論的模型與**正回饋**有關，我們利用**偏好依附模型**（見第 89 頁），把才能和正回饋連結起來，以模擬社會影響下的經濟選擇，而這可以解釋職業內的差異擴大。「才能正回饋的偏好依附模型」聚焦在收入分布的尾端，特別是企業家。2011 年時，美國最富有的四百人當中，企業家占了 70%。[8] 模型認為科技，特別是網路和智慧手機，讓人們之間的連結更加緊密，並且更容易影響彼此的決定。[9] 例如，想購買無線立體聲音響的人，可以在網路上閱讀商品評價，然後從十多種選擇中選出「最佳」商品。但在過去，人們可能只能在當地音響商店買到唯一的一種音響。現在，扭到腳的人也可以在網路上搜尋運動傷害醫師，瞭解你想求診的醫師的專業背景和風評。這些行為將會創造正回饋，並造成更多所得不均。

雖然才能正回饋模型無法像先前提到的科技與人力資本模型，可以準確擬合時間序列資料，但仍然可以透過實驗，觀察到回饋如何造成所得不均。請回想在第 6 章〈冪律分布：長尾曲線〉說明過的音樂實驗室實驗（見第 92 頁），大學生在兩種不同實驗條件下試聽並下載音樂。第一次實驗中，受試大學生無法看到其他人下載了什麼音樂，這項實驗呈現了網路出現前的世界。第二次實驗中，受試大學生可以看到每首歌曲的下載次數。在沒有社會資訊的實驗中，沒有任何一首歌下載量超過兩百次，且只有一首歌下載次數少於三十次。但當人們可以看到下載次數時，其中一首歌下載量超過三百次，而超過一半歌曲下載量少於三十次。資訊和社會影響增強了馬太效應，富有的人愈來愈富有，貧窮的人相對愈來愈貧窮。

才能的正回饋——偏好依附模型

有 N 位一開始都沒有任何銷售量的生產者。第一位消費者隨機向一位銷售量零的生產者購買商品，讓生產者產生正銷售量。接下來的消費者都有機率 p，向沒有銷售量的生產者購買商品，並有機率 (1 – p) 向有正銷售量的生產者購買商品。假如是向有正銷售量的生產者購買，消費者仍會隨機選擇，但選擇特定生產者的機率，與該生產者的銷售額成正比。

所得不均發生原因：連結愈多，會提高社會影響，並產生正回饋。

我們可以把相同的邏輯，應用到整個經濟體。[10] 透過社會網路正回饋造成所得不均的可能性，部分取決於人們購買的物品類型。電影、音樂、網頁應用程式之類的數位商品，可以快速擴張，甚至立即傳播給所有的人；但拖拉機、汽車和洗衣機之類的實體商品，則無法點按圖示就能複製。因此，雖然手機的新應用程式幾乎不需要資本支出，就能在市場上擴張，但賣得最好的汽車就不是這麼回事了。我們可以用 2015 年 5 月，富豪汽車（Volvo）宣布要在南卡羅萊納州製造 S60 轎車，做為參考基準。富豪汽車在 2015 年 9 月破土開工建造生產基地，直到 2018 年 6 月底才生產出第一輛汽車。

下一個模型要應用**空間競爭模型**（見第 258 頁），以解釋不受社會力量影響的執行長薪資。2012 年，《財星》世界五百強公司的執行長，平均薪資超過一千萬美元，大約是工人平均薪資的 300 倍。（相較來說，1966 年時，執行長平均薪資僅為一般工人薪資的 25 倍。）美國以外的國家，執行長的薪資少上許多：日本公司執行長薪資約為一般工人的 10 倍；加拿大和歐洲公司的執行長，薪資約為一般工人的 20 倍。

大部分公司的執行長薪資，包含經常性薪資、獎金和股票選擇權，由董事會成員組成的薪酬委員會決定。決定執行長薪資的人，往往是其他執行長，因此所有執行長都有誘因讓其他執行長獲得高薪，藉此讓自己也能得到高薪。我們使用空間競爭模型（以下稱為「空間投票模型」，見第 306 頁與第 325 頁），正可以呈現薪酬委員會的偏好。根據空間投票模型，薪資會訂在「中間選民」的偏好所在（見第 260 頁的中間選民定理）。不同國家的執行長薪資不同，則可以使用董事會和薪酬委員會的組成方式來解釋，例如：德國公司董事會成員包含了偏好給予執行長較低薪資的工人。

執行長的政治綁架——空間投票模型

執行長（CEO）薪資由薪酬委員會投票決定，薪資會訂在「中間選民」的偏好所在。

在美國，薪酬委員會由許多偏好高薪的現任執行長和前任執行長、以及薪酬專家（X）組成，中間選民是 CEO_1，結果偏向高薪。

在其他國家，薪酬委員會包含工人（W），中間選民是 X，結果會偏好遠遠較低的薪資。

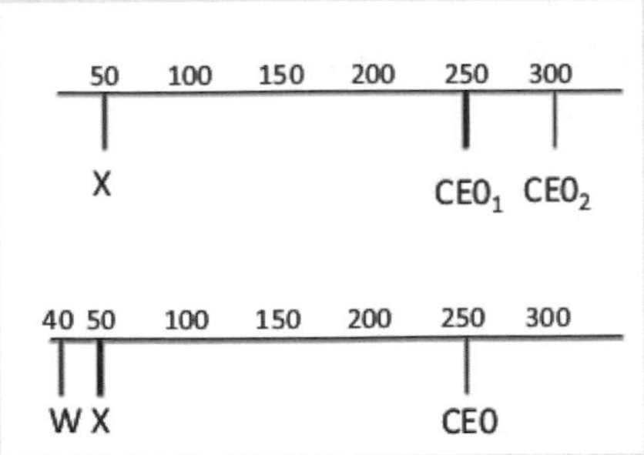

所得不均發生原因： 執行長透過互相綁架，決定自己的薪資。提高任何一位執行長的薪資，都會讓所有執行長薪資提高。

空間投票模型根據董事會成員對執行長適當薪資的偏好，解釋了執行長薪資提高的原因。此處我們還可以參考另一些可模擬價值如何決定的模型。例如薪酬委員會成員的偏好，有可能依賴基於資料數據的模型思維；但也有可能是某種機制設計，來自執行長社群的群策群力。

下一個所得不均模型源自皮凱提（Thomas Piketty）的暢銷書《二十一世紀資本論》。皮凱提提出的理論，與其說是模型，不如說是一項觀察結果，皮凱提認為資本報酬率已經超過資本成長率。如果皮凱提的論點成立，則高收入族群由資本得到的報酬，將如雪球般，隨著時間愈長而愈滾愈大。我們藉由第 8 章〈非線性模型：凸函數與凹函數〉中的多種**經濟成長模型**（見第 116 頁），就能證明大多數經濟體中，資本報酬率都會超過資本成長率。長期來看，經濟成長可能會少於 2% 或 3%，但資本報酬卻能成長超過這個數字的兩倍。

因此，如果經濟體中包含賺取工資的工人和賺取資本收入的資本家，則資本家的收入占比會愈來愈高。事實上，資本成長率取決於三種比率：消費率、稅率和資本報酬率。消費率取決於資本大小，沒什麼資本的工人絕大部分收入都用於消費，而擁有大量資本的資本家則只會消費很小比例的收入（但消費金額可能已令人瞠目結舌）。如果讓消費水準保持固定，則消費率等於消費量除以資本規模。因此，愈富有的人消費率愈低，淨資本更有可能增加。

資本收租模型（皮凱提）——72 法則

經濟體由工人和資本家組成，工人工資增加率為 g，也就是經濟成長率。資本家在時間 t 時，擁有財富 W_t，報酬率為 r（扣除稅金後）並消費固定量 A。下式成立下，資本家的收入會成長得比工人還快：

$$r - A/W_t > g$$

所得不均發生原因：在市場經濟中，資本報酬率超過了整體經濟成長率（r > g）。累績許多資產的資本家，只須花費一小部分收入在消費上，所以資本家的收入占全民總收入的比例會逐漸增加。

要了解收入成長率的差異如何產生所得不均，可以應用 72 法則。假設一開始，工人的工資和資本家的資本收入相同，但工資以 2% 成長、而資本收入以 6% 成長，36 年後工資會成長為 2 倍，但資本收入則會成長為 8 倍。72 年後，資本收入會成長為 64 倍，然而工資僅成長為 4 倍。

皮凱提應用資本收租模型來解釋收入和財富不均的長期趨勢，模型超乎預期的符合法國及英國三個世紀以來的資料。資本收租模型揭露了過去一個世紀美國及英國所得不均的演變模式，而兩次世界大戰摧毀了歐洲的資本庫存，讓歐洲的所得和資本分配重回平等。資本收租模型之所以與資料極其吻合的其中一個原因為，模型省略了兩項互相抵消的效應：一方面排除了企業家，因此低估了所得不均；另一方面假設所有資本家的後代都採取明智投資，但事實並非如此。因此，資本收租模型過度誇大了資本累積對所得不均造成的影響。新富人出現和舊富人消失，並不一定會達到平衡，更精細的模型應當要包含財富階級族群的流入和流出。

撇開上述問題不談，資本收租模型指出：只要資產不斷增加，資本家分到的經濟大餅就會愈來愈大塊。如果不斷應用 72 法則，就會發現工人的收入相較於資本家的收入，最終將不值一提。資本累積問題有一個非常直觀的解決辦法：實施財富稅，但在政治上並不一定可行。另一個可能為等待戰爭或革命，來強制重新分配財富，或者某些科技突破，產生一批新資本家。

接下來的兩個模型將優先考量社會力量，兩個模型都有十分扎實的經驗支持。第一個模型根據**選型交配**（assortative mating）解釋所得不均的增加。例如家庭收入取決於夫妻雙方的收入，如果低收入者與高收入者結婚，婚姻將有助於平均收入分布；但如果高收入者與另一位高收入者結婚，所得不均狀況將加劇。雖然大多數人達到適婚年齡時，都無法確定潛在伴侶一生所能獲得的收入，但人們可以知道潛在伴侶的教育水準或身體狀況，並且能接收到伴侶積極努力程度的訊號。證據顯示：無論男女，只要教育水準和收入提高，就會選擇同樣有較高教育水準和收入水準的伴侶。

所得不均的增加，起因於以下幾個因素：第一，獲得大學學歷的女性愈來愈多；第二，相對收入隨著教育水準的提高而增加；第三，受過良好教育的男女，都偏好受過良好教育的伴侶。我們會發現：夫妻皆受過良好教育的家庭，更有可能夫妻都能獲得高收入，進而造成家庭層級的所得不均。這套推理邏輯十分縝密，但需要詢問的是效應究竟有多大。[11]

社會學家藉由將人群分為五種教育水準，來劃分模型刻度：輟學、高中畢業、讀過大學、大學畢業、研究所畢業，然後計算每種教育水準的平均收入，並且擬合每種教育水準配對的結婚數量資料，進而估計出選型交配的影響。

選型交配——分類模型和類別

類別：每個人皆標示一種教育水準：{1, 2, 3, 4, 5}，其中 1 ＝輟學、2 ＝高中畢業、3 ＝讀過大學、4 ＝大學畢業、5 ＝研究所畢業。

收入 (g, E) 等於「性別 g 且教育水準 E 的人」的估計收入，
則包含男性教育水準 E_M 和女性教育水準 E_W 的家庭估算收入，
如下式所示：[12]

$$\textbf{收入}(M, E_M) + \textbf{收入}(W, E_W)$$

所得不均發生原因：受過教育的女性增加、高教育水準工人薪資提高，以及選型交配（人們傾向與相同教育水準的人結婚）三個原因，增加了家庭層級的所得不均。

如果婚姻為隨機發生、而且不含選型因素，則所得不均會降低。某篇研究發現，使用**吉尼係數**（Gini coefficient，常用來測量所得不均）測量下，數值會下降 25%。[13]

下一個模型將使用**馬可夫模型**（見第 17 章），來分析不同收入分類之間的

流動。模型將人群（或家庭）依收入水準劃分為四個類別：高收入、中高收入、中低收入和低收入，各個類別包含了所有分布的四分之一。時間週期可能是一年、十年或一個世代，如此便可估算各類別之間的轉換機率，來呈現流動性。

跨世代收入（財富）動態——馬可夫模型

人群可劃分為四種人數相同的收入（或財富）類別，然後可以估算轉換機率，也就是個人或家庭在一個世代中，由其中一個類別移動到另一個類別的機率，如下圖所示。流動到各收入水準的轉換機率愈平均，代表愈大的**社會流動**（social mobility）。

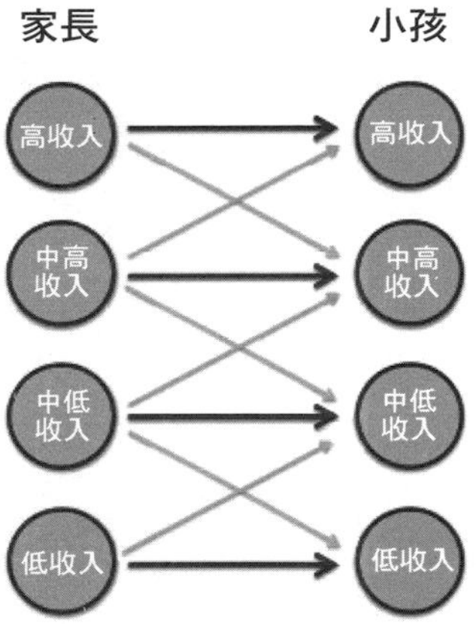

	高收入小孩	中高收入小孩	中低收入小孩	低收入小孩
高收入家長	.6	.25	.1	.05
中高收入家長	.2	.5	.2	.1
中低收入家長	.15	.2	.5	.15
低收入家長	.05	.05	.2	.7

不同收入水準的社會階層之間的轉換機率

所得不均發生原因：社會技能、內隱知識、面對風險和教育的態度、以及遺產，皆會降低不同收入水準的社會階層之間的流動。

如果跨世代之間的社會階層流動完全不存在僵固性，則高收入家長的小孩收入，有相同機率成為四種收入類別中的任一種，也就是四種收入類別的轉換機率都等於 1/4。完全僵固、沒有任何社會流動的狀況下，相同類別的轉換機率為 1。依我們的經驗估計，現實狀況處於兩種極端之間。

我們可以在各個類別，隨機選取 100 個家庭，來進行驗證。根據上一頁灰色方框中的表格，高收入家長的小孩有 60% 機率依然為高收入，而僅有 5% 機率變成低收入。經過計算，高收入家長的孫子則有略少於 43% 的機率依然為高收入，僅有略超過 10% 的機率變成低收入。[14]

跨世代收入動態模型也可以做為評估收入流動性原因的基準，必須使用家長財富、收入和能力水準（假設能取得資料）的函數，以線性模型估算小孩的收入。皮凱提模型指出函數中的家長財富為正係數，而在家長能力和子代能力相關的狀況下，函數中的家長能力也同樣為正係數。

如果要決定函數中的家長收入係數，則需要每位小孩和家長的收入資料。學術界目前只能找到過去幾十年的個人層級收入資料。我們在美國經濟史學家克拉克（Gregory Clark）2014 年出版的《兒子依舊升起》一書中，找到了解決資料欠缺的新穎辦法：利用姓氏！克拉克計算 1888 年同一姓氏人們的平均收入，例如柴契爾（Thatcher），然後將計算出的數據與 1917 年所有姓氏為柴契爾的人的平均收入做比較。比較時間橫跨三十年，相當於一個人一生工作的時間長度。克拉克發現：各姓氏內的平均收入有強烈相關，意味者收入流動性十分缺乏。

跨世代收入動態模型也能辨識跨世代轉移的種族差異。例如，非裔美國人家長若位於收入分布的頂端，小孩似乎較難以維持財富水準，但家長若是位於收入分布的底端，小孩卻往往難以脫離低財富水準。富有的非裔美國人相對來說，比較不容易有富有小孩，但貧窮非裔美國人卻有很大可能有貧窮小孩。[15]

我們要介紹的最後一個所得不均模型是杜勞夫的**持續不均模型**（persistent inequality model）。這個模型建立在**鄰里效應**（neighborhood effect）上，利用了人們因收入類別不同而「分隔」的經驗規律，也就是：高收入族群會居住在同一個社區，而低收入族群也會居住在彼此附近。收入分隔會產生流動性降低的經濟、社會和心理外部性。在持續不均模型中，個人收入取決於能力、教育花費和**外溢效應**。

教育屬性可反映出公共教育支出的多寡。經驗上，公共教育支出與地區的平均收入息息相關：高收入地區比低收入地區花費更多經費在教育上，因而導致較佳教育結果，以及高收入社區的小孩都有較高收入。

外溢效應一詞，可以解釋為：在社區裡傳播的有關獲取適當工具的知識。我們可將杜勞夫模型，與居住在高收入社區的人們如何意識到適當工具，給連結起來。同時，也可以將杜勞夫模型連結到**網路模型**與**弱連結**（見第 145 頁）現象：居住在高收入社區的人們，會間接連結到能獲得更多有經濟價值資訊的其他人，進而對收入產生正回饋。

我們也可以將外溢效應解釋為：在社區裡相互感染、擴散的行為，例如：花在工作或讀書上的時間。如果收入包含隨機成分，則低收入社區的人會發現「花費時間在自我提升上，帶來的報酬極低」（這是正確的發現）。此外，外溢效應也包含心理屬性，例如：積極或消極的人生觀、安全感或自我信念。

杜勞夫的持續不均模型

——謝林分隔模型（見第 247 頁）**＋局部多數模型**（見第 208 頁）

個人屬於某個收入階層，並按收入劃分居住地。個人會分配一部分收入到教育中，造成提高社區收入水準的正向外溢效應。

居住在社區 C 的小孩，他們的未來收入取決於先天能力、教育花費和外溢效應。教育和外溢效應的貢獻，則取決於社區的收入水準 I_C。

$$\text{收入}_C = \text{函數}（\text{能力}, \text{教育}(I_C), \text{外溢效應}(I_C)）$$

所得不均發生原因：在低收入地區成長的小孩，缺乏教育機會和經濟外溢效應。

完整的持續不均模型中，杜勞夫計算出教育花費的平衡水準，並推導出持續不均出現的條件。杜勞夫提出所得不均是由**貧窮陷阱**（poverty trap）所造成：居在在低收入社區的個人，無論能力多強，都缺乏教育資源和足夠外溢效應，來獲得高收入。杜勞夫的模型也能解釋收入水準的巨大種族差距：非裔美國人極大比例居住在窮困社區，因此很可能因為缺乏資源而陷入低收入困境。

各種不同模型都描繪出所得不均的不同原因，某種意義上，每個模型都正確，但我們也知道所有模型都並非完美。經驗上看來，模型能解釋的收入差異大小和部分，各不相同。對於收入分布的頂端來說，經驗證據最支持「科技與人力資本模型」。[16] 美國國稅局追蹤了收入最高的四百人、超過二十年時間，發現這些位於收入分布頂端的人，都來自於科技業、大型零售業和金融業——三種可以快速擴張的行業。收入高速成長確實可能導因於搜尋引擎（谷歌）或社群網站（臉書）這類贏家通吃的市場，然而科技與人力資本模型並沒有解釋太多收入分布底層的狀況，也沒有提到收入流動性，或者解釋為什麼美國執行長收入遠遠超過其他國家。

為了解釋資料和現象的其他特徵，我們還需要利用其他模型，例如：跨世代收入動態模型、杜勞夫持續不均模型和空間投票模型。藉由建構多模型與資料數據之間的對話，我們才能對所得不均的原因有深入、多面向的理解。我們得以找出產生和維持所得不均的多個流程，並觀察流程之間如何重疊和交錯。瞭解到所得不均的複雜性、以及維持所得不均自我強化的因果力量後，我們就不會認為貧富不均可以迅速解決。想要減少貧富不均，必須從多方面付出巨大的努力。

讓模型與現實接軌

本章中我們瞭解到，應用一系列多模型，可以解釋鴉片氾濫和所得不均的種種原因，並且能呈現每一種模型框架下的限制。政策制定者則可以根據多種模型，帶入資料進行模擬，來測量效果大小；然後根據得出的結果，執行自然實驗，來協助指導政策的選擇。

我們也可以採用多模型方法，模擬應對許多的社會挑戰，包含扭轉肥胖趨勢、改善課業表現、減緩氣候變遷、管理水資源、改善國際關係等等，每種案例就算只加入單一新模型，也能帶來巨大影響。以預測金融崩潰問題為例，美國聯準會根據使用通膨、失業率和存貨等國民會計資料的傳統經濟模型來進行預測。但這些資料都存在時間落差，因為資料為每週、每季或每年釋出，有些資料則來自調查，也就是整體經濟抽樣。

複雜系統學者法默（J. Doyne Farmer）認為應利用網路上蒐集的即時資料，來建構第二類模型。這些新模型根據更精細、即時的資料，也因此和傳統模型產生差異。法默認為第二類模型比現有模型還要好。法默的說法很可能是正確的，這些新模型並不需要極其準確，就能預測和預防經濟災難。因為新模型使用不同資料和根據不同假設，所以可能產生不同預測。我們從**多樣性預測定理**（見第 39 頁）可得知，只要這些新模型的準確度不要太低，則將新模型和現有模型結合後，可以改善原有的預測。用法默的話來說，政策制定者將會更有共識。[17]

執行長在做出商業決策時，也會遭遇類似狀況。執行長可以利用納入資料資訊的多模型，來決定產品屬性和上市時間、設計薪酬計畫、建構供應鏈和預測銷售量。因為各項行動都發生在複雜系統中，任何單一模型都會出現錯誤，而多模型則能引導到更好的行動。

總結來說，每當面臨選擇、需要做出決定或面臨策劃挑戰時，就應該採用多模型方法。多模型思維比起採用直覺或本能的行動，能產生更好的表現。雖說如此，多模型思維也無法保證一定成功，就算使用多模型，也不一定能辨別出最重要的邏輯鏈。想要探究的領域有可能太過複雜，就算使用一系列模型，還是只能解釋某一部分。

應用模型來協助策劃時，這些難題也同樣存在，我們可能會發現無法建構實用的抽象概念。在這些情況下，模型過於簡單，可能反成敗筆。面對複雜情況時，很可能更精細的單一模型也無法完成溝通想法、做出準確預測或指出最佳行動的任務；甚至使用多模型來探索，也可能無法得到太多助益。在這些情況下，本書承諾的 REDCAPE 七大功能就不會有太大幫助。然而，即使在這樣的困境下，思考和應用多模型仍然可以得到好處，我們藉此應當能發現交互作用，能瞭解為什麼複雜過程會讓理解、詮釋和溝通的嘗試受挫。

謙虛面對這個世界

基於以上理由，我們必須抱持謙虛態度，即使藉由多模型來思考，我們的推理能力仍有極限。因此，我們必須抱持好奇心，持續建構新模型，並改善現有模型。如果模型遺漏了世界的重要特徵，例如：社會影響、正回饋或認知偏誤，則我們應該要建構包含這些特徵的其他模型。如此便能開始分辨出何時這些屬性會造成影響，以及影響到底有多大。

「所有模型都是錯的」這項事實，不應讓我們失去信心，反倒應該視為建構更多「能產生智慧」的模型的驅動力。

最後，在建構模型過程中，別忘了挖掘樂趣。雖然這本書一直強調實用目標，例如：成為更好的思考者、工作更有效率，以及成為世界上更有見識的公民。但本書同時還有一個隱藏目標，就是呈現模型之美和有趣之處，實際建構模型的過程，能夠成為一場美麗的遊戲。我們做出假設、寫下規則，然後在規則的限制下和邏輯定律下，操作模型。藉由邏輯探索，能提升自我、並讓自己變得更有智慧。希望大家都能將智慧帶到世界中，並幫助世界帶來正面改變。

注記

我要感謝的同事和朋友太多了，難以完整表達感謝之意。與許多人討論模型的建構，都讓本書更加完善，包含：Eric Ball、Andrea Jones-Rooy、Michael Mauboussin、Carl Simon、John Miller、Lu Hong、Helene Landemore、Jim Johnson、Skip Lupia、Josh Berke、Patrick Grim、Bob Axelrod、PJ Lamberson、Jessica Steinberg、Jessica Flack、Charlie Doering、Michael Ryall、Robert Deegan、Jay Grusin、Sarah Silvestri、Zev Berger、Ken Kollman、Jean Clipperton、Michael Barr、Benjamin Bly、Elizabeth Bruch、Abbie Jacobs、Mark Newman、Cosma Shalizi、Kent Myers、Josh Cooper Ramo。我同時也要感謝古根漢基金會（Guggenheim Foundation）贊助學術休假，感謝歐洲工商管理學院（INSEAD）的師生員工，以及法國楓丹白露（Fontainebleau）人們的幫助。密西根大學所在安娜堡的 Lab Cafe、Mighty Good Coffee 以及所有四家 Sweetwaters Coffee and Tea 的員工，都提供我美味咖啡且默默支持著我。模型思維課程中，數千位學生透過線上對話給予回饋，也帶給本書莫大幫助。我的經紀人 Max Brockman、編輯 TJ Kelleher，以及 Melissa Veronesi 都幫助我在書籍即將完成的最後一年，全心專注寫書。Mita Gibson 和 Linda Wood 不斷給我支持和鼓勵，不但幫助我處理行程延誤問題，也教會我使用印表機的各項功能。此外也要感謝 Lucy Fleming 和 John Burt 在書籍即將完成的最後階段，協助處理惱人的排版問題。

第 1 章　多模型思維的好處

1 例如：請參閱 O'Neil 2016，瞭解使用資料做為基礎的簡單模型，如何會忽略部分群體及第 4 章討論的適應性回饋（adaptive feedback）。

2 請參閱 Paarsch & Shearer 1999 關於木材工業的分析。樹木種植的原始資料顯示，樹木種植單價與種植樹木數量呈現負相關，種植一棵樹木領到的錢愈多，則種植樹木數量就愈少。這個結果和標準經濟學的邏輯衝突，如果種一棵樹能領到愈多錢，理應更勤奮種樹。Paarsch & Shearer 的模型中，木材公司支付給工人種植每棵樹的單價，相當於市場時薪 20 美元，這項假設會得出以下每棵樹種植單價的算式：「$20 ＝每小時種植樹木數量 × 種植每棵樹的單價」。如果工人每小時可以種植 10 棵樹，則種植每棵樹的單價為 2 美元；如果工人每小時可以種植 20 棵樹，則種植每棵樹的單價為 1 美元。因此，模型預測樹木種植單價與種植樹木數量呈現負相關。模型同時也預測樹木種植單價乘以種植樹木數量等於常數。

3 模型的表現勝過人類直覺的證據，請參閱 Dawes 1979、Tetlock 2005、Silver 2012 和 Cohen 2013。關於偏差問題，請參閱 Kahneman 2011。

4 請參閱 Slaughter 2017 和 Ramo 2016。

5 研究顯示：最有影響力的研究或專利，往往從多學門中汲取想法。分析三千五百萬份論文的研究顯示，長時間看下來，跨學門的論文往往有較大影響力（Van Noorden 2015）。雖然想法的結合不一定是模型的結合，但卻往往如此，請參閱 Jones, Uzzi & Wuchty 2008 和 Wuchty, Jones & Uzzi 2007。Freeman & Huang 2015 證明研究人員多樣性也和引用文獻數相關。如果將專利解釋為創新的證據，則有兩項獨立研究都能將多樣思考與成功的創新相連結。Shi, Adamic, Tseng & Clarkson 2009 呈現跨類別專利更容易得到應用；Youn, Strumsky, Bettencourt & Lobo 2015 則呈現大多數專利都包含多個子類別。跨學門研究正穩定成長，現在平均來說，社會科學家從其他學門引用的論文數，已超過從社會科學領域引用的論文數。

6 請參閱 Box & Draper 1987。

7 請參閱 Page 2010a。

8 我並不是說知識即為模型，我只是說模型可以代表知識，並能提供溝通知識的明確方法。「知識」一詞涵蓋相當廣泛的領域，且包含身體學會的能力和隱性技能，例如：如何打網球、說法語或談判合約。本書使用的是狹義知識定義，更廣義的知識概念，請參閱 Adler 1970。

9 你可以由跳傘員下墜時的終端速度約為每小時 320 公里，推算出這個大概數字。終端速度與質量的根號成正比，假設跳傘員質量約為填充獵豹的 400 倍，400 開根號等於 20，因此，填充獵豹的終端速度等於每小時 320 公里除以 20，相當於每小時 16 公里。

10 波爾的說法完全正確，資料顯示佛雷斯諾市的經濟規模比冰島大上 30%。Ball & LuPima 2012 說明如何將學校學到的知識應用到商業世界。

11 請參閱 Lo 2012，關於全球金融危機更多討論，請參閱 Myerson 1992。

12 William James、Stephen Hawking 和 Antonin Scalia 分別寫過不同版本的故事。

第 2 章　為什麼要使用模型？

1 關於建構模型的原因，更詳細的分類請參閱 Epstein 2008。Lave and March 1975 則說明了三種類型的使用方法：解釋經驗現象、預測其他新現象，以及建構和設計新系統，此外也間接主張使用模型進行探索。

2 請參閱 Harte 1988。兩種模型建構方法的分類，取自 Johnson 2014 關於模型在社會科學中如何應用的專著。這兩種方法也稱作「極簡理想化」（minimalist idealization），請參閱 Weisberg 2007。更多類比方法的資訊，請參閱 Pollack 2014 和 Hofstadter & Sander 2013，後者將類比方法稱為「燃料與火」思維方式。關於模型分類的詳細說明，也可參閱 Schelling 1978, 87。Daniel Little 的部落格「瞭解社會」（Understanding Society）則提供一個討論社會科學本體論的入門管道。

3 請參閱 Arrow 1963。如果限制可能的個人排序方式，則有機會產生集體排序，例如：所有人排序相同，則集體排序也會和所有人的排序相同。一般來說，我們無法對應個人排序到一致的集體排序上。

4 和我同時期出生的人，鐵定注意到我借用了電影《嚎囂》（*Howl*）中的臺詞：「還真的有這種情況發生。」請參閱 Bickel, Hammel & O'Connell 1975。

辛普森悖論發生在「申請進入高錄取率科系的男學生人數大於女學生人數」時，例如：某一間有醫學院和獸醫學院的大學，假設申請醫學院的學生為男學生 900 位，其中 480 位（53%）錄取，女學生 300 位，其中 180 位（60%）錄取；申請獸醫學院的學生為男學生 100 位，其中 20 位（20%）錄取，女學生 300 位，其中 90 位（30%）錄取。在兩個學院中，女學生錄取率都高於男學生，但整體來說，錄取了 50% 的男學生（1,000 位中錄取 500 位），但僅錄取 45% 的女學生（600 位中錄取 270 位）。

帕隆多悖論的例子如下：假設第一種賭局每次都會損失 1 美元，第二種賭局在局數無法用 3 除盡時，該局會損失 2 美元，但在第 3、6、9、12 等等局數中，將贏得 3 美元。無論哪種賭局，期望報酬皆為負值，但如果在可以用 3 除盡的局數下注第二種賭局，其他局數都下注第一種賭局，則每 3 局可贏得 1 美元。

下圖呈現增加節點卻減少總邊長的其中一種可能方法。左側網路有 4 個在正方形角落的節點，右側網路則多了第 5 個位於中央的節點。如果將正方形邊長設為 1，左圖總邊長為 3，而右圖總邊長為 4 乘以 0.71，少於 3。

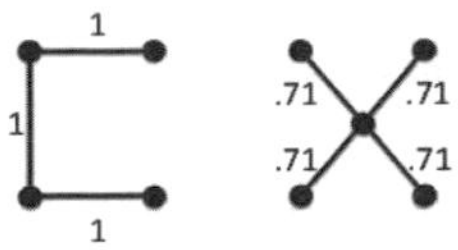

5 請參閱 Kooti, Hodas & Lerman 2014。

6 假設每個人的收入同為 I，並支付固定稅率 t，我們令 c 代表稅金減少比例、r 代表所得增加比例。目前政府收入等於 $I \cdot t$，減稅後，收入等於 $I(1+r) \cdot t(1-c)$。唯有在 $I \cdot t < I(1+r) \cdot t(1-c)$ 的條件下，政府收入才會增加。化簡式子之後，會得到 $r > c(1+r)$。

7 關於針對多維度乘載問題，能提供較佳解決方案的市場基礎機制，請參閱 Ledyard, Porter & Wessen 2000。

8 我借用物理學家 Eugene Wigner 1960 使用的形容詞——「超乎常理」（unreasonable），Eugene Wigner 曾經表示：物理學中使用的數學模型「超乎常理的有效」（unreasonably effective）。

9 關於社會科學模型解釋行為差異能力的討論，請參閱 Ziliak & McCloskey 2008。

10 關於頻譜拍賣歷史，請參閱 Porter & Smith 2007。

11 請參閱 Squicciarini & Voigtländer 2015。關於知識傳播重要性的完整歷史紀錄，請參閱 Mokyr 2002。

12 請參閱：www.treasury.gov/initiatives/financial-stability/Pages/default.aspx。

13 例如：在 1990 年代中期，俄亥俄州哥倫布市約有 60% 的餐廳倒閉，政府沒有援助任何一家餐廳，也不應該進行援助。健康的市場經濟本來就會有倒閉發生，請參閱 See Parsa et al. 2005。

14 資料來源為 2009 年 IMF 的《全球金融穩定報告》（*Global Financial Stability Report*）。連結強度根據投資組合價值相關性認定，相關性根據最極端的事件，也就是機構績效絕佳和極差的日子，這樣的測量方法可以呈現一家機構倒閉後，擴散到另一家機構的可能性。事實上，績效相關性可能源自於投資組合相似性，以及一家銀行持有另一家銀行的資產。

15 請參閱 Geithner 2014。

16 關於舊金山灣模型及在政策上的應用說明，請參閱 Weisberg 2012。

17 完整內容請參閱 Stone et al. 2014。

18 感謝 Josh Epstein 提供板塊構造模型的例子。

19 請參閱 Dunne 1999 和 Raby 2001。

第 3 章　多模型的理論基礎

1 請參閱 Levins 1966。

2 更多細節說明和推導，請參閱 Page 2007, 2017。

3 關於群眾的智慧，請參閱 Surowiecki 2006；電腦科學的集成學習方法，請參閱 Patel et al. 2011。

4 Hong & Page 2009 呈現獨立模型需要一組獨特分類，也就是說，在二元分類模型中，僅存在一組方法可以建構一組獨立預測。

5 請參閱我先前撰寫的三本書籍：《*The Difference*》(Page 2008)、《*Diversity and Complexity*》(Page 2010)，以及《*The Diversity Bonus*》(Page 2017)，以便深入瞭解多樣性預測定理。關於經濟預測資料，請參閱 Mannes, Soll & Larrick 2014。

6 如下圖所示 A、B、C、D 四棟小平房，每棟都標有市價。根據平房是否有錄音室（利用在門上畫圈圈做代表）建立兩個分類，平房 A 和 B 沒有錄音室，分為第一類，平房 C 和 D 有錄音室，分為第二類。

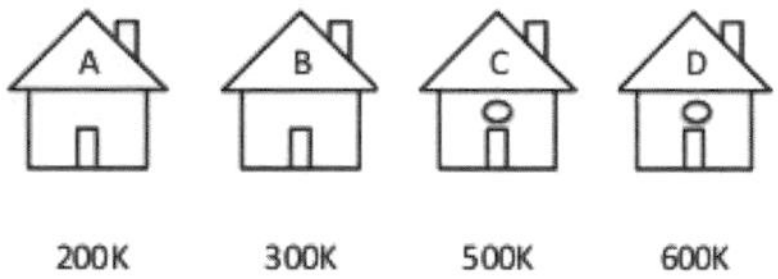

首先，計算平房價格的總變異量，計算方法為加總各間平房價格與市價差值的平方，以下皆以千元為單位計算。四棟平房平均市價為 400K，因此總變異量 $= (200 - 400)^2 + (300 - 400)^2 + (500 - 400)^2 + (600 - 400)^2 = 100{,}000$K。

若要計算分類誤差，則須先算出各分類的真實平均值：第一類為 250K 美元、第二類（有錄音室的平房）為 550K 美元，這個分類已綜合考量不同價值的平房。剩餘變異量等於分類誤差：A 和 B 的分類誤差 $= (200 - 250)^2 + (300 - 250)^2 = 5{,}000$K，而 C 和 D 的分類誤差 $= (500 - 550)^2 + (600 - 550)^2 = 5{,}000$K，總分類誤差為兩個數字加總，等於 10,000K。

若要計算估值誤差，則須假設模型預測平房 A 和 B 的價格為 300K 美元，預測平房 C 和 D 的價格為 600K 美元，估值誤差等於各分類預測值與真實平均值差值的平方。A 和 B 的估值誤差 $= (300 - 250)^2 + (300 - 250)^2 = 5{,}000$K，而 C 和 D 的估值誤差 =

$(600 - 550)^2 + (600 - 550)^2 = 5{,}000K$，總估值誤差等於 10,000K。

總「模型誤差」等於預測值與實際值差值的平方：模型誤差 $= (300 - 200)^2 + (300 - 300)^2 + (600 - 500)^2 + (600 - 600)^2 = 20{,}000K$。請注意，模型誤差正好等於分類誤差加上估值誤差。

7 關於二維社會互動的自旋玻璃模型（spin-glass mode），請參閱 Brock & Durlauf 2001。Glaeser, Sacerdote & Schenkman 1996 則使用一維模型來檢驗犯罪。Fudenberg and Levine 2006 建構大腦的經濟模型。

8 尼阿克斯不是第一位嘗試利用規模（scale）的船運大亨。1858 年時，建造大西部鐵路的英國傳奇工程師布魯內爾（Isambard Kingdom Brunel）啟動建造長約 200 公尺的大東方號（SS Great Eastern）計畫。但這項計畫最終失敗了，因為未使用流體動力學模型來評估，而做出糟糕的設計，船隻只有在最低速下，才勉強能航行。大東方號最終則在鋪設跨大西洋電纜時，派上用場。關於多模型如何協助設計船隻，請參閱 West 2017。

9 BMI 也可以使用英制單位，寫成：703 乘以體重（單位為磅）除以「身高（單位為英寸）的平方」。

10 詹姆士（LeBron James）身高約 206 公分，體重約 113 公斤，BMI 值為 26.7。杜蘭特（Kevin Durant）身高約 209 公分，體重約 106 公斤，BMI 值為 24.3。2012 年及 2016 年奧運十項全能金牌得主伊頓（Aston Eaton），身高約 185 公分，體重約 84 公斤，BMI 值為 24.5。伊頓的前輩，2008 年奧運十項全能金牌得主克萊（Brian Clay），BMI 值為 25.8。

11 請參閱 Flegal et al. 2012。

12 假設老鼠 3 英寸長、1 英寸高、1 英寸寬；大象 10 英尺高、10 英尺長、5 英尺寬。如此可得出大象表面積為 400 平方英尺，等於 57,600 平方英寸，體積為 500 立方英尺，等於 864,000 立方英寸。

13 Geoffrey West 和同事建構了更詳盡準確的模型，預測新陳代謝率與體重的 3/4 次方成正比，請參閱 West 2017。

14 寄送相同履歷、但改變求職者姓名的控制實驗結果顯示，女性薪資待遇和評價皆低於男性。請參閱 Moss-Racusina et al 2012。

15 男性成為執行長的機率，相當於連續獲得 15 次升遷的機率，等於 P_M^{15}。男性相對於女性成為執行長的可能比率，等於（P_M / P_W）^{15}。根據假設的 50% 和 40%，可能比率等於 $(1.25)^{15} = 28.4$。

16 請參閱 Dyson 2004。

17 請參閱 Breiman 1996。

第 4 章　建構人群行為模型

1 請參閱 See Haidt 2006。

2 假設個人預算為 M，消費商品 C 的單位價格為 1 美元，住房的單位價格則為 P_H。預

算限制可以寫成 $M = C + P_H \cdot H$，這意味著 $C = M - P_H \cdot H$，因此可以將效用寫成 H 的函數。

$$U(H) = (M - P_H \cdot M)^{\frac{2}{3}} H^{\frac{1}{3}}$$

若要找出最大化效用的 H，則須對 H 取導數、並令導數值為 0，這需要應用微積分的連鎖律：

$$-\frac{2}{3} P_H \left(\frac{H}{M - P_H \cdot H}\right)^{\frac{1}{3}} + \frac{1}{3}\left(\frac{M - P_H \cdot H}{H}\right)^{\frac{2}{3}} = 0$$

將第一項移到算式右側並交叉相乘，可以得到下式：

$$2P_H \cdot H = (M - P_H \cdot H)$$

因此 $M = 2P_H \cdot H + P_H \cdot H = 3P_H . H$，因此住房預算 $P_H \cdot H = M/3$，也就是說，在最大化效用時，會花費 1/3 預算在住房上。

3 與美國的狀況十分接近，資料來源：2013 年美國勞動統計局。

4 正式理論如下：令 $X = \{A, B, C, \ldots N\}$ 代表一組有限數量結果，並令樂透為這些結果的機率分布：$L = (P_A, P_B, \ldots P_N)$。如果抽籤偏好（>）滿足完備性，則任何兩種樂透 L 和 M 可以比較優劣。遞移性：如果 L > M 且 M > N，則 L > N。獨立性：如果 L > M，則給定任何樂透 N 及任何機率 p > 0，則樂透 pL ＋ (1－p)N > pM ＋ (1－p)N。連續性：如果 L > M 且 M > N，則存在機率 p 讓 pL ＋ (1－p)N ～ M。滿足這四個條件，則偏好可以使用連續效用函數呈現，這個效用函數會給予每個樂透一個實數值的效用。粗略證明如下：假設存在最佳結果 B 和最差結果 W，將 B 的效用設定為 1，W 的效用設定為 0。根據連續性公理，任何其他結果 A，都可以存在一個機率 p，讓「確定得到 A」以及「有 p 機率得到 B 和 (1－p) 機率得到 W」這兩種結果對某人來說，都沒有差別，可以寫為 A ～ pB ＋ (1－p)W，然後就可以指定 A 的效用為 p。使用數學稍加計算，就可以得出：如果一個人愈喜愛某結果（或樂透），則該結果的 p 值愈大，如此便可神奇的將排序轉換成數字。完整證明請參閱 Von Neumann & Morgenstern 1953。

5 請參閱 Rust 1987。

6 請參閱 Camerer 2003。

7 請參閱 Harstad & Selten 2013。

8 關於使用理性選擇做為基準，請參閱 Myerson 1999。

9 早期調查請參閱 Camerer, Loewenstein & Prelec 2005。

10 關於這項研究的概述，請參閱 Kahneman 2011。

11 開放科學合作組織（Open Science Collaboration）2015 年的原始論文，引發了更多的複製實驗嘗試，無法成功再現的比例也十分接近 50%。

12 關於受試者群體多樣性的重要性，請參閱 Medin, Bennis & Chandler 2010。

13 請參閱 Berg & Gigerenzer 2010。

14 請參閱 Kahneman & Tversky 1979。

15 收益框架：治療方法 A 確定能拯救 40% 的病人，治療方法 B 有 50% 機率拯救所有病人。損失框架：治療方法 A 確定會造成 60% 的病人死亡，治療方法 B 有 50% 機率無病人死亡及 50% 機率全部病人死亡。根據展望理論，大部分的醫師都會在收益框架中選擇治療方法 A、在損失框架中選擇治療方法 B。

16 關於早期討論雙曲折現意義的論文，請參閱 Thaler 1981 和 Laibson 1997。

17 雙曲折線一般形式的公式如下：

$$H(r,t) = \frac{1}{(1+rt)^{\frac{\beta}{\alpha}}}$$

18 請參閱 Gigerenzer & Selten 2002。

19 請參閱 Gode & Sunder 1993。

20 請參閱 Gigerenzer & Selten 2002。

21 Vernon Smith 在諾貝爾獎的得獎感言中提到：「生態理性使用推理，也就是理性重構（rational reconstruction），並根據個人經驗和常識來檢視個人行為。人們遵循無法明確說出的規則，但規則可以藉由探索來發現。」請參閱 Smith 2002。

22 請參閱 Arthur 1994。

23 請參閱 Lucas 1976 和 Campbell 1976。

24 關於模型如何說明可能發生狀況的討論，請參閱 de Marchi 2005。關於決策者在類似賽局中採取行為的方程式為本模型和規則為本模型，請參閱 Gilboa & Schmiedler 1995 和 Bednar & Page 2007, 2018。

第 5 章　常態分布：鐘形曲線

1 給定一組資料 $\{x_i, \ldots x_N\}$，變異數等於資料與平均值 μ 距離平方的平均，如下式：

$$VAR = \frac{\sum_{i=1}^{N}(x_i - \mu)^2}{N}$$

標準差等於變異數的平方根，如下式：

$$s.d. = \sqrt{\frac{\sum_{i=1}^{N}(x_i - \mu)^2}{N}}$$

2 每項提到的條件皆為充分條件。

另一項常見的「林德柏格條件」（Lindeberg condition），要求隨著變數數量增加至極大數量，任一個變數在總變異量中的占比會收斂到 0。

3 請參閱 See Lango et al. 2010。

4 一般化狀況下，假設獨立隨機變數，則會得到以下算式：

$$\bar{\mu} = \frac{\sum_{i=1}^{N}\mu_i}{N}$$

$$\bar{\sigma} = \sqrt{\frac{\sum_{i=1}^{N} \sigma_i^2}{N^2}}$$

設定所有 i 的 $\sigma_i = \sigma$，則會得到 $\bar{\sigma} = \sqrt{\frac{N\sigma^2}{N^2}} = \frac{\sigma}{\sqrt{N}}$ 。

5 Wainer 2009 對相關政策的選擇，做出更詳盡的分析。

6 兩個標準差的閾值（5% 顯著水準）這個傳統方法並非一成不變，但 5% 顯著水準是社會科學家一般使用的方法。當然如果大係數有 6% 顯著水準，會比小係數有 4.9% 顯著水準更值得注意。請參閱 Ziliak & McCloskey 2008。

7 請參閱 Gawande 2009。

8 隨機變數相乘的分布，稱為對數常態分布，因為分布取對數值之後，會得到常態分布。粗略說明如下：首先將數字相乘 $y = x_1 \cdot x_2 \cdot x_3 \cdot \cdots \cdot x_n$ 寫成 10 次方項相乘：

$$\begin{aligned} 10^{\log_{10}(y)} &= 10^{\log_{10}(x_1)} \cdot 10^{\log_{10}(x_2)} \cdot 10^{\log_{10}(x_3)} \cdot \ldots \cdot 10^{\log_{10}(x_n)} \\ &= 10^{\log_{10}(x_1)+\log_{10}(x_2)+\log_{10}(x_3)+\cdots+\log_{10}(x_n)} \end{aligned}$$

然後將兩邊取基數 10 的對數值，得到下式：

$$\log_{10}(y) = \log_{10}(x_1) + \log_{10}(x_2) + \log_{10}(x_3) + \cdots + \log_{10}(x_n)$$

因此，變數 y 的對數值可以寫成隨機變數的對數值加總。隨機變數的對數值同樣為隨機變數，因此只要隨機變數的對數值滿足中央極限定理的條件，則加總 $\log_{10}(y)$ 將會呈現常態分布。

9 請參閱 Limpert, Stahel & Abbt 2001。

10 這個想法源自於 Gibrat 1931。

第 6 章　冪律分布：長尾曲線

1 關於這次洪水衝擊和文化意義，請參閱 Parrish 2017。

2 這個數值範例取自 Clauset, Young & Gleditsch 2007，並假設指數為 2。

3 關於本章模型的技術性說明，以及更多冪律分布的參考範例，請參閱 Newman 2005。

4 相關研究請參閱 Newman 2005 和 Piantadosi 2014。

5 常數 C 可確保所有結果的總機率為 1。根據這定義，冪律分布會滿足「尺度不變」（scale invariance），如果改變測量結果的單位，分布形狀依然不會改變。

6 要計算這些機率，首先要解出指定事件在一年內都不會發生的機率。如果事件發生機率為 1/1000，則一年內事件都不會發生的機率等於 $(0.999)^{365} = 0.69$，因此，事件發生機率為 31%。機率百萬分之一的事件在一個世紀內都不會發生的機率，也可以使用相同算法得出。

7 請參閱 Cederman 2003、Clauset, Young & Gleditsch 2007、Roberts & Turcotte 1998。恐怖攻擊造成 x 人死亡的機率，可以寫為常數項約 0.06，除以 x 平方。如果是 x 只能是正整數的離散分布，冪律分布可以寫為 $p(x) = 0.608x^{-2}$，選擇係數 0.608 可以讓機率加總等於 1：$\sum_{n=1}^{\infty}\frac{1}{n^2} = 1.644934$，0.608 和 1.644934 的乘積等於 1。

8 將冪律分布方程式的兩側取對數，並將 $y = Cx^{-a}$ 兩側取對數，轉換為 $\log(y) = \log(C) - a\log(x)$，以 log(x) 表示 log(y) 的線性方程式，畫出 log(y) 和 log(x) 數值線段時，會得到直線。但如果是指數分布 $y = C \cdot A^{-x}$，如果將兩側取對數，會得到 $\log(y) = \log(C) - x\log(A)$，代表 log(y) 是 x 的線性函數，這代表 log(y) 會隨著 log(x) 增加而快速減少，形成凹函數圖形。

9 如果將對數常態分布兩側取對數，則會得到以下方程式：$\log(y) = C - b \cdot \log(x) - \frac{\log(x)^2}{\sigma^2}$ 其中，σ 為對數常態分布標準差的自然對數，代表分布的變異數。如果 σ 很大，除非 log(x) 數值大到足以讓圖形下彎，否則 $\log(x)^2$ 的貢獻通常很小。

10 若要瞭解如何區分對數常態分布和冪律分布，請參閱 Broido & Clauset 2018，研究顯示：許多被認為是冪律分布的網路，其實並非冪律分布。

11 關於齊夫定律在英文單字出現頻率及其他案例的研究，請參閱 Piantadosi 2014。如果事件大小的分布滿足冪律分布，則排名也會滿足冪律分布。一般證明如下：在開放區間 [1, ∞) 指數為 a 的冪律分布形式為 $P_a(x) = ax^{-a}$。假設有 100 件事件，並令 S_R 代表大小排名第 R 事件的期望大小。某事件大於 S_R 的機率必定等於 R/100，例如：如果 R = 3，則事件數值大於 S_3 的機率必定等於 3%。因此：

$$\int_{S_R}^{\infty} ax^{-a} = \frac{R}{100}$$

解出積分式，得到 $S_R^{-(a-1)} = \frac{R}{100}$，可以重寫為：

$$S_R = \left(\frac{R}{100}\right)^{\frac{-1}{(a-1)}}$$

在 a = 2 的特殊情況下，算式變成 $S_R = (R/100)^{-1}$。

12 請參閱 Bak 1996。森林大火模型的應用範圍有多廣，目前仍未可得知。學者已使用森林大火模型解釋經濟波動、戰爭死傷、恐怖攻擊、演化中的疾變平衡（punctuated equilibrium）和交通阻塞。相關文獻請參閱 Paczuski & Nagel 1996、Sneppen et al. 1995。

13 原始研究請參閱 Salganik, Dodd & Watts 2006，另一份分析請參閱 Ormerod 2012。冪律分布也指出大量小數值事件，構成了機率分布的絕大部分。小數值事件加總產生的經濟價值，與大數值事件相當，請參閱 Anderson 2008b。網路讓零售商得以庫存大量數位書籍、電影和音樂，雖然大多數商品都只有極少數消費者願意購買，但賣出一萬種不同書籍各五百本的出版業者，收入不輸給賣出五百萬本最暢銷書籍的出版業者。

14 本段描述的現象如何發生，詳盡的模型請參閱 Denrell & Liu 2012。

15 地質學家使用芮氏規模測量地震大小，芮氏規模與能量的對數值成比例。芮氏規模 6

的地震釋放的能量，大約為芮氏規模 5 地震釋放能量的 30 倍。關於使用齊夫定律預測地震大小、但無法預測發生時機，請參閱 Merriam & Davis 2009。

16 關於增加連結數目能減少倒閉可能的詳盡模型，請參閱 Eliot, Golub & Jackson 2014。

17 完整討論請參閱 May, Levin & Sugihara 2008。

18 請參閱 Stock & Watson 2003。

19 接下來的解釋總結了 Carvalho & Gabaix 2003 的論文內容。

20 請參閱 Clarida, Galí & Gertler 2000。

21 感謝 Seth Lloyd 提供這個例子。

22 令薪資分布等於 100,000 美元乘以隨機變數 x，其中冪律分布 $p(x) = 2x^{-3}$，x 的範圍為 1 到∞，如此則變數 x 的平均值等於 2，因此薪資分布平均值為 200,000。

23 使用更一般化方式呈現這項結果的模型，請參閱 Weitzman 1979。

24 請參閱 Bell et al 2018。

第 7 章　線性模型：迴歸分析

1 波爾多葡萄酒（Bordeaux wine）這類陳年佳釀，會由專家評定等級，並由市場決定價格，而價格和等級可以代表葡萄酒的品質。Ashenfelter 根據冬季降雨量、採收期降雨量和九月平均溫度，擬合波爾多葡萄酒品質的對數線性模型，請參閱 Ashenfelter 2010。對數線性模型呈現出應變數對數值為自變數對數值的線性加總。

$$\log(y) = b_0 + b_1\log(x_1) + b_2\log(x_2)$$

上方的算式隱含了應變數可以寫成自變數相乘，將兩側算式以 e 的指數形式寫出，就能清楚發現，如下式：

$$y = e^{b_0}(x_1)^{b_1}(x_2)^{b_2}$$

取對數，能夠讓式子由相乘轉換為相加，就可以應用線性迴歸工具。Ashenfelter 模型使用葡萄酒價格做為自變數，R 平方值（模型能解釋的變異量比例）為 83%。證據顯示模型預測葡萄酒價格，比起葡萄酒專家更準確。Ashenfelter 的模型甚至能預測專家估值的變化，有名的葡萄酒估價專家 Robert Parker 一開始給予 Pomerol 和 St. Emilion 在 1975 出品的葡萄酒 95 分（滿分 100 分），Ashenfelter 模型則預測這款葡萄酒品質較低。到了 1983 年，Parker 將葡萄酒降評至低於平均，恰恰與 Ashenfelter 模型的預測相當。請參閱 Storchmann 2011。

2 請參閱 Xie 2007。

3 關於因果模型的介紹，請參閱 Ryall & Bramson 2013。

4 Mauboussin 2012 呈現如何利用公式，指導合理的管理決策。

5 請參閱 Bertrand & Mullainathan 2001。

6 請參閱 Shapiro, Meschede & Osoro 2013。論文中並未將相關性和因果關係混為一談，如果兩個變數不相關，則理應不會有因果關係。

7 為了找到分類資料的最佳線段，許多分析師會使用類似迴歸方法的「支援向量機」（support vector machine, SVM）。迴歸與支援向量機的最大差異為：支援向量機先將資料區分為正號和負號，並找到與兩組中最接近資料點而有最大距離的直線。如果不存在符合條件的直線（時常發生），則會給予補償值。而迴歸方法則會計算所有資料點與直線的距離，並找到最小化距離的迴歸線。

第 8 章　非線性模型：凸函數與凹函數

1 請參閱 Arthur 1994。

2 30 次倍增等於 2^{30}，已超過十億。

3 關於大毒梟艾斯科巴與河馬的故事，請參閱 Karlsson 2016。

4 請參閱 Ebbinghaus 1885。

5 大腦研究人員發現，即使像巧克力這類商品，消費到某個程度依然會讓人產生厭惡感，請參閱 Small et al. 2001。

6 這個例子和許多其他例子一樣取自 Lave & March 1975。

7 假設一年投資 3,000 美元，如果每股價格一直維持 15 美元，則每年可以購買 200 股；但如果每股價格在 20 美元和 10 美元之間變動，高價位年度可以購買 150 股，低價位年度則可以購買 300 股，平均可以購買到 225 股，超過股價固定下能購買的股數。

8 柯布—道格拉斯生產函數的關鍵假設為：指數 a 和 (1 − a) 加總為 1，這意味著如果將工人數和資本數量加倍，則產出也同樣會加倍。

$$產出 = 常數 \cdot (2 \cdot 工人數)^{a}(2 \cdot 資本)^{(1-a)}$$

展開各項並化簡，可以得到產出會加倍：

$$產出 = 2 \cdot 常數 \cdot 工人數^{a} 資本^{(1-a)}$$

9 第二年的產出為 $100\sqrt{2} = 141$，第三年的產出為 $100\sqrt{3} = 173$。成長率為每年產出增加的百分比。

10 計算如下：第二年：機器 290，產出 1702（$= 100\sqrt{290}$），投資 = (0.2)・1702 = 340，因此消費 = 1702 − 340 = 1362，折舊 = (0.1)・290 = 29。第三年：機器 = 290 + 340 − 29 = 601，產出 2453（$= 100\sqrt{601}$），投資 = (0.2)・2453 = 491，因此消費 = 2453 − 491 = 1962、折舊 = (0.1)・601 = 60。

11 解出 M* 就能解出長期均衡，須滿足算式 $0.2 \cdot 100\sqrt{M^*} = 0.1M^*$，在 M* = 40,000 時會成立。

12 與柯布—道格拉斯模型類似，完整的索洛成長模型使用參數取代平方根函數（也就是變數的指數可以改變），並加入勞動市場。

13 若要解出長期均衡，首先讓投資等於折舊：$s \cdot A\sqrt{L}\sqrt{K^*} = d \cdot K^*$，因此，均衡的機器數量 K* 滿足算式 $\sqrt{K^*} = A\frac{d}{s}\sqrt{L}$，重新帶回生產函數，可得到產出等於 $A^2L \cdot s/d$。

14 Gordon 2016 認為即將出現的新技術會造成 A 大幅增加。更進階的成長模型將技術寫成其他變數的函數。Paul Romer 1986 提出的模型認為成長來自商品種類增加：因為隨著經濟成長，商品種類也會愈來愈多。Weitzman 1998 則明確建構「想法的產生和重新組合」的模型。

15 關於技術變革的延遲效應，請參閱 Arthur 2011。

16 例如：鄉村地區連電話線都沒有的國家，卻反倒會建設無線塔臺並提供手機服務。Gerschenkron 1952 稱此為「落後的優勢」(advantage of backwardness)。

17 請參閱 Easterly & Fischer 1995。

18 Piketty 2014 呈現全世界 GDP 在 1700 年到 2012 年，平均僅成長 1.6%，而且一半成長來自人口增加。把非因人口增加的成長率 0.8%，套入 72 法則，會發現在這三百年間，平均生活水準約提高 10 倍。

第 9 章 貢獻度與影響力模型

1 正式計算方法如下：阿倫的 6 個想法中有 2 個為獨特想法、1 個貝蒂也有提出，而另外 3 個則是三人都有提出。阿倫有 1/3 機率以第一順位加入團隊，帶來價值 6 分；如果阿倫以第二順位加入團隊，則會提供 2 個其他人都沒有提出的想法，另外有 1/2 機率比貝蒂早加入團隊，再多帶來 1 個新想法，因此，阿倫相當於額外提供 2.5 個想法；如果阿倫是以第三順位加入團隊，則仍會帶來 2 個獨特的額外想法。因此，阿倫的夏普利值為 3.5（$= 6 \times 1/3 + 2.5 \times 1/3 + 2 \times 1/3$）。貝蒂提出的 7 個想法中，有 4 個與其中一位成員重複，3 個是每位成員都有提出的想法，因此，貝蒂的夏普利值為 3（$= 7 \times 1/3 + 2 \times 1/3 + 0 \times 1/3$）。最後，卡洛斯提出 3 個與其中一名成員重複的想法，以及 3 個每位成員都有提出的想法，夏普利值為 2.5（$= 6 \times 1/3 + 1.5 \times 1/3 + 0 \times 1/3$）。請注意，三名成員的夏普利值加總為 9，正好等於提出的想法總數量。

2 另一種測量投票權力的方法為「班茨哈夫—潘羅斯指數」(Banzhaf-Penrose index)。班茨哈夫—潘羅斯指數計算所有投票可能通過的情形下，關鍵政黨出現的總次數（每種可能中，出現一次都會計算為一次），然後計算每個政黨成為關鍵政黨的次數，再除以上述總次數。請參閱 See Banzhaf 1965。

3 正式分析請參閱 Groseclose & Snyder 1996。

第 10 章 網路模型

1 關於網路的詳盡探討，請參閱 Newman 2010；關於網路在社會科學中的影響，請參閱 Jackson 2008 & Tassier 2013。

2 任意節點連結其他節點的最短路徑為 1、2 和 3，分別各有四個節點，因此計算各節點最短路徑時，需要考量連結到十二個節點的距離。平均來說，從一個節點到另一個節點的最短路徑，需要額外經過一個節點，因此各節點的中介度等於 1/12。根據對稱性，所有節點必定有相同的中介度。

3 關於社群偵測演算法（community detection algorithm）的概述，請參閱 Newman 2010。

因為區分方法有許多種，不同演算法建構的區分方法可能有所不同，具有一百個節點的網路區分方法超過一億九千萬種。由於演算法移除邊線時，有隨機性，相同演算法也常常會產生不同的區分方法。藉由應用多種演算法且每種演算法都重複計算多次，則可以提高推理結果的穩定性。

4 根據中央極限定理，可推斷分支度會呈現常態分布，且因為每條邊線會連結到兩個節點，平均分支度必定為 2E/N。

5 請參閱 Watts & Strogatz 1998。

6 關於網路建構模型的正式分析，請參閱 Newman 2010。

7 請參閱 Ugander et al. 2011。

8 假設一個網路中有 N 個人，另 d_i 等於節點 i 的鄰居人數，相當於分支度，則平均分支度 $\bar{d}$ 可以寫成以下算式：

$$\bar{d} = \frac{\sum_{i=1}^{N} d_i}{N}$$

平均分支度 $\bar{d}$ 等於一個節點的期望鄰居人數。計算鄰居的鄰居平均人數時，分支度 d_i 的節點必定會被計算到 d_i 次，也就是每個鄰居都會計算到這個節點一次。因此，鄰居的鄰居總數，也就是節點的 N_2 值，可以寫為以下算式：

$$N_2 = \sum_{i=1}^{N} d_i^2$$

若要得到節點鄰居的平均分支度，則需要使用上式結果除以鄰居總數$N\bar{d}$ 。因此，只需要證明下式成立，就能證明友誼悖論：

$$\frac{\sum_{i=1}^{N} d_i^2}{N\bar{d}} \geq \bar{d}$$

此式可改寫為：

$$\frac{\sum_{i=1}^{N} d_i^2}{N} - \bar{d}^2 \geq 0$$

左項等於分支度分布的變異數，如果任意兩節點都有不同的分支度，則分支度分布變異數為正值。因此，節點鄰居的平均分支度大於節點自身的平均分支度。

9 正式模型請參閱 Eom & Jo 2014。

10 請參閱 Dodds, Muhamad & Watts 2003。

11 請參閱 Newman 2010 和 Jackson 2008。

12 請參閱 Granovetter 1973。

13 四度分隔的朋友數量為加總以下 8 組節點：CRCR ＝ 4,000,000、CRRC ＝ 4,000,000、CRRR ＝ 800,000、RCRC ＝ 4,000,000、RCRR ＝ 800,000、RRCR ＝ 800,000、RRRC ＝ 800,000 和 RRRR ＝ 160,000。

14 請參閱 Albert, Albert & Nakarado 2004。

15 請參閱 Groysberg 2012。本書的連續成功模型利用「迴歸到平均值」解釋經理人為何無法總是成功。

16 關於填補結構洞的價值，請參閱 Burt 1995。

17 關於教師網路影響的調查，請參閱 Frank et al. 2018。

18 能產生非 0 價值的聯盟為 {A, B}、{B, C} 和 {A, B, C}，前兩個聯盟價值各為 10 點，第三個聯盟的額外價值則為－ 6 點。這是因為：雖然三人聯盟的獨立價值為 14 點，但三人聯盟中包含另外兩個雙人聯盟，每個雙人聯盟價值為 10 點，必須扣除，因此，三人聯盟的額外價值為 14 － 10 － 10 ＝ － 6。接下來便可以分配各聯盟中，每位玩家的夏普利值：聯盟 {A, B} 的玩家 A 是 5 點、玩家 B 是 5 點；聯盟 {B, C} 的玩家 B 是 5 點、玩家 C 是 5 點；聯盟 {A, B, C} 的玩家 A 是－ 2 點、玩家 B 是－ 2 點、玩家 C 是－ 2 點。加總各玩家在各聯盟中的夏普利值，可得到邁爾森值：玩家 A 是 3 點、玩家 B 是 8 點；玩家 C 是 3 點。

第 11 章　三種傳播模型：廣播、擴散、傳染

1 此處模型假設離散的時間，例如：幾天或幾週，並使用差分方程式，以今天已感染（或已知情）人數的函數，來描述明天已感染（或已知情）人數。連續時間模型則需要使用微分方程式和微積分，但就算改為使用連續時間模型，定性結果上並不會有差異。

2 將第一式代入第二式可得到以下算式：36,000 ＝ 20,000 ＋ 20,000 － P_{broad} · 20,000，可化簡為 4,000 ＝ P_{broad} · 20,000，解得 P_{broad} ＝ 0.2 且 N_{POP} ＝ 100,000。

3 請參閱 Griliches 1988。

4 兩款應用程式的初始銷售量 I_1 等於 100。針對第一款應用程式，設定 $P_{diffuse}$ ＝ 0.4 且 N_{POP} ＝ 1,000，第二週期的新銷售量等於 0.4 × 100/1,000 × 900 ＝ 36，未來各週期也可以使用相同計算方法得出。針對第二款應用程式，設定 $P_{diffuse}$ ＝ 0.3 且 N_{POP} ＝ 1,000,000，第二週期的新銷售量等於 0.3 × 100/1,000,000 × 999,900 ＝ 30，接下來各週期銷售量也可以使用相同方法解出。

5 Bass 1969 把接受科技或購買產品的人，稱為「創新者」（innovator），而複製創新者行為的人，稱為「模仿者」（imitator）。

6 以下是 R_0 的正式推導方式：首先觀察到如果已感染人數很少，則易感染人數大約等於相關人群人數。為了減少變數，可以將易感染人數以相關人群人數代替，這樣就可以使用初始感染人數的線性函數，寫下已感染人數的變化（見正文中的 SIR 模型方框）。R_0 可以用下列方法正式推導：新疾病出現時，首先會感染一小群人，以 I_0 代表。代入 SIR 模型後，第一週期已感染人數等於：

$$I_1 = I_0 + P_{contact} \cdot P_{spread} \cdot \frac{I_0}{N_{POP}} \cdot S_0 - P_{recover} I_0$$

S_0 大約等於 N_{POP}，代入後，算式會成為 $I_1 = I_0 + P_{contact} \cdot P_{spread} \cdot I_0 - P_{recover} I_0$。因此只有在 $P_{contact} \cdot P_{spread}$ 大於 $P_{recover}$ 時，已感染人數才會增加，相當於下式：

$$\frac{P_{contact} \cdot P_{spread}}{P_{recover}} \geq 1$$

7 隔離可讓接觸機率降至接近零，能有效降低基本傳染數，但缺點是成本極高。1900

年代早期，肺結核（R_0 大約等於 3）在美國每年造成超過十萬人死亡。因為手術摘除肺部或病變部位，在坍陷的肺部塞入乒乓球等手段，皆無法治療肺結核，所以各州只好提高財產稅來建造療養院，收容肺結核病人，請參閱 Dubos 1987。

8 若要計算疫苗接種閾值，則必須考量已接種人群。疾病若要傳播，則必須與未接種者（機率為 1 − V）有接觸（機率 $P_{contact}$），且疾病必須傳播（機率 P_{spread}），我們可得到以下第一週期的差分方程式：

$$I_1 = I_0 + P_{contact} \cdot P_{spread} \cdot \frac{I_0}{N_{POP}} \cdot (1 - V) \cdot S_0 - P_{recover} I_0$$

如同推導 R_0 一樣，使用近似值 $S_0 = N_{POP}$，將差分方程式寫作：

$$I_1 = I_0 + P_{contact} \cdot P_{spread} \cdot I_0 \cdot (1 - V) - P_{recover} I_0$$

唯有在 $P_{contact} \cdot P_{spread} \cdot (1 - V)$ 大於 $P_{recover}$ 時，感染人數才會增加。此式可重寫為 $R_0(1 - V) \leq 1$，展開並整理各項，可得到 $R_0 - 1 < V \cdot R_0$，將兩側同除以 R_0，可以得到結果。

9 關於 SIR 模型和群體免疫分析，請參閱 Tassier 2013。

10 請參閱 Stein 2011。

11 請參閱 Updike 1960。

12 請參閱 Tweedle & Smith 2012

13 請參閱 Lamberson & Page 2012b。

14 資料來源：wikinoticia.com。

15 請參閱 Christakis & Fowler 2009。

16 Centola and Macy 2007 將需要多次接觸的擴散稱「複雜傳染」（complex contagion）。

第 12 章　熵值：建構不確定性模型

1 更詳盡的說明，請參閱 Smaldino 2013。

2 真數 x、底數 2 的對數計算結果為，2 產生 x 的次方數，因此 $\log_2(4) = 2$ 且 $\log_2(2^N) = N$。一般來說，$\log_a(x)$ 等於 a 產生 x 的次方數。因此，如果 $a^y = x$，則 $\log_a(x) = \log_a(a^y) = y$。

3 資訊熵值展開後，可寫為下式：

$$H = -\frac{1}{2} \cdot \log_2\left(\frac{1}{2}\right) - \frac{1}{8} \cdot \log_2(\frac{1}{8}) - \frac{1}{8} \cdot \log_2(\frac{1}{8}) - \frac{1}{8} \cdot \log_2(\frac{1}{8}) - \frac{1}{8} \cdot \log_2(\frac{1}{8})$$

可化簡為：

$$H = \frac{1}{2}(1) + \frac{1}{8}(3) + \frac{1}{8}(3) + \frac{1}{8}(3) + \frac{1}{8}(3) = \frac{1}{2}(1 + 3) = 2$$

4 多樣性指數（diversity index）計算方式為機率平方和的倒數，多樣性指標滿足前兩個公理和乘法公理（multiplication axiom）。因此，多樣化指標下已知分布結果為 1，而非 0，請參閱 Page 2007, 2010a。

5 更詳細的說明，請參閱 Wolfram 2001 或 Page 2010a。

6 亞歷山大總共列出十五種這類特性。亞歷山大的想法呈現在四本自己出版的、包含許多精美照片的書上：*The Nature of Order, Book 1: The Phenomenon of Life* (2002)；*The Nature of Order, Book 2: The Process of Creating Life* (2002)；*The Nature of Order, Book 3: A Vision of a Living World* (2005)；*The Nature of Order, Book 4: The Luminous Ground* (2004)。這四本書中的第二冊，與此處討論最為相關。

第 13 章 隨機漫步

1 關於有趣的隨機漫步介紹，請參閱 Mlodinow 2009。

2 請參閱 Taleb 2001。

3 請參閱 Turchin 1998 和 Suki & Frey 2017。

4 請注意大數法則聲稱平均比例會收斂；而中央極限定理則是認為抽出白球所占比例會呈現常態分布。

5 三分球命中率 46% 的優秀射手，約有 1/1,000 機率（0.46^9）可連續投進 9 顆三分球。如果球員不斷嘗試投三分球，則在十年 NBA 生涯、約 800 場比賽中，從來沒有連續投進 9 顆三分球的機率約為 47%（0.999^{800}）。

超過三十年時間，統計學家不斷思考籃球員和其他專業運動員究竟是否存在「手感火熱」的現象，即為每次投籃或罰球命中的機率是否與上次成功得分相關，例如：請參閱 Chance 2009 關於迪馬喬（Joe DiMaggio）56 場連續安打紀錄的分析。考量手感火熱證據時，必須同時考量行為，如果球員相信自己手感正火熱，則會嘗試難度較高的投籃方式。此外，如果防守方認為玩家手感正火熱，則會更加嚴密防守。這些行為表現可利用以投籃困難度來分類的方式，納入模型考量。Gilovich, Tversky & Vallone 1985 並沒有發現手感火熱的證據。Miller & Sanjurjo 2015 發現過往研究在計算條件機率時，存在推理錯誤，因此證明過往聲稱沒有手感火熱現象的論文，實際上支持手感火熱假說。過往研究之所以會產生錯誤，是來自於取樣技術問題，這些研究蒐集了多位球員投籃命中或失誤的序列，然後根據隨機選取的命中序列，計算某次投籃命中的機率。上述取樣方式會產生微妙的統計偏差，檢視以下範例就能看出這項偏差：多位球員分別嘗試 4 次投籃，每次命中和沒中的機率相等，因此總共有 16 種可能的命中或沒中序列。假設 B 代表投籃命中、M 代表投籃沒中，16 種序列中的其中 6 種包含連續兩次投中後、至少又出手一次：BBBB、BBBM、BBMB、BBMM、MBBB、MBBM，這些組成了連續兩次投進後又出手一次的樣本。如果抽到 BBBB，則不論選擇哪兩次 B，第三次投進的機率皆為 100%；如果抽到 MBBB，則在 BB 後依然為 B 的機率也等於 100%；如果抽到 BBBM，則在 BB 後為 B 的機率是 50%；最後，如果抽到 BBMB、BBMM 或 MBBM，則在 BB 後一定會出現 M。我們可以計算出 BB 後出現 B 的條件機率：

$$P(B|BB) = \frac{1}{6}\left[1+1+\frac{1}{2}+0+0+0\right] = \frac{5}{12}$$

偏差出現的原因為：在序列 BBBB 中有兩種選取 BB 的方式，但其他像 BBMB 之類的序列則只有一種選取 BB 的方式。上述取樣方式會造成兩種 BBBB 中選取 BB 的機率，都僅有從 BBMB 之類序列中選取 BB 機率的一半。這項偏差的意義是：如果沒有手感火熱現象，上述抽樣方式會顯現出連續兩次投進後第三次沒中的機率較高。但實際上，連續兩次投進後再投進的機率，應該比上述抽樣方式更高。

6 馬多夫幾十年來不斷聲稱能帶給客戶每個月 1.5% 正報酬。馬多夫聲稱無論整體市場如何變化，公司投資每個月都不斷成長。但我們知道：比起勝過市場表現，在市場衰退時依然能有正報酬，明顯困難許多；因為在市場不景氣時，就算能勝過市場績效，仍然可能得到負報酬。但是馬多夫在整體市場下滑持續超過八十個月時，依然聲稱公司每月績效皆為正報酬。我們大膽假設馬多夫的公司在整體市場下滑時，仍然有 3/4 的機率得到正報酬，則連續 80 個月皆能達到正報酬的機率約為一百億分之一。

7 發現隨機漫步值為相同獨立隨機變數加總，就可以計算出標準差。每個隨機變數平均值為 0，數值為＋ 1 或－ 1，因此，每個隨機變數標準差等於 1。設定 $\sigma = 1$ 並針對加總量應用 σ 的平方根公式，則可以得到隨機變數加總的標準差。

8 正式證明請參閱 Newman 2005。

9 請參閱 Levinthal 1991 和 Axtell 2001。

10 請參閱 Newman 2005 和 Sneppen et al. 1995。

11 冰蝕湖的大小用表面積來測量。模型中的直徑呈現冪律分布，而表面積等於常數乘以直徑平方，因此表面積也會呈現冪律分布。相關資料請參閱 Downing et al. 2006。

12 平衡輪盤上的珠子滾入每個格子的機率相等，但如果桌子有任何傾斜，則珠子在爬上坡的過程中，更可能由外緣掉落。關於 J. Doyne Farmer、Norman Packard 和他們的朋友，如何製造可穿戴式電腦來利用上述現象擊敗輪盤，請參閱 http://en.wikipedia.org/wiki/Eudaemons。

13 N 次下注後，此隨機漫步的期望值等於 $N \times (18/38 - 20/38) = - N/19$（譯注：輪盤共有 38 個格子，其中紅色占 18 格，其餘 20 格非紅色）。因為獲勝機率大約等於 1/2，我們可以將標準差寫作 $\sqrt{N}$，確切的標準差等於 $2\sqrt{\frac{18}{38}\cdot\frac{20}{38}N} = 0.9986\sqrt{N}$。

14 Peel & Clauset 2015 將每場比賽建構為獨立序列，並發現得分序列呈現出反持續性：剛得過分的隊伍接下來立刻又得分的機率較小，因為隊伍會交換進攻權，這個結果並不出人意料。

15 請參閱 Baxter 2009。

16 若要證明這個結果，則需要計算在 N 步內回到原點的機率，然後把所有可能的 N 值加總起來。詳細證明請參閱：http://www.math.cornell.edu/ ～ mec/Winter2009/Thompson/randomwalks.html。

17 請參閱 Samuelson 1965。

18 請參閱 Grossman & Stiglitz 1980。

19 請參閱 Lo & MacKinlay 2007。Shiller 2005 證明出：相對低本益比的股票，績效優於市場。

20 請參閱 Mauboussin 2012。

21 1967 年到 2017 年這段期間的開始階段，正好是 S&P 500 指數處於高檔，在大部分期間中，股價成長應該會比經濟成長更快速。

第 14 章 路徑依賴：環環相扣的世界

1 請參閱 Hathaway 2001。

2 請參閱 Pierson 2004。

3 請參閱 Bednar & Page 2018。

4 請參閱 Page 2006。

5 這是 Page 2006 簡化過後的概要：只要證明在前 N 週期抽出 K 顆白球的機率等於 1 / (N + 1)，就可以證明上述推論。所有可能存在的結果共有 (N + 1) 種，因為 K 可以等於 0 到 N。在前 N 週期共抽出 K 顆白球的序列，可以寫成 N 個分數相乘，這些分數的分母為數字 2 到 N + 1，分子則為 1 到 K（白球）和 1 到 (N − K)（灰球），因此分子乘積為 K! 乘以 (N − K)!，而分母乘積為 (N + 1)!。上述計算結果為抽出 K 顆白球的某一個特定序列機率，而在前 N 個週期排序 K 顆白球的可能方法共有 $\binom{N}{K}=\frac{N!}{K!\,(N-K)!}$ 種，因此，正好抽出 K 顆白球的所有序列機率加總等於：

$$\frac{K!\,(N-K)!}{(N+1)!}\cdot\frac{N!}{K!\,(N-K)!}=\frac{1}{(N+1)}$$

6 利用反證法可以證明這個論點。假設結果不成立，長期下有 60% 結果為白色，也就是說甕中將充滿 60% 的灰球，但這意味著抽出來的球會有 60% 是灰色，形成矛盾。

7 關於根據熵值測量不確定性的更詳盡模型，請參閱 Lamberson & Page 2012b。

8 請參閱 Lamberson & Page 2012a。

9 關於如何做出有正面外部性公共計畫的決策，請參閱 Page 1997。

10 VaR 也可以改為使用「一年中任何時間點損失超過 10,000 美元的機率」來計算。

11 計算根據的是，週期長 N 的隨機漫步數值標準差等於 $\sqrt{N}$，2.5% 對應到兩個標準差。

第 15 章 局部交互作用模型

1 物理學中的局部多數模型，稱為「易辛模型」（Ising model）。局部多數模型為「選民模型」（voter model）的一種變體，選民模型假設了隨機選取各種規模的鄰居。請參閱 Castellano, Fortunato & Loreto 2009。

2 將棋盤的上下邊緣連接起來，形成圓柱體，再將圓柱體的左右邊緣連接起來，形成環狀圓（甜甜圈），就能讓棋盤四個角落上的格子同樣擁有八個鄰居。

3 另一個版本的局部多數模型中，格子可以同時啟動或根據特定誘因進行更新，比如說，有最多相反狀態鄰居的格子會先進行變化。如果所有格子都同時變化，則局部多數模型會產生循環結果。

4 關於起立鼓掌模型，請參閱 Miller & Page 2004。

5 關於跨領域行動一致性的文化模型，請參閱 Bednar et al. 2010。

6 長方形棋盤同樣要將上下連接在一起，形成圓柱體，然後再將圓柱體兩端連接，形成較為瘦長的環狀圓（甜甜圈）。

7 其中一類稱為「反應擴散模型」（reaction-diffusion model），這模型也指出：在較窄的形狀上會形成條紋，而在較寬的形狀上會形成斑塊。利用這些模型，科學家可以預測哪些動物會有條紋、哪些會有斑點或斑塊、哪些又會有純色毛皮。斑紋圖案取決於哺乳動物的胚胎發育過程中，斑紋形成期的胚胎大小，而非動物成體的大小，否則大象應該要有斑點或斑塊。請參閱 Murray 1988。

8 感謝 Bernardo Huberman 提供這個比喻。

9 若要證明生命遊戲會產生隨機狀態，則需編寫能產生隨機數字序列或隨機圖案的電腦程式，並證明生命遊戲和電腦程式機制相同。正式證明則需要證明生命遊戲在「格狀自動機」（cellular automaton）集合中，符合「普適」（universal）條件。請參閱 Berlekamp, Conway & Guy 1982。

10 請參閱 Dennett 1991 和 Hawking & Mlodinow 2011。

第 16 章　李亞普諾夫函數與平衡

1 原始實驗請參閱 Nagel 1995。

2 感謝 Jenna Bednar 提供聯邦系統逐底競爭賽局範例，以及本書中許多其他例子。

3 正式證明請參閱 Page 2001。

4 即使存在外部性（甚至負外部性），也不一定會阻礙我們建構李亞普諾夫函數。局部多數模型和路徑選擇模型（route selection model）都包含負外部性。在局部多數模型中，其中一個格子改變狀態時，會對相反狀態的鄰居產生負外部性。然而，與這個格子相同狀態的鄰居獲得的正外部性，比起上述負外部性還要大。

5 請參閱 Guy 1983。如果很感興趣，可以從 27 開始進行嘗試。

第 17 章　馬可夫模型

1 學術論文會使用統計方法，以便更準確估算轉換機率，並計算誤差範圍，同時也會檢定轉換機率是否在整個週期裡都維持固定。如果轉換機率取決於人均收入，則轉換機率就不會維持固定。請參閱 Przeworski et al. 2000。

2 請參閱 Flores and Nooruddin 2016。

3 請參閱 Tilly 1998。

4 磁磚地板使用者的平衡百分比等於：「使用者改用磁磚的機率」除以「使用者改用磁磚的機率與改用油氈的機率之和」，等於 (1/4 × 1/10) ／ (1/4 × 1/10 ＋ 3/4 × 1/60) ＝ (1/40) ／ (3/80) ＝ 2/3。

一般化的模型可以寫成：令 D 代表昂貴耐用品使用者百分比、C 代表廉價品使用者百分比。令 BUY(C) > 1/2 代表某人購買廉價品的機率，並令 REPLACE(C) 與 REPLACE(D) 分別代表更換兩種類型商品的機率。如果下列不等式成立：

REPLACE(C)・(1 － BUY(C)) > REPLACE(D)・BUY(C)

則購買廉價品的人較多，但擁有耐用品的人較多。第一部分內容根據我們的假設自然成立，若要證明第二部分，則需要先解出轉換機率。假設使用者由 D 轉換到 C 的機率為 P(D,.C) ＝ REPLACE(D)・BUY(C)，由 C 轉換到 D 的機率為 P(C, D) ＝ REPLACE(C)・(1 － BUY(C))。平衡時，D － D・P(D, C) ＋ C・P(C, D) ＝ D，設定 C ＝ (1 － D) 則可得到 D ＝ P(C, D) ／ (P(C, D) ＋ P(D, C))，如果 P(C, D) > P(D, C)，則上式會大於 0.5，這個不等式相當於 REPLACE(C)・(1 － BUY(C)) > REPLACE(D)・BUY(C)。

5 關於雙重危險的經驗證據，請參閱 McPhee 1963 和 Ehrenberg 1969。若要證明結果，則只需要證明消費者在轉換品牌時，會以相同機率購買產品。

6 相關概述請參閱 Briggs & Sculpher 1998。

7 請參閱 Schrodt 1998。

8 請參閱 Khmelev & Tweedie 2001。

9 請參閱 Khmelev & Tweedie 2001。

10 請參閱 Reynolds & Saxonhouse 1995。

11 請參閱 http://www.ams.org/publicoutreach/feature-column/fcarc-pagerank。

12 此類模型的建構技巧重點在於：定義有用狀態和分配準確轉換機率，請參閱 Langville & Meyer 2012。

13 食物網中，物種連結到以其做為食物的另一種物種。請參閱 Allesina & Pascual 2009。

14 請參閱 Russakoff 2015。

第 18 章　系統動力模型

1 更一般化的介紹，請參閱 Sterman 2000。

2 關於系統動系模型的定性價值分析，請參閱 Wellman 1990。

3 模型假設所有野兔死亡都是因為被狐狸吃掉，如果增加野兔死亡原因的其他變數，則會讓模型變得更複雜，然而這並不會改變模型的結果，只是會降低野兔族群成長速率。符號 $\dot{H}$ 代表 H 每單位時間的變化率，相當於 ∂H／∂t。平衡出現在野兔和狐狸的數量變化率皆為 0 的時候，也就是 $\dot{H} = \dot{F} = 0$。若要解出平衡數值，首先將 gH － aFH ＝ 0 除以 H，得到 g － aF ＝ 0，然後解出 F ＝ g/a。接下來將算式 bFH － dF ＝ 0 除以 F，得到 bH － d ＝ 0，然後解出 H ＝ d/b。

4 資料來源：isleroyalewolf.org

5 感謝多倫多大學的 Michael Ryall 提供這個例子。

6 模型提出的結論，請參閱 Meadows et al. 1972。

7 這套模型常常被稱為「羅馬俱樂部模型」(Club of Rome model)，因為在 1968 年，由洛克斐勒創立的羅馬俱樂部資助模型研究，並且推廣模型的發現。

8 只要小幅調整更多變數，米勒甚至能讓模型預測人口數衝高到 300 億，請參閱 Miller 1998。

9 擁護者的意見，請參閱 Hecht 2008；批評者的意見，請參閱 MacKenzie 2012。

10 請參閱 Sterman 2006。

11 請參閱 Glantz 2008。

第 19 章　個體為本模型

1 請參閱 Granovetter 1978。

2 Airbnb 的創辦人在 2008 年美國總統大選期間，藉由銷售 Obama O's 和 Cap'n McCain's 的盒裝麥片（包裝上分別為美國民主黨參選人歐巴馬和共和黨參選人麥凱恩的圖片），來支應挨家挨戶上門拜訪的費用支出。

3 關於旋轉門模型，請參閱 Jacobs 1989。實證研究發現，不需要正規教育就能從事的工作中，例如酒保或園丁，男性會在「職場中的女性比例僅僅達到 15% 時」，就選擇離開（或者不選擇這份工作）。

4 請參閱 Syverson 200。

5 更多細節內容，請參閱 Gammill & Marsh 1988。

6 請參閱 Easley et al. 2012。

第 20 章　空間與特徵選擇模型

1 請參閱 Clark, Golder & Golder 2008。

2 關於立法立場的分析，請參閱 Martin & Quinn 2002。

3 Hotelling 1929 研究地理位置，Lancaster 1966 延伸霍特林的模型來研究特徵競爭，而 Downs 1957 則將模型應用到政治上。

4 提名模型（nominate model）提供了用來分配意識型態更複雜的方法，所根據的想法與本段相同，請參閱 Poole & Rosenthal 1985。

5 必須選擇能讓所有報酬皆為正值的常數項（算式中的 C）。若要達成上述條件，可以設定常數項為任何理想位置與產品屬性的最大可能距離。

6 假設兩種屬性的權重相同，才可以建構出圖中的分割線。當然也可以在模型中考量權重因素，如果人們更重視甜度勝過可可含量，則可以逆時針旋轉分割線。極端情況下，也就是人們只重視甜度的狀況下，分割線會呈現水平狀態，並以 A 和 B 巧克力在垂直軸上的中點來劃分區域。空間模型提供了如何將直覺（我們喜愛更接近自身理想屬性的產品）轉換為正式模型的一個清楚範例。一旦將選項（巧克力棒）和消費者理想位置在空間中畫出來，並根據選項與理想位置的距離，定義偏好順序（將選項由最佳到最差排序），實際上就如同根據選項寫下了效用函數，產品效用等於「產品屬性與理想位置的距離」的倒數。

7 請參閱 Havel 1978。

8 請參閱 Martin & Quinn 2002。

9 請參閱 McCarty 2011。這些百分比可能會因為「對政黨的忠誠度動搖」或「法案的類型不同」而改變。

10 正式來說，在假設選民人數為奇數情況下，必須其中一位選民的理想位置正好在二維中心點，且只有在任何穿過二維中心點的線段都正好平分剩餘選民理想位置的情況下，條件才會成立。請參閱 Plott 1967。

11 McKelvey 1979 證明藉由一系列選舉，可能導致二維或多維中的任何政策都可能被選中，這個發現有些人稱為「混沌結果」(chaos result)。McKelvey 謹慎聲明，這項結果說明在給定偏好下可能產生的結果序列，並非預測在一系列選舉下會發生的結果。關於候選人在各種不同行為假設下，朝中央靠近的多維空間模型計算版本，請參閱 Kollman, Miller & Page 1997。

12 提案者可能必須提出位於 41 的提案。

13 關於此模型及其他應用到政策的賽局模型，更深入的分析請參閱 McCarty & Meirowitz 2014。

14 關於否決者的影響，更一般化的解釋請參閱 Tsebelis 2002。

15 Bajari & Kahn 2008 研究洛杉磯房價，估計通勤成本約為每小時 28 美元。

16 可以使用以下的方法計算：初始收入等於價格乘以銷售量 p · q。稀疏市場中，糖果棒 B 在價格調降後，價格下降 10% 且銷售量提高 8%，因此收入等於：

$$0.9\,p \cdot 1.08\,q = 0.972\,p \cdot q$$

擁擠市場中，糖果棒 B 在價格調降後，價格同樣下降 10%，但銷售量增加了 33%，因此收入等於：

$$0.9\,p \cdot 1.33\,q = 1.197\,p \cdot q$$

第 21 章　三種賽局模型

1 正式模型及證明如下：令 E_i 等於玩家 i 的努力水準，玩家 i 的報酬在獲勝時，等於 $M - E_i$，落敗時，等於 $-E_i$。假設玩家 i 獲勝的機率等於付出努力占總努力的比例：

$$\text{i 玩家獲勝機率} = \frac{E_i}{\sum_{j=1}^{N} E_j}$$

為了解出唯一奈許均衡，首先假設所有其他玩家都選擇相同的努力水準 E*，並計算玩家 i 的理想努力水準。上述假設下，玩家 i 的報酬等於：

$$\frac{E_i \cdot M}{E_i + (N-1)E^*} - E_i$$

報酬函數取一階導數等於：

$$\frac{(N-1)E^* \cdot M}{E_i^2 + 2(N-1)E^*E_i + (N-1)^2(E^*)^2} - 1$$

令一階導數為 0，則可以得出最大值：$(N-1)E^* \cdot M = E_i^2 + 2(N-1)E^*E_i + (N-1)^2(E^*)^2$。對稱平衡下 $E_i = E^*$，將此式代入，即可得到結果。若要證明一階導數得到的結果為最大值，則只需要確認報酬函數的二階導數為負值。

2 關於如何梳理出網路效應，以及為什麼利用單筆資料難以鑑別出網路效應，請參閱 Shalizi & Thomas 2011。關於集群行為和屬性的例子，請參閱 Christakis & Fowler 2009。

第 22 章　合作模型

1 請參閱 2005 年出版的《科學》（*Science*）期刊一百二十五週年紀念特刊。

2 請參閱 Martin et al. 2008 和 Biernaskie 2011。

3 請參閱 Zaretsky 1998。如果銀行是利用地利之便來賺錢（亦即客戶若是前往競爭銀行，將需要多負擔移動成本），則 ATM 的設置終將降低所有銀行的整體利潤。感謝 Simon Wilkie 及其他朋友一起提供了銀行 ATM 的例子。

4 實際上此處證明了，冷酷策略在機率性重複囚犯困境中是均衡策略。以牙還牙等等其他策略與冷酷策略配對時，也可能為均衡策略。

5 玩家如果背叛了採用冷酷策略的對手玩家，在第一回合中能獲得報酬 T，但在未來賽局中，將不會獲得任何報酬。如果玩家使用冷酷策略對抗冷酷策略，則在賽局的每個回合都能獲得報酬 R。賽局進行兩個回合的機率為 P、進行三個回合的機率為 P^2，而進行 N 個回合的機率為 P^{N-1}。因此期望報酬等於：

$$\sum_{t=1}^{\infty} P^{t-1} \cdot R = \frac{R}{1-P}$$

以下方式可以證明 $(1 + P + P^2 + P^3 + \cdots) = 1 / (1 - P)$：首先假設結果為真，因此可以將算式兩側同乘以 $(1 - P)$，右側會得到 1，左側等於 $(1 + P + P^2 + P^3 + \cdots) - (P + P^2 + P^3 + \cdots)$，同樣也等於 1。

6 只需要重新計算出維持合作的機率，並將維持合作的機率 P 下降到 $\hat{P}$。如果賽局重複機率為 $\hat{P}$時，玩家不會合作，則在賽局重複機率目前為 P，但之後重複機率會變成 $\hat{P}$ 的前幾個回合，玩家也不會合作。

7 Nowak & Sigmund 1998 將此現象稱為「影像評分」（image scoring）。相關資訊也請參閱 Bshary & Grutter 2006。

8 如果假設「使用高亢聲音」或「攻擊鄰居」這兩種侵略行為都能夠擴張雄鶯領域，

則這兩種行為模式可以對應到背叛行動，請參閱 Godard 1993。

9 其中有四對策略的對抗結果，值得詳細說明。以牙還牙對上冷酷策略時，兩位玩家都會永遠合作，得到平均報酬 3 點。地痞策略玩家互相對抗時，前兩回合會互相背叛，之後會永遠合作，平均報酬略小於 3 點。冷酷策略對上地痞策略時，第一回合冷酷策略玩家會合作、但地痞玩家會背叛，第二回合兩位玩家都選擇背叛，第三、四回合冷酷策略玩家背叛、地痞策略玩家合作，之後的每個回合兩位玩家都會永遠背叛。冷酷策略玩家報酬序列為 1、2、4、4 緊接著一長串報酬皆為 2 點，平均報酬為 2 ＋，而地痞策略玩家報酬序列則為 4、2、1、1 緊接著一長串報酬皆為 2 點，平均報酬正好為 2 點。以牙還牙對上地痞策略時，第一回合以牙還牙玩家會合作、但地痞玩家會背叛，第二回合雙方都會背叛，第三回合地痞策略玩家合作、而以牙還牙玩家繼續背叛，第四回合地痞策略玩家選擇合作第二次、而以牙還牙玩家轉為合作，之後的每個回合雙方玩家都會永遠選擇合作。兩位玩家都會得到報酬 1 點一次、4 點一次、2 點一次、以及無數次 3 點報酬，平均報酬略小於 3 點。

10 事實上，以牙還牙策略相對於永遠合作和冷酷策略皆為優勢策略，無論對抗任何策略，以牙還牙的表現至少和永遠合作和冷酷策略一樣好，甚至可能獲得更高報酬。以牙還牙因為無法被永遠背叛和地痞策略剝削，因此以牙還牙相較於永遠合作為優勢策略；以牙還牙會原諒地痞策略的背叛行為，能夠和地痞策略達成合作，但冷酷策略卻無法做到，因此以牙還牙相較於冷酷策略為優勢策略。Robert Axelrod 進行過一個著名實驗，實驗中請求數名學者針對有一定機率繼續進行的重複囚犯困境賽局，提交各種策略，在收到的十四種策略中，以牙還牙表現最優異。Axelrod 接著又請求學者提交新策略，第二次實驗有六十二位學者提交了策略，表現最佳的策略仍然是以牙還牙。Axelrod 將以牙還牙策略的成功原因歸納為以下幾個性質：策略既會合作、也會背叛，而且也懂得原諒。冷酷策略無法原諒，因此無法和地痞策略重新合作。詳細內容請參閱 Axelrod 1984。表格 22.1 中並未包含各策略對抗所有策略的平均報酬，因為要給出這個數字，必須假設遇上各種策略的機率相等。但一個團體中，可能大部分玩家都採用以牙還牙策略，另一個團體則可能有高比例玩家採用地痞策略，第三個團體又可能含有許多採用永遠合作或永遠背叛的玩家。

11 例如：假設誘惑報酬 T 為傻瓜報酬的 4 倍，即 $T = 4S$，並且團體中有 5% 選擇合作。演化出合作需要 P 超過 $(20T - R) / 20T$，而維持合作只需要 P 超過 $(T - R) / T$。在 $T = 4$ 且 $R = 3$ 的情況下，演化出合作需要 $P \geq 77/80$，而維持合作僅需要 $P \geq 1/4$。一般化的證明，首先假設有 θ 比例玩家採用以牙還牙（或冷酷策略），另外 $(1 - \theta)$ 的玩家採用永遠背叛，並假設每位玩家都和全部其他玩家進行過賽局。以牙還牙（或冷酷策略）玩家對上以牙還牙玩家，在每個回合都能獲得報酬 R，期望報酬為 $R / (1 - P)$；以牙還牙玩家對上永遠背叛玩家會獲得報酬 $-S$；永遠背叛玩家對上永遠背叛玩家會得報酬 0；永遠背叛玩家對上以牙還牙玩家可獲得報酬 T。因此，以牙還牙玩家的平均報酬等於 $\theta \cdot R / (1 - P) - (1 - \theta) \cdot S$，而永遠背叛玩家的平均報酬為 $\theta \cdot T$。只有在 $R / (1 - P) - S \cdot (1 - \theta) / \theta \geq T$ 時，以牙還牙玩家的表現會比永遠背叛玩家好。整理後可得到以牙還牙玩家報酬高於永遠背叛玩家的條件如下：

$$P \geq \frac{T - R + S\frac{(1-\theta)}{\theta}}{T + S\frac{1-\theta}{\theta}}$$

如果 θ 很小，則 $(1 - \theta) / \theta$ 會很大，不等式就難以成立。關於「演化出合作」相對「維持合作」難度高出許多的分析，請參閱 Boyd 2006。

12 本模型和分析，來自 Nowak 2006。Nowak 說明了重複、信譽和親緣選擇如何支持合作。

13 空節點會複製表現最好（報酬最高）的鄰居的行為。根據假設，所有背叛者鄰居獲得的報酬等於 0；所有合作者鄰居獲得的報酬等於 K・B － D・C，只有在 B/C ≥ D/K 的條件下，合作者鄰居的報酬會大於等於 0。

14 關於群體選擇理論的基礎概念，請參閱 Wilson 1975。Wilson 有好幾本書深入討論了群體選擇。

15 特勞爾森和諾瓦克的模型運作方式如下：將 N 人的族群劃分為 M 個相同大小的不同團體，每個團體中都應用合作行動模型，並計算出每個人的個別表現。令汰弱留強選擇特定個人 i 的機率，等於個人 i 的表現除以所有 N 個人的表現加總，然後將特定個人 i 的複製體加到相同團體。如果團體大小超過閾值 $\bar{S}$，則有機率 (1 － q) 這個團體中的一個隨機個人會被移除，另外有 q 的機率這個團體會分裂成兩個新團體，原始團體的每位成員會隨機分配到其中一個新團體。為了要讓總團體數目維持固定，將隨機淘汰一個現有團體。如果 M 很大、而且團體分裂機率很低（q 很小）時，只有在以下條件成立時，合作者數量會增加：$\frac{B}{C} \geq 1 + \frac{\bar{S}}{M}$。請參閱 Nowak 2006。

16 推崇敏捷管理（agile management）的 Michelle Peluso 在擔任 IBM 行銷長時，建立了團隊競爭制度，而各團隊的績效都清清楚楚呈現在所有團隊面前，並會給予績效最佳的團隊獎勵，請參閱 Dan 2018。上述的敏捷管理方式借用了敏捷程式設計（agile programming）的想法，敏捷程式設計採用同步撰寫程式碼、測試及與使用者互動，以取代標準序列建構的瀑布式方法。

17 另一種稱為「寬容以牙還牙」（Generous Tit for Tat）的策略，在一開始時採取合作行動，並且僅會在部分時候處罰背叛者。在一組可產生錯誤行動的實驗中，寬容以牙還牙策略的表現優於以牙還牙和「贏就守、輸就變」策略。請參閱 Rand et al. 2009 和 Wu & Axelrod 1995。

18 請參閱 Axelrod, Axelrod & Pienta 2006。

第 23 章 三個集體行動問題

1 關於公用草地的悲劇介紹，請參閱 Hardin 1968。

2 請參閱 Diamond 2005。

3 請參閱 Ostrom 2005 和 Ostrom, Janssen & Anderies 2007。

4 若要解出社會最適分配，我們先假設每個人花費 X 在公共財上。所以，族群總效用等於：

$$N\left[2\sqrt{NX} + \text{收入} - X\right]$$

對 X 取導數、並令結果為 0，可得到：

$$N\left[\frac{\sqrt{N}}{\sqrt{X}}-1\right] = 0$$

解得 X = N。

若要解出對稱奈許均衡，則我們假設其他人對公共財的貢獻量都相同，令此貢獻量為 A，並令某人的貢獻量為 Y，則某人的效用等於：

$$2\sqrt{(N-1)A+Y} + 收入 - Y$$

對 Y 取導數、並令結果為 0，可得到 $1 / \sqrt{(N-1)A+Y} = 1$。整理算式後，將兩側取平方，可得到 Y + (N − 1)A = 1。在對稱均衡中，每個人的貢獻量相同 (Y = A)，可解出 Y = 1/N。

5 功利主義平等看待每個人，賦予每個人相同的重要性。Rawls 1971 則提出另一種社會最適分配方法：「劣勢者利益最大化原則」（maxmin principle），劣勢者利益最大化原則認為：理想社會結果應該最大化生活最困苦者的效用。Rawls 倡議應在「無知之幕」（veil of ignorance）下評估結果，也就是我們應該在不知道自己貧窮或富裕、有無名聲，也不知道自己是不是擁有良好能力，或者是否會受到環境阻礙的情況下，評估社會結果。

6 個人 j 的效用，可寫成以下算式：

$$(1-\alpha)\cdot 2\sqrt{公共財 + 私有財_j} + \alpha\cdot\sum_{i=1}^{N} 2\sqrt{公共財 + 私有財_i}$$

為了解出對稱奈許均衡，假設所有其他人都貢獻數量 A 的公共財。令 Y 代表個人 j 貢獻的公共財數量，令 I 代表所有人共同的收入水準，則個人 j 的效用等於：

$$(1-\alpha)\left(\sqrt{(N-1)A+Y}+I-Y\right)+\alpha(N\sqrt{(N-1)A+Y}+(N-1)(I-A)+(I-Y))$$

對 Y 取導數、並令結果等於 0，可得到：

$$\frac{2(1-\alpha)}{\sqrt{(N-1)A+Y}}+\frac{2\alpha N}{\sqrt{(N-1)A+Y}}-1 = 0$$

整理算式後得到：$(1-\alpha)+\alpha N=\sqrt{Y+(N-1)A}$。對稱均衡下，Y = A，因此可得到：$(1-\alpha)+\alpha N=\sqrt{NA}$。將兩側取平方，得到 $[(1-\alpha+\alpha N)]^2 = NY$，即意味著：$Y = [(1-\alpha)+\alpha N]^2 / N$。

7 詳細分析請參閱 Cornes & Sandler 1996。

8 更貼近現實的模型會假設非線性壅塞成本，有可能是 S 型曲線。這個假設能呈現道路之類的資源，這類資源的前幾位使用者幾乎不會影響到任何人的利益，然而壅塞到某個程度後，這類資源又會因為太多人使用，而變得幾乎沒有價值。

9 M 個人使用資源的總效用，等於 $M\cdot(B-\theta\cdot M)$。對 M 取導數、並令結果等於 0，可得到 $B-2M\theta = 0$。解得 $M = B/2\theta$。若要解出奈許均衡，則須設定：放棄使用資源的人，獲得的價值為 0。人們會使用資源、直到獲得的利益與不使用資源時相同，也就是效用等於 0 為止，可解出：M ＝ B / θ 。

10 為了解出社會最適結果和奈許均衡，首先注意總效用等於 (N － M) ·M ＋ 3〔N －(N － M)〕· (N － M)，可化簡為 4(N － M) · M。對 M 取導數，得到 4N － 8M ＝ 0，解得 M ＝ N/2，總效用等於 $4(N/2)^2$ ＝ N^2。若要解出奈許均衡，則須找到讓兩座公園邊際效用相等的 M 值。在 (N － M) ＝ 3N － 3(N － M) 時，上述狀況成立，整理後得到 N ＝ 4M，再將 M 和 N － M 代入效用函數，則可以得到總效用。

11 若要解出均衡消費量，則須令 R* ＝ (1 ＋ g)(R* － C*)，並解出 R*。

12 請參閱 Kurlansky 1998。

13 為了瞭解每年的成長率變化並無法相互抵消，我們可以考量一個「兩週期模型」。若第一年成長率為 20%，會讓第一年剩下 96 單位資源（80 × 1.2 ＝ 96），第二年成長率為 30%，則會讓最後剩餘資源量為 98.8 單位（(96 － 20) × 1.3 ＝ 98.8）。如果將兩年成長率顛倒過來，則第一年過後會剩下 104 單位資源（80 × 1.3 ＝ 104），第二年過後會剩下 100.8 單位資源（(104 － 20) × 1.2 ＝ 100.8）。

14 請參閱 Ostrom, Janssen & Anderies 2007。

15 請參閱 Craine & Dybzinski 2013。

16 簡要概述請參閱 Ostrom 2010；完整說明請參閱 Ostrom 2004。

第 24 章　機制設計

1 請參閱 Ledyard, Porter & Rangel 1997。

2 請參閱 Hurwicz & Schmeidler 1978。

3 此處提供的證明，假設估價均勻分布在 [0, 1]，但結果在更多類別的分布中也成立。假設其他 (N－1) 位競標者都出價自己的真實估價乘以 (N－1)／N，若另一位競標者的估價乘以 (N－1)／N 小於 b，則出價 b 會高於那位競標者的出價，發生機率為 bN／(N－1)。由此可推論出價 b 高於所有 (N－1) 個其他出價的機率，等於上述機率的 (N－1) 次方。因此，如果競標者真實估價為 V，出價 b 的期望報酬等於估價減掉出價 (V－b) 乘以出價 b 為最高出價的機率，期望報酬可寫為 $(V-b)[bN/(N-1)]^{N-1}$。若要得到算式最大值，則須對 b 取導數、並令結果為 0，得到以下條件式：

$$V(N-1)\cdot[N/(N-1)]^{N-1}\cdot b^{N-2}-N[N/(N-1)]^{N-1}\cdot b^{N-1}=0$$

化簡得到：V(N－1) － Nb ＝ 0，整理得到 b ＝ V(N－1)／N。若要證明出價最高的競標者支付價格，等於第二高競標者的估價，首先注意如果從區間 [0, 1] 的均勻分布中抽出 N 個隨機變數，最大的期望值為 1 · N／(N＋1)，第二大的期望值為 1 · (N－1)／(N＋1)，因此，估價最高的競標者的出價等於 (N－1)／N · 1 · N／(N＋1) ＝ 1 · (N－1)／(N ＋ 1)，正好等於第二大的期望值，即第二高競標者的估價。

4 Roger Myerson 是我的博士學位指導教授，收益等價定理是他獲得諾貝爾獎的其中一項理論。

5 全支付拍賣中，如果所有競標者估價分布在 [0, 1] 區間，則可寫出最佳策略：估價 V 的競標者出價 $V^N(N-1)/N$。因此如果有三位競標者，估價 1/2 的競標者將會出價 1/8 × 2/3 ＝ 1/12。

6 實驗證據請參閱 Lucking-Reiley 1999。關於 eBay 拍賣的實驗證據，請參閱 Morgan and Hossain 2006。關於木材拍賣分析，請參閱 Athey, Levin & Seira 2011。

7 請參閱 Ostrovsky, Edelman & Schwarz 2007。

8 簡單的調查請參閱 Page 2012。

第 25 章 訊號傳遞模型

1 關於狀態訊號如何驅動行為和選擇的諸多例子，請參閱 Simler & Hanson 2018。

2 弱類型訊號的傳遞成本等於 MC，而假設所有強類型都會傳遞訊號的情況下，弱類型訊號的傳遞利益等於 $B/(S+1)$。因此，如果 $MC \geq B/(S+1)$，則沒有任何弱類型會傳遞訊號。相反的，如果強類型分隔下獲得的利益 $B/S - cM$，超過不傳遞訊號時所有 N 個人平分各獲得的利益 B/N，則強類型就會偏好傳遞出訊號。從上述計算可得知，需要讓弱類型不傳遞訊號的最小訊號值是 $M = B/(S+1)C$，由此可得，如果令 $\widehat{M} = B/SC$，則弱類型不會傳遞訊號。而若要讓強類型願意傳遞訊號 $\widehat{M}$，則必須滿足 $B/S - cB/SC \geq B/N$，將兩側同除以 B 並乘以 C，可得到 $C/S - c/S \geq C/N$，即意味著 $(C - c)N \geq CS$，可重寫為 $C(N - S) \geq cN$，我們把 $N - S = W$ 代入，會得到 $CW \geq cN$，這是分隔出所有強類型的條件。

3 與另外兩位經濟學家共同獲得諾貝爾經濟學獎的 Michael Spence，重要論文 Spence 1973 中，建構了教育訊號傳遞的就業市場模型，論文中提出了此處的論點。

4 擁有巨大尾羽比起擁有適量尾羽的孔雀，體型相對過度龐大，請參閱 Zahavi 1975。

5 請參閱 Bird & Smith 2005。

6 請參閱 Smith, Bird & Bird 2003。

第 26 章 學習模型

1 有關學習的心理學研究，比起本章的內容涵蓋了更大範圍。每個人都可以學習事實，例如：阿肯色州的首府是哪座城市；每個人也可以習得內隱知識，例如：如何烤麵包、如何修理引擎或如何編寫電腦程式；每個人也可以學習知識體系，例如：有機化學。

2 請參閱 Thorndike 1911，224 頁。

3 請參閱 Rescorla & Wagner 1972。

4 此處建構的模型以 Rescorla & Wagner 1972 的模型為基礎，也參考 Herrnstein 1970、Bush & Mosteller 1955、Cyert & March 1963、Bendor, Diermeier & Ting 2003 和 Epstein 2014 的模型。

5 必須選擇能讓選項的權重維持正值的 γ，成立條件為 γ 超過「最高激勵水準和最低報酬選項的報酬值之差」的倒數。

6 此處沿用 Bendor & Swistak 1997 的說法。

7 如果建構有限群體人數的模仿者動態模型，也就是隨機選擇每一週期參與的人，則可能人們無法學習選擇最佳選項的行動。假若如此，由於無法讓群體學習選項的優劣，所以模仿者動態無法收斂到最佳選項。

8 請參閱 Fudenberg & Levine 1998 和 Camerer 2003。

9 賽局還有另一個混合策略奈許平衡（mixed strategy Nash equilibria）：三分之二的玩家選擇省油車、三分之一的玩家選擇耗油車。但此均衡在學習規則下並不適用，因此忽略不討論。

10 正式證明為：在第一週期，P(省油車 , 1) ＝ 0.5、P(耗油車 , 1) ＝ 0.5、報酬 (省油車 , 1) ＝ 1.5、報酬 (耗油車 , 1) ＝ 2，平均報酬＝ 1.75。應用模仿者公式可得到第二週期時：P(省油車 , 2) ＝ 0.5 × 1.5/1.75 ＝ 0.43，而 P(耗油車 , 2) ＝ 0.5 × 2/1.75 ＝ 0.57。

11 關於這類現象更深入的分析，請參閱 Frank 1985。

12 請參閱 Waltz 1979。關於國際關係的相對利益和絕對利益，請參閱 Powell 1991。

13 請參閱 Vriend 2000，論文中分析了類似的報酬結構，並將這種狀況解釋為：兩家或兩家以上的寡占公司，生產相同產品，展開了產量上的競爭，來將自己的利潤最大化。經濟學家稱此模型為「古諾競爭模型」（Cournot competition model）。

14 羅思—艾勒夫學習模型變更了選項 k 在週期 t 的權重 W(k, t)：W(k, t ＋ 1) ＝ (1 － r)・W(k, t) ＋ Δ(k, t, e)。參數 r 代表「時近參數」（recency parameter），如果選擇行動 k，則 Δ(k, t, e) ＝ (1 － e)；如果未選擇行動 k，則 Δ(k, t, e) ＝ e。參數 e 為「試驗參數」（experimentation parameter），決定了未選選項的權重。

15 請參閱 Camerer and Ho 1999。

16 此處的分析十分接近 Bednar & Page 2007, 2018 的「行為外溢模型」（behavioral spillover model），同時也借用了 Greif 2006 的概念。Bednar 和 Page 強調初始行動對於「突現平衡狀態」的重要性，而 Grief 則聚焦在信念的作用。關於「基於案例的決策理論」（case-based decision theory），請參閱 Gilboa & Schmeidler 1995。關於身分在經濟選擇上扮演的角色，請參閱 Akerlof & Kranton 2010。

17 正式證明如下：令 B 代表接受創新策略、並一開始就選擇創新策略行動的玩家的比例，然後我們就可以直接計算出兩種行動的報酬：

文化行動的報酬：(1 － B)・200 ＋ B・220。

創新策略行動的報酬：(1 － B)・180 ＋ B・300。

為了要證明模仿者動態的結果，請注意文化行動只有在下式成立時，才有較高報酬：

$$(1 - B) \cdot 200 + B \cdot 220 > (1 - B) \cdot 180 + B \cdot 300$$

重新整理後，得到 20 (1 － B) > 80B，亦即 20 > 100B。因此，應用模仿者動態學習模型可得知：文化行動只有在 B < 0.2 時，文化行動才會勝過創新策略行動。

第 27 章　多臂拉霸機問題

1 關於多臂拉霸機問題與經濟現象的相關性，請參閱 Bergemann & Valimaki 2008。

2 相關調查請參閱 Hills et al. 2015。

3 關於多臂拉霸機問題與各種啟發法的分析，請參閱 Scott 2010。

4 Gittins & Jones 1972 率先說明了理想規則的特徵。吉丁斯指數可以重新寫作「貝爾曼方程式」（Bellman equation），貝爾曼方程式可以應用到任何需要一系列的選擇，且各選擇皆會各自產生報酬的問題上。貝爾曼方程式需要建構價值函數，函數值等於一系列選擇的報酬加總，且未來報酬須根據利率貼現。

5 請參閱 Roberts 2004。

6 關於美國農業部農場服務局（FSA）小額貸款計畫的實驗分析，請參閱 Bowers et al. 2017。

7 資料來源為 2012 年的《華盛頓郵報》和 Dann 2016。

8 高爾和希拉蕊如果當時在位的話，就能因經濟繁榮而取得更多聲望。關於早期的選情與經濟表現的分析，請參閱 Markus 1988；關於近代相關證據，請參閱 Fair 2012；關於候選人與政黨關係效應大小，請參閱 Campbell, Dettrey & Yin 2010。

第 28 章 崎嶇地形模型

1 關於多樣化價值更詳盡的說明，請參閱 Page 2007。

2 關於 NK 模型的完整探討，請參閱 Kauffman 1993。

3 首先，可以推導出在 N ＝ 20、K ＝ 19 時的局部山峰和全域山峰期望值。各項屬性的貢獻值在 [0, 1] 區間中均匀分布，平均值為 1/2 且變異數為 1/12。各選項價值等於 20 個屬性貢獻的平均值，因此根據中央極限定理，選項值會呈現平均值 12、變異數 1/12N 的常態分布，在 N ＝ 20 情況下，各選項標準差為 $0.0645 = \sqrt{1/240}$ 。接下來可以估算出局部山峰平均值為 0.609。局部山峰可想像為從 [0, 1] 分布抽出 21 個隨機數值中的最大值。因此，此最大值期望值約略等於從常態分布中抽出一個數值，而且分布中 21/22 選項的數值比此數值還小，此數值高於平均值接近兩個標準差。準確計算常態分布中的這個位置，會得到期望平均值為 0.609。為了估算出全域山峰的期望值 0.759，首先要注意全域山峰為所有 2^{20} 選項中的最大值。每個選項都可以看做由 [0, 1] 分布中抽出的一個數值，因此期望值約略等於從常態分布中抽出一個數值，而且分布中 2^{20} ／ (2^{20} ＋ 1) 選項的數值比此數值還小，準確計算常態分布中的這個位置，可以得到期望平均值為 0.759。全域山峰的期望值比一百萬次隨機抽出數值中的最大值期望值還要大。

4 請參閱 Wright 2001，論文中提出能產生正向加總效應的新組合，有助於人類、社會、以及技術和科學進步出現。

5 請參閱 Kauffman 1993 和 Miller & Page 2007。

6 在美國，如果專利申請至公告核准時間超過三年，依然享有自公告日（issue date）算起十七年的專利權。

7 請參閱 Boldrin & Levine 2010。

第 29 章　多模型思考：鴉片氾濫、貧富不均

1 根據轉換機率，右圖的精準統計平衡分布為：不疼痛病人 70.7%、服用鴉片的病人 19.5% 和鴉片成癮病人 9.8%；左圖的精準統計平衡分布為：76.3% 不疼痛病人、21.5% 服用鴉片病人和 2.2% 鴉片成癮病人。

2 請參閱 Wakeland, Nielsen & Geissert 2015。

3 感謝 Abbie Jacobs 對本書此部分提供的評論和洞見。

4 請參閱 Wilkinson & Pickett 2009。

5 杜勞夫在芝加哥大學貝克．弗里德曼研究所（Becker Friedman Institute）於 2015 年 11 月 6 日舉辦的研討會「瞭解貧富不均及如何應對」上，提出這個評論。

6 請參閱 Goldin & Katz 2008、Acemoglu & Autor 2011 和 Murphy & Topel 2016。

7 關於此公式的證明方式，請參閱 Mas-Colell, Whinston & Green 1995。

8 請參閱 Kaplan & Rauh 2013，並請參閱 Jones & Kim 2018 論文中提到的模型，模型使用企業家的能力做為創業想法可擴縮性（scalability）代表值。關於所得不均如何在所有職業中出現的早期研究，請參閱 Frank 1996。關於更多近期研究，請參閱 Xie, Killewald & Near 2016。

9 請參閱 Ormerod 2012。

10 Ormerod 2012 詳細說明了人們之間的連結增加，如何加劇所得不均。

11 請參閱 Cancian & Reed 1999 和 Schwartz & Mare 2005。

12 完整模型請參閱 Greenwood et al. 2014。

13 估計吉尼係數值會由 0.43 下降到 0.34，請參閱 Greenwood et al. 2014。吉尼係數測量實際收入分布與均等收入分布之間的差距。令 S(P) 代表最低 P% 人所賺取收入或擁有財富的總百分比，例如：若收入最低 30% 的人賺取 2% 收入，則 S(30) = 2：

$$\text{吉尼係數} = \frac{2}{99} \times \sum_{P=1}^{100} \left[\frac{P}{100} - S(P) \right]$$

如果收入均勻分布，則 S(P) = P/100，吉尼係數＝ 0。如果所有收入都由前 1% 的人取得，則 P < 100 時，S(P) = 0，S(100) = 1，因此吉尼係數＝ 1。

14 計算的方法如下：高收入家長的小孩成為四種收入類別的機率分別是 (0.6, 0.25, 0.1, 0.05)，此外，各收入類別的小孩成為高收入類別的機率分別是：高收入家長的小孩 60%、中高收入家長的小孩 20%、中低收入家長的小孩 15%、低收入家長的小孩 5%。因此可相乘以上兩個機率，得到高收入家長的孫子依然為高收入的機率是 (0.6)(0.6) + (0.25)(0.2) + (0.1)(0.15) + (0.05)(0.05) = 0.4275，使用相同方法可以計算出高收入家長的孫子成為低收入的機率為 (0.6)(0.05) + (0.25)(0.1) + (0.1)(0.15) + (0.05)(0.7) = 0.105。

15 請參閱 Pfeffer & Killewald 2017。

16 請參閱 Kaplan & Rao 2013b。

17 請參閱 Farmer 2018。

延伸閱讀

Acemoglu, Daron, and David Autor. 2011. "Skills, Tasks and Technologies: Implications for Employment and Earnings." In Orley Ashenfelter and David Card, eds., *Handbook of Labor Economics,* 4: 1043–1171. Amsterdam: Elsevier-North Holland.

Acemoglu, Daron, and James Robinson. 2012. *Why Nations Fail: The Origins of Power, Prosperity, and Poverty*. Cambridge, MA: Harvard University Press.

Adler, Mortimer Jerome. 1970. *The Time of Our Lives: The Ethics of Common Sense.* New York: Holt, Rinehart and Winston.

Akerlof, G., and R. Kranton. 2010. *Identity Economics*. Princeton, NJ: Princeton University Press.

Albert, Rika, Istvan Albert, and Gary L. Nakarado. 2004. "Structural Vulnerability of the North American Power Grid." *Physical Review E* 69: 025103.

Allesina, Stefano, and Mercedes Pascual. 2009. "Googling Food Webs: Can an Eigenvector Measure Species' Importance for Coextinctions?" *PLOS: Computational Biology* 9, no. 4.

Allison, Graham. 1971. *Essence of Decision: Explaining the Cuban Missile Crisis*. New York: Little, Brown.

Alvaredo, Facundo, Anthony B. Atkinson, Thomas Piketty, and Emmanuel Saez. 2013. "The World Top Incomes Database." https://www.inet.ox.ac.uk/projects/view/149.

Anderson, Chris. 2008a. "The End of Theory: The Data Deluge Makes the Scientific Method Obsolete." *Wired* 16, no. 7.

Anderson, Chris. 2008b. *The Long Tail: Why the Future of Business Is Selling Less of More*. New York: Hachette. 中文版書名：《長尾理論》，天下文化 2009 年出版。

Anderson, Phillip. 1972. "More Is Different." *Science* 177, no. 4047: 393–396.

Arrow, Kenneth. 1963. *Social Choice and Individual Values*. New Haven, CT: Yale University Press.

Arthur, W. B. 1994. "Inductive Reasoning and Bounded Rationality (The El Farol Problem)." *American Economic Review Papers and Proceedings* 84: 406–411.

Arthur, W. B. 2011. *The Nature of Technology: What It Is and How It Evolves.* New York: Free Press.

Ashenfelter, Orley. 2010. "Predicting the Quality and Prices of Bordeaux Wine." *Journal of Wine Economics* 5, no. 1: 40–52.

Athey, Susan, Jonathan Levin, and Enrique Seira. 2011. "Comparing Open and Sealed Bid Auctions: Evidence from Timber Auctions." *Quarterly Journal of Economics* 126, no. 1: 207–257.

Austin, David. 2008. "Percolation: Slipping Through the Cracks." American Mathematical Society. www.ams.org/publicoutreach/feature-column/fcarc-percolation.

Axelrod, Robert. 1984. *The Evolution of Cooperation*. New York: Basic Books. 中文版書名：《合作的競化》，大塊文化 2017 年出版。

Axelrod, David, Robert Axelrod, and Kenneth J. Pienta. 2006. "Evolution of Cooperation Among Tumor Cells." *Proceedings of the National Academy of Sciences* 103, no. 36: 13474–13479.

Axtell, Robert L. 2001. "Zipf Distribution of U.S. Firm Sizes." *Science* 293: 1818–1820.

Bajari, Patrick, and Matthew E. Kahn. 2008. "Estimating Hedonic Models of Consumer Demand with an Application to Urban Sprawl." In *Hedonic Methods in Housing Markets,* 129–155. New York: Springer.

Bak, Per. 1996. *How Nature Works: The Science of Self-Organized Criticality.* New York: Springer.

Baldwin, Carliss Y., and Kim B. Clark. 2000. *Design Rules. Vol. 1, The Power of Modularity*. Cambridge, MA: MIT Press.

Ball, Eric, and Joseph LiPuma. 2012. *Unlocking the Ivory Tower: How Management Research Can Transform Your Business.* Palo Alto, CA: Kauffman Fellow Press.

Banzhaf, John F. 1965. "Weighted Voting Doesn't Work: A Mathematical Analysis." *Rutgers Law Review* 19, no. 2: 317–343.

Barber, Gerald M. 1997. "Sequencing Highway Network Improvements: A Case Study of South Sulawesi." *Economic Geography* 53, no. 1: 55–69.

Bass, Frank. 1969. "A New Product Growth Model for Consumer Durables." *Management Science* 15, no. 5: 215–227.

Baxter, G.William. 2009. "The Dynamics of Foraging Ants." Paper presented at the annual meeting of the American Physical Society, March 16–20, abstract H40.00011.

Bednar, Jenna. 2007. "Credit Assignment and Federal Encroachment." *Supreme Court Economic Review* 15: 285–308.

Bednar, Jenna. 2008. *The Robust Federation: Principle of Design.* Cambridge: Cambridge University Press.

Bednar, Jenna, Aaron Bramson, Andrea Jones-Rooy, and Scott E. Page. 2010. "Emergent Cultural Signatures and Persistent Diversity: A Model of Conformity and Consistency." *Rationality and Society* 22, no. 4: 407–444.

Bednar, Jenna, and Scott E. Page. 2007. "Can Game(s) Theory Explain Culture? The Emergence of Cultural Behavior Within Multiple Games." *Rationality and Society* 19, no. 1: 65–97.

Bednar, Jenna, and Scott E. Page. 2018. "When Order Affects Performance: Culture, Behavioral Spillovers and Institutional Path Dependence." *American Political Science Review* 112, no. 1: 82–98.

Bell, Alex, Raj Chetty, Xavier Jaravel, Neviana Petkova, and John Van Reenen. 2018 "Who Becomes an Inventor in America? The Importance of Exposure to Innovation: Executive Summary." www.equality-of-opportunity.org.

Bendor, Jonathan, Daniel Diermeier, and Michael Ting. 2003. "A Behavioral Model of Turnout." *American Political Science Review* 97, no. 2: 261–280.

Bendor, Jonathan, and Piotr Swistak. 1997. "The Evolutionary Stability of Cooperation." *American Political Science Review* 91: 290–307.

Bendor, Jonathan, and Scott E. Page. 2018. "A Model of Team Problem Solving." Unpublished manuscript.

Berg, Nathan, and Gerd Gigerenzer. 2010. "As-If Behavioral Economics: Neoclassical Economics in Disguise?" *History of Economic Ideas* 18, no. 1: 133–166.

Bergemann, Dirk, and Juuso Välimäki. 2008. "Bandit Problems." In *The New Palgrave Dictionary of Economics,* 2nd ed., ed. Steven N. Durlauf and Lawrence E. Blume. London: Palgrave Macmillan.

Berlekamp, Elwyn R., John H. Conway, and Richard K. Guy. 1982. "What Is Life?" In *Winning Ways for Your Mathematical Plays*. Vol. 2, *Games in Particular*. London: Academic Press.

Bertrand, Marianne, and Sendhil Mullainathan. 2001. "Are CEOs Rewarded for Luck? The Ones Without Principles Are." *Quarterly Journal of Economics* 116: 901–932.

Bickel, P. J., E. A. Hammel, and J.W. O'Connell. 1974. "Sex Bias in Graduate Admissions: Data from Berkeley." *Science* 187 (4175): 398–404.

Biernaskie, Jay, M. 2011. "Evidence for Competition and Cooperation Among Climbing Plants." *Proceedings of the Royal Society B* 278: 1989–1996.

Bird, Rebecca, and Eric Smith. 2004. "Signaling Theory, Strategic Interaction, and Symbolic Capital." *Current Anthropology* 46, no. 2: 222–248.

Boldrin, Michele, and David Levine. 2010. *Against Intellectual Monopoly*. Cambridge: Cambridge University Press.

Borges, Jorge Luis. 1974. *A Universal History of Infamy.* Trans. Norman Thomas de Giovanni. London: Penguin.

Bowers, Jake, Nathaniel Higgins, Dean Karlan, Sarah Tulman, and Jonathan Zinman. 2017. "Challenges to Replication and Iteration in Field Experiments: Evidence from Two Direct Mail Shots." *American Economic Review Papers & Proceedings* 107, no. 5: 1–3.

Bowles, Samuel, and Herbert Gintis. 2002. "The Inheritance of Inequality." *Journal of Economic Perspectives* 16, no. 3: 3–30.

Box, George E. P., and Norman Draper. 1987. *Empirical Model-Building and Response Surfaces*. New York: Wiley.

Boyd, Robert. 2006. "Reciprocity: You Have to Think Different." *Journal of Evolutionary Biology* 19: 1380–1382.

Breiman, Leo. 1996. "Bagging Predictors." *Machine Learning* 24, no. 2: 123–140.

Briggs, Andrew, and Mark Sculpher. 1998. "An Introduction to Markov Modeling for Economic Evaluation." *Pharmaco Economics* 13, no. 4: 397–409.

Brock, William, and Steven Durlauf. 2001. "Discrete Choice with Social Interactions." *Review of Economic Studies* 68: 235–260.

Broido, A. D., and A. Clauset. 2018. "Scale-Free Networks Are Rare." Working paper.

Bshary, R., and A. S. Grutter. 2006. "Image Scoring and Cooperation in a Cleaner Fish Mutualism." *Nature* 441, no. 7096: 975–978.

Burt, Ronald. 1995. *Structural Holes: The Social Structure of Competition.* Cambridge, MA: Harvard University Press.

Bush, Robert, and Frederick Mosteller. 1954. *Stochastic Models for Learning.* New York: John Wiley and Sons.

Camerer, Colin F. 2003. *Behavioral Game Theory: Experiments in Strategic Interaction.* Princeton, NJ: Princeton University Press.

Camerer, Colin, Linda Babcock, George Loewenstein, and Richard Thaler. 1997. "Labor Supply of New York City Cabdrivers: One Day at a Time." *Quarterly Journal of Economics* 112, no. 2: 407–441.

Camerer, Colin, and Tek Ho. 1999. "Experience-Weighted Attraction Learning in Normal Form Games." *Econometrica* 67, no. 4: 827–874.

Camerer, Colin, George Loewenstein, and Drazen Prelec. 2005. "Neuroeconomics: How Neuroscience Can Inform Economics." *Journal of Economic Literature* 43: 9–64.

Campbell, Donald T. 1976. "Assessing the Impact of Planned Social Change." Public Affairs Center, Dartmouth College.

Campbell, James E., Bryan J. Dettrey, and Hongxing Yin. 2010. "The Theory of Conditional Retrospective Voting: Does the Presidential Record Matter Less in Open-Seat Elections?" *Journal of Politics* 72, no. 4: 1083–1095.

Cancian, Maria, and Deborah Reed. 1999. "The Impact of Wives' Earnings on Income Inequality: Issues and Estimates." *Demography* 36, no. 2: 173–184.

Carvalho, Vasco, and Xavier Gabaix. 2013 "The Great Diversification and Its Undoing," *American Economic Review* 103, no. 5: 1697–1727.

Castellano, Claudio, Santo Fortunato, and Vittorio Loreto. 2009. "Statistical Physics of Social Dynamics." *Review of Modern Physics* 81: 591–646.

Cederman, Lars Erik. 2003. "Modeling the Size of Wars: From Billiard Balls to Sandpiles." *American Political Science Review* 97: 135–150.

Centola, Damon, and Michael Macy. 2007. "Complex Contagions and the Weakness of Long Ties." *American Journal of Sociology* 113: 702–734.

Chance, Donald. 2009. "What Are the Odds? Another Look at DiMaggio's Streak." *Chance* 22, no. 2: 33–42.

Christakis, N. A., and J. Fowler. 2009. *Connected: The Surprising Power of Our Social Networks and How They Shape Our Lives.* New York: Little, Brown.

Churchland, Patricia, and Terry J. Sejnowski. 1992. *The Computational Brain.* Cambridge, MA: MIT Press.

Chwe, Michael. 2013. *Jane Austen: Game Theorist.* Princeton, NJ: Princeton University Press.

Clarida, Richard, Jordi Galí, and Mark Gertler. 2000. "Monetary Policy Rules and Macroeconomic Stability: Evidence and Some Theory." *Quarterly Journal of Economics* 115, no. 1: 147–180.

Clark, Gregory. 2014. *The Son Also Rises: Surnames and the History of Social Mobility.* Princeton, NJ: Princeton University Press.

Clark, William, Matt Golder, and Sona Nadenicheck Golder. 2008. *Principles of Comparative Politics.* Washington, DC: Congressional Quarterly Press.

Clauset, Aaron, M. Young, and K. S. Gleditsch. 2007. "On the Frequency of Severe Terrorist Attacks." *Journal of Conflict Resolution* 51, no. 1: 58–88.

Cohen, Tyler. 2013. *Average Is Over: Powering America Beyond the Age of the Great Stagnation.* New York: Dutton.

Cooke, Nancy J., and Margaret L. Hilton, eds. 2014. *Enhancing the Effectiveness of Team Science.* Washington, DC: National Academies Press.

Cornes, Richard, and Todd Sandler. 1996. *The Theory of Externalities, Public Goods, and Club Goods.* 2nd ed. Cambridge: Cambridge University Press.

Craine, Joseph, and Ray Dybzinski. 2013. "Mechanisms of Plant Competition for Nutrients, Water and Light." *Functional Ecology* 27: 833–840.

Cyert, Richard M., and James G. March. 1963. *A Behavioral Theory of the Firm.* Englewood Cliffs, NJ: Prentice-Hall.

Dan, Avi. 2018. "How Michelle Peluso Is Redefining Marketing at IBM." *Forbes,* January 18.

Dann, Carrie. 2016. "Pro-Clinton Battleground Ad Spending Outstrips Trump Team by 2." NBC News, November 4.

Dawes, Robyn. 1979. "The Robust Beauty of Improper Linear Models in Decision Making." *American Psychologist* 34: 571–582.

de Marchi, Scott. 2005. *Computational and Mathematical Modeling in the Social Sciences.* Cambridge: Cambridge University Press.

DeMiguel, Victor, Lorenzo Garlappi, and Raman Uppal. 2009. "Optimal Versus Naive Diversification: How Inefficient Is the 1/N Portfolio Strategy?" *Review of Financial Studies* 22, no. 5: 1915–1953.

Dennett, Daniel C. 1991. *Consciousness Explained.* Boston: Back Bay Books.

Dennett, Daniel C. 1994. *Darwin's Dangerous Idea: Evolution and the Meanings of Life.* New York: Simon & Schuster.

Denrell, Jerker, and Chengwei Liu. 2012. "Top Performers Are Not the Most Impressive When Extreme Performance Indicates Unreliability." *Proceedings of the National Academy of Sciences* 109, no. 24: 9331–9336.

Diamond, Jared. 2005. *Collapse: How Societies Choose to Fail or Succeed.* New York: Viking Penguin. 中文版書名：《大崩壞》，時報文化 2019 年出版（十五週年紀念版）。

Dodds, Peter, Robby Muhamad, and DuncanWatts. 2003. "An Experimental Study of Search in Global Social Networks." *Science* 301: 827–829.

Downing, John A., et al. 2006. "The Global Abundance and Size Distribution of Lakes, Ponds, and Impoundments." *Limnology and Oceanography* 51, no. 5: 2388–2397.

Dragulescu, Adrian, and Victor M. Yakovenko. 2001. "Exponential and Power-Law Probability Distributions of Wealth and Income in the United Kingdom and the United States." *Physica A* 299: 213–221.

Drucker, Peter. 1969. *The Age of Discontinuity: Guidelines to Our Changing Society.* New York: Harper and Row.

Dubos, Jean. 1987. *The White Plague: Tuberculosis, Man and Society.* New Brunswick, NJ: Rutgers University Press.

Dunne, Anthony. 1999. *Hertzian Tales: Electronic Products, Aesthetic Experience and Critical Design.* London: Royal College of Art.

Dyson, Freeman. 2004. "A Meeting with Enrico Fermi." *Nature* 427: 297.

Easley, David, and Jon Kleinberg. 2010. *Networks, Crowds, and Markets: Reasoning About a Highly ConnectedWorld.* Cambridge: Cambridge University Press.

Easley, David, Marcos Lopez de Prado, and Maureen O'Hara. 2012. "Flow Toxicity and Liquidity in a High Frequency World." *Review of Financial Studies* 24, no. 5: 1457–1493.

Easterly, William, and Stanley Fischer. 1995. "The Soviet Economic Decline." *World Bank Economic Review* 9, no. 3: 341–371.

Ebbinghaus, Herman. 1885. *Memory: A Contribution to Experimental Psychology.* Online in *Classics in the History of Psychology*. http://psychclassics.yorku.ca/Ebbinghaus/index.htm.

Ehrenberg, Andrew. 1969. "Towards an Integrated Theory of Consumer Behaviour." *Journal of the Market Research Society* 11, no. 4: 305–337.

Einstein, Albert. 1934. "On the Method of Theoretical Physics." *Philosophy of Science* 1, no. 2: 163–169.

Eliot, Matt, Ben Golub, and Matthew Jackson. 2014. "Financial Networks and Contagion." *American Economic Review* 104, no. 10: 3115–3153.

Eom, Young-Ho, and Hang-Hyun Jo. 2014. "Generalized Friendship Paradox in Complex Networks: The Case of Scientific Collaboration." *Scientific Reports* 4: 4603.

Epstein, Josh. 2006. *Generative Social Science: Studies in Agent-Based Computational Modeling.* Princeton, NJ: Princeton University Press.

Epstein, Joshua. 2008. "Why Model?" *Journal of Artificial Societies and Social Simulation* 11, no. 4: 12.

Epstein, Joshua. 2014. *Agent Zero: Toward Neurocognitive Foundations for Generative Social Science*. Princeton, NJ: Princeton University Press.

Ericsson, K. A. 1996. "The Acquisition of Expert Performance: An Introduction to Some of the Issues." In *The Road to Excellence: The Acquisition of Expert Performance in the Arts and Sciences, Sports, and Games,* ed. K. A. Ericsson, 1–50. Mahwah, NJ: Erlbaum.

Fair, Raymond. 2012. *Predicting Presidential Elections and Other Things.* 2nd ed. Stanford, CA: Stanford University Press.

Farmer, J. Doyne 2018. "Collective Awareness: A Conversation with J. Doyne Farmer." *The Edge.* https://www.edge.org/conversation/j doynefarmer-collective-awareness.

Feld, Scott L. 1991. "Why Your Friends Have More Friends than You Do." *American Journal of Sociology* 96, no. 6: 1464–1477.

Flegal, Katherine M., Brian K. Kit, Heather Orpana, and Barry I. Graubard. 2012. "Association of All-Cause Mortality with Overweight and Obesity Using Standard Body Mass Index Categories: A Systematic Review and Meta-analysis." *Journal of the American Medical Association* 309, no. 1: 71–82.

Flores, Thomas, and Irfan Nooruddin. 2016. *Elections in Hard Times: Building Stronger Democracies in the 21st Century.* Cambridge: Cambridge University Press.

Florida, Richard. 2005. *Cities and the Creative Class*. New York: Routledge.

Foster, Dean, and H. Peyton Young. 2001. "On the Impossibility of Predicting the Behavior of Rational Agents." *Proceedings of the National Academy of Sciences* 98, no. 22: 12848–12853.

Frank, Kenneth, et al. 2018. "Teacher Networks and Educational Opportunity." In *Handbook on the Sociology of Education,* ed. Barbara Schneider and Guan Saw. New York: Oxford University Press.

Frank, Robert. 1984. *Choosing the Right Pond.* Oxford: Oxford University Press.

Frank, Robert. 1996. *The Winner-Take-All Society: Why the Few at the Top Get So Much More than the Rest of Us*. New York: Penguin. 中文版書名：《贏家通吃》，足智 2019 年出版。

Freeman, Richard, and Wei Huang. 2015. "Collaborating with People Like Me: Ethnic Co-authorship Within the U.S." *Journal of Labor Economics* 33 no. S1: S289-S318.

Fudenberg, Drew, and David Levine. 1998. *Theory of Learning in Games.* Cambridge, MA: MIT Press.

Fudenberg, Drew, and David Levine. 2006. "A Dual-Self Model of Impulse Control." *American Economic Review* 96: 1449–1476.

Gammill, James F. , Jr., and Terry A. Marsh. 1988. "Trading Activity and Price Behavior in the Stock and Stock Index Futures Markets in October 1987." *Journal of Economic Perspectives* 2, no. 3: 25–44.

Gawande, Atul. 2009. *The Checklist Manifesto: How to Get Things Right*. New York: Henry Holt. 中文版書名：《清單革命》，天下文化 2018 年出版。

Geithner, Timothy. 2014. *Stress Test: Reflections on Financial Crises*. New York: Crown.

Gerschenkron, Alexander. 1952. "Economic Backwardness in Historical Perspective." In *The Progress of Underdeveloped Areas*, ed. B. F. Hoselitz. Chicago: University of Chicago Press.

Gertner, Jon. 2012. *The Idea Factory: Bell Labs and the Great Age of American Innovation*. New York: Penguin.

Gibrat, Robert. 1931. *Les inégalités economique*. Paris: Sirely. Gigerenzer, Gerd, and Reinhard Selten. 2002. *Bounded Rationality: The Adaptive Toolbox*. Cambridge, MA: MIT Press.

Gigerenzer, Gerd, and Peter Todd. 2000. *Simple Heuristics That Make Us Smart*. New York: Oxford University Press.

Gilboa, Itzhak, and David Schmeidler. 1994. "Case-Based Decision Theory." *Quarterly Journal of Economics* 110: 605–639.

Gilovich, Thomas, Amos Tversky, and R. Vallone. 1984. "The Hot Hand in Basketball: On the Misperception of Random Sequences." *Cognitive Psychology* 17, no. 3: 295–314.

Glaeser, Edward, Bruce Sacerdote, and Jose Scheinkman. 1996. "Crime and Social Interactions." *Quarterly Journal of Economics* 111, no. 2: 507–548.

Glantz, Andrew. 2008. "A Tax on Light and Air: Impact of the Window Duty on Tax Administration and Architecture, 1696–1851." *Penn History Review* 15, no. 2: 18–40.

Glasserman, Paul, and H. Peyton Young. 2014. "Contagion in Financial Networks." Office of Financial Research Working Paper.

Godard, Renee. 1993. "Tit for Tat Among Neighboring Hooded Warblers." *Behavioral Ecology and Sociobiology* 33, no. 1: 45–50.

Gode, Dhananjay K., and Shyam Sunder. 1993. "Allocative Efficiency of Markets with Zero-Intelligence Traders: Market as a Partial Substitute for Individual Rationality." *Journal of Political Economy* 101, no. 1: 119–137.

Goldin, Claudia, and Lawrence F. Katz. 2008. *The Race Between Education and Technology*. Cambridge, MA: Harvard University Press.

Gordon, Robert J. 2016. *The Rise and Fall of American Growth: The U.S. Standard of Living Since the Civil War*. Princeton, NJ: Princeton University Press.

Granovetter, Mark. 1973. "The Strength of Weak Ties." *American Journal of Sociology* 78, no. 6: 1360–1380.

Granovetter, Mark. 1978. "Threshold Models of Collective Behavior." *American Journal of Sociology* 83, no. 6: 1360–1443.

Greenwood, Jeremy, Nezih Guner, Georgi Kocharkov, and Cezar Santos. 2014. "Marry Your Like: Assortative Mating and Income Inequality." *American Economic Review: Papers & Proceedings* 104, no 5: 348-353.

Greif, Avner. 2006. *Institutions and the Path to the Modern Economy: Lessons from Medieval Trade*. Cambridge: Cambridge University Press.

Griliches, Zvi. 1957, 1988. "Hybrid Corn: An Exploration of the Economics of Technological Change." In *Technology, Education and Productivity: Early Papers with Notes to Subsequent Literature*. New York: Basil Blackwell.

Groseclose, Tim, and James Snyder. 1996. "Buying Supermajorities." *American Political Science Review* 90: 303–315.

Grossman, S., and J. Stiglitz. 1980. "On the Impossibility of Informationally Efficient Markets." *American Economic Review* 70, no. 3: 393–408.

Groysberg, Boris. 2012. *Chasing Stars: The Myth of Talent and the Portability of Performance*. Princeton, NJ: Princeton University Press.

Guy, Richard. 1983. "Don't Try to Solve These Problems." *American Mathematical Monthly* 90: 35–41.

Haidt, Jonathan. 2006. *The Happiness Hypothesis: Finding Modern Truth in Ancient Wisdom*. Basic Books. New York: NY.

Haldene, Andrew. 2012. "The Dog and the Frisbee." Speech given at the Federal Reserve Bank of Kansas City's 36th Economic Policy Symposium, Jackson Hole, WY.

Haldene, Andrew. 2014. "The Dappled World." Speech given at the University of Michigan Law School, Ann Arbor, October 23.

Haldane, John B. S. 1928. "On Being the Right Size." Online version available at http://irl.cs.ucla.edu/papers/right-size.html.

Hardin, Garret. 1968. "The Tragedy of the Commons." *Science* 162, no. 3859: 1243–1248.

Harrell, Frank E. 2001. *Regression Modeling Strategies with Applications to Linear Models, Logistic Regression, and Survival Analysis*. New York: Springer.

Harstad, Ronald M., and Reinhard Selten. 2013. "Bounded Rationality Models: Tasks to Become Intellectually Competitive." *Journal of Economic Literature* 51, no. 2: 496–511.

Harte, John. 1988. *Consider a Spherical Cow*. Mill Valley, CA: University Science Books.

Hathaway, Oona. 2001. "Path Dependence in the Law: The Course and Pattern of Change in a Common Law Legal System." *Iowa Law Review* 86.

Havel, Václav. 1985. *The Power of the Powerless: Citizens Against the State in Central-Eastern Europe*. Ed. John Keane. Armonk, NY: M. E. Sharpe.

Hawking, Stephen, and Leonard Mlodinow. 2011. *The Grand Design*. New York: Bantam. 中文版書名：《大設計》，大塊文化 2011 年出版。

Hecht, Jeff. 2008. "Prophecy of Economic Collapse 'Coming True." ' *New Scientist*. November 17.

Herrnstein, Richard J. 1970. "On the Law of Effect." *Journal of the Experimental Analysis of Behavior* 13: 243–266.

Hills, Thomas, Peter M. Todd, David Lazer, A. David Redish, Iain D. Couzin, and the Cognitive Search Research Group. 2015. “Exploration Versus Exploitation in Space, Mind, and Society.” *Trends in Cognitive Science* 19, no. 1: 46–54.

Hofstadter, Douglas, and Emmanuel Sander. 2013. *Surfaces and Essences: Analogy as the Fuel and Fire of Thinking*. New York: Basic Books.

Holland, John. 1975. *Adaptation in Natural and Artificial Systems*. Ann Arbor: University of Michigan Press.

Hong, Lu, and Scott E. Page. 2009. “Interpreted and Generated Signals.” *Journal of Economic Theory* 144: 2174–2196.

Hotelling, Harold. 1929. “Stability in Competition.” *Economic Journal* 39, no. 153: 41–57.

Huffaker, Carl Burton. 1958. “Experimental Studies on Predation: Dispersion Factors and Predator-Prey Oscillations.” *Hilgardia* 27, no. 14: 343–383.

Hurwicz, Leo, and David Schmeidler. 1978. “Outcome Functions Which Guarantee the Existence and Pareto Optimality of Nash Equilibria.” *Econometrica* 46: 144–174.

Inman, Mason. 2011. “Sending Out an SOS.” *Nature Climate Change* 1: 180–183.

International Monetary Fund. 2009. *Global Financial Stability Report*. Jackson, Matthew. 2008. *Social and Economic Networks*. Princeton, NJ: Princeton University Press.

Jackson, Matthew and Asher Wolinsky. 1996. “A Strategic Model of Social and Economic Networks.” *Journal of Economic Theory* 71: 44–74.

Jacob, Francois. 1977. “Evolution and Tinkering.” *Science* 196: 1161–1166.

Jacobs, Jane. 1989. *Revolving Doors: Sex Segregation and Women's Careers*. Stanford, CA: Stanford University Press.

Johnson, James. 2014. “Models Among the Political Theorists.” *American Journal of Political Science* 58, no. 33: 547–560.

Johnson-Laird, Philip. 2009. *How We Reason*. New York: Oxford University Press.

Jones, Benjamin F., Brian Uzzi, and Stefan Wuchty. 2008. “Multi-University Research Teams: Shifting Impact, Geography and Social Stratification in Science.” *Science* 322: 1259–1262.

Jones, Charles, and Jihee Kim. 2018 “A Schumpeterian Model of Top Income Inequality.” *Journal of Political Economy*. Forthcoming.

Kahneman, Daniel. 2011. *Thinking Fast and Slow*. New York: Farrar, Straus and Giroux. 中文版書名：《快思慢想》，天下文化 2018 年出版（新版）。

Kahneman, Daniel, and Amos Tversky. 1979. “Prospect Theory: An Analysis of Decisions Under Risk.” *Econometrica* 47, no. 2: 263–291.

Kalyvas, Stathis. 1999. “The Decay and Breakdown of Communist One-Party Systems.” *Annual Review of Political Science* 2: 323–343.

Kamin, Leon J. 1969. "Predictability, Surprise, Attention and Conditioning." In *Punishment and Aversive Behavior,* ed. B. A. Campbell and R. M. Church, 279–296. New York: Appleton-Century-Crofts.

Kaplan, Steven, and Joshua D. Rauh. 2013a. "Family, Education, and Sources of Wealth Among the Richest Americans, 1982–2012." *American Economic Review Papers and Proceedings* 103, no. 3: 158–162.

Kaplan, Steven, and Joshua D. Rauh. 2013b. "It's the Market: The Broad-Based Rise in the Return to Top Talent." *Journal of Economic Perspectives* 27, no. 3: 35–56.

Karlsson, Bengt. 2016. "The Forest of Our Lives: In and Out of Political Ecology." *Conservation and Society* 14, no. 4: 380–390

Kauffman, Stuart. 1993. *The Origins of Order: Self-Organization and Selection in Evolution.* Oxford: Oxford University Press.

Kennedy, John F. 1956. *Profiles in Courage*. New York: Harper & Brothers.

Khmelev, Dmitri, and F. J. Tweedie. 2001. "Using Markov Chains for Identification of Writers." *Literary and Linguistic Computing* 16, no. 4: 299–307.

Kleinberg, Jon, and M. Raghu. 2015. "Team Performance with Test Scores." Working paper, Cornell University School of Information.

Knox, Grahame. n.d. "Lost at Sea." *Insight*, http://insight.typepad.co.uk/lost_at_sea.pdf.

Kollman, Ken, J. Miller, and S. Page. 1992. "Adaptive Parties in Spatial Elections." *American Political Science Review* 86: 929–937.

Kooti, Farshad, Nathan O. Hodas, and Kristina Lerman. 2014. "Network Weirdness: Exploring the Origins of Network Paradoxes." Paper presented at the International Conference on Weblogs and Social Media (ICWSM), March.

Kurlansky, Mark. 1998. *Cod: A Biography of the Fish That Changed theWorld.* New York: Penguin.

Kydland, Finn E., and Edward C. Prescott. 1977. "Rules Rather than Discretion: The Inconsistency of Optimal Plans." *Journal of Political Economy* 85, no. 3: 473–491.

Lai, T. L., and Herbert Robbins. 1985. "Asymptotically Efficient Adaptive Allocation Rules." *Advances in Applied Mathematics* 6, no. 1: 4–22.

Laibson, David. 1997. "Golden Eggs and Hyperbolic Discounting." *Quarterly Journal of Economics* 112, no. 2: 443–477.

Lamberson, P. J., and Scott E. Page. 2012a. "The Effect of Feedback Variability on Success in Markets with Positive Feedbacks." *Economics Letters* 114: 259–261.

Lamberson, P. J., and Scott E. Page. 2012b. "Tipping Points." *Quarterly Journal of Political Science* 7, no. 2: 175–208.

Lancaster, Kelvin J. 1966. "A New Approach to Consumer Theory." *Journal of Political Economy* 74: 132–157.

Landemore, Helene. 2013. *Democratic Reason: Politics, Collective Intelligence, and the Rule of the Many.* Princeton, NJ: Princeton University Press.

Lango, Allen H., et al. 2010. "Hundreds of Variants Clustered in Genomic Loci and Biological Pathways Affect Human Height." *Nature* 467, no. 7317: 832–838.

Langville, Amy N., and Carl D. Meyer. 2012. *Who's #1?: The Science of Rating and Ranking.* Princeton, NJ: Princeton University Press.

Lave, Charles, and James G. March. 1975. *An Introduction to Models in the Social Sciences.* Lanham, MD: University Press of America.

Ledyard, John, David Porter, and Antonio Rangle. 1997. "Experiments Testing Multiobject Allocation Mechanisms." *Journal of Economics and Management Strategy* 6, no. 3: 639–675.

Ledyard, John, David Porter, and Randii Wessen. 2000. "A Market-Based Mechanism for Allocating Space Shuttle Secondary Payload Priority." *Experimental Economics* 2, no. 3: 173–195.

Levins, Richard. 1966. "The Strategy of Model Building in Population Biology." *American Scientist* 54: 421–431.

Levinthal, Daniel A. 1997. "Adaptation on Rugged Landscapes." *Management Science* 43: 934–950.

Levinthal, Daniel. 1991. "RandomWalks and Organizational Mortality." *Administrative Science Quarterly* 36, no. 3: 397–420.

Levitt, Steven, and Stephen Dubner. 2009. *SuperFreakonomics: Global Cooling, Patriotic Prostitutes, and Why Suicide Bombers Should Buy Life Insurance.* New York: William Morrow.

Lewis, Michael. 2014. *Flash Boys: A Wall Street Revolt.* New York: W. W. Norton. 中文版書名：《快閃大對決》，早安財經 2014 年出版。

Limpert, Eckhard, Werner A. Stahel, and Markus Abbt. 2001. "Log-normal Distributions Across the Sciences: Keys and Clues." *BioScience* 51, no. 5: 341–352.

Little, Daniel. 1998. *Microfoundations, Method, and Causation: On the Philosophy of the Social Sciences.* Piscataway, NJ: Transaction Publishers.

Lo, Andrew W., and A. Craig MacKinlay. 2007. *A Non-Random Walk Down Wall Street.* Princeton, NJ: Princeton University Press.

Lo, Andrew W. 2012. "Reading About the Financial Crisis: A Twenty-One-Book Review." *Journal of Economic Literature* 50, no. 1: 151–178.

Lucas, Robert. 1976. "Econometric Policy Evaluation: A Critique." In *The Phillips Curve and Labor Markets,* ed. K. Brunner and A. Meltzer, 19–46. Carnegie-Rochester Conference Series on Public Policy 1. New York: Elsevier.

Lucking-Reiley, David. 1999. "Using Field Experiments to Test Equivalence Between Auction Formats: Magic on the Internet." *American Economic Review* 89, no. 5: 1063–1080.

MacKenzie, Debora. 2012. "Boom and Doom: Revisiting Prophecies of Collapse." *New Scientist*, January.

Mannes, Albert E., Jack B. Soll, and Richard P. Larrick. 2014. "The Wisdom of Select Crowds." *Journal of Personality and Social Psychology* 107: 276–299.

Markowitz, Harold M. 1952. "Portfolio Selection." *Journal of Finance* 7, no. 1: 77–91.

Markus, Greg B. 1988. "The Impact of Personal and National Economic Conditions on the Presidential Vote: A Pooled Cross-Sectional Analysis." *American Journal of Political Science* 32: 137–154.

Martin, Andrew D., and Kevin M. Quinn. 2002. "Dynamic Ideal Point Estimation via Markov Chain Monte Carlo for the U.S. Supreme Court, 1953–1999." *Political Analysis* 10: 134–153.

Martin, Francis, et al. 2008. "The Genome of *Laccaria bicolor* Provides Insights into Mycorrhizal Symbiosis." *Nature* 452: 88–92.

Martinez Peria, Maria Soledad, Giovanni Majnoni, Matthew T. Jones, and Winfrid Blaschke. 2001. "Stress Testing of Financial Systems: An Overview of Issues, Methodologies, and FSAP Experiences." IMF Working Paper no. 01/88.

Mas-Colell, Andreu, Michael D. Whinston, and Jerry R. Green. 1994. *Microeconomic Theory.* New York: Oxford University Press.

Mauboussin, Michael. 2012. *The Success Equation: Untangling Skill and Luck in Business*. Cambridge, MA: Harvard University Press.

May, Robert M., Simon A. Levin, and George Sugihara. 2008. "Ecology for Bankers." *Nature* 451: 893–895.

McCarty, Nolan. 2011. "Measuring Legislative Preferences." In *Oxford Handbook of Congress,* ed. Eric Schickler and Frances Lee. New York: Oxford University Press.

McCarty, Nolan, and Adam Meirowitz. 2014. *Political Game Theory: An Introduction*. Cambridge: Cambridge University Press.

McKelvey, Richard. 1979. "General Conditions for Global Intransitivities in Formal Voting Models." *Econometrica* 47: 1085–1112.

McPhee, William N. 1963. *Formal Theories of Mass Behaviour.* New York: Free Press of Glencoe.

Meadows, D., G. Meadows, J. Randers, and W. W. Behrens III. 1972. *The Limits to Growth.* New York: Universe Books.

Medin, Douglas, Will Bennis, and Michel Chandler. 2010. "The Home-Field Disadvantage." *Perspectives on Psychological Science* 5, no. 6: 708–713.

Merriam, Daniel F., and John C. Davis. 2009. "Using Zipf's Law to Predict Future Earthquakes in Kansas." *Transactions of the Kansas Academy of Science* 112, nos. 1&2: 127–129.

Merton, Robert C. 1969. "Lifetime Portfolio Selection Under Uncertainty: The Continuous-Time Case." *Review of Economics and Statistics* 51, no. 3: 247–257.

Merton, Robert K. 1963. "Resistance to the Systematic Study of Multiple Discoveries in Science." *European Journal of Sociology* 4, no. 2: 237–282.

Milgrom, Paul, and John Roberts. 1986. "Pricing and Advertising Signals of Product Quality." *Journal of Political Economy* 94, no. 4: 796–821.

Miller, John H. 1998. "Active Nonlinear Tests (ANTs) of Complex Simulation Models." *Management Science* 44, no. 6: 820–830.

Miller, John H. 2015. *A Crude Look at the Whole*. New York: Basic Books.

Miller, John H., and Scott E. Page. 2004. "The Standing Ovation Problem." *Complexity* 9, no. 5: 8–16.

Miller, John H., and Scott E. Page. 2007. *Complex Adaptive Systems: An Introduction to Computational Models of Social Life*. Princeton, NJ: Princeton University Press.

Miller, Joshua B., and Adam Sanjurjo. 2015. "Surprised by the Gambler's and Hot Hand Fallacies: A Truth in the Law of Small Numbers." IGIER Working Paper no. 552.

Mitchell, Melanie. 1996. *An Introduction to Genetic Algorithms*. Cambridge, MA: MIT Press.

Mitchell, Melanie. 2009. *Complexity: A Guided Tour.* Oxford: Oxford University Press.

Mlodinow, Leonard. 2009. *The Drunkard's Walk: How Randomness Rules Our Lives*. New York: Penguin. 中文版書名：《隨機法則》，天下文化 2013 年出版。

Mokyr, Joel. 2002. *The Gifts of Athena: Historical Origins of the Knowledge Economy.* Princeton, NJ: Princeton University Press.

Morgan, John, and Tanjim Hossain. 2006. "… Plus Shipping and Handling: Revenue (Non) Equivalence in Field Experiments on eBay." *Advances in Economic Analysis & Policy* 6, no. 2: 3.

Moss-Racusin, Corinne, John F. Dovidio, Victoria L. Brescoll, Mark J. Graham, and Jo Handelsman. 2012. "Science Faculty's Subtle Gender Biases Favor Male Students." *Proceedings of the National Academy of Sciences.* 1647–1649.

Munger, Charles. 1994. "A Lesson on Elementary, Worldly Wisdom as It Relates to Investment Management & Business." University of Southern California Business School.

Murphy, Kevin M., and Robert H. Topel. 2016. "Human Capital Investment, Inequality and Growth." *Journal of Labor Economics* 34: 99–127.

Murray, J. D. 1988. "Mammalian Coat Patterns: How the Leopard Gets Its Spots." *Scientific American* 256: 80–87.

Myerson, Roger B. 1999. "On the Value of Game Theory in Social Science." *Rationality and Society* 4: 62–73.

Myerson, Roger B. 1999. "Nash Equilibrium and the History of Economic Theory." *Journal of Economic Literature* 37, no. 3: 1067–1082.

Nagel, Rosemarie. 1995. "Unraveling in Guessing Games: An Experimental Study." *American Economic Review* 85, no. 5: 1313–1326.

Newman, Mark E. 2005. "Power Laws, Pareto Distributions and Zipf's Law." *Contemporary Physics* 46: 323–351.

Newman, Mark E. 2010. *Networks: An Introduction.* Oxford: Oxford University Press.

Nowak, Martin. 2006. "Five Rules for the Evolution of Cooperation." *Science* 314, no. 5805: 1560–1563.

Nowak, Martin A., and Karl Sigmund. 1998. "Evolution of Indirect Reciprocity by Image Scoring." *Nature* 393: 573–577.

Olson, Mancur. 1965. *The Logic of Collective Action: Public Goods and the Theory of Groups*. Cambridge, MA: Harvard University Press.

O'Neil, Cathy 2016. *Weapons of Math Destruction: How Big Data Increases Inequality and Threatens Democracy*. New York, NY: Crown. 中文版書名：《大數據的傲慢與偏見》，大寫 2017 年出版。

Open Science Collaboration. 2015. "Estimating the Reproducibility of Psychological Science." *Science* 349: 6251.

Organization for Economic Co-operation and Development. 1996. *The Knowledge Based Economy*. Paris: OECD.

Ormerod, Paul. 2012. *Positive Linking: How Networks Can Revolutionise the World.* London: Faber and Faber.

Ostrom, Elinor. 2004. *Understanding Institutional Diversity*. Princeton, NJ: Princeton University Press.

Ostrom, Elinor. 2010. "Beyond Markets and States: Polycentric Governance of Complex Economic Systems." *Transnational Corporations Review* 2, no. 2: 1–12.

Ostrom, Elinor, Marco A. Janssen, and John M. Anderies. 2007. "Going Beyond Panaceas." *Proceedings of the National Academy of Sciences* 104: 15176–15178.

Ostrovsky, Michael, Benjamin Edelman, and Michael Schwarz. 2007. "Internet Advertising and the Generalized Second Price Auction: Selling Billions of Dollars Worth of Keywords." *American Economic Review* 97, no. 1: 242–259.

Paarsch, Harry J., and Bruce S. Shearer. 1999. "The Response of Worker Effort to Piece Rates: Evidence from the British Columbia Tree-Planting Industry." *Journal of Human Resources* 34, no. 4: 643–667.

Packer, Craig, and Anne E. Pusey. 1997. "Divided We Fall: Cooperation Among Lions." *Scientific American,* May, 52–59.

Paczuski, Maya, and Kai Nagel. 1996. "Self-Organized Criticality and 1/f Noise in Traffic." arXiv: cond-mat/9602011.

Page, Scott E. 1997. "An Appending Efficient Algorithm for Allocating Public Projects with Complementarities," *Journal of Public Economics* 64, no 3: 291–322.

Page, Scott E. 2001. "Self Organization and Coordination." *Computational Economics* 18: 25–48.

Page, Scott E. 2006. "Essay: Path Dependence." *Quarterly Journal of Political Science* 1: 87–115.

Page, Scott E. 2007. *The Difference: How the Power of Diversity Creates Better Groups, Teams, Schools, and Societies*. Princeton, NJ: Princeton University Press.

Page, Scott E. 2010a. *Diversity and Complexity*. Princeton, NJ: Princeton University Press.

Page, Scott E. 2010b. "Building a Science of Economics for the Real World." Presentation to the House Committee on Science and Technology Subcommittee on Investigations and Oversight, July 20.

Page, Scott E. 2012. "A Complexity Perspective on Institutional Design." *Politics, Philosophy and Economics* 11: 5–25.

Page, Scott E. 2017. *The Diversity Bonus*. Princeton, NJ: Princeton University Press.

Pan, Jessica. 2014. " Gender Segregation in Occupations: The Role of Tipping and Social Interactions." *Journal of Labor Economics* 33, no. 2: 365–408.

Parrish, Susan Scott. 2017. *The Flood Year 1927: A Cultural History*. Princeton, NJ: Princeton University Press.

Parsa, H. G., John T. Self, David Njite, and Tiffany King. 2005. "Why Restaurants Fail." *Cornell Hospitality Quarterly* 46, no. 3: 304–322.

Patel, Kayur, Steven Drucker, James Fogarty, Ashish Kapoor, and Desney Tan. 2011. "Using Multiple Models to Understand Data." *Proceedings of the International Joint Conference on Artificial Intelligence*, 1723-1728.

Peel, L., and A. Clauset. 2014. "Predicting Sports Scoring Dynamics with Restoration and Anti-Persistence." *Proceedings of the International Conference on Data Mining*. Philadelphia: SIAM.

Pfeffer, Fabian T., and Alexandra Killewald. 2017. "Generations of Advantage: Multigenerational Correlations in Family Wealth." *Social Forces,* 1–31.

Piantadosi, Steven. 2014. "Zipf'sWord Frequency Law in Natural Language: A Critical Review and Future Directions." *Psychonomic Bulletin & Review* 21, no. 5: 1112–1130.

Pierson, Paul. 2004. *Politics in Time: History, Institutions, and Social Analysis*. Princeton, NJ: Princeton University Press.

Piketty, Thomas. 2014. *Capital in the 21st Century*. Trans. Arthur Goldhammer. Cambridge, MA: Belknap Press. 中文版書名：《二十一世紀資本論》，衛城 2014 年出版。

Pollack, John. 2014. *Shortcut: How Analogies Reveal Connections, Spark Innovation, and Sell Our Greatest Ideas*. New York: Gotham.

Poole, Keith T., and Howard Rosenthal. 1984. "A Spatial Model for Legislative Roll Call Analysis." *American Journal of Political Science* 29, no. 2: 357–384.

Porter, David, and Vernon Smith. 2007. "FCC Spectrum Auction Design: A 12-Year Experiment." *Journal of Law, Economics, and Policy* 3, no. 1: 63–80.

Powell, Robert. 1991. "Absolute and Relative Gains in International Relations Theory." *American Political Science Review* 85, no. 4: 1303–1320.

Przeworski, Adam, Jose Antonio Cheibub, Michael E. Alvarez, and Fernando Limongi. 2000. *Democracy and Development: Political Institutions and Material Well-Being in the World, 1950–1990.* Cambridge: Cambridge University Press.

Raby, Fiona. 2001. *Design Noir: The Secret Life of Electronic Objects*. Basel: Birkhauser.

Ramo, Joshua Cooper. 2016. *The Seventh Sense: Power, Fortune, and Success, in the Age of Networks.* New York: Little, Brown and Company.

Rand, David G., Hisashi Ohtsukia, and Martin A. Nowak. 2009. "Direct Reciprocity with Costly Punishment: Generous Tit-for-Tat Prevails." *Journal of Theoretical Biology* 256, no. 1: 45–57.

Rapoport, Anatol. 1978. "Reality-Simulation: A Feedback Loop." *Sociocybernetics,* 123–141.

Rauch, Jeffrey. 2012. *Hyperbolic Partial Differential Equations and Geometric Optics.* Graduate Studies in Mathematics. Providence, RI: American Mathematical Society.

Rawls, John. 1971. *A Theory of Justice*. Cambridge, MA: Harvard University Press.

Rescorla, Robert, and Allan Wagner. 1972. "A Theory of Pavlovian Conditioning: Variations in the Effectiveness of Reinforcement and Nonreinforcement." In *Classical Conditioning II,* ed. A. H. Black and W. F. Prokasy, 64–99. New York: Appleton-Century-Crofts.

Reynolds, Noel B., and Arlene Saxonhouse. 1994. *Three Discourses.* Chicago: University of Chicago Press.

Roberts, D. C., and D. L. Turcotte. 1998. "Fractality and Self-Organized Criticality of Wars." *Fractals* 6: 351–357.

Roberts, Seth. 2004. "Self-Experimentation as a Source of New Ideas: Ten Examples About Sleep, Mood, Health, and Weight." *Behavioral and Brain Sciences* 27, no. 2: 227–262

Romer, Paul. 1986. "Increasing Returns and Long-Run Growth." *Journal of Political Economy* 94: 1002–1037.

Rosen, Sherwin. 1981. "The Economics of Superstars." *American Economic Review* 71: 845–858.

Roth, Alvin, and Ido Erev. 1995. "Learning in Extensive Form Games: Experimental Data and Simple Dynamic Models in the Intermediate Term." *Games and Economics Behavior* 8: 164–212.

Russakoff, Dale. 2015. *The Prize: Who's in Charge of America's Schools?* Boston: Houghton Mifflin Harcourt.

Rust, Jon. 1987. "Optimal Replacement of GMC Bus Engines: An Empirical Model of Harold Zurcher." *Econometrica* 55, no. 5: 999–1033.

Ryall, Michael D., and Aaron Bramson *Inference and Intervention: Causal Models for Business Analysis.* New York: Routledge.

Salganik, Matthew, Peter Dodds, and Duncan J.Watts. 2006. "Experimental Study of Inequality and Unpredictability in an Artificial Cultural Market." *Science* 311: 854–856.

Samuelson, Paul. 1964. "Proof That Properly Anticipated Prices Fluctuate Randomly." *Industrial Management Review* 6: 41–49.

Schiller, Robert. 2004. *Irrational Exuberance.* 2nd ed. Princeton, NJ: Princeton University Press.

Schrodt, Philip. 1998. "Pattern Recognition of International Crises Using Hidden Markov Models." In *Non-Linear Models and Methods in Political Science,* ed. Diana Richards. Ann Arbor: University of Michigan Press.

Schwartz, Christine R., and Robert D. Mare. 2004. "Trends in Educational Assortative Marriage from 1940 to 2003." *Demography* 42, no. 4: 621–646.

Schelling, Thomas. 1978. *Micromotives and Macrobehavior*. New York: W. W. Norton.

Scott, Steven L. 2010. "A Modern Bayesian Look at the Multi-Armed Bandit." *Applied Stochastic Models in Business and Industry* 26: 639–658.

Shalizi, Cosma, and Andrew C. Thomas. 2011. "Homophily and Contagion Are Generically Confounded in Observational Social Network Studies." *Sociological Methods and Research* 40: 211–239.

Shapiro, Thomas, Tatjana Meschede, and Sam Osoro. 2013. "The Roots of theWidening RacialWealth Gap: Explaining the Black-White Economic Divide." Research and Policy Brief, Institute on Assets and Social Policy, Brandeis University, Waltham, MA.

Shi, Xiaolin, Lada A. Adamic, Belle L. Tseng, and Gavin S. Clarkson. 2009. "The Impact of Boundary Spanning Scholarly Publications and Patents." *PLoS ONE* 4, no. 8: e6547.

Silver, Nate. 2012. *The Signal and the Noise: Why So Many Predictions Fail—but Some Don't.* New York: Penguin. 中文版書名：《精準預測》，三采 2013 年出版。

Simler, Kevin, and Robin Hanson. 2018. *The Elephant in the Brain: Hidden Motives in Everyday Life*. Oxford: Oxford University Press.

Simmons, Matthew, Lada Adamic, and Eytan Adar. 2011. "Memes Online: Extracted, Subtracted, Injected, and Recollected." Paper presented at the International Conference on Web and Social Media.

Slaughter, Ann Marie. 2017. *The Chessboard and the Web: Strategies of Connection in a Networked World.* New Haven, CT: Yale University Press.

Smaldino, Paul. 2013. "Measures of Individual Uncertainty for Ecological Models: Variance and Entropy." *Ecological Modelling* 254: 50–53.

Small, Dana M., Robert J. Zatorre, Alain Dagher, Alan C. Evans, and Marilyn Jones-Gotman. 2001. "Changes in Brain Activity Related to Eating Chocolate: From Pleasure to Aversion." *Brain* 124, no. 9: 1720–1733.

Smith, Eric, Rebecca Bliege Bird, and D. Bird. 2003. "The Benefits of Costly Signaling: Meriam Turtle Hunters." *Behavioral Ecology* 14: 116–126.

Smith, Vernon. 2002. "Constructivist and Ecological Rationality." Nobel Prize lecture.

Sneppen, Kim, Per Bak, Henrik Flyvbjerg, and Mogens Jensen. 1994. "Evolution as a Self-Organized Critical Phenomenon." *Proceedings of the National Academy of Sciences* 92: 5209–5213.

Solow, Robert M. 1956. "A Contribution to the Theory of Economic Growth." *Quarterly Journal of Economics* 70, no. 1: 65–94.

Spence, A. Michael. 1973. "Job Market Signaling." *Quarterly Journal of Economics* 87, no. 3: 355–374.

Squicciarini, Mara, and Nico Voigtländer. 2015. "Human Capital and Industrialization: Evidence from the Age of Enlightenment." *Quarterly Journal of Economics* 30, no. 4: 1825–1883.

Starfield, Anthony, Karl Smith, and Andrew Bleloch. 1994. *How to Model It: Problem Solving for the Computer Age.* Minneapolis, MN: Burgess International.

Stein, Richard A. 2011. "Superspreaders in Infectious Diseases." *International Journal of Infectious Diseases* 15, no. 8: e510–e513.

Sterman, John D. 2000. *Business Dynamics: Systems Thinking and Modeling for a Complex World.* New York: McGraw-Hill.

Sterman, John. 2006. "Learning from Evidence in a ComplexWorld." *American Journal of Public Health* 96, no. 3: 505–515.

Stiglitz, Joseph. 2013. *The Price of Inequality: How Today's Divided Society Endangers Our Future.* New York: W. W. Norton. 中文版書名：《不公平的代價》，天下雜誌 2013 年出版。

Stock, James H., and Mark W. Watson. 2003. "Has the Business Cycle Changed and Why?" In *National Bureau of Economic Research Macroeconomics Annual 2002*, vol. 17, ed. Mark Gertler and Kenneth Rogoff, 159–218. Cambridge, MA: MIT Press.

Stone, Lawrence D., Colleen M. Keller, Thomas M. Kratzke, and Johan P. Strumpfer. 2014. "Search for theWreckage of Air France Flight AF 447." *Statistical Science* 29, no. 1: 69–80.

Storchmann, Karl. 2011. "Wine Economics: Emergence, Developments, Topics." *Agrekon* 50, no. 3: 1–28.

Suki, Bela, and Urs Frey. 2017. "A Time Varying Biased RandomWalk Model of Growth: Application to Height from Birth to Childhood." *Journal of Critical Care* 38: 362–370.

Suroweicki, James. 2006. *The Wisdom of Crowds*. New York: Anchor Press. 中文版書名：《群眾的智慧》，遠流 2013 年出版。

Syverson, Chad. 2007. "Prices, Spatial Competition, and Heterogeneous Producers: An Empirical Test." *Journal of Industrial Economics* 55, no. 2: 197–222.

Taleb, Nassim. 2001. *Fooled by Randomness*. New York: Random House.

Taleb, Nassim. 2007. *The Black Swan: The Impact of the Highly Improbable*. New York: Random House. 中文版書名：《黑天鵝效應》，大塊文化 2011 年出版。

Taleb, Nassim. 2012. *Antifragile: Things That Gain from Disorder*. New York: Random House.

Tassier, Troy. 2013. *The Economics of Epidemiology*. Amsterdam: Springer.

Tetlock, Phillip. 2005. *Expert Political Judgment: How Good Is It? How Can We Know?* Princeton, NJ: Princeton University Press.

Thaler, R. H. 1981. "Some Empirical Evidence on Dynamic Inconsistency." *Economic Letters* 8, no. 3: 201–207.

Thompson, Derek. 2014. "How You, I, and Everyone Got the Top 1 Percent All Wrong: Unveiling the Real Story Behind the Richest of the Rich." *Atlantic,* March 30.

Thorndike, Edward L. 1911. *Animal Intelligence.* New York: Macmillan.

Tilly, Charles. 1998. *Durable Inequality*. Berkeley: University of California Press.

Tsebelis, George. 2002. *Veto Players: How Political InstitutionsWork.* Princeton, NJ: Princeton University Press.

Turchin, Peter. 1998. *Quantitative Analysis of Movement: Measuring and Modeling Population Redistribution in Animals and Plants.* Sunderland, MA: Sinauer Associates.

Tweedle, Valerie, and Robert J. Smith. 2012. "A Mathematical Model of Bieber Fever: The Most Infectious Disease of Our Time?" In *Understanding the Dynamics of Emerging and Re-Emerging Infectious Diseases Using Mathematical Models,* ed. Steady Mushayabasa and Claver P. Bhunu. Cham, Switzerland: Springer.

Ugander, Johan, Brian Karrer, Lars Backstrom, and Cameron Marlow. 2011. "The Anatomy of the Facebook Social Graph." arXiv:1111.4503.

Updike, John. 1960. "Hub Fans Bid Adieu." *New Yorker,* October 22.

US Bureau of Labor Statistics. 2013. *Consumer Expenditures in 2011*. Report 1042, April. Washington, DC: BLS.

Uzzi, Brian, Satyam Mukherjee, Michael Stringer, and Ben Jones. 2013. "Atypical Combinations and Scientific Impact." *Science* 342: 468–471.

Van Noorden, Richard. 2015. "Interdisciplinary Research by the Numbers." *Nature,* September 16.

von Neumann, John, and Morgenstern, Oskar. 1953. *Theory of Games and Economic Behavior.* Princeton, NJ: Princeton University Press.

Vriend, Nicolaas J. 2000. "An Illustration of the Essential Difference Between Individual and Social Learning, and Its Consequences for Computational Analyses." *Journal of Economic Dynamics and Control* 24: 1–19.

Wainer, Howard. 2009. *Picturing the UncertainWorld.* Princeton, NJ: Princeton University Press.

Wakeland, W., A. Nielsen, and P. Geissert. 2015. "Dynamic Model of Nonmedical Opioid Use Trajectories and Potential Policy Interventions." *American Journal of Drug and Alcohol Abuse* 41, no. 6: 508–518.

Waltz, Kenneth. 1979. *Theory of International Politics*. New York: McGraw-Hill.

Washington Post. 2012. "Mad Money: TV Ads in the 2012 Presidential Campaign." http://www.washingtonpost.com/wp-srv/special/politics/track-presidential-campaign-ads-2012.

Watts, Duncan. 2011. *Everything Is Obvious Once You Know the Answer*. New York: Crown Business.

Watts, Duncan, and Steven Strogatz. 1998. "Collective Dynamics of 'Small-World' Networks." *Nature* 393, no. 6684: 440–442.

Weisberg, Michael. 2007. "Three Kinds of Idealization." *Journal of Philosophy* 104, no. 12: 639–659.

Weisberg, Michael. 2012. *Simulation and Similarity: Using Models to Understand the World.* Oxford: Oxford University Press.

Weisberg, Michael, and Muldoon, Ryan. 2009. "Epistemic Landscapes and the Division of Cognitive Labor." *Philosophy of Science* 76, no. 2: 225–252.

Weitzman, Martin L. 1979. "Optimal Search for the Best Alternative." *Econometrica* 77: 641–654.

Weitzman, Martin L. 1998. "Recombinant Growth." *Quarterly Journal of Economics* 2: 331–361.

Wellman, Michael. 1990. "Fundamental Concepts of Qualitative Probabilistic Networks." *Artificial Intelligence* 44: 257–303.

Wellman, Michael. 2013. "Head to Head: Does US High-Frequency Trading Need Stricter Regulatory Oversight? (YES)." *International Financial Law Review,* September.

West, Geoffrey. 2017. *Scale: The Universal Laws of Growth, Innovation, Sustainability, and the Pace of Life in Organisms, Cities, Economies, and Companies*. New York: Penguin. 中文版書名：《規模的規律和祕密》，大塊文化 2017 年出版。

Whittle, Peter. 1979. "Discussion of Dr Gittins' Paper." *Journal of the Royal Statistical Society, Series B* 41, no. 2: 148–177.

Whitty, Robin W. 2017. "Some Comments on Multiple Discovery in Mathematics." *Journal of Humanistic Mathematics* 7, no. 1: 172–188.

Wigner, Eugene. 1960. "The Unreasonable Effectiveness of Mathematics in the Natural Sciences." *Communications in Pure and Applied Mathematics* 13, no. 1.

Wilkinson, Richard, and Kate Pickett. 2009. *The Spirit Level: Why Greater Equality Makes Societies Stronger*. London: Bloomsbury.

Wilson, David Sloan. 1975. "A Theory of Group Selection." *Proceedings of the National Academy of Sciences* 72, no. 1: 143–146.

Wolfram, Stephen. 2001. *A New Kind of Science*. Champaign, IL: Wolfram Media.

Wright, Robert. 2001. *Nonzero: The Logic of Human Destiny.* New York: Vintage.

Wu, Jianzhong, and Robert Axelrod. 1995. "How to Cope with Noise in the Iterated Prisoner's Dilemma." *Journal of Conflict Resolution* 39, no. 1: 183–189.

Wuchty, Stefan, Benjamin F. Jones, and Brian Uzzi. 2007. "The Increasing Dominance of Teams in the Production of Knowledge." *Science* 316, no. 5827: 1036–1039.

Xie, Yu. 2007. "Otis Dudley Duncan's Legacy: The Demographic Approach to Quantitative Reasoning in Social Science." *Research in Social Stratification and Mobility* 25: 141–156.

Xie, Yu, Alexandra Killewald, and Christopher Near. 2016. "Between- and Within-Occupation Inequality: The Case of High Status Professions." *Annals of the American Academy of Political and Social Science* 663, no. 1: 53–79.

Youn, Hyejin, Deborah Strumsky, Luis Bettencourt, and José Lobo. 2015. "Inventions as a Combinatorial Process: Evidence From US Patents." *Journal of the Royal Society Interfaces* 12: 0272.

Zagorsky, Jay. 2007. "Do You Have to Be Smart to Be Rich? The Impact of IQ onWealth, Income and Financial Distress." *Intelligence* 35: 489–501.

Zahavi, Amotz. 1974. "Mate Selection: A Selection for a Handicap." *Journal of Theoretical Biology* 53, no. 1: 205–214.

Zak, Paul, and Stephen Knack. 2001. "Trust and Growth." *Economic Journal* 111, no. 470: 295–321.

Zaretsky, Adam. 1998. "Have Computers Made Us More Productive? A Puzzle." *Regional Economist,* Federal Reserve Bank of St. Louis.

Ziliak, Stephen T., and Deirdre N. McCloskey. 2008. *The Cult of Statistical Significance: How the Standard Error Costs Us Jobs, Justice, and Lives.* Ann Arbor: University of Michigan Press.

科學天地 177

多模型思維

天才的 32 個思考策略

The Model Thinker

What You Need to Know to Make Data Work for You

原著 — 裴吉（Scott E. Page）
譯者 — 劉懷仁
科學天地叢書顧問群 — 林和、牟中原、李國偉、周成功

總編輯 — 吳佩穎
編輯顧問暨責任編輯 — 林榮崧
封面設計暨美術編輯 — 江儀玲

出版者 — 遠見天下文化出版股份有限公司
創辦人 — 高希均、王力行
遠見・天下文化 事業群榮譽董事長 — 高希均
遠見・天下文化 事業群董事長 — 王力行
天下文化社長 — 王力行
天下文化總經理 — 鄧瑋羚
國際事務開發部兼版權中心總監 — 潘欣
法律顧問 — 理律法律事務所陳長文律師
著作權顧問 — 魏啟翔律師
社址 — 台北市 104 松江路 93 巷 1 號 2 樓

讀者服務專線 — 02-2662-0012 ｜ 傳真 —02-2662-0007, 02-2662-0009
電子郵件信箱 — cwpc@cwgv.com.tw
直接郵撥帳號 — 1326703-6 號 遠見天下文化出版股份有限公司

排版廠 — 極翔企業有限公司
製版廠 — 東豪印刷事業有限公司
印刷廠 — 祥峰印刷事業有限公司
裝訂廠 — 精益裝訂股份有限公司
登記證 — 局版台業字第 2517 號
總經銷 — 大和書報圖書股份有限公司 電話／ 02-8990-2588
出版日期 — 2021 年 1 月 28 日第一版第 1 次印行
2024 年 7 月 15 日第一版第 7 次印行

定價 — NT700 元
書號 — BWS177
ISBN — 978-986-525-037-9
天下文化官網 — bookzone.cwgv.com.tw

國家圖書館出版品預行編目 (CIP) 資料

多模型思維：天才的 32 個思考策略 / 裴吉 (Scott E. Page) 著；劉懷仁譯 . -- 第一版 . -- 臺北市：遠見天下文化出版股份有限公司，2021.01
面；　公分 . -- (科學天地；177)
譯自：The model thinker : what you need to know to make data work for you.
ISBN 978-986-525-037-9(平裝)

1. 社會科學　2. 數學模式

501.28　110000125

天下文化
BELIEVE IN READING